U0435544

芯人物

——致中国强芯路上的奋斗者

慕容素娟　主编

清華大学出版社
北　京

内容简介

本书讲述的是投身于“中国芯”发展的一群建设者的奋斗故事，全书内容以具有人文气息的人物专访形式呈现。芯片领域中的人才几乎都是学霸，很多是保送上大学，且硕士、博士占比极高，国际一流高校毕业的也不在少数。当前，作为国之重器的“中国芯”，不仅关乎着国家的信息安全和经济建设，也担负着中华民族伟大复兴的历史使命。与此同时，芯片技术是科技中的科技，由于技术门槛高、研发周期长、投资风险大，因此投入芯片领域不仅需要过硬的技术，还需要强大的内心、坚定的意志以及对“中国芯”的一种情怀，只有这样才能坚持下去。中国芯片领域有一群志存高远又脚踏实地的实干家，他们的奋斗故事充满了正能量。

本书通俗易懂，内容深入浅出，专业人士和大众读者都可以从中一窥“中国芯”的发展历程。

图书在版编目（CIP）数据

芯人物：致中国强芯路上的奋斗者/慕容素娟主编. —北京：清华大学出版社，2020.7（2023.12重印）
ISBN 978-7-302-55832-3

I. ①芯… II. ①慕… III. ①芯片—科学家—先进事迹—中国 ②芯片—电子工业—企业家—先进事迹—中国 IV. ①K826.16 ②K825.38

中国版本图书馆CIP数据核字（2020）第104311号

责任编辑：贾小红
封面设计：魏润滋
版式设计：文森时代
责任校对：马军令
责任印制：沈　露

出版发行：清华大学出版社
网　　址：https://www.tup.com.cn，https://www.wqxuetang.com
地　　址：北京清华大学学研大厦A座　　**邮　　编：**100084
社 总 机：010-83470000　　**邮　　购：**010-62786544
投稿与读者服务：010-62776969，c-service@tup.tsinghua.edu.cn
质 量 反 馈：010-62772015，zhiliang@tup.tsinghua.edu.cn
印 装 者：北京博海升彩色印刷有限公司
经　　销：全国新华书店
开　　本：170mm×240mm　**印　　张：**22.5　**插　　页：**1　**字　　数：**388千字
版　　次：2020年7月第1版　**印　　次：**2023年12月第6次印刷
定　　价：99.80元

产品编号：087566-03

编写委员会

慕容素娟（原鲜卑族），集微网主编，新闻传播学硕士。曾就职于华为科技有限公司深圳总部供应链管理部；后跨界进入媒体领域，在电子信息领域老牌媒体《中国电子报》担任记者，专注集成电路领域报道。随后进入物联网媒体《智慧产品圈》担任副主编，报道领域覆盖芯片、终端及市场应用。曾获得“华为年度优秀员工”“《华为人》报优秀撰稿人”“工信部CCID优秀学术论文”等奖项；曾撰写出版《中国智慧家庭产业创新启示录》等书籍。

关注领域：集成电路、物联网、AI、创新创业、投资等。

李映，集微网资深记者。机电一体化专业硕士，历任《中国电子报》《智慧产品圈》记者和主编等职务，负责IC领域的行业报道、专题策划和活动策划，具有十余年采编工作经验和五年新媒体内容审核经验，对传媒行业和新媒体运营有较为深刻的理解。

关注领域：IC设计、AI、传感器、投融资等。

李晓延，集微网资深记者。物理系半导体与微电子学士，曾投身于半导体晶圆厂，任工艺工程师，时间虽不长，但初获对行业的宝贵认知，一扇大门自此打开。后机缘巧合下进入行业媒体，先后在《传感器世界》《今日电子》杂志任编辑、执行主编等职务。

关注领域：半导体制造工艺、芯片设计与应用、芯片IP相关、半导体投资等。

茅杨红， 集微网资深记者。电子商务学士，毕业后即加入集微网，一直从事编辑记者职务，对行业热点具有敏锐的直觉。参与多届CES、MWC、SEMICON CHINA、慕尼黑电子展等行业大型展会的一线报道。擅长人物专访、企业报道、行业趋势等。

关注领域： 知识产权、IC设计、制造、设备、材料、创新创业等。

张铁群， 集微网资深记者。新闻学硕士，具有十年新闻媒体以及公关行业从业经历。历任新华社、《中国电子报》记者、编辑等职务。曾参与全国两会、G20峰会等重要战役性会议报道，以及CES、MWC等全球消费电子展会的一线报道工作。擅长企业商业模式、人物专访及行业深度报道。

关注领域： 智能终端、知识产权、半导体、创新创业等。

朱秩磊， 集微网资深记者。微电子专业学士，先担任LED企业研发助理工程师，后进入半导体行业媒体Aspencore，任产业分析师及驻上海记者。历任集微网主任记者、副主编、IC频道主编。重点关注全球半导体产业技术及应用市场发展态势。

关注领域： 半导体工艺、IC设计、传感器、射频及新兴技术等。

序一

芯片被形象地比喻为国家的“工业粮食”，芯片产业的不断创新推动着生产效率的提升、国民经济的增长，还支持着通信、互联网等领域的发展，极大地丰富了人们的生活。

芯片产业是人才主导的产业，若把其各生产要素做一排列，那么人才居首位。没有人才，有钱也枉然。在芯片产业不断创新的背后，是一代代“芯人物”辛勤的拼搏奋斗，包括各类技术人才，以及懂得这一领域产业发展规律的优秀经营管理人才，等等。

当前，芯片产业的关注度高，受到了政府的重视、资本的追捧，因此越来越多的人才进入芯片产业。然而，芯片产业一直是非常寂寞的产业，一颗芯片产品需要数年的研发打磨，一位“芯人物”的学习、成长需要数十年甚至几十年的积累。只有耐得住寂寞，埋头苦干，专注于技术、产品、市场，才有可能在芯片领域获得成功。

《芯人物》一书，聚焦于奋战在芯片产业最前线的企业家、创业者和科研人员等骨干，讲述他们的成长历程、奋斗故事以及产业思想等，使社会更多人士有机会能够近距离地了解到，在中国芯片产业背后默默耕耘、为中国芯崛起而奋斗的这群“芯人物”的力量和风采。

希望看到更多的行业优秀人物在后续的书中出现。

是为序。

周子学

中国半导体行业协会理事长

序二

集成电路产业是国民经济和社会发展的战略性、基础性和先导性产业，并且是一个非常重要、非常特殊的产业，技术更新换代非常快，芯片集成度基本每 18 个月要增长一倍。只有通过持续不断的技术研发，才能够保持产业的领先地位。

目前从全球格局来看，中国芯还处于“第三梯队”。回顾历史，我们不难发现，我国发展集成电路起步并不算晚。1956 年，我国提出“向科学进军”，提出要研究发展半导体科学，把半导体技术列为国家四大紧急措施之一；1965 年，我国第一块集成电路也随之诞生。

不过，“中国芯”“起个大早赶个晚集”。“中国芯”在发展道路上，由于种种原因，没有紧紧抓住当时的历史机遇，失去了像早期日本、韩国、我国台湾地区适时发展集成电路产业的大好时机，导致发展缓慢的结果，进而导致了“中国芯”的自给率不足。2013 年，我国集成电路的进口额首次突破 2 000 亿美元，达到 2 313 亿美元，位居国内进口商品第一位，远远超过石油的进口额。

当今，我们也清楚地看到，在人工智能、智能网联汽车、超高清视频、智能终端、工业控制等新兴应用驱动下，在 5G 通信、大数据、云计算、物联网、工业互联网等新兴业态的催生下，我国对集成电路的需求在不断提升，中国巨大的市场已成为集成电路的强大发展机遇和驱动力。而我国集成电路产业发展面临的国际形势严峻复杂，尤其是中美贸易战，则再次为“中国芯”发展的紧迫性敲响了警钟。

发展集成电路产业，需要政策、资本和人才等多维度的支撑。我国于 2000 年从国家层面首次把集成电路产业提升到国家战略产业的高度。2014 年 6 月，《国家集成电路产业发展推进纲要》出台，同年 9 月设立了国家集成电路产业投资基金（业内称为“大基金”），全方位支持集成电路产业的发展。2018 年 11 月，科创板的推出，为集成电路产业提供了更强劲的资本助力。近年来，在国家政策的持续支持和产业界的不懈努力下，我国集成电路产业取得了长足进步。

产业要发展，人才是关键。发展“中国芯”，最核心的要素是人才。有了人才，产业才有希望。在人才培养方面，国家已在清华、北大等 27 所高校建立了示范性微电子学院，同时在大力推动微电子一级学科的建设。当然在培养人才的同时，还要引进海外优秀人才。

《芯人物》讲述的正是奋斗在中国集成电路产业最前线的骨干人才的故事。他们在芯片领域勇于探索，努力拼搏，并取得了科技创新，是中国自主创新的典范。他们迎难而上、不屈不挠的创业历程，不仅折射出芯片领域创业的不易，也折射出中国芯片产业发展历程的艰难。他们既脚踏实地又仰望星空的奋斗故事，充满了正能量，值得更多人学习。中国要想实现集成电路跨越式发展，需要的正是这样一大批芯人物。

丁文武

国家集成电路产业投资基金总裁

序三

《芯人物》的出版可谓正当其时。

集成电路是电子信息产业的基础与核心，是全球电子信息产业的战略制高点，也是大国的战略必争之地。经过半个多世纪的发展，集成电路产业已成长为全球化的产业，商业模式及产业链复杂而庞大。中国不仅是全球最大的半导体市场，在设计、制造、封测等各细分产业领域也都取得了一定的成就。

但是，我国半导体芯片进口额仍然高达 3 000 亿美元，集成电路产品自给率不到 15%，高端芯片基本依赖进口。中兴事件和华为事件更凸显了我国在集成电路核心技术上受制于人的严峻局面。我们只有让“中国芯”强，才能真正强大起来。

习近平总书记反复告诫我们，关键核心技术是要不来、买不来、讨不来的。我国集成电路产业成功的要素不仅在于政策的助力、资金的支持、技术的创新，还在于在其中起核心作用的人才，特别是战斗在一线的企业家。他们需要有雄才大略，在竞争激烈的市场中洞察先机、选取支点、一往无前；他们需要瞄准目标，面对市场和技术的不确定性攻坚克难；他们需要负重前行，为中国半导体业的发展添砖加瓦，绽放光芒。

《芯人物》的出版，为我们选取了在半导体全产业链上各具代表性的人物。他们的创业故事，他们的“芯”路历程，他们的兴衰成败，折射出集成电路产业的发展既要起于累土、始于足下，更要遵循产业发展的客观规律；反映了集成电路产业的发展既要仰望星空，更要脚踏实地，创新驱动，服务引领；同时也为有志于在中国集成电路领域创业和发展的仁人志士提供了宝贵的经验——板凳要坐十年冷。他们的奋斗经历和艰苦卓绝也让我们清醒地看到中国集成电路产业的突破和强大绝非一朝一夕之功，需要长期的坚持和不懈的努力。

当前，我国集成电路产业的短板主要在半导体装备、材料、工艺，EDA（电子设计自动化）工具和 IP（知识产权）核等环节。随着集成电路产业的战略重要性被政府和民间普遍认同，产业发展拥有难得的机遇，获得了巨大的推动力量；科创板的推出及大基金二期将为产业资本注入强大的动能；5G+AIoT（人工智能物联网）应用市场空间广阔，量子计算、脑机接口、第三代半导体材料已经来临，为产业创新提供了丰沛的沃土。在百年未有之大变局面前，我们肩负重任，唯有迎难而上，无畏前行。

风物长宜放眼量，期待我国集成电路产业诞生更多芯人物，照亮前程，辉映中国集成电路产业的无限光芒。

魏少军
清华大学微电子研究所所长

序四

我 1997 年博士毕业后进入联想，第二年开始负责与微软合作开发 Venus 机顶盒项目，当时修改驱动程序都需要微软从美国调派工程师，更别谈芯片设计了！

二十多年过去了，中国涌现出华为、OPPO、VIVO、小米等一批面向全球市场的手机品牌，已经成为全球最大的电子产品制造基地。与此同时，截至 2020 年 2 月 21 日收盘，市值超千亿元的中国半导体企业有 7 家，分别是韦尔股份（1 727.50 亿元）、汇顶科技（1 659.54 亿元）、闻泰科技（1 564.65 亿元）、兆易创新（1 266.58 亿元）、澜起科技（1 191.16 亿元）、三安光电（1 139.92 亿元）、中微公司（1 032.23 亿元）。这不仅体现了产业的进步，也可以看出中国半导体产业已经成为全球产业不可或缺的一部分。

集微网 2008 年成立至今已经 12 年，以报道集成电路及终端产业链为己任，记录了中国半导体产业从启蒙到发展壮大的过程。2018 年年底开始策划《芯人物》系列文章，希望通过半导体界优秀人士的人生历程记录产业的发展轨迹，至今已经发表 50 多篇，业界反响不错，社会效益也非常明显。未来，这项工作我们会继续做下去，争取报道更多芯片产业链上奋斗者们的精彩人生。

智能终端是中国半导体产业的火车头，而芯片设计又是半导体产业链的领头羊，随着中国智能终端手机品牌走向世界、立足全球，肯定会带动中国芯片设计企业的发展与腾飞。同样，芯片设计的进步又会带动封装测试、晶圆制造及设备材料等产业的发展提升。随着发展集成电路产业被作为国家战略，中国半导体产业将迎来“黄金十年”已经成为业界共识。

过去十年是中国智能终端产业崛起的十年，从十年前几百家公司竞逐手机市场到现在“华米 OV”四强争霸，中国手机品牌经历的不仅是销量和规模的做大，还是核心竞争力的逐步提升。国际知名专利数据公司 IPlytics 发布的全球 5G 行业专利报告显示，华为以 3 147 件排名第一，中兴通讯以 2 561 件跃居到第三。两者共计申请专利 5 708 件，在前八名中拿下 34.3% 的份额。此外，大唐、OPPO 也进入了前十二名，专利数据体现了中国产业在核心技术上的突飞猛进。

依托智能终端产业的崛起，相信未来十年中国半导体产业会复制终端产业的发展历程，集微网的芯人物系列报道也会继续续写新的篇章！

老杳

集微网创始人

中国半导体投资联盟秘书长

前 言

“芯片”成为这几年的明星词。上至中央领导，下到普通百姓，可谓老少皆闻，妇孺皆知。小小的芯片，实际上是国之重器，不仅是电子信息产业发展的根基，也是中华民族崛起路上的一个重要支撑。没有自主可控的芯片，强国梦就是空中楼阁。中美贸易战之后，芯片承载了国人更多的期许。

其实，从中华人民共和国成立以来，党和国家领导人、半导体行业的泰斗和前辈们，就一直高瞻远瞩，在半导体集成电路领域做了详细部署和艰苦的跟进，“中国芯”的研发进展曾经一度紧跟美国的脚步，由于各种客观和主观原因，没能持续性地坚持和积累，几起几落。《集成电路产业 50 年回眸》一书中指出，“中国芯”从最早与美国差距 7 年，与日本差距 5 年，到后面差距最大时曾达到 20 年；并且逐步落后于比我们起步晚的韩国。

芯片行业与互联网行业有所不同。在芯片领域，不会出现互联网领域那种“一夜暴富”的神话。芯片要求极强的自主创新能力、极高的技术门槛，且投资大、风险高，还需要长期的、持续的研发投入，可以说是科技中的科技。

在芯片领域，一家企业没有十年八年的积累很难做起来。从芯片产品的研发到应用的时间期可以略见一斑：简单的产品需要 6 ～ 12 个月，复杂的产品 1 ～ 2 年、3 ～ 5 年、5 ～ 6 年都有，甚至更长时间。

同样，一个芯片人才，没有十年八年的产业积累也很难成长起来。由于技术门槛高，相关专业人员大学毕业之后通常会再继续攻读硕士和博士，从本科到硕士毕业需要 7 年，到博士毕业至少需要 10 年。毕业之后，通常还需要在产业历练 5 到 10 年，之后方能独当一面。

因此，创业难，创业做芯片更难。投入芯片领域，不仅需要过硬的技术积累，还需要强大的内心、坚定的意志以及对“中国芯”的一种情怀，才能坚持下去。

而“中国芯”发展路上的建设者们，却很少像互联网领域的人物有那么多的光环、那么大的知名度。

笔者从事集成电路领域采访报道的十余年间，结识了诸多芯片领域优秀的企业家、创业者和技术骨干。发现他们很多人记忆力特别好，而且几乎都是学霸，一流大学毕业占比非常高，如清华大学、中国科学院、中国科技大学、北京大学、复旦大学、浙江大学等，而且不少是保送上的大学。此外，硕士和博士比例相当高，还有很多是国际一流大学毕业，如斯坦福大学、加州大学伯克利分校、普林斯顿大学、麻省理工学院等。

推动“中国芯”发展的默默耕耘者们，不仅非常优秀，还十分谦逊低调。他们很多人的奋斗故事充满了传奇和励志色彩，散发着积极向上的人生力量。写出他们的故事，让人们知晓，进而感染和激励更多人，是作为媒体人的我们从业多年来一直就有的心愿。

中美贸易战之后，做大做强“中国芯”的呼声越来越高。如何发展“中国芯”，应该倾听一下芯片领域奋斗者的声音。此外，在娱乐化日益泛滥，一位大学教授一年的工资不抵一个明星拍一则广告的收入，且许多青少年长大“想当明星”而不是知识分子的当下，芯片领域这些实干家的奋斗故事应该让社会更多的人知晓。

于是，我在 2018 年年底开始策划筹备《芯人物》栏目，这是一档具有人文气息、传播社会正能量的人物访谈。本栏目进行了创新，打破行业媒体普遍以报道技术和产品为主的文章风格，转而讲述芯片领域建设者的奋斗故事。栏目文章以通俗易懂、深入浅出的形式娓娓道来，并尽可能地减少专业术语的直接使用，希望懂技术和不懂技术的读者都能够读懂并愿意读。

栏目的想法得到了集微网创始人老杳和总经理陈冉的肯定和大力支持。为确保《芯人物》文章的定期推出，多名资深记者参与进来，包括李映、李晓延、茅杨红、张轶群、朱秩磊、陈宝亮，大家分头进行采访写作。

2019 年春节，《芯人物》第一批专访文章正式推出，迅速得到业界的关注和好评。与此同时，《芯人物》系列文章也得到一些出版社的青睐，最终我们与清华大学出版社合作，书籍《芯人物——致中国强芯路上的奋斗者》得以问世。

《芯人物——致中国强芯路上的奋斗者》一书，是国内首部讲述当代芯片领域建设者奋斗故事的书籍。书中收纳 49 位人物的故事，覆盖老、中、青三个阶段的“中国芯”建设者；他们的从业历程从几年到 40 年以上，年龄从 30 多岁到 80 多岁。（书中芯人物是按照工作年限排序的）。

从这些主人公的年龄结构可以看出，没有技术积累和产业积累做不了芯片；而且芯片领域极其重视产业积累，50 岁、60 岁、70 岁创业以及奋斗在产业一线的不在少数，用一位业内人士风趣的话来说，芯片领域需要“老家伙”，因为“他们看过外面的世界，了解中国市场，有助于中国半导体创业浪潮站在更高的起点”。

书中芯人物的奋斗故事充满了正能量：有的已 80 多岁，见证和参与了“中国芯”从无到有、从小到大的发展历程，至今仍笔耕不辍，为产业献策献计；有的 70 岁了还在开启人生第三次创业，且每次创业都在填补国内产业空白；有的放弃美国大学终身教授的身份，毅然回国创业；有的当过知青，从未放弃学习，恢复高考后一路从本科读到博士；有的家境贫困，但不自暴自弃，从山里娃变成大学教授；有的已实现财富自由，却依然选择再次创业；有些“板凳能坐十年冷”，在身边人投身于金融或互联网等高收入领域时，他们依然坚守在芯片领域……

这些奋斗者志存高远，又脚踏实地。他们的才干、才华，配得上“中国精英”的称谓。

在 2020 年抗击新冠肺炎疫情攻坚战中，李兰娟院士指出，年轻一代应树立正确的人生导向和人生价值观，不要一味追求明星。这无疑是对当下社会娱乐化泛滥的一种提醒。

在当今复杂的国际形势下，在强国梦的奋进路上，作为科技领域的排头兵，芯片领域实干家们的拼搏精神和奋斗故事，尤其值得国人借鉴。

慕容素娟

集微网主编

目　录

朱贻玮　中国芯片业的先行者，见证“中国芯”从无到有、从小到大的发展历程　文/慕容素娟　001
张汝京　三“落”三“起”，压不垮的芯片企业家70岁再创业　文/慕容素娟　012
胡正大　从IBM、硅谷到台湾，53岁又在深圳创业，只为“想看看山后的风景”　文/慕容素娟　045
陈大同　从知青到博士后，从硅谷创业到回国创业，人生在不断刷新……　文/慕容素娟　054
戴伟民　从终身教授到创业者，台前幕后助力“芯火燎原”　文/茅杨红　063
周立功　永远的学习者和开拓者，用人生为单片机代言　文/李晓延　071
陈春章　从EDA到产业全书，他一直是芯片业中的好老师　文/李晓延　079
陈少民　驰骋职场的好“老爸”和思想者，他呼吁“以史为镜，芯片是国之重器”　文/慕容素娟　084
刘　越　玩转IC设计、制造、投资，拼出人生“芯”高度　文/李　映　090
李亚军　集成电路并购猎场的“守”猎者　文/朱秩磊　099
孙　坚　中国第一代EDA的研发者，芯片行业尽显巾帼风采　文/李晓延　106
赵立新　小时候和父亲摆地摊，保送清华又走出国门，只身一人带着技术回国创业……　文/慕容素娟　113
吕向东　先后攻读近代物理、半导体物理和材料物理，在多家大公司历练后回国创业做芯片　文/茅杨红　121
邹铮贤　国内芯片IP第一人，没有故事的故事　文/李晓延　126
周正宇　20年创业路，可用“险恶”二字描述　文/茅杨红　131
倪文海　从美国到中国，只为扎根中国射频“芯”　文/李　映　139
董霄剑　屡立潮头逐浪者，“美丽视界”筑梦人　文/张轶群　145
李庭育　不是科班出身却成了专业的IC“老师傅”　文/茅杨红　153
骆建军　他来自珍珠之乡，历经种种磨难终让“中国芯”扬名海外　文/李晓延　160
李虹宇　知天命时二次创业，自称半导体创业也需要“老家伙”　文/张轶群　166
杨　磊　不惧半导体投资的曲高和寡，终于守得云开见月明　文/李晓延　171
张韵东　他是中国芯片行业的老兵，从游戏机芯片起步，现在又走在了AI的潮头　文/李晓延　178

郭国平　“寂寞”的量子计算路上的“堂·吉诃德”　文/张轶群　184

骈文胜　每天不够睡的半导体人，创业三年，进入市场前三　文/朱秩磊　189

陈若中　辗转美国、中国台湾，终圆“中国芯”之梦　文/朱秩磊　195

吴　征　不畏艰险重“芯”出发，踏上攀登珠穆朗玛峰的新“征”途　文/茅杨红　203

王惟林　破解“缺芯”困局，引领高端CPU新突破　文/李　映　210

范宏春　半导体测试风雨30年，从被“卡脖子”到国产设备崛起　文/朱秩磊　215

廖　杰　耕耘28年，以长跑心态做大做强本土产业链　文/张轶群　219

闫宇暾　再出发，他要攻下硬件仿真这个“堡垒”　文/李　映　225

王艺辉　团队至上，用“芯”让世界更美好　文/张轶群　231

李志雄　见证江波龙20年成长，做大做强中国存储产业　文/张轶群　237

郑朝晖　给“疑难杂症”芯片治病的“医生”　文/朱秩磊　242

黄继颇　国产汽车芯片只能在试错中成长，没有捷径　文/朱秩磊　250

李兴仁　一次创业实现财富自由，二次创业却身陷绝境，只为让无线路由芯片演绎“中国芯”　文/慕容素娟　李　映　256

杨清华　从山里娃到硕士生导师，放弃安逸生活创业做芯片，成为业内黑马，却还在忧思……　文/慕容素娟　261

江大白　晶圆厂风险的把控者　文/陈宝亮　267

吴忠洁　博士毕业10年后开始创业，立志打造MCU生态以小博大　文/李　映　272

王海力　不走寻常路，15年坚守FPGA初心　文/李　映　276

罗仕洲　从只身前往大陆的“好奇者”一跃成为两岸的“摆渡者”　文/茅杨红　283

秦　鹏　放弃名企高薪，选择创业，从此走上“不归路”　文/茅杨红　289

张海涛　曾在射频技术的峰顶跋涉，现在创业来筑梦“中国芯”　文/李晓延　294

李云初　不忘初心，守得云开见月明　文/茅杨红　300

李严峰　为国产EDA寻求新突破的“离经叛道”者　文/李晓延　305

吴叶楠　从容行走在半导体投资圈的80后，热爱技术是他的内核　文/李晓延　311

张亦锋　从业务员逆袭成为CEO，他将“木陀精神”诠释到底……　文/茅杨红　316

王　博　换道三次“挑战”自我，期待可重构计算打磨中国“芯”天地　文/李　映　320

项　天　打游戏“玩”出来的电子公司董事长　文/茅杨红　326

汪　博　保送清华，全奖读斯坦福，师从Google天使投资人，毕业后跳出舒适区　文/慕容素娟　331

朱贻玮

中国芯片业的先行者，见证“中国芯”从无到有、从小到大的发展历程

文/慕容素娟

朱贻玮，1937年生于上海，1963年毕业于清华大学无线电系半导体专业，是清华大学培养的第三批半导体专业的大学生。曾就职于北京电子管厂（774厂），参与了我国第一台第三代电子计算机所用集成电路的研制工作；参与我国第一家半导体集成电路专业化工厂——北京东光电工厂（878厂）前期建厂工作，从技术员做到副厂长，负责技术管理工作；担任北京燕东微电子公司副总经理，组织4英寸芯片生产线引进工作。曾在北京地区电子振兴领导小组办公室主管集成电路工作，以及担任中国半导体行业协会理事（个人）。作品有《中国集成电路产业发展论述文集》（2006年）、《集成电路产业50年回眸》（2016年）。

朱贻玮

出生于1937年的朱贻玮亲历了中华人民共和国的诞生和其从弱到强的过程，也见证了我国集成电路产业从无到有、从小到大的发展历程。他出生那年，正值卢沟桥事变，抗日战争爆发；他学半导体专业时，中国的第一块集成电路还

没有研制出来。

而朱贻玮前辈的一生，也经历了诸多历史节点——抗日战争、解放战争、抗美援朝、计划经济、“大跃进”、“文化大革命”、改革开放、新中国崛起等。

中苏友好时期，朱贻玮以优异的成绩进入北京俄语学院留苏预备班；两年后因政策变迁，留苏计划搁浅后进入清华大学，成为清华大学培养的第三批半导体专业的大学生，由此参与到中国集成电路产业从零起步的艰辛历程。

由于国家早期重视程度不够、资金不足、人才匮乏、国外技术封锁等原因，中国集成电路产业早期的发展过程可谓道路崎岖、步履维艰。处在那个阶段的朱贻玮从未动摇和放弃过，攻坚克难，先后在 774 厂参与了我国第一台第三代电子计算机所用集成电路的研制工作；参与了我国第一家半导体集成电路专业化工厂（878 厂）的建厂和技术管理工作；组织燕东微电子公司 4 英寸芯片生产线的引进工作……

正是朱贻玮和同路人几十年如一日的坚守，让我国集成电路产业的发展渡过了一穷二白的艰难时期，迎来了希望的曙光。

留苏之路中断，进入清华

朱贻玮的初中在解放初期各项政治运动中度过。到高中时，学校的外语课程由英语改为俄语，由于初中阶段一直在听广播学俄语，加上成绩优异，朱贻玮成为学校推选去考留苏预备生的五六个学生中的一个。经过全国统一高考，朱贻玮被北京俄语学院留苏预备部录取。

1955 年 9 月，朱贻玮离开生活了 18 年的上海，乘火车来到北京。

“当年的北京俄语学院（现北京外国语大学）位于西郊魏公村，周围都是农田。”朱贻玮回忆那时的艰苦环境时说。

到留苏预备部报到后，学校又进行了一次俄语考试，朱贻玮再次以优异的成绩被分到了高级班，教他们俄语的是当时苏联驻中国大使馆的一名武官的夫人。

朱贻玮回忆道：“校园生活很丰富，每逢周末，操场上还有露天电影，常常会放映俄语版的苏联电影。”

两个学期结束后，学校宣布：国家决定减少派去苏联学习的人数；留下的四分之一学生再读一年俄语。朱贻玮是留下来的一员。

世事难料，又学了一年俄语之后，国家决定只派研究生去苏联，这意味着朱贻玮的留苏之路不得不中断。令人欣慰的是，留苏预备部的学生可以选择分配到国内大学继续学习。1957 年夏天，朱贻玮选择进入清华大学无线电系学习。

在清华大学学习期间，朱贻玮也经历了各项政治运动的动荡，但他仍在咬牙坚持学习。

1958 年 5 月，“大跃进”运动开始，全国上下开始大炼钢铁，清华校园里也建起了小高炉要炼钢。朱贻玮和同学们被安排到系里参加制作电子零件的劳动；参加了 9003 工地劳动，建精密仪器系大楼；还参与了学校安排的修建十三陵水库的劳动。

那个年代，清华本科生学习时间一般是 5 年，而新技术专业的工程物理系和无线电系，还有建筑系，则要 6 年。到了三年级之后，正式确定专业。朱贻玮分配到新设不久的半导体专业。清华大学当时培养学生的目标是使其成为又红又专的工程师。尽管朱贻玮家庭出身不好，但在学校教育下，到大学后期加入了中国共产党。

回顾大学生涯，朱贻玮说道：“我的大学时间经历了 8 年，俄院 2 年，清华 6 年。这是当时年代产生的特殊现象。我的一生中，花在学校的学习时间长达 20 年，小学 6 年半，中学 5 年半，大学 8 年，到清华毕业时，已 26 岁了。若要实现清华大学蒋南翔校长“为祖国健康工作 50 年”的目标，要干到 76 岁才行。”

大学毕业时，朱贻玮说并不知今后的人生将会是怎样一个轨迹。

从 774 厂到 878 厂再到燕东公司，亲历中国集成电路产业在艰难中前行

我国早期建立的军工厂，为保密起见，都以数字代号称谓。朱贻玮 1963 年 7 月从清华大学毕业，被分配到位于北京东郊酒仙桥地区的北京电子管厂（774 厂）。这是国家第一个五年计划中的苏联援助建设的 156 项重点工程之一，生产大型和小型电子管，是当时亚洲最大的电子管厂。

在电子产品的发展进程中，第一代电子器件是电子管，第二代是晶体管，大

家所知晓的集成电路（芯片），则是第三代电子器件。

1963 年，我国还处在第二代电子器件——晶体管的生产阶段。在 774 厂的半导体车间里生产苏联型号的半导体晶体管，可以用来组装半导体收音机。

朱贻玮被分配到半导体车间，开始参与清洗、测试、扩散等工序劳动，后来被安排搞拉丝新工艺试验。第二年，朱贻玮被调到试制组，参加筹备硅平面管大组。“当时，产业还处在开荒阶段，很多基本的工艺设备都需要亲手做。自己画草图，然后加工零部件，再组装，通电调试。我参加制作的是氧化扩散炉。”朱贻玮讲道。后来，试制组改为实验室“三室”。

机会总是给有准备的人。1965 年 5 月，朱贻玮被三室领导安排试制固体电路的工作，与同事们一同独立自主地研制出了用于第三代电子计算机的第三代电子器件——固体电路。“在早期，集成电路在我国叫作‘固体电路’，后来慢慢改称为‘集成电路’。”朱贻玮提到这个概念的演变。

而那一时期，正是中国集成电路进入芝麻开花——节节高的阶段。中国科学院半导体研究所、北京无线电技术研究所、中国科学院 156 工程处、石家庄十三所和上海元件五厂等单位相继研制成功集成电路。

关于我国集成电路产业的起点，朱贻玮说：“难以判别是哪家首先研究出固体电路，但是石家庄十三所 1965 年年底举行了一批半导体器件设计定型鉴定会，是国内首家举行固体电路设计定型会的单位。因此，我在以后所写的文章里将其定为我国集成电路产业的起点。”

如果以世界上第一块集成电路研制成功是在 1958 年来算，中国芯片的起步只晚 7 年。

然而，1966 年全国进入“文化大革命”时期，科研单位的不少项目和课题停止或延缓。在 774 厂里，也是铺天盖地的大字报。为了确保试制任务，朱贻玮要求固体电路组的三十多名组员，平时可以去看大字报参加运动，但电路芯片流到哪一个工序，相关人员要回来参加生产，不要耽误流片。幸运的是，774 厂三室的试制工作始终没有停止。不幸的是，因家庭出身不好，作为党支部宣传委员、固体电路大组长的朱贻玮也被贴上了大字报，他被说成是“资产阶级孝子贤孙，白专道路上勇士”。

半导体是一个技术门槛极高且技术迭代非常快的领域，但在当时，对半导体产业发展规律认识的不足，不仅导致产业化推进速度缓慢，还闹出过很多荒唐的事情，报纸上甚至报道上海 ×× 弄堂里街道老奶奶靠拉扩散炉也做出了半导体。

1968 年，我国第一个半导体集成电路专业化工厂——东光电工厂（878 厂）在北京建立，筹备组和北京无线电工业学校合并，朱贻玮被调到 878 厂的筹备组。到岗的第一项工作就是清点半导体车间里的设备和仪器，看看哪些能用于集成电路试制，然后组织工人使用这些简陋的设备试制集成电路。有的工序做不了，工人就拿硅片到 774 厂去做。这样的条件下，在不长的时间内居然也试制成 878 厂第一块集成电路。

在那个年代有的材料买不到，就自己生产四氯化硅和硅烷；集成电路所用外壳也由自己生产。“那时的的确确是 IDM 模式（集成制造模式），从设计版图、刻红膜照大相开始，经过芯片制造工艺，到外壳生产，再进行后部压焊、封装成成品，最后经过成品测试、包装后入库出厂。”朱贻玮回忆道。

由于各种条件达不到，当时国内生产的集成电路普遍质量不好，导致电子计算机整机调不出来，一度出现“集成电路不如晶体管，晶体管不如电子管”那种“一代不如一代”的局面。“经过调查研究，大家总结出造成集成电路质量差的原因是四个字：脏、虚、伤、漏，即肮脏、虚焊、划伤和漏气。”朱贻玮指出。

为此，朱贻玮在广交会上与德国西门子公司进行技术交流后又到上海兄弟厂学习，和技术人员一起针对存在的问题采取相应的改进措施，又对组成电路的元器件进行不同设计的试验，摸索各种元器件性能对门电路高低温性能的影响，从而进行电路设计的改进，最终，提高了集成电路质量，将改进后的集成电路供应给 738 厂调出了小型电子计算机。

1973 年 8 月，北京大学电子仪器厂研制成功我国第一台 100 万次大型电子计算机，采用的就是朱贻玮所在的 878 厂生产的 TTL 中速电路和 S-TTL 高速电路，从而扭转了“一代不如一代”的局面。

1973 年秋天，也就是中日恢复建交的第二年，朱贻玮参加以中国科学院半导体所王守武为团长的中国电子工业考察团去日本考察集成电路工业。他们参观了日本电气（NEC）、日立、东芝等 8 家集成电路厂家，以及制版公司、设备公司、测试仪公司、厂房设计和材料公司。参观后，全团人员开了眼界。朱贻玮说道：“我国在 1965 年研发出集成电路，比美国晚 7 年，比日本晚 5 年，但 1973 年我国采用的硅片仍是不规则的小圆片，直径为 30 ～ 40 毫米；当时日本已经进展到 3 英寸圆片工业化生产，我们已经远远落后于日本。”

在这次考察过程中，全团曾展开讨论，要不要从国外引进技术。当时就有两种不同意见：研究单位认为，只需要购买国外设备，不用引进技术；而生产单位认为，为了缩小与国外的差距，不仅要从国外购买设备，还要引进生产技术。

当时，日本 NEC 公司提出全线转让 3 英寸设备和技术的方案与报价：一种工艺 3 000 万美元，两种工艺 4 000 万美元，三种工艺 5 000 万美元。“由于四机部只有 1 500 万美元的预算，加上当时处于‘文化大革命’时期，部机关大院里正在批判洋奴哲学、爬行主义，因此买不成一条整线设备和技术，我国错失了一次从国外引进技术的机会。”朱贻玮惋惜地提到。

878 厂唯有自力更生，从搞双极型数字电路开始，后扩充至双极型线性电路（后称模拟电路）和 MOS 电路，经过七车间小净化车间 P-MOS、N-MOS 阶段，到十一车间大净化车间，又开发 CMOS 电路。

处在当时我国实行计划经济以及西方先进国家对我国实行经济和技术封锁的节点，不断攻坚克难的 878 厂在 20 世纪 70—80 年代可为各机部整机单位提供种类繁多的集体电路，并总是供不应求，当时 878 厂与“南霸天”上海无线电十九厂并称为“南北两霸”。

1982 年，四机部更名为电子工业部。1985 年，国家实行体制改革，电子工业部首先把 170 家直属工厂下放到所在省或直辖市，在北京的 12 个代号厂下放到北京市，由新成立的北京市电子工业办公室领导。

朱贻玮被邀请加入当年成立的北京地区电子振兴领导小组办公室兼职工作。他对北京地区从事集成电路的工厂、研究所和大学做了调查，并对如何发展北京地区集成电路提出大、中、小三种方案。大方案是拟建 5 英寸线的初步方案，预计投资 4 亿元，由于未拿到国家专项资金，这一大方案作罢。中方案是缩小规模，要北京市出 2 亿元，结果也落空。最后只能采取小方案：利用 878 厂从美国仙童公司引进的二手 4 英寸线设备（仅三分之一，其余三分之二给 871 厂）和北京市半导体器件二厂在建而未建完的 5 000 平方米净化厂房，联合起来建一条 4 英寸线。

于是在 1987 年，筹备组讨论将联合公司取名为“北京燕东微电子联合公司”。朱贻玮被邀请加入燕东公司。就这样，从 1968 年到 1987 年，朱贻玮从开始以技术员身份参与筹建 878 厂，到担任副厂长，至 3 年后离开 878 厂，历时 19 年之久。

进入燕东公司后，总经理杨富德安排朱贻玮当副总经理，负责筹措资金，因为没有资金就建不成芯片生产线。

朱贻玮到电子工业部财务司去找资金时，有人问:“好多人都到深圳‘发财’去了，你怎么还要在北京建集成电路工厂？”朱贻玮提到当时的情景，“我说就是要留在北京建集成电路厂。最后他们说，那么部里出 830 万元支持北京建燕东公司。”在这种情况下，北京各投资单位才相继承诺跟进投资。经过到美国考察，最后选择从美国 BIT 公司引进 4 英寸芯片生产线，全线设备安装后进行工艺试验。在此期间，资金依然十分紧张，有时候连电费都缴不出。北京供电局通知“再不缴电费就要遥控拉闸停电”。为此，朱贻玮不止一次地去北京供电局要求缓缴，找上级市电子办筹款，请 738 厂担保。这样才没有再现当年 774 厂 811 厂房 3 英寸线因缴不了厂内动力部门水电气费而被停水停电停气，最终造成完全停线的局面。

尽管如此，资金却仍成最大掣肘。“筹集资金真是艰难，燕东建设总投资才 5 000 万元，却耗时 10 年之久。反观国际上集成电路发展遵循摩尔定律，一年半时间集成度就增加一倍，性能也提升一倍，我们发展集成电路的历程有多艰难啊！”朱贻玮感叹道。

彼时，国内国家重点扶植的五家重点集成电路企业均已建成投产，国有的无锡华晶和绍兴华越、合资的上海贝岭和飞利浦（后改名为先进半导体）、北京的首钢日电，有 4 英寸线、5 英寸线和 6 英寸线。当燕东 4 英寸线验收后，朱贻玮和第二任总经理余庆长商量后决定采取“退一步、进两步”的策略，在不放弃双极型模拟电路同时，“杀个回马枪”，回过头来攻分立器件，这是决定燕东公司生存的重大决策。“燕东作为‘杠外’的‘小六子’，竞争力肯定不如前 5 家企业，而退回做分立器件，燕东所具有的 4 英寸线，在国内同行中可位居前三位。后来历史证明，这个决策是燕东能活下来且不断发展的重要因素。”朱贻玮讲道，“如今，当初国内第一条 4 英寸线的上海贝岭公司成为没有生产线的设计公司，当时国内第一条 6 英寸线的首钢日电已经退出行业，而到 2018 年，后来债转股的国有绍兴华越 5 英寸线也停掉了。当年 5 个重点扶植企业就剩下国有的无锡华晶（2002 年华晶因多年亏损被香港中资企业华润收购，改为华润）和上海先进两家了。”

而历经磨难的燕东，在朱贻玮的坚持和坚守下，全体燕东人在之后的第三任总经理谢小明和第四任总经理淮永进领导下经过不懈努力，由 4 英寸线经过 6

英寸线，月产量分别达到 2 万片和 3 万片，现今到亦庄经济技术开发区 8 英寸线已落地。在我国集成电路制造业发展过程中，上海一批地方国营企业（上海元件五厂、上无七厂、上无十四厂和上无十九厂）在改革开放浪潮中都退出历史舞台，之后成立一批合资企业（贝岭、先进、华虹 NEC、中芯国际和宏力）及独资企业（上海台积电）。而北京一批地方国营企业（由北京市半导体器件三厂改名的宇翔公司、器件五厂和器件六厂等）先后都整合到燕东公司里。然而早期的 774 厂和 878 厂则因各种原因先后退出历史舞台。

1997 年 2 月，朱贻玮满 60 岁，从燕东公司退休，退休后又担任顾问两年。这样，从 1987 年到 1999 年，朱贻玮在燕东前后历时 12 年。

退休之后成为“自由电子”，哪里需要就到哪里去

退休后，朱贻玮就像“自由电子”那样，哪儿有吸引力就游到哪儿，在那儿发挥一点作用。

退休后，他首先在燕东公司任顾问，然后在集成电路产业链各个环节力所能及地发挥作用，涉及领域包括制版、芯片制造、封装测试、设备及部件，以及科技园区，主要是为海峡两岸半导体和集成电路产业界的交流与合作贡献力量。

1997 年 5 月底，朱贻玮去台湾参加两岸半导体行业交流会，先后结识了台湾半导体同人蔡南雄和冯明宪。同年 7 月，协助台湾半导体业者回访大陆。

“回访大陆时，台湾朋友提出要到上海筹建 8 英寸芯片厂。部里领导希望台湾朋友先帮国营企业无锡华晶或绍兴华越解困，因为当时华晶执行 908 工程，从 1990 年开始筹划 1 微米 6 英寸芯片线，由于国家资金迟迟不能到位，拖延了 8 年之久，才从美国朗讯公司引进一条 6 英寸线设备，且尚未验收投产。”朱贻玮提及当时的情景说道。

回访团参观无锡华晶之后，朱贻玮作为台方顾问，与蔡南雄、冯明宪、萧常辉组成谈判组，与华晶代表组进行合作谈判。之后蔡南雄更换为陈正宇，双方经过 5 个月的谈判，达成合作协议，以“来料加工，委托管理”的模式进行合作，组成香港上华半导体公司，并于 1998 年 2 月 1 日开始进驻华晶公司管理 MOS 事业部 5 英寸和 6 英寸线 200 名员工队伍。由此开始，过去的 IDM 模式改为纯粹的代工模式，即所谓的“Foundry”（代工厂）模式。朱贻玮被聘为市场部顾问，

他为上华公司列出了中国大陆68家IC设计单位，作为上华第一批潜在的客户。

在世界半导体发展历程中，中国台湾台积电公司于1987年开始创办代工模式，由此集成电路产业分为设计业、芯片制造业和封装测试业。而中国大陆作为纯粹代工则是以1998年华晶公司MOS部门由上华公司管理后开始的，可谓开先河之举。

后来，华晶与上华双方经过“软”合资进展到“硬”合资，成立华晶上华公司。其间，朱贻玮被聘为台湾方面的顾问和后来的华晶上华公司市场顾问。

2000年6月，国家公布了18号文件，鼓励发展软件和集成电路产业。在18号文件推动下，北京和上海两地积极响应行动，各自制定发展集成电路的地方性优惠政策和发展规划。朱贻玮帮助北京市经济委员会制订北京发展规划，并协助筹备召开了北京第一次国际集成电路论坛。

后来，朱贻玮协助台湾在宁波建立6英寸芯片厂，参与编写项目建议书和可行性研究报告。6英寸厂取名为宁波中纬积体电路公司，朱贻玮担任市场部顾问兼北方地区销售代表。可惜的是，尽管中纬加工的电路产品质量优秀，但因在“爬坡期”内还不了当地银行贷款而被当地政府拍卖给比亚迪公司。

除尽心尽力推动产业发展和合作之外，朱贻玮还笔耕不辍。自1989年开始，他根据我国集成电路产业发展状况，不断撰写并发表文章，未曾中断。

2006年，朱贻玮出版《中国集成电路产业发展论述文集》一书，用40篇文章记录了中国集成电路产业发展40年，建40条芯片制造线的历史。

2016年，在原来书籍的基础上，增补20篇文章，推出《集成电路产业50年回眸》一书。“中兴事件”后，全国上下开始关心起芯片，朱贻玮的《集成电路产业50年回眸》作为业内少有的关于中国集成电路产业发展历程的书籍，一再脱销，累计印刷6次。

对于我国集成电路产业发展落后的多种原因，朱贻玮高屋建瓴地从各个角度进行了分析总结，如资金投入不足，研究与产业脱节，引进与消化、吸收、创新脱节，企业缺乏领军人才及国外技术封锁，等等。由于长期受多种因素的制约，我国集成电路的供给率严重不足；再加上我国家电、计算机、手机、汽车等终端对集成电路的需求急剧增加，我国已发展成为世界上各类电子整机的制造大国，从而使我国每年进口集成电路的金额持续增加。2013年，我国进口额首次突破2 000亿美元；到2018年，我国集成电路进口额高达3 120亿美元。我国消耗了全球近 1/3 的芯片，然而这些年来我国自主设计生产的芯片不到 8%。

朱贻玮指出：“当前，国内芯片的设计能力与世界先进的距离在不断缩小，我国华为的海思公司设计的手机芯片技术已达 7 纳米，达到目前世界先进水平；封测也在不断追赶，但是制造的差距还很大。芯片制造如同裁缝，芯片设计如同服装设计师，只有设计师没有裁缝，服装是做不出来的。现在我们做不出来，就得买，或者去加工。我国集成电路制造业要赶上去，再不赶上去，就越来越落后了。”

他也呼吁：“代表集成电路技术水平的主战场在芯片制造企业，那里急需要一批高水准的工程技术人员去攻坚，需要由微电子专业以及相关专业的博士生、硕士生、本科生组成团队到国家队集成电路芯片制造厂去攻克 14 纳米、10 纳米、7 纳米，乃至 5 纳米堡垒。”

同时，对于中国集成电路的发展，朱贻玮提出了一些问题和思考。

一是在芯片人才方面，在 20 世纪六七十年代，在各芯片制造厂里都能见到清华、北大、复旦、交大、西电、成电等高校毕业生。为什么近三四十年微电子半导体专业的本科生、硕士生、博士生在国内的芯片制造企业中却很少见到？

二是在企业层面，中国大陆怎样才能培养出像美国英特尔公司、韩国三星公司和中国台湾台积电这样的“明星”半导体公司？

三是中国要采取怎样的战略措施才能在未来 10 年内把 IC 产业，尤其是中国的芯片制造业推到世界先进国家行列？

2017 年，80 岁的朱贻玮罹患眩晕病，发病时天旋地转，站都站不稳。“心里预感到来日不长了。我想起四机部已故的集成电路行业的领导和干部，也想起已故的单位领导和同事。回想起在北京酒仙桥地区工作 35 年、生活 55 年的经历，一旦我两脚一伸就什么都烟消云散了，不如当脑子还有记忆时把往事写出来，留给后人看看，也许还有些用处。”朱贻玮说道。

当年领军攀高峰，如今高峰在心中。就这样，从 2017 年 7 月到 11 月的 5 个月时间里，朱贻玮每天晚上在电脑上写一点回忆，最后写成了长达 3 万字的回忆文章《未曾忘却的记忆：回旋在酒仙桥地区的集成电路梦》。此文章在“中兴事件”后在网上发布，引起社会上广泛传播和热烈反响。随后，他又写了两篇文章：《中国集成电路产业发展艰难历程回顾》和《中国集成电路产业发展长期落后原因分析》。

耄耋之年不服老，虽身有疾患，朱贻玮也未曾停歇。他多次受邀前往清华大学、北京交通大学、杭州电子科技大学等高校，为师生们讲述中国集成电路产业发展的艰难历程、现状与展望；同时，受邀去燕东公司、宁波比亚迪等企业，为员工分享中国芯片产业的情况。

最后，本文以朱贻玮的清华同学张国钟为他作的一首藏头诗作为收尾：“朱子胜百家，贻孙品更佳，玮玉可传世，行善惠天下。”

张汝京

三“落”三“起”，压不垮的芯片企业家 70 岁再创业

文 / 慕容素娟

张汝京，1948 年出生于南京，第二年随父母到台湾。台湾大学机械工程专业学士，纽约州立大学工程科学硕士，南卫理公会大学电子工程专业博士。在美国德州仪器（Texas Instruments，TI）工作 20 年，其间在美国、日本、意大利等地创建并参与管理过 10 个半导体工厂。从 TI 退休后，曾任台湾世大半导体总经理。2000 年，募集 14 亿美元创办中芯国际，向世界芯片制造第一梯队冲刺。随后，在国内投资 4 家 LED 企业。2014 年创办新昇半导体，为大陆半导体产业弥补了硅材料的短板。2018 年，70 岁的他再次创业，在青岛创办芯恩集成电路有限公司。

张汝京

他，创办了中国大陆最大的芯片制造企业——中芯国际，开创了中国半导体企业市场化道路，并突破美国技术封锁，将中国大陆半导体技术与国外近 3 代的差距缩短至 1 代甚至小于 1 代；他率领着中芯国际的海内外人才，力争在祖国大陆创办一家世界级的晶圆制造大厂，并誓言要把大陆的半导体产业做起来。自此，

中国半导体业迎来了辉煌时刻。

除了让祖国大陆芯片制造技术实现突破之外，他还为大陆半导体产业培养了诸多人才，现在大陆半导体领域诸多企业的 CEO、CTO、COO 等高管，都来自于中芯国际。而一些基层员工，在他的公司得到了免费上大学、攻读硕士甚至博士学位的机会，用员工的话说就是“一生的命运得到了改变……”

然而，竞争对手感到来自他的严重威胁，通过商业诉讼来遏制中芯国际的发展，最终中芯国际败诉；加上为了长远发展的坚持投入导致与投资方收益求快的冲突，最终所有的责任和结果由他一个人承担，他“被迫退出”自己亲手创办的中芯国际。此后，种种后续的人事变动导致中芯国际的发展气势减弱，中国芯片制造赶超国际一流的梦想也就放慢了。

在业界替他惋惜的时候，2014 年，他在上海再次创办新昇半导体，开启 300 毫米大硅片（12 英寸硅片）研发及量产的新征程，此举弥补了大陆半导体产业硅材料这一重要短板。然而，3 年后他却离开了新昇半导体，继续他的另一个梦想——在中国成立先进的 IDM 公司。

2018 年，70 岁的他再次启程，总投资 150 亿元在青岛成立芯恩集成，建立一种 CIDM（Commune IDM）模式，即共有共享式的 IDM。

他，就是张汝京。

在半导体领域，张汝京是一位备受争议的人物：有人称他为“中国半导体之父”，因为他曾为中国半导体产业的发展做出了不可磨灭的贡献，半导体业内已退休的和仍在产业拼搏的同人，仍对他钦佩不已；也有人觉得他不适合这个称谓，因为他没能继续带领中芯国际向前走下去。而他自己认为早期的启蒙前辈们才配得上“中国半导体之父”的称谓。在有些媒体的报道中，还给他贴上了“理想者”的标签：世大半导体时，他支持与台积电的合并，但是台积电当时并没有在大陆设厂的计划，他选择离开台积系统，带队到大陆制造中国芯；一手创办中芯国际，被迫出局后，又创办了新昇半导体，而量产成功后他又转交给别人，只保留董事席位后离开。

在此，大家不免产生很多疑问：一次被排挤，两次转场，他有能力创办上百亿元规模的企业，难道真的没有能力守成？前面几次创业，究竟遇到了什么情况？古稀之年，为何还要坚持创业？在大陆出生，在台湾成长，在美国学习和工作，回到大陆 3 次创业，张汝京的心中，藏着怎样一颗炽热的中国“芯”？

带着诸多疑问，笔者前往张汝京第三次创业的根据地——青岛，与他进行了一次深入的交流，以为大家还原一位立体、传奇的张汝京。

酝酿——创办中芯国际之前

1. 美国求学阶段，多位恩师指点

张汝京大学就读于台湾大学。毕业后，按制度要求当了两年的义务预备军官。服役一结束，张汝京就去美国纽约州立大学读工程科学系硕士，这是一个跨学科的系，比较接近电机系、机械系、化工系，这为张汝京今后在半导体产业中的发展打下了学术基础。

在美国读硕士期间，张汝京的指导教授是一名犹太人，采访时他非常清晰地拼出老师的名字——David M.Benenson 博士。张汝京回想道："这位导师比较照顾我，由于我不是美国公民，导师专门为我申请专项奖学金，还帮我申请当研究助理，这样可以有较多的薪酬。"

作为助理，张汝京帮助导师做各种各样的实验和分析，由于他们所做的实验比较大，学校要求晚上 9 点才能开始使用电脑，以至于张汝京经常做实验做到半夜两点。

通过做这些实验，张汝京认识了加州大学伯克利分校校长田长霖。田长霖给张汝京提供了很多学业上的帮助，指出一些方向，张汝京一直感恩于怀。

几年刻苦研读下来，张汝京的学术研究能力得到大幅提升。

等到硕士课程修完、论文写得差不多之后，导师对张汝京说："现在不用管硕士论文了，你就准备接下来读博士吧。"

但当时，张汝京一心想参加工作，去工业界试试手。导师希望张汝京能把博士读完，所以有些不乐意和不舍得。张汝京告诉导师："将来再回来读博士。"导师的言语中透着诸多不舍："工作后回来再读博士就非常难了……"

采访期间，张汝京还把他的硕士毕业论文拿出来让笔者看。论文是 1973 年写的，算起来距他接受笔者采访时已有 47 年。47 年间，张汝京先后从美国到台湾、上海、青岛，论文始终伴随在身边，跟他见证了许多重大和珍贵的事件。此外，还有母亲的自传等书籍，张汝京也一直带在身边。

2. 从工厂做起，多方面得到历练

1974 年硕士毕业后，张汝京去了一家做染料的化工企业。张汝京所在的公司有 1 000 多人，他是唯一的亚洲人，大家对待他像宝一样。

公司有个规定，每一个工程师都要从工厂做起，当工头带工人，这样才能知道怎么设计、如何优化。张汝京进入公司两个星期后，老板就安排他带领 15 个美国工人。从基层做起，深入一线，了解工厂，了解工人，这给张汝京的职业生涯打下了一个很好的基石。

不过，怎么带是一个挑战。张汝京还记得，当时工厂里每周四下班前给工人发薪水，发之前要求每个工头给自己组的工人上 1 个小时的安全培训课。

有的老工头动手能力非常强，但是缺少理论基础，不知道怎么给工人教课。而张汝京给自己的工人讲授时，用一张大纸列出要点画出来，非常形象直观，工人很容易理解。其他几个老工头看了之后，就让张汝京帮助带他们的工人。这样，张汝京最早从给 15 名工人上课，到后来给四五十名工人上课。

为此，这些老工头非常感谢张汝京，当遇到一些动手方面的工作时，老工头会非常热心地给张汝京演示，教他怎么做。张汝京也从这些工头身上得到很多实践经验。

有一段时间，管发电和污水处理的工头家里有点事情，请了半年假，就由张汝京来管厂里的发电和污水处理。这让张汝京在语言方面进步特别快。他说道：“以前跟人家讲英语沟通的时候，会常常看对方的表情，这样容易知道对方在讲什么。在工厂里面，大家都分散在不同地方，主要通过对讲机沟通。这种沟通，你看不到表情，要求语言能力很强。压力很大，听不懂，说不出来，就很麻烦。”

此外，这个化工厂也做食品染料，与半导体工厂有一些相似之处，也有洁净室，里面要求干干净净，所有东西都是不锈钢做的，密封的，进洁净室要穿洁净服。

1975 年秋天，张汝京去了第二家公司——Union Carbide，这是一家做液态氮、液态氧等冷冻技术的企业。张汝京在其中负责特殊产品，比如要存储很多生物的标本，液态氮如何低温存储，如何保持 16 个星期漏光，这种设计非常复杂。

天助自助者，在这里，张汝京遇到了多位恩师的指导和相助，其中有一位叫 AL Batel 的德国老师傅，张汝京说道：“这位老师傅去过世界各地，语言能力很强，极其聪明，发明过很多东西，人也非常好。”

由于张汝京与 Batel 都是基督徒，有一种天然的认可和亲近，Batel 就教张汝京很多东西。他把很多新的想法告诉张汝京，然后张汝京把它实现出来。从想法转化成现实，整个过程对张汝京而言收获很大。在 Batel 准备退休时，就急着想在两年内把毕生的技术都教给张汝京。

除了 Batel，张汝京还遇到一位卓越的领导，是意大利后裔，叫 Frank Nataro。Frank 是张汝京的学长，对学弟很照顾，给张汝京很多项目做。

此外，还有一位老板叫张劲敏，是一个留学德国的博士。他与德国公司 Linde 的大老板 Chris Godsman 博士关系很好，两人有很多想法，会给不同的人去做。他们让张汝京做了各式各样的新产品和新工艺，有很高温的也有很低温的。

进工厂当工头阶段，让张汝京对工厂和工人等企业一线的情况有了深入的了解；后面又遇到的多位恩师，让张汝京将想法变成现实的转化能力得到大大的提升，并且研发出多种新工艺和新产品，这为张汝京今后涉足半导体业并一展身手，打下了坚实的实践基础。

3. 进入 TI，对公司感恩，坚持满 20 年才退休

后来，张汝京的太太毕业，两人有幸都进入了德州仪器（TI）。

TI 成立于 1930 年，总部在美国得克萨斯州的达拉斯，是世界第一大数字信号处理器（DSP）和模拟电路元件制造商，其模拟和数字信号处理技术在全球具有统治地位，在世界 20 多个国家设有制造、设计或销售机构。全球第一大半导体制造企业台积电的创始人张忠谋也曾就职于 TI。

在 TI Lubbock 工厂，张汝京有幸又遇到一位优秀的领导——Gene Frantz（后来担任 TI 类似 CTO 的职位），张汝京说道：“Gene 是一位极其聪明的人，他会想很多的好产品。”

Gene 很器重张汝京，他问张汝京为什么没有把博士读完，觉得张汝京不读博士太可惜。

当时，TI 有一个员工读博士的项目，合作的学校有斯坦福大学、南卫理公会大学（Southern Methodist University，SMU）等。

Gene 就推荐张汝京申请这个读博项目。由于斯坦福的项目刚结束，张汝京就申请去读南卫理公会大学的电机系，恰巧张汝京的领导 Gene 也是这个学校毕业的。

SMU 建校于 1911 年，建校以来培养出诸多世界知名人士，比如美国前第一夫人劳拉·布什、TI 首席执行官兼董事长 Jerry Junkins、美国航空公司总裁兼美

国航空集团董事长托马斯·霍顿、英国石油公司首席执行官罗伯特·杜德利、诺贝尔奖得主詹姆斯·克罗宁等。

有意思的是，推荐张汝京读博之后没几天，Gene 对张汝京说：“我后悔告诉你读博士的事了，因为告诉你之后你就会走，但我又想让你再好好学一下。”

隔了一段时间，Gene 又对张汝京说：“我不后悔，你还是去达拉斯读书吧。”

为了方便读博，张汝京和太太都申请去达拉斯的 TI 总部工作，这样离 SMU 大学较近。当时张汝京有一位叫王中枢的学长，博士也是 SMU 大学毕业，就推荐张汝京读他的博导巴特勒（Jerome Butler）教授的博士专业（AlGaAs 通信用半导体激光部件）。

参与读博项目的前期，张汝京是边工作边读博，并且是留职不停薪。

等到学完博士课程做论文时，TI 常常派张汝京到海外出差。每次出差回来，张汝京就去找博导谈论文的事。博导特别支持和关注张汝京，就让张汝京下班以后到他家里来做。

每天，张汝京下午下班后 6 点多去导师家做论文，8 点师母就过来送咖啡点心，对此，张汝京觉得很不好意思。

后来，他就跟公司老板讲，想留职停薪 6 个月专心把论文做完。谁知，老板听到后说：“为什么要留职停薪呢？留职不停薪！你照样做你的论文。”

老板和导师的支持，让张汝京在论文和工作两边都没有丝毫的松懈，那是一段极为紧张繁忙的日子。张汝京每天早上 7 点到公司，工作到 9 点；然后去学校写论文，顺便带了一个便当做午饭。下午 3 点，张汝京再从学校回到公司，工作到 7 点多。

这样的节奏持续了半年，一半时间在学校，一半时间工作，并且是留职不停薪。

值得一提的是，张汝京读博的学费全部是由 TI 承担的。

后来，张汝京博士毕业后回到 TI 工作时，每年都有其他公司来挖他，但张汝京对 TI 很感激，坚持留在 TI，一直工作到满 20 年工龄才退休离开。

在此期间，张汝京先后在美国、日本、新加坡、意大利及中国台湾等国家和地区创建并参与管理了 10 个半导体工厂的技术开发及 IC 运作，一时间被媒体称为“建厂高手”。

对于建厂这段经历，张汝京说道:“当时 TI 在世界各地建厂主要是为了扩展市场；另外，当地政府也比较支持，就是客户、TI 和当地政府合力建的工厂。”

4. 一心想来大陆，祖国情结深受父母影响

张汝京虽在美国多年，但一心想来大陆，打算退休之后就回大陆。他内心的那份祖国情结，深受父母的影响。

从张汝京母亲刘佩金的自传中看到，张母 1911 年出生于江西九江，9 岁进入女子学堂，后转入基督教教会学堂儒励中学，当时已经开始学英语、数学、化学、物理、生物、美术、音乐等课程。

张母高中毕业后考入南京金陵女子文理学院（金女大）化学系。1937 年大学毕业，申请到康奈尔大学的奖学金，继续攻读博士学位。

后来，1937 年夏天抗日战争爆发，张母最后选择留在国内任教。张母在广州协和女中和女子师范这两所教会学校教化学。日本攻打广州时，学校移到澳门，张母也跟着过去继续教学。

1942 年，太平洋战争爆发，日本攻打香港和澳门，学校转移到后方，从澳门辗转广州、广西、云南，历经两个多月的乘车、坐船和走乡间小路，到了四川重庆。

由于是学化学的，张母被调到重庆弹道研究所做火药分析，在这里结识了在钢铁研究所当工程师的张汝京的父亲张锡纶。

张父毕业于国内第一所矿业高等学府焦作工学院，起初进入上海的一家炼钢厂工作，抗战爆发后，张父跟随工厂迁移到重庆，负责开发坩埚炼钢的方法。

1947 年，张锡纶一家四口带着 300 多名炼钢所的员工到南京钢铁厂。1948 年，家中的第三个孩子，也就是张汝京在南京出生。1949 年，全家携 300 多名员工及家属经上海到台湾。

张父做材料很在行，后来看到张汝京在 TI 去世界各地盖工厂时，就问:“你在世界各地建厂，为什么不回大陆建厂？”张汝京说，一直没有机会。

母亲一直教导子孙辈要爱国，不要忘记自己是中国人，并鼓励孩子们回祖国服务。

在父母的影响下，“回大陆”成了张汝京的一个心愿。

5. 回国参会结识王阳元院士，为在大陆创业埋下伏笔

天助自助者，当一个人想做一件事时，各种机缘都会来促成这件事。

1996 年，张汝京从 TI 退休（工作满 20 年可以提前退休）的前一年，电子部（工业和信息化部的前身）的相关代表去美国参观，张汝京被公司推荐接待了中国代表团。

1996 年年底，电子部举办了一场电子论坛，也邀请 TI 派一名代表参加。TI 安排张汝京代表公司参加。这次会议，使得张汝京结识了王阳元院士和俞忠钰等老前辈。

“王老师说‘你回来帮忙吧。’”张汝京回想当时的情景时说道。张汝京口中的王老师，就是王阳元院士。

张汝京开完会回美国后，征求几位前老板的意见，他们都很支持。张汝京也征求家人的意见，家人更是非常支持。这样一来，张汝京就没有了后顾之忧。

1996 年年底，张汝京跟王阳元院士见过面以后，开始筹备回大陆的事。

当时，张汝京有一位大学学长叫陈正宇（康奈尔大学博士）。他买下华晶的一个 5 寸 6 寸 MOS 线，成立华晶上华，担任董事长。

陈正宇的大学同学苏崇文（斯坦福大学博士），是张汝京在 TI-ACER 时的一位领导，他推荐张汝京去陈正宇那边。

在这个时候，台湾的中华开发投资银行成立了世大半导体，也希望张汝京过去。

张汝京对中华开发说：“我是想去大陆，要不你们和陈正宇那边合作吧。”

中华开发总经理胡定吾非常支持与陈正宇博士合作，于是，中华开发投资银行也出钱，张汝京带着一个团队到华晶上华，陈正宇任董事长，张汝京任总经理，张汝京团队负责 0.5 微米的半导体项目开发。张汝京说：“这个技术当时受一些限制，AT&T 公司得到美国政府的同意，就从西班牙的一个比较老的厂转过来。首先转的是 0.8 微米的技术，慢慢地再从 0.8 微米做到 0.5 微米。”

1997 年，张汝京从 TI 退休后来大陆先参与这个项目。因此，张汝京一半时间在台湾，一半时间在无锡。

1998 年 2 月的某一天半夜，在无锡的张汝京正在睡觉，突然来了一个电话，电话那头说：“台当局要求中华开发把大陆的项目都停掉。”

于是，中华开发胡定吾跟华晶上华陈正宇达成协议，张汝京和团队回到了台

湾。当时，中华开发投资了世大半导体，张汝京在盖厂和经营管理方面比较有经验，作为中华开发副总的张汝京，就去了世大半导体担任总经理。

1998 年 5 月，当大陆的项目验收完成后，张汝京和团队就完全撤回台湾，专心做世大半导体的项目。

世大半导体从 1997 年做到 2000 年，公司赚钱后就被并购了。

此前媒体传“世大半导体被卖时，作为总经理的张汝京并不知道”。就此事，笔者求证了张汝京，他说：“这是错的，我完全知道，而且张忠谋先生要买世大，特地找我去商谈，问我同意世大卖给台积电吗？我说我赞成。”

张汝京说，他赞成的原因是当时想着把厂卖了之后，可以来大陆。世大被卖的商业谈判环节他没有参与。最后，张忠谋以原始股价 8.5 倍的价格买下世大半导体。张汝京进一步说道，对投资人而言，是很乐意的。

张汝京也问过张忠谋，收购世大后会不会到大陆发展？当时，张忠谋没有表态。张汝京说，自己没有考虑到当时的政治环境。台积电买下世大后，张忠谋几次与他约谈，希望他留下来。然而，张汝京一心想去大陆，为此坚持离职的他被扣了很多台积电的股票。

那时，张汝京去大陆之意很坚定，根本不在乎股票的事。

爆发——带领中芯国际向世界第一梯队迈进

1. 国内外 IC 前辈共同推进下中芯国际项目诞生，张汝京成为不二人选

中国半导体业的起步并不晚，1958 年世界第一块集成电路在美国诞生，1965 年中国的第一块集成电路诞生，仅晚于美国 7 年。《集成电路产业 50 年回眸》作者、八十多岁的 IC 产业前辈朱贻玮指出，由于早期国家对半导体产业的发展规律认识不足、投入不足，以及国外的技术封锁，使得后来中国半导体业不断落后于美国和日本，并被起步晚的韩国、中国台湾地区赶超。

在技术差距上，中国半导体的技术研发与国际先进技术相差 3 代；由于半导体制造能力薄弱，等到能生产出来时，与世界先进半导体水平的差距已变成 5 代。从时间差距来看（据《集成电路产业 50 年回眸》统计），比如在年产量 6 亿块这个节点上，美国是在 1972 年，日本是在 1976 年，中国实现已到 1996 年，与美国、

日本的差距分别是 24 年、20 年。

在半导体领域，企业如逆水行舟，不进则退。半导体产业有一个摩尔定律，行业 18 ～ 24 个月会进行一次技术迭代升级。

面对日趋拉开的差距，国内王阳元院士和电子部领导们一直在积极筹划中国半导体的发展计划，而大洋彼岸，一批爱国华人也开始为“中国芯”忧虑。从 20 世纪 90 年代开始，这些海外华人回到国内，辗转多个城市与相关部门和多家企业进行调研、沟通，希望能推动中国半导体的发展。

据张汝京介绍，这些爱国华人主要来自美国东部、美国南部的得克萨斯州（主要来自 TI）以及美国西部的加州。来自美国东部的有虞华年博士（美国 IBM 资深研究员、台湾工研院资深顾问及美洲工业技术顾问团主席）、胡定华博士（台湾工研院电子所首任所长）、杨雄哲教授（哥伦比亚大学电机系主任、香港大学微电子主任教授）、杨丁元博士（毕业于普林斯顿大学，华邦电子总经理）、马启元博士（毕业于哥伦比亚大学，哈佛大学副教授）。来自美国南部 TI 团队的有毛鑫博士（毕业于斯坦福大学，TI 副总）、邵子凡博士（毕业于罗萨斯特大学，TI 副总）、沈其昌博士（毕业于康奈尔大学，TI 技术高管）、张德明博士（毕业于南加州大学、TI 资深研究员）以及张汝京博士本人。来自美国西岸加州的有徐大麟博士（毕业于加州大学伯克利分校，汉鼎亚太董事长）、田长霖博士（加州大学伯克利分校校长）、季明华博士（加州大学伯克利分校微电子研发专家）、陈一浸博士（加州大学伯克利分校微电子研发专家）等。

1996 年，虞华年博士等海外华人代表团来到大陆，几经辗转调研，倡议国家发展半导体产业；1998 年，他们正式给国家领导提交文件《关于建立中国微电子产业群以带动信息产业发展及工业结构调整的建议》；1999 年，他们一行人又来到国内，推进中国半导体业的发展；2000 年，海外华人代表团再次向国家领导提交《关于加快微电子产业发展的建议》。这些建议，得到了国家领导的高度重视和批示。

海内外的力量汇合，几位老先生都找到了张汝京，大家的一致结论是发展中国半导体的最佳方式是建半导体制造厂，中芯国际项目由此诞生。

芯片业最早是集设计、制造、封装测试为一体的形式。1987 年，我国台湾半导体企业台积电开始专注芯片制造，此后全球半导体业逐步走向分离模式。

发展半导体业为何要建制造厂？关于芯片制造的重要性，IC 前辈朱贻玮曾打过一个形象的比方："把半导体业比作服装业的话，芯片设计就是设计师，制造就是裁缝，没有裁缝服装是做不出来的。发展中国半导体业，需要从半导体制造业入手。"

张汝京先后在美国、日本、新加坡、意大利及中国台湾等国家和地区创建并参与管理10家半导体工厂的技术开发及运作，他在华晶上华和世大半导体项目中也有出色表现；并且由于深受父母的影响，张汝京对祖国大陆一往情深。

为此，张汝京，成为中芯国际项目的最佳人选。

挑起历史重担的张汝京，不仅卖掉了在美国的多处房产，还把90岁高龄的母亲和太太、孩子一起迁居到上海。张母在自传中写道："回到阔别50年的祖国大地，回母校金女大看老校长吴怡芳博士纪念馆，也看到失散多年的小姑姑、妹妹和堂弟妹及他们的家人。在大陆工作的大儿子陪着我从南到北探望亲人，感慨万千。"后来，全家在上海定居，张母写道："总算是达成了海外游子落叶归根的心愿。"

在中芯国际的选址上，张汝京和虞华年博士、胡定华博士等几位前辈先后一起去了香港、北京、上海，张汝京又和马启元教授去了深圳看场地。

他们首先想到是在香港，或许可以避免美国的禁运。当时海外投资人对香港也比较有兴趣；香港特区政府也很支持，董建华同意给一块地来建厂，张汝京要求在这块地以外，给员工盖一个宿舍。这个要求引起香港的房地产集团的不满，视此举是在抢他们饭碗。加上香港的IC人才不是特别多，内地的人才去香港也不容易。另外，香港已经回归，在香港和在内地建厂差别不大，多少也会面临一些禁运限制，最后，他们放弃了香港。

接着是北京。但当时刘淇市长不在，接待的副市长不太清楚此事，不能拍板。

关于上海，时任上海市市长的徐匡迪非常支持。张汝京他们本来看中的是上海的金桥，因为华虹半导体也在那里；但上海张江也很热心，提供的地也很多。

大家在香港碰面，开会讨论最终的地点。虞华年博士、胡定华博士、杨雄哲教授、张汝京还有马启元教授最终商定："还是聚焦张江！"

在筹备资金方面，中芯国际并没有国家投资，而是自筹资金，整个项目建起来需要近10亿美元。中芯国际之前的国内半导体企业，主要是国家投资建厂，企业通常是国有属性。

在王阳元院士的支持下，国内企业北大青鸟进行了投资；上海张江科技园区以土地作价进行了投资。张汝京又找到海外资金，如华登国际、汉鼎亚太、高盛资本、祥峰资本等都对中芯国际进行了投资。

最后，共筹集资金 14 多亿美元，大大超出了预期。

中芯国际在业内实现了几个创举，我国半导体行业前辈莫大康指出：“中芯国际项目是自筹资金，这改变了以往中国半导体企业的国有模式，进而引入市场机制，这为企业赢得了一个难得的开放 、自由的市场竞争环境。”

紧接着，就是紧锣密鼓的建厂，当时中芯国际的所在地还是一片稻田。

一般情况下，半导体制造厂建设至少需要 1 年半到两年时间，而中芯国际的厂房从一片稻田到工厂建起来，仅用了 13 个月。2000 年 8 月 24 日打桩，第二年 9 月 25 日投片试产，这在全世界半导体建厂历史中是用时最短纪录。

具有中国半导体产业里程碑意义的中芯国际在上海张江诞生后，中国半导体业也开始迎来新的发展篇章。

2. 辗转美国、日本、荷兰、以色列，申请设备技术许可

建厂的同时，还需要引入先进的技术设备，然而，当时面临着国外的技术禁运。

为了封锁中国和苏联，1949 年，美国、日本、澳大利亚和欧洲各国联合成立巴统委员会（以下简称“巴统”）。巴统主要针对社会主义国家实行禁运，禁运清单主要包括军事武器装备、尖端技术产品和稀有物资三大类上万种产品。日本是该委员会成员，不受禁运管控。此外，韩国和中国台湾地区也不在禁运之列，都可以引进世界先进的集成电路制造设备和技术。

苏联解体之后，巴统于 1994 年宣告解散，但 1996 年，33 个西方国家又重新签订了一个替代性的《瓦森纳协定》，对军事产品及高科技产品的出口实施管制，中国同样在被管制国家之列。

20 世纪 90 年代，由我国政府主导投资的华晶和华虹两家国有半导体企业在国际市场采购设备时，都遭遇到了《瓦森纳协定》的限制，困难重重。

“《瓦森纳协定》对我们中国的限制常常是最新的技术不能移转，N+1（次一个世代）的可以考虑，但是要申请，通常申请时间很长，等到核准的时候都已经变成 N+2、N+3。”张汝京讲道。

当时，世界上先进工艺已经在量产 0.18 微米，0.13 微米工艺也即将量产，

国内在做的是0.5微米（技术演进的顺序是0.5微米、0.35微米、0.25微米、0.18微米、0.13微米……），与国外先进技术差3～4代。

中芯国际项目，张汝京希望引进0.18微米等级的生产线设备和相关技术。于是，他开始辗转新加坡、美国、日本、荷兰等地。

张汝京曾在新加坡建过厂，整个过程相对比较顺利。“特许半导体（Charter格罗方德的前身）有0.18微米的制造技术和设备，双方沟通后特许半导体同意将多出的一些设备卖给中国，大概80台。同时，把0.18微米的工艺技术和相关IP也转了过来。”张汝京回忆道。

在技术壁垒的突破上，最难的是跟美国打交道。

张汝京的母亲是一名虔诚的基督徒，受母亲的言传身教，张汝京也是一名虔诚的基督徒。为此，他通过个人关系找到美国五大教会为自己背书，保证中芯国际将来所生产的芯片产品只用于工业民用，而非用于军事。

TI成为中芯国际重要的技术合作伙伴。不过，美国政府给的出口许可是允许TI公司给中芯国际流片（像流水线一样通过系列工艺制造芯片），但是0.13微米的技术不能转过去。最后，TI公司把技术规格告诉张汝京，中芯国际自己开发。

张汝京打了一个比方：“这如同一个老师，他不能来给我们上课，但是他给考试；每次考试完，他会告诉哪些地方达标，哪些还没达标，但不会教怎么做。这是一种特殊的合规的方式，最后中芯国际攻克了0.13微米的技术。”中芯国际也购买了欧洲IMEC 0.13微米的专利授权。

当时，中芯国际计划把摩托罗拉天津厂买下来，由于摩托罗拉工厂中有用到锗硅，美国担心会被用于军事，一直不给设备使用许可。

“那时，向美国政府申请0.18微米的技术非常困难，锗硅更难，与其一样困难的是0.13微米的技术。”张汝京说道。

于是，张汝京向美国政府申请出口许可，这需要美国商务部、能源部、国防部、国务院4个部门同意。

在美国商务部审核环节，商务部召开100多人规模的听证会，邀请美国企业界代表参与。谁知，里面有张汝京在美国的老同事，也有以前开会认识的老朋友。“我做了报告后，商务部闭门开会。最后，同意让我们移转技术到中芯，条件是中芯答应不做军方项目，不做武器，也不可以转给其他公司。”张汝京提到当时的情景。

接下来，张汝京又向美国能源部保证“不会做原子弹”，最后能源部也通过。美国国务院的立场则是，若其他部门支持，其就会支持。

4个部门中审核最严的是美国国防部。国防部的一些官员知道张汝京是基督徒，认为张汝京到中国做这些事是献爱心，不应该阻拦，但国防部仍与张汝京谈了好几轮，最终还需要国防部管出口许可的老大拍板，这位老大曾是陆军少将，在圈里有dragon lady的称号，非常难打交道。

对方约张汝京在一个周五早上7点到其办公室，要求张汝京只能讲20张幻灯片。当这位国防部老大看到中芯学校的幻灯片时，脸上露出了笑容，给助理说：“项目里有学校，你看这些小朋友多可爱。”

最终，商务部老大说道：“Richard（张汝京的英文名），你回去补几个条件，承诺‘不做武器，不做军事用途的产品’；承诺员工被培训好后，几年内不会跑到其他公司。”

听到让补条件，张汝京悬着的心一下子落下来。他说：“如果只让我们回去等，基本是没戏。”

然而，事情没有想象的那么顺利，后来国防部还是阻挠。张汝京向国防部保证：“在中国政府同意的情况下，你们可以随时来我们工厂看，不需要事先通知我们。”

这种诚意让国防部的官员放下了疑虑，最后国防部还提出一个条件——要求定期确认，看看最先进设备是不是还在工厂，设备生产的是否都是民用产品。

两周后，当把公司所签的承诺协议转给美国4个部门后，美国终于通过了0.18微米和0.13微米的技术许可。且经协商，美国同意在天津厂用到锗硅的两个设备可以解禁，但是要求一定时间内操作员必须是美国公民。

日本的技术、设备、材料出口也受到《华盛顿协议》等管制的影响。“日本通常会看美国的动作，美国通过后再申请会容易些。”张汝京说道。

张汝京曾在日本工作过，能够说一点日语，在日本也结识了很多产业界的朋友，这对他申请日本技术许可有很大的帮助。

张汝京到了东京，拜访了东芝半导体原事业部总经理川西刚（是张汝京担任世大公司总经理时世大的董事长），以及东芝市场销售部的总经理川端章夫。这两位日本朋友带他一起去拜访日本产经省出口部的相关负责人。

此外，在欧洲也面临着技术管制。由于需要买荷兰 ASML 公司的禁运设备，张汝京前后去了 3 次。张汝京说道：“幸运的是，只要申请并做出保证，不需要再面谈。”

在以色列的技术引进方面，同样商谈了很多次，后来得到以色列政府官员支持，由引进设备的以色列公司与张汝京共同写报告，并做出相关承诺。

最终，辗转多个国家获得了相关技术许可和设备。整个过程，如同一场战役。

中芯国际运作期间，美国官员与中国商务部官员曾多次一起来视察工厂。“中芯每次都是满分通过。”张汝京说道，“后来，中芯在每一次技术节点升级时，比如从 0.18 微米到 0.13 微米，再到 90 纳米、65 纳米、45 纳米、32/28 纳米时，都要再次向美国、日本、欧洲等申请技术许可。”

而当中芯国际建起 12 英寸晶圆厂之后，此前国家投资建立的华虹 NEC 筹划多年的 12 英寸厂，却一直面临美国的技术封锁。

在争取国外技术许可的过程中，除了张汝京在世界各地积累的产业资源起作用之外，他的基督徒的身份也帮了大忙。美国的五大教会为张汝京背书，从为人做事的角度为他做担保，这是美国能够通过中芯国际技术许可不可忽略的因素之一。

“美国的教会发挥了很大力量，而且美国民间团体对中国的爱心没有减少。”张汝京指出。

他举例道，在特朗普收紧对华留学生政策时，所认识的几个学校校长联合写信给特朗普，信中大意是：中国的留学生是非常好的学生，我们办学校的目的就是要集天下英才而教之，不能排斥中国留学生，不能有任何歧视发生。

此外，张汝京还提到美国民间对中国孤儿的领养。1991 年，中国颁布了《中华人民共和国收养法》，规定外国人可以收养中国孤儿。截至 2018 年，已经有超过 11 万名中国孤儿被美国家庭领养，其中约有 8 万多是有残障的儿童，且在领养的国家中，美国是收养中国孤儿最多的国家。

面对当前的中美贸易战，张汝京指出：“美国很多人一直非常支持中国，这个力量我们还没有用起来，可以考虑通过美国的教会来汇聚这个力量。”

3. 通过人脉资源吸引全球半导体精英加入中芯国际

20 世纪初，中国大陆半导体产业可以说是一无所有。在人才方面，当时有

0.35微米半导体芯片量产经验的人才非常少，估计不到10个人；有0.25微米量产经验的人可能更少。

张汝京在TI工作20年，又在日本、意大利、新加坡、我国台湾等国家和地区工作过。他通过积累多年的人脉，开始从这些地方网罗行业精英。

第一批总共来了400多位半导体人才。不过，前期来的人才主要集中在生产营运、大规模生产方面，研发人才还不够。

张汝京又多次去美国华人聚集的地方做宣讲介绍，先到美国东岸，再到南部的达拉斯，接着到西部的加州，等等，呼吁华人回国为中国半导体产业出力。

在他的呼吁下，又有60～80位工艺研发工程人才从美国回来。像杨世宁博士（美国英特尔公司技术总监）、谢志峰博士（美国英特尔项目经理）、施景洪博士（TI与Semitek资深研究员）、宋天泰博士（TI资深自动化经理）、俎永熙博士（TI存储器开发部高级研究员）等，从美国回来直接加入中芯国际。

此外，还有一些半导体精英回国后进行创业或加入别的公司，他们都成为中国芯片业日后重要的产业力量。比如，当前中国半导体的一些领军人物陈大同博士、武平博士等，据说也是听了张汝京的演讲受到鼓励后回来的，他们后来创立了展讯通信。展讯通信后来发展成为中国通信芯片领域的标杆企业。

最终，从世界各地来了400多位设计工程师，几乎都怀揣着发展中国半导体业的热忱或对张汝京的追随，心甘情愿降薪加入中芯国际；一些员工卖掉国外的房子，带着全家回来，全力投入到中国半导体业的发展中。

为了吸引人才并留住人才，一方面，张汝京为员工建社区，解决员工住房问题；另一方面，为员工子女建双语学校，解决员工后顾之忧。员工子女的学校从幼儿园、小学一直到中学，虽采用双语教育，但费用要比国际学校低很多。（由于学校升学率高，深受好评，后来学校也对外开放。从中芯学校网站上了解到，当前非公司员工子女的比例已经达60%）

再者，张汝京还为在职员工提供了继续教育的机会。中芯国际与北京大学、清华大学、复旦大学、上海交通大学以及南开大学等合作，为员工提供继续教育的机会。其间，有员工从高中学历读了本科，也有本科读了硕士的，还有硕士读了博士的。公司会为完成学业的员工承担全部学费。

其中，一位从高中学历读大学的员工，后来给张汝京写信，信中写道：“如果不来中芯国际，我此生大概不会有机会再读大学……”

另一位在中芯国际从本科考上硕士的姓冯的员工说："考试前公司会请辅导员给员工辅导，培训费公司来承担。考上之后，公司根据需要，有时会将老师请过来授课。"她前后在中芯国际工作了13年半，并一直跟随着张汝京。

还有一位台湾来的姓李的员工，在中芯国际从硕士读了博士，进行器件工艺分析技术研究。他说："读博期间，公司同意我使用一些数据作为读博研究材料，使我能够顺利完成学业。"他一直在中芯国际工作了15年，也跟随着张汝京到芯恩青岛公司。

另一位姓罗的台湾员工，在中芯国际期间也从硕士读了博士，攻读微电子专业，并一直在中芯国际工作了12年。后来出来创业，现在还一直与张汝京保持着沟通与协作。他说："这是一种恩情，不能忘却。"

4. 迅速跻身世界前三并带动国内产业生态不断完善

资金到位、技术设备到位、人才到位，使得中芯国际具备了天时、地利与人和，成为当时国内规模最大、技术最先进、配套最齐全的芯片制造企业，并以行业前所未有的速度向世界第一梯队冲刺。

中芯国际2001年9月试投产；2003年产值跃居全球第四大芯片制造商；2004年3月在中国香港和美国两地挂牌上市；同一年，成为全球第三大芯片制造厂。在5年内，张汝京带领中芯国际在上海盖了3座8英寸晶圆厂，又买下摩托罗拉在天津的一座8英寸厂；另外，在北京的一座12英寸晶圆厂也相继投产。

与此同时，中芯国际的发展，也带动着中国半导体产业生态的不断完善。

在地方政府的出资下，中芯国际负责建厂和管理运营，先后建成武汉新芯和成都成芯公司。"项目前期由地方政府投资，委托中芯国际经营，时机成熟时再进行回购，这样中芯国际就减轻了很多财务压力，同时又获得了产能。"张汝京说到当时的规划。

武汉新芯拥有当时我国中部地区唯一一条12英寸生产线，带动了中部地区半导体上下游的产业集聚。张汝京也联系了美国德州的飞索半导体(Spansion)，使其成为技术合作伙伴，为武汉新芯取得了飞索半导体在Flash上的工艺与IP授权。

当前，武汉新芯已成为Flash闪存的重要阵地(Flash闪存是内存器件的一种，属于存储芯片，其存储特性相当于硬盘)。

接着，成都也与中芯国际合作建了一家8英寸厂。当时需要把上海的一些设备转到成都，中间经历很多曲折。“每一个设备转到成都，都需要去美国出口许可部门补文件，申请转到中芯相关的一个厂（转到成都）。”张汝京说道。

有一天，正在移转刻蚀机时，美国突然叫停不让转。张汝京说出背后的原因：“后来得知，中国刚刚用一枚导弹成功把一颗旧的卫星打下来，这个技术让全世界很惊讶，因为当时只有美国和俄罗斯可以做到。据美国媒体报道，该导弹的发射点是在成都附近，所以美国对转到成都的设备要严格检查。接着，美国派专员去成都视察，看设备是不是在成芯工厂里。”

当时的张汝京压力特别大，再不安装设备，工厂就起不来了。于是他祷告，求上帝帮助。

当时，成都工厂有一个姓田的 ABC（American-Born Chinese，美国出生的中国人）员工，他是张汝京去美国东岸招兵买马时招来的，还有一个行政管理中心的姓冯的处长（留学生）。这两个人与美国来的这位专员见面沟通。

没想到，这两个人与美国专员见面后，发现他们从小在同一个教会长大，相互认识。有了认识和互信的基础，这位美国来的专员调查后就没有任何刁难，写报告说东西都在工厂内，美国就放行了。回想到这一幕，张汝京无比庆幸：“如果不认识，这一关有可能过不了。”

成都 8 英寸厂的建立，带动了我国西部地区半导体产业的起步和发展。

与此同时，中芯国际的建立，也吸引了更多半导体项目落地上海。

5. 多种因素交集被迫离开中芯国际，产业先驱成为牺牲者

半导体行业属于快速迭代的行业，加上资金投入大、技术门槛高，对企业而言，一个公平的贸易环境和发展空间至关重要。

静水潜流之下却是暗流涌动。中芯国际迅猛的发展势头，使全球半导体制造老大台积电备感压力和威胁，老大通常不会坐以待毙，就如同当前世界老大美国打压中国一样。

为了遏制中芯国际的发展，台积电对中芯国际发起了专利诉讼战。知识产权是维护企业核心利益的武器，也成为阻挠竞争对手的一种手段。半导体是一个跨年度下订单的行业，这种诉讼案不管输赢，都能干扰对手正常的发展节奏以及来年的市场订单。

2003 年，在中芯国际即将在中国香港和美国上市的关键时刻，台积电在美国起诉中芯国际侵犯知识产权（不当使用对方的设备菜单 recipe），要求赔偿 10

亿美元。当年中芯国际总营收 3.6 亿美元，赔偿金高得离谱，不难看出台积电的真正用意。从 2003 到 2004 年，台积电前后对中芯国际发起了 4 次诉讼。

最后查实，中芯国际存在侵犯知识产权的行为。“员工拿了人家的菜单，是不应该的。我还问过他们，他们说没有拿，最后一查查到了，这是我们的责任，我应该承担后果。”张汝京对此表示。

张汝京提及台积电在诉讼中所用的计谋：“台积电从电脑记录中得知是哪些员工离职去往中芯国际时拿走了相关技术菜单，但并没有正式通知中芯国际，而是先与相关的中芯国际的两位高管沟通，让他们带着 30 ～ 40 人的团队离开，不要说为什么离开，如果说就告他们。把知道事情的人弄走，最后让不知道事情的人去打官司，怎么打？”

2005 年，双方达成庭外和解，中芯国际赔偿台积电大约 1.75 亿美元。

此后，中芯国际一直努力建造自己的运营体系，然而，和解后的第二年，台积电再次在美国把中芯国际告上法庭。

对于台积电的再次起诉，张汝京很是惊讶：“已经和解了，为什么又来打？”这是典型的商业打压，于是中芯国际就反过来告台积电违反诚信，上诉到北京。

“在北京打官司之前，台积电那边的律师说‘北京的律师我们已搞定了，我们肯定会赢的’。”张汝京提到当时他们遇到的情况。

最终，北京高院驳回了中芯国际对台积电的全部诉讼请求。在第二次极有把握胜诉的情况下，中芯国际连申诉的机会都没有。

“每次想起来，这个都是心头的痛。很多事情凑在一起，让中芯国际没办法与台积电对抗。”提到这些时，张汝京在办公室不停走动，可以看出他的内心还是不平静。

台积电对中芯国际的诉讼前后历时 7 年。第二次败诉后，中芯国际被迫付出更大的代价：在 1.75 亿美元的基础上，再赔 2 亿美元，外加 8% ～ 10% 的股份。

中芯国际与台积电的诉讼，看似两家半导体巨头之争，实则反映的是中国高科技企业在发展中面临国际巨头的打压。对比这样的专利纠纷，后面国内的半导体公司要幸运得多。

加利福尼亚大学博士尹志尧回国创办的中微半导体，在半导体设备领域快速发展起来，这引来国外竞争对手挑起的知识产权侵权诉讼。在中国各方面的支持下，最终中微半导体获胜，且整个诉讼过程中微的损失不大，还为中微以后的发展扫除了专利障碍。

前后结区别巨大，这与国家对半导体产业的支持力度不同不无关系。国家在1990年和1998年发起的908工程和909工程，并没有快速缩短与国际半导体业的差距。2000年之后，国家减小了对半导体的支持力度，支持的形式仅是相关政策和文件，如鼓励软件和集成电路发展的18号文，诸多863、973、核高基专项、01专项和02专项等。后来，18号文的“增值税退税”政策在WTO谈判中被取消，政府对半导体产业的投资热情开始大幅衰退，政策转向让人难以捉摸。

此外，当年中芯国际的发展路线“先赚钱盈利还是先让技术站稳”也在公司内部引起极大争议。对于股东而言，往往是希望先盈利。张汝京坚持先让技术站稳，再赚钱。“由于世界龙头企业的起步比中国早一二十年，如果按部就班，永远赶不上世界先进水平，永远是落后。”张汝京说道，为了中芯国际和中国半导体业的长远发展，他顶住压力，三步并做两步走，强攻技术滩头，在消化8英寸生产线的投资成本同时，开始布局12英寸生产线。

2005年，成都8英寸工厂开工、上海12英寸工厂开工；2006年，武汉12英寸工厂开工；2008年，深圳8英寸及12英寸工厂开工。中芯国际最终在华东、华南、华北、西部四地进行布局。

中芯国际以一家企业的力量，拉动着整个中国半导体产业的快速升级。付出的代价就是中芯国际的营收连年亏损（现金流是正的，不过加上巨额的设备折旧费用，利润就变成负的）。

为此，引发一些股东对张汝京的不满，加上2009年与台积电的二次诉讼失败，协议中除了中芯国际赔偿2亿美元现金及10%股权，台积电还有一个条件：张汝京离开中芯国际。

最终，张汝京一人承担了所有责任。2009年11月，他被迫离开了自己一手创办的中芯国际。

然而，十年之后发生了中兴事件和华为事件，美国通过芯片卡住了中国的脖子。“先赚钱还是先发展技术”，这一问题已不再是问题，政府意识到，技术更重要，赚钱可以慢慢来。

可惜的是，在那个时间节点下，张汝京这位中国半导体奋起路上的产业先驱却成了牺牲品。

当问及张汝京如何应对这些遭遇时，他引述了《圣经》里的内容：亲爱的弟兄，

不要自己伸冤，宁可让步，听凭主怒。因为经上记着，“主说，伸冤在我，我必报应。”（《圣经》罗马书 12 章 19 节）

然后他说道：“生气干什么，不需要生气。那件事不太想了，重新开始吧！”

再出发——继续填补产业空白

勇气，是生命当中最鲜艳的一抹原色。如果人生失去了勇气，那很多日子就会变得苍白无力。莎士比亚曾说：有德必有勇，正直的人绝不胆怯。茨威格曾说：勇气是逆境中所绽放的光芒。

离开中芯国际的张汝京，还面临着 3 年的竞业禁止期。这意味着，从 2010 年起三年内，他不得从事与半导体相关的项目。

职业生涯遭遇重创，61 岁的张汝京并没有就此消沉，也并未停止探索的步伐。此后几年内，他投资了几个 LED 项目，并创办了一家 LED 公司。

1. 因国家需要再次出征，填补国内无半导体大硅片的空白

尽管张汝京开发的 LED 产品的销售已遍及全球，但在他眼中，这只能算是“副业”。

2013 年年底，有人找到张汝京：“中国缺大硅片，要不要做？”

硅片是半导体产业链最上游的材料环节。在 300 毫米大硅片领域，当时主要由日本、德国、美国及韩国企业所垄断，国内所需的大硅片完全依靠进口，而且当时国内对大硅片的需求量已经很大，一个月需要用到约 40 万片，但是国产大硅片的产能趋零。

国内空白，意味着技术、人才、设备都没有。创业难，创业做半导体更难，创业做国内技术空白的半导体项目更是难上加难。

面对这样的挑战，张汝京却没有丝毫的犹豫，他立马回复对方：“可以考虑。”

张汝京再度出山，就像当年创办中芯国际那样，又一次开始在全世界找人才、找技术、找生产设备。

当时，张汝京了解到韩国 LG 公司有相关技术，就去往韩国和 LG 公司谈：“正好 LG 想跟中国合作，愿意提供一些专家和技术人员，最后一共来了将近

20 人。”

接着张汝京去往台湾地区、新加坡和欧美招募贤才，最终召集了约 150 位高手组建了初创团队。

人才初步落实之后，设备成为重中之重。生产大硅片需要用到拉晶炉，不过这种设备技术难度非常大。张汝京了解到，当时日本东芝有这种拉晶炉，不过价格较高，一台约为 580 万美元。他又打听到德国有一家公司也有这种产品，价格相对低些。

于是，张汝京亲赴德国，但是这家公司的老板却不愿意支持中国，因为担心被抄袭。张汝京向对方强调并保证：“我们不生产拉晶炉，只是买你们的炉子来长晶。”但是，对方还是不愿意卖，张汝京最后只能无奈回国。

张汝京又想到以前曾用过韩国一家公司的炉子，于是他又辗转到韩国去找。“这次比较顺利，双方谈得不错，并最终预定了设备。”张汝京提到韩国之行说道。

与此同时，他还获悉美国 Kayex 公司也做拉晶炉，做得很不错。不过，当时打听到对方把生产销售业务卖掉，研发团队还有多人留在美国纽约州，成立了一家新公司。新公司的研发团队与南京晶能合作，在南京生产大硅片的拉晶炉。而张汝京做 LED 业务时与南京晶能公司合作过，并买过对方的蓝宝石拉晶炉。

通过晶能，张汝京认识了美国这家新公司的研发负责人潘清跃博士。当时潘清跃在美国，张汝京就又亲自跑到美国，希望对方能帮助解决最难的拉晶炉和长晶的问题。

最终，张汝京分别从韩国和南京晶能买了两种炉子。

“各个地方的技术高手都已到位！”张汝京由此欣慰地说道。

人才、设备搞定之后，资金也是难关。张汝京又发挥了自己的优势，找到了上海新阳半导体和兴森快捷科技公司。

新阳半导体是张汝京在中芯国际时合作结识的厂商。作为半导体材料商，主要做硫酸铜、高纯度电解液等。2006 年，国家 02 专项提出要发展半导体材料，张汝京在中芯国际主政时力主采用国内材料企业的产品，当时就与新阳半导体、江丰电子、安集等材料项目合作，协助其产品的测试和验证，进而协助推动了国内半导体产业链的发展。

中芯国际的这种支撑带动性，使这三家材料企业得以快速发展并在之后相继上市，三家公司对张汝京也心存感激。当得知张汝京要做新昇这个新项目时，新阳半导体当时已成功上市，十分乐意投资，并且新阳半导体还找到做封装材料的兴森快捷科技一同投资。

大功告成之后，2014 年 6 月，上海新昇半导体正式成立。项目占地 10 万平方米，总投资 68 亿元，其中 02 专项支持近 10 亿元，其后大基金和上海国盛等也相继投资，成为该项目最大股东。

这一年，张汝京 66 岁。新昇的成立，翻开了中国大陆 300 毫米（12 英寸）半导体硅片产业化的新篇章，填补了我国大尺寸硅材料的空白，补足了我国半导体产业链中的重要一环。同时，新昇自身的定位是"中国硅材料生态系统建设者"，可以看出新昇不仅自身要突破技术空白，还有带动国内硅材料配套产业的担当。

在张汝京的带领下，上海新昇进展神速。工厂于 2015 年 7 月正式动工，2017 年第二季度就开始有挡片、控片、陪片等测试片的销售，接着向中芯国际、上海华力微、武汉新芯等国内龙头晶圆制造企业提供正片进行认证。2017 年下半年，新昇的 300 毫米大硅片月产能已经达到 3 万片。

而当新昇逐渐步入正轨之时，2017 年年底，业界却传出张汝京离开新昇的消息，业内一片哗然。

张汝京对此回应："这个本来是帮国家做的，我也很高兴现在国内缺大硅片的问题开始有了实质性的解决方案，那就交给国家来继续做大做强。其实我最想做的是 IDM。"

说到 IDM 时，张汝京眼中的光芒在闪烁。

2. 开始筹备喜欢的 IDM，结合产业背景进行创新

张汝京提到的 IDM 是指芯片设计、研发与制造为一体的半导体模式。

从大陆的半导体产业变迁来看，半导体前辈朱贻玮指出："自从无锡上华在华晶 MOS 线上开始做代工以来，国内有些 IDM 公司改做代工（制造），有成功的，也有不成功的，而新建的芯片线大多采用代工模式。"

朱贻玮还表示，这两种模式各有其优缺点。

目前，全球半导体业保留融合的 IDM 模式的企业不在少数。美国英特尔、美光，韩国三星、海力士，日本瑞萨，以及欧洲几大巨头，如意法半导体、英飞凌、恩智浦等都保留着 IDM 模式。

张汝京分析指出："三星和英特尔主要做存储器和 CPU，两者的体量非常大，IDM 模式很适合。"

“一些特殊产品，比如功率半导体器件与模拟芯片、高端数模混合芯片、微控制器、数字信号处理器 DSP，采用 IDM 模式最合适，因为设计要跟工艺完全配合，工艺又要根据设计来调适并优化。做这种数模混合和模拟的厂商，基本是采用 IDM 模式获得成功的！”此外，这种产品的工艺虽然难度大，但利润高。张汝京进行了对比，TI 在 2018 年的毛利率为 65.1%，意法半导体的相关产品的毛利率也在 50% 以上，比全球芯片代工的毛利率（全球芯片代工龙头台积电 2018 年的毛利率约为 40% 以上）要高。

“所以，IDM 对我们中国非常重要。”他强调。

不过，IDM 模式也存在一定的挑战性。张汝京指出：“IDM 模式对于企业的产品设计、工艺研发的能力要求很高，只有一个单一团队是做不来的。比如，英特尔的设计团队有一万多人，TI 大概也接近一万人，英飞凌七八千人，小一点儿的设计团队也有一千人左右。”

如果要做 IDM，无法找到这么多的半导体设计人才，怎么办？

为此，张汝京想到了 CIDM 模式（C 指 Commune），即共有共享式的 IDM，特点是以客户需求为导向，发挥海内外设计团队优势，带动上下游产业链，生产市场需要的定制化产品和通用产品。

“这个模式不是我发明的，在 TI 时就做过。”张汝京说道。

因 TI 早期开发的产品中有很多是存储器，之后存储器技术陆续转到日本、韩国、中国台湾、德国等国家和地区，并与当地产业市场结合起来。

张汝京说起当初的因由，TI 技术转到我国台湾与宏基联合成立 TI-ACER 公司，这其实是最简单的 CIDM 模式，即与我国台湾当地客户合作，对于客户需要的产品，TI 则帮其设计和生产。

“当 TI 到新加坡建厂时，CIDM 模式最为明显。”张汝京说道。TI 与新加坡经济发展局（EDB）、佳能（Canon）、惠普（HP）联合成立了 TECH 公司（T 指 TI，E 指新加坡的经济发展局，C 指 Canon，H 指 HP）。“佳能和惠普是客户也是投资方，他们要的产品有各式各样的存储器，TI 在日本和美国达拉斯的两个设计团队轮流设计这些产品。设计好以后，在新加坡 TECH 公司流片生产，然后在新加坡 TI 的封装测试厂进行封装测试。达标以后，就直接卖给佳能和惠普。”张汝京指出 CIDM 这种模式的运作流程。

但后来，随着韩国三星和海力士在存储器领域的日益强大，美国政府开始规划把全国的动态存储器的研发与生产都集中起来。“于是，TI 把 TECH 卖给了美光，TECH 更名为新加坡美光，这家公司到现在营收都很好！”张汝京讲到当时的产业背景。

在此提一下，半导体命系国家的信息安全、科技发展和经济发展，被看作是国之重器，而存储器又是芯片中的“皇冠”之一。如此重要的战略高地，美国自然不会轻易放手。当美国看到韩国的存储器企业逐步发展起来时，就通过国家意志集中力量发展存储器，重点栽培美光，以此来抗衡韩国的三星和海力士。在这场较量中，日本和欧洲的存储器企业纷纷败下阵。最终在全球半导体存储领域，韩国三星、海力士和美国美光占据了垄断地位。

再回到对半导体产业非常重要的 CIDM 模式，张汝京指出：“其实，除了 TI 做过 CIDM 模式之外，台湾第一个先进的半导体企业联电也曾做过 CIDM 模式。”

联电成立于 1980 年，当时联电与客户一起投资成立联诚、联瑞、联嘉、合泰，四家公司与联电变成一个五合一的集团公司，联电当时既做晶圆制造代工，也做芯片产品。

在台积电纯代工模式出现后，联电的模式遭到客户的一些诟病，说既给客户生产晶圆，也与客户一同抢市场。因而，联电开启了纯晶圆制造业务代工模式，并成为当时全世界第二大晶圆制造企业。

“联电原来的芯片设计部门就变成了单独的芯片设计公司。联发科、联咏、瑞昱、智原、联阳等，都是当年从联电芯片设计部门分离出来的。当前，联发科和联咏是全球前十大芯片设计公司。可以看出，联电当时的设计团队非常强大。”张汝京指出，“但是为了成就专业的代工事业，联电做了一番深入的考虑后把设计部门分离出去。而芯恩的 CIDM 模式会借鉴各方经验，处理好同设计公司、产品客户等合作伙伴间的关系。”

TI 和联电在 CIDM 中的做法和成效，引发了张汝京对如何通过这种模式助力当下的中国强芯之路的思考。他说道：“我觉得我们要做一些对国家很需要，但是别人又不容易做的事情。”

3. 70 岁开启人生新征程，开创国内首个共享 CIDM 模式

对于“中国芯”而言，掌握芯片核心竞争力，提升自主研发能力，打破国外高端芯片技术垄断迫在眉睫。根据中国海关统计数据，2018 年集成电路进口额达

到 3120.58 亿美元，而当年的出口额只有 846.40 亿美元，在核心的高端通用型芯片领域，国内芯片占有率非常小。

感受到“中国芯”发展的紧迫性，张汝京说道 :“中国到了现在这个阶段，尤其要做模拟和数模混合产品，IDM 最合适。不过，IDM 需要极强的设计能力，所以我想通过共有共享模式，邀请全球会做模拟和数模混合芯片的设计团队加盟，联合成立 IDM 公司。与封测、原材料、终端和设备制造企业共同联合，通过定制化开发提供高端芯片，进而替代国外进口。”

于是，张汝京再次在全球寻找优秀的芯片设计团队，一个新的创业项目开始酝酿……

在全世界广纳设计团队的同时，也在考虑新项目的落地选址。

当业界得知张汝京准备筹备新项目时，各地纷纷投来了橄榄枝。

在邀请张汝京加盟的诸多地方政府中，最积极的是青岛。考虑到青岛有海尔、海信、澳柯玛、歌尔声学等系统厂商，还有特锐德、特来电等汽车充电桩企业，这对于今后的产业链合作非常利好。另外，青岛领导的诚意也打动了张汝京，最后张汝京决定将项目在青岛落地。

2018 年 4 月 18 日，芯恩集成电路有限公司在青岛正式成立，成为我国首个采用 CIDM 模式的企业。总投资约 218 亿元，其中一期总投资约 81 亿元，项目建成后可以实现 8 英寸芯片、12 英寸芯片、光掩膜版等集成电路产品的量产。芯恩运用以客户产品为导向的 CIDM 商业模式，生产市场需求的定制化产品。

“芯恩”一词，寄托着张汝京对芯片的一片深情。“芯恩”的中文，意指芯片带来的恩惠、恩典。英文 SIEN（Silicon Energy），则是硅的力量、能量。

2018 年，张汝京已整整 70 岁，但他“老骥伏枥，志在千里”，又开启了人生的第三次新征程。张汝京此举获得许多半导体人士的敬佩，同时也有一些人不解 :“70 岁为什么还要创业？”

对此，他这样说道 :“做一件事，不在于年龄，而在于心态。如果精力很好，也有决心，再加上到这个年龄段，阅历丰富，这个是钱买不到的，这就是巨大的优势，这是不能一刀切的。”张汝京还提到他的博士导师 Dr.Butler，现在 83 岁还在学校授课，老教授有热情想教下去，学生也喜欢听老教授的课。

人的能量爆发，并不会固定在某个年龄段。1944 年出生的任正非，带领华为一路赶超，从一家国内通信企业跃居成为世界第一的通信巨头，当前又带领华为突围美国的打压和封锁；而半导体制造龙头企业台积电创始人张忠谋，78岁时再次掌舵，带领企业走出金融危机，直到87岁公司稳坐代工行业老大位置后才正式卸任。

此外，2018年联合国世界卫生组织发布的年龄段划分标准中，18～65岁为青年，66～79岁为中年，80～99岁为老年。这一最新标准的公布，无疑刷新了人类对自身生命力和创造力的认识。

人生从来是不设限的，关键在于一个人如何去定义。

4. 因技术共性和价值认同，老朋友、老部下又聚到一起

张汝京在半导体领域40多年间，结交了许多老朋友，也培养了许多人才。2000年他创办中芯国际时，从全世界招募了400多位半导体精英加入。18年后，当张汝京在青岛创办芯恩时，很多人又主动追随他来到青岛。

"我离开中芯国际以后，一部分人离开去了其他地方，很多人都散掉了。创办新昇的时候，他们想来但帮不上忙，因为产品、工艺、模式都不一样，但现在我转向做IDM，很多老同事就都回来了，又聚到一起了。"张汝京欣慰地说道。

目前，芯恩已有500多名员工，其中300位以上是行业资深人员，管理层都曾就职于海内外半导体巨头公司。

此外，公司的管理层均是有着二三十年丰富产业经验的专家，与张汝京都是有几十年交情的老朋友。比如，与张汝京一起负责技术与管理团队的是伊利诺大学半导体材料科学博士俎永熙；资深研发副总是加州大学伯克利分校毕业的季明华博士，有着251项美国专利和550项国际专利；资深执行顾问是美国斯坦福大学电机工程专业博士苏崇文博士；设计服务执行顾问是美国纽约州立大学电机工程专业毕业的欧阳雄博士，拥有50多项国际设计专利……

这些老朋友都是得知张汝京开创芯恩项目时义无反顾地过来支持的。

其中，麻省理工学院材料科学与工程专业的刘博士已经退休，还有老母亲需要照顾，虽然在大陆和台湾、美国等地来回跑，但依然愿意与张汝京共同奋战。

他说："张博对我们这些老朋友非常尊重，我们来芯恩是尽力帮忙，也希望有一些经验能够传承下去。大家有共同的信仰和理念，我们感佩于他的人格魅力，也支持他爱国爱民的这种信念。"

此外，芯恩中的很多骨干，是张汝京在中国、美国、新加坡、日本、意大利工作时带出来的同事和学生。

芯恩的技术骨干孙工就是其中一位。他在 1995 年与张汝京认识，从台湾起就跟随张汝京，后来又一起在日本、新加坡和意大利打拼。孙工说：“我十分钦佩张博的个人魅力，他的记忆力非常好。在意大利时，很长、很难记的人名和地名，跟他讲过一次都能记住，而且，张博非常风趣幽默。”

后来，孙工又跟随张汝京去台湾的世大半导体和上海的中芯国际。当他得知张汝京在青岛建立芯恩时，便主动找过来：“一是因为 IDM 做产品的方式很吸引我，二是因为这是张博带领的项目。”

还有一些骨干在中芯国际时认识并跟随张汝京，后来也主动追随过来。

拥有半导体工艺器件 200 多个专利的萧工毕业于中科院，是国内培养出来的人才，原在新加坡特许半导体。在国外的他，一心想回国做点事。2001 年，当得知中芯国际创办时，他从新加坡回国加入中芯国际，后因获张汝京颁发的年度公司最具贡献奖而结识张汝京。后来跟随张汝京去往新昇，之后又来到芯恩。他说：“张博的家国情怀是我一直追随他的重要原因。他全心全意投入产业，一心要把中国半导体产业做大做强。”

而芯恩的采购主管尚博士，先后就读于清华大学与西安交通大学，则是从新昇项目过来的。尚博士说：“我母亲是做会计的，领导总是让做假账，而财务的职业素养要求不能这样，做假账等于犯错误，所以母亲经常和领导闹别扭。有了真切的对比，跟着张博，只需要按照国家规定板板正正地做事就行，非常踏实，也很开心。大家都是为了民族产业，为了把这个事做成做好。客户和供货商都知道我们是规规矩矩的，作风很正，由此也很敬佩。”

张汝京对人才的尊重和爱惜，使得整个团队有着非同一般的凝聚力。为了更好地留住人才，芯恩不仅为员工解决生活住宿问题，还为员工提供学历进修机会，鼓励员工不断学习成长。

为此，他专程去美国和我国台湾，拜访多所知名院校，商讨联合办学、共同培养硕士和博士的具体事宜。张汝京母校美国南卫理公会大学电机系愿意支持。考虑到读完硕士需要 3 万美元学费，博士需要 6 万美元学费，对员工而言有些高，张汝京又与学校多次沟通、一再争取，最终学校愿意提供一半的奖学金，这意味着员工只需支付一半学费即可读完硕士或博士。如果员工毕业后还留在公司，芯恩将支付这笔学费。

美国南卫理公会大学有相当优秀的理工科专业，考虑到文科背景的员工读电机工程之类的课程难度会很大，张汝京又找到文科类学校美国达拉斯浸会大学（DBU），对方同意联合培养文科和商学院的硕士，并且张汝京也为员工争取到了一半的奖学金。

这样一来，文、理科背景的员工读硕士、博士都有合适的大学。为了便于员工学习，张汝京又推动南卫理公会大学和浸会大学与青岛大学合作，为员工读书提供更多便利。

员工一边工作还能享受到公司提供的在国外著名大学继续学习的机会，而且学习上的后顾之忧也都给解决，毕业后留在公司还可以报销所有费用，等于免费读硕士、博士，这是多少人想都不敢想的事情。

凡有上进之心的员工遇到张汝京，都有机会在公司边工作边深造。

为了培养更多的国内半导体人才，张汝京还与青岛大学联合创办微纳技术学院，2018 年招收 120 名学生，2019 年招收 180 名学生。同时，张汝京还会定期去青岛大学给学生上课。此外，张汝京还邀请海内外优秀半导体人才担任青岛大学的客座教授。

张汝京除了爱惜员工和重视人才外，还关注员工子女的教育。在青岛，他再次为员工子女提供双语国际学校，每月的学费需要 2 500 元，公司根据员工职位给予子女学费补贴，越基层补贴越多：副总级别子女上学，补贴 10%；工程师的子女上学，补贴 50%；作业员子女上学，补贴 80%；清洁员和警卫的子女上学，补贴 90%，每月只需交 250 元就可以上双语学校。

对于这样做的初衷，张汝京说道："在上海时，我们就这样做过，现在在孔夫子的家乡，如果不能有教无类，就太对不起祖辈了。"

接着，他脱口而出："大道之行也，天下为公。选贤与能，讲信修睦。故人不独亲其亲，不独子其子，使老有所终，壮有所用，幼有所长，鳏寡孤独废疾者，皆有所养。男有分，女有归。货，恶其弃于地也，不必藏于己；力，恶其不出于身也，不必为己。是故，谋闭而不兴，盗窃乱贼而不作，故外户而不闭，是谓大同。"

这些话出自《礼运·大同篇》。从张汝京对员工和对员工子女的关爱，再到他每个项目的创新，都倾注着对中国半导体产业的感情和期许，不难看出他一直在全力构建“天下大同”的美好愿景。

近年来，业内人士一直呼唤“企业家精神”，而张汝京所做的一切，无不彰显着企业家精神。

这样的企业家，不仅是员工的财富、企业的财富，更是“中国芯”的财富。

5. 前行路上不忘初心，永怀爱心和耐心，迎来柳暗花明

芯恩项目成立后，紧接着是项目的开工建设。

2018 年 4 月 16 日，美国政府掀起的中兴事件，如“一声惊雷”，让上至国家领导下至老百姓的国人都知道了芯片的重要性，知道了“中国芯”面临的困境。国家领导人也呼吁“关键核心技术是要不来、买不来、讨不来的”。

为此，国家开始大力推动半导体集成电路产业的发展，在政策、资金和人才层面不断加大支持力度。比如，在清华、北大等 26 所高校建立示范性微电子学院，扩大招生规模和指标；设立科创板，使得中国半导体产业有了一个正向的循环；集成电路产业基金（大基金）持续发力；等等。

这些措施使得一直以来极为寂寞的芯片行业成了风口，并引发全国各地大力发展集成电路产业的热浪。

2018 年 4 月，芯恩项目注册落地，年底在申请半导体企业资质认证的过程中，得知根据最新政策，需要通过发改委的“窗口指导”。此前成立的项目同样需要重新审批，只有审核通过后，才会享受一些相关的优惠政策。

即便芯恩是民营企业且已开工建设，仍需要提交相关资料等待窗口指导的审批。资料补充提交多次，这使得项目的推进受到一些影响。

对于发改委的管控，张汝京说：“发改委管控是对的，目前存在半导体项目投资过热的情况，管控初衷我们都理解，但管控不要一刀切，要分清楚哪些是真正的高风险，哪些是成功率很高的项目。”

张汝京解释了为什么这次芯恩项目没有与国企靠得太近：“中国半导体一直活在一个阴影下，即美国随时可以禁运，不知不觉就把中国企业列在实体清单上。现在美国针对中国禁运的企业几乎都是国企，只有一家民企是华为，但美国说华为是国企。芯恩希望保持自己的市场自由度。我们在就一些设备和技术引进与美国政府谈的时候，对方明确表示如果你们是国企，就不容易通过。”

一直以来，以美国为首的西方国家对中国高科技的态度都是封锁，尤其是在半导体等领域，比如巴统、《瓦森纳协定》等。

作为国际性产业链的半导体，中国企业面临和参与的是全球性竞争，在这样的产业背景和产业属性下，民企往往能够在国外市场争取更多的灵活性和自由度。

那么，为发展“中国芯”，民企和国企该如何“两条腿”走路？

半导体前辈朱贻玮认为：“对于特别先进的工艺，比如3纳米、5纳米、7纳米等项目，是政府要考虑进行突破的，国企承担会更合适。”

半导体领域的资深前辈莫大康表示：“在当下，民企和国企各有优势，如投资大的存储器、先进工艺生产线等民企几乎不可能做，因为不太可能盈利，只能国企来做。国企有各种优势，如资金来源，等等。从长远看，民企有活力，市场化能力强。”

莫大康前辈还强调：“其实，最重要的是不要考虑企业是民企还是国企。只要能把企业做好，提高市场竞争力，有助于‘中国芯’的做大做强都是对的。”

半导体行业属于快速迭代的行业，加上资金投入大、技术门槛高，对企业而言，一个公平的贸易环境和宽松的发展空间至关重要。

芯恩项目落地后，经历区市领导班子换届和人员调整，2019年新的领导班子确定，芯恩项目也得到省市的支持，在省项目评估中得分最高。2019年12月，芯恩6栋主楼（8寸厂、12寸厂、研发大楼、设计大楼、行政大楼、动力厂房）都已经封顶，8寸厂设备开始搬入。

当前，芯恩CIDM公司联合的全球的设计团队已有46家，分别来自我国大陆、台湾和香港地区以及欧洲、美国和韩国，例如，欧洲的IDM大公司目前也成为芯恩CIDM模式的重要合作伙伴。

芯恩合作的设计团队，还在不断增加中……

面对遇到的这次挑战，当问及张汝京如何看待和化解时，他这样说道：“有时越是该做的事情，越容易被阻挡，这种情况下是为了磨炼我们的耐心和信心，同时也是提醒我们，不要忘记起初的决心和爱国心。”

关于耐心，张汝京说：“随着年龄的增长，除了经验的积累，也会不断磨炼我们的耐心。”关于信心，张汝京说：“信心是所望之事的实底，是未见之事的确据；当做一件对的事情时，你要有信心，才能克服困难。”

他还讲道：“这些困难也有另外一种用意，就是学会懂得珍惜，学会精打细算，每一分钱都用在刀口上，所以当我们手上拿的钱多的时候，也不会去挥霍，不会去浪费。”

而这种节俭，一直伴随着张汝京。在芯恩，接待客户的是一辆上海牌照的普通面包车，这辆车从上海来到青岛，跟随张汝京有近十年的时间。

此外，为了节省成本，芯恩项目特意买了 90 多台二手设备，然后让海外来的老师傅带着国内的青年一同进行维修。购买二手设备，除了成本上的考虑外，张汝京还有一个用意：“大陆 IDM 厂不多，我们也不能派人去受训，干脆自己买设备，修好以后就用来训练自己的员工。”

对于这些设备的状态，张汝京了如指掌。在笔者与张汝京一同参观厂房时，他会非常清楚地询问现场工程师这台设备的什么问题解决得如何。他对于技术上的细节了如指掌，对机器的参数也十分清楚。

现在的张汝京，每天的工作节奏都十分繁忙紧张。每天的日程安排可以精确到半个小时，一周内的工作基本都已排满，一个月内的工作都已提上日程。在笔者第二次去青岛采访他时，早上他参加两个公司会议，9:30 会议结束立刻与笔者面谈，12 点采访结束后，中午只留半个小时吃饭时间，12:30 带领到访的客户去工地和厂房。这是日常的公司里的内容，此外，他还要外出参加一些产业峰会、出差推进业务、去青岛大学给学生上课……

这样的工作节奏和内容，没有饱满的精力很难应付过来，为此，张汝京保持着简单规律的生活。早睡早起；不抽烟，偶尔喝一点红酒；饮食上遵循“早晨吃得饱，中午吃得好，晚上吃得少”的规则；每周末一定会参加查经和教堂的聚会。

保持充沛的精力，除了生活上的简单规律外，还有来自信念上的支撑：“你的日子如何，你的力量也必如何（《圣经》申命记 33 章 25 节）。我们生活需要什么样的力量，上帝就会给我们足够的能力，越过这些困难，把生活过得有价值。”

在多年挥斥方遒之后，张汝京已然胸有丘壑：“今后重心将放在培育半导体人才方面，尤其是独当一面的高端人才；也随时愿意在策略、联盟和大方向上为中国的半导体大业出谋、建言和牵线，尽力做贡献。”

结语

当前，做大做强“中国芯”，唯一的路径是提升自主创新能力，突破国外的技术壁垒，而要实现这些依靠的就是人才，特别是领军人才。

《中国集成电路产业人才白皮书（2017—2018）》显示，截至2017年年底，我国集成电路产业现有人才存量约为40万人，人才呈现稀缺状态，专业人才培养力度有待提高。《中国集成电路产业人才白皮书（2018—2019）》指出，我国集成电路人才缺口依然较大，并指出我国集成电路产业创新人才缺乏、高端和领军人才紧缺、集成电路人才培养的产教融合作用有待进一步增强。

近年来，国家推出诸多吸引人才和培养人才的政策。均是为了吸引人才回国创业，为国添力。

而张汝京凭借个人的影响力，为中国芯片产业源源不断地输入芯片人才。2000年创办中芯国际时，在国内半导体人才十分缺乏的情况下，从全世界招募400多位行业精英。2014年接手新昇项目时，国内没有做大硅片的技术团队，他又从全世界吸引150多位产业稀缺人才。2018年创办芯恩，团队中骨干力量就达到300多人，又从全世界吸引优秀的芯片设计团队数百人。与此同时，他联合企业与国外和国内大学联合培养高端人才。他吸引过来的人才和培养的人才，又带动和培养了更多的人才。

在他的三次创业中，每次项目的挑战都非常大，均是国家没有且急需的。第一次创办的中芯国际项目，是当时国内规模最大、技术最先进、配套最齐全的芯片制造企业，他突破国外技术封锁，在短时间内将半导体制造技术与国外3、4代的技术差距缩短至1代，并带动了中国半导体产业链上下游企业的成长。第二次的新昇项目，填补了国内缺乏300毫米大硅片的空白。第三次的芯恩项目，开创了CIDM共有共享模式，借助全球半导体设计力量，改变了国内在高端模拟与数模混合芯片领域占有率几乎为零的局面。张汝京无疑是叱咤风云的领军人物。

他满怀热情回到祖国大陆，主动承担起“中国芯”做大做强的使命，勇于挑起自主创新技术的重担。从2000年至今，整整20年，现在还带着团队冲在第一线。20年间，在张汝京的奋斗历程中，有掌声，也有无奈、汗水、泪水和毅力，而之所以继续坚持，而且每次启程都在做更具挑战性的半导体项目，是因为一片家国情怀。

这样的领军人才，乃“中国芯”的幸事和财富。只有做大做强“中国芯”，掌握自主可控的技术，才不会受制于人。在中国强芯路上，需要更多这样的领军人才，而领军人才，往往可遇不可求……

胡正大

从 IBM、硅谷到台湾，53 岁又在深圳创业，只为“想看看山后的风景”

文 / 慕容素娟

胡正大，敦泰科技董事长。1952 年出生，台湾成功大学学士，美国普林斯顿大学电机工程专业博士；博士毕业后进入 IBM 担任科学家，随后去硅谷工作 13 年；回到亚洲担任台湾工业技术研究院电子工业研究所所长，曾带领台湾 IC 业反击美国的反倾销制裁；后加入台积电，先后担任研发副总和市场副总。2006 年到深圳创办敦泰电子，做触控芯片解决方案，2013 年公司上市，目前是全球触控领域领先企业，累计出货逾 40 亿颗，员工总数逾 800 人。

胡正大

芯片领域有很多家族式的传奇人物，其中就包括胡氏兄弟。哥哥胡正明，是业内著名的微电子学家、伯克利大学教授、美国工程科学院院士、中国科学院外籍院士。弟弟胡正大，是美国普林斯顿大学博士，曾为 IBM 科学家，在从事二十多年的半导体研究之后，来到大陆创业，目前公司已位居亚洲前列。接下来就和大家分享一下胡正大的故事。

山高人为峰，胡正大的一生其实一直被“想看看山那边的风景怎样”的探究力所推动。从台湾到美国读博士，是为了真正地搞懂硅是怎么回事；后来又从IBM科学家到硅谷，是为了想了解和推进硅的产业化。在硅谷的13年间，参与和见证了硅谷最辉煌的时刻。后来，在全球化浪潮下感知到机遇在亚洲，就毅然从美国回到亚洲，带领台湾半导体业反抗美国的打压并赢得胜利，为台湾半导体业的发展扫清障碍；再到大陆创业，又用13年的时间，参与和见证了大陆从“世界工厂”到“创新中心”的转变和腾飞。

现年68岁的胡正大，身高近1.80米，精气神十足，气色红润，腰杆挺拔，丝毫看不出来是一位近70岁的人。他现在还带领着800来人的团队，像年轻人一样，奋战在第一线。

初识芯片，好奇心让他走向IC发源地——美国

2018年，固态半导体发明60周年。在半导体技术的支撑下，计算机、传真机、电话以及航空航天、交通运输等应用得以出现和发展，也大大改变了人们的生产生活方式。

1958年，任职于TI的杰克·基尔比利用半导体的技术发明了集成电路（基尔比因该发明荣获诺贝尔奖）。1960年12月，世界上第一块硅集成电路制造成功。1966年，美国贝尔实验室制造出第一块大规模集成电路。

胡正大读大学那时是20世纪70年代，学的是电机工程专业。胡正大回忆道：“那个年代学电机的人一定会讲集成电路，我不懂，老师也没见过。”

他想进一步了解集成电路，而集成电路的发源地在美国，于是1975年大学毕业之后，胡正大拿到全额奖学金前往美国普林斯顿大学读博士。

集成电路中著名的摩尔定律是：集成电路上可容纳的元器件数量每18～24个月翻一番。该定律是以英特尔公司创办人之一——戈登·摩尔的名字命名的，戈登·摩尔以通俗易懂的说法定义出这一定律，让更多的人能够了解和接受。

而摩尔定律背后一整套的学术基础，包括物理原理、为什么要把东西越做越小、这一过程中会遇到哪些问题以及可能如何解决……这些由IBM研发团队在

1979 年正式发表在电气和电子工程师协会（IEEE）的专刊上。

博士毕业后，胡正大加入的正是 IBM 的这个研发团队。当时，IBM 和贝尔实验室可以说是全世界最好的研究机构。“与世界一流的科学家们在一起，对整个半导体和集成电路的研究做出一些成果，感觉又拿到了一个博士学位。”胡正大提及在 IBM 的那段时光时说道。

胡正大在 IBM 主要侧重于集成电路缩小化的实践。随着对硅的逐步深入了解，他觉得“硅不应该只是学术研究的课题，真正发挥价值应该是商业应用，而硅的商业价值实现的重镇，则是在硅谷。”硅谷是最早研究和生产制造硅，并成为以硅为基础的高科技产业云集的地方之一。当时来看，硅谷发展的潜力会远大于其他地方。

硅谷（Silicon Valley），早期叫作圣塔克拉拉谷（Santa Clara Valley）。19 世纪 70 年代美国媒体创造了“硅谷”这个词，并被传开，硅谷也逐步替代圣塔克拉拉谷而被世界知晓。诸多世界著名的企业云集硅谷，如英特尔、谷歌、苹果、Facebook、惠普、思科、英伟达、甲骨文、特斯拉等；也汇聚着诸多美国顶尖大学，如斯坦福大学、加州大学伯克利分校、加州圣荷西州立大学以及圣塔克拉拉大学等。

一次出差去硅谷的契机，让胡正大决定离开 IBM 前往硅谷。IBM 位于美国东部的纽约，硅谷位于美国西部的加州。12 月的纽约寒风凛冽、下着大雪，胡正大到了加州一下飞机，宜人的气候让他感叹：“冬天还有这么好的天气！”另外，硅谷位于加州的旧金山湾区，华人较多，环境也有利于孩子们的成长。这几个因素综合起来，让胡正大最终决定离开纽约，举家前往硅谷。

1983 年胡正大来到硅谷，开始致力于硅的产业化应用，这一做就是 13 年。这段时间，硅谷以芯片的完整生产链为重心逐步发展成为世界创新的中心。从互联网、计算机，到移动互联网、智能手机、AI 等，至今硅谷一直站在世界科技浪潮的风口上。

感知机遇，回到亚洲并带领台湾半导体业反击美国打压

20 世纪 90 年代，随着生产成本高涨，美国开始“将生产制造迁移到亚洲去”。

当时的亚洲被当作“生产基地”“世界工厂”。胡正大感知到，在全球化这个浪潮下亚洲将会获得很好的发展机遇。

对于胡正大来说，回亚洲并不容易，因为两个孩子正在美国上中学。于是，全家开家庭会议，最终商议由他爱人在美国照顾孩子们读书，胡正大先一人去台湾，等孩子上大学之后，太太再回国和他团圆。

殊不知，与家人的这次分离，竟达 8 年。胡正大 1996 年回到亚洲，他爱人回到身边已是 2004 年，胡正大用“八年抗战”来形容这次分离。“那时不像现在有微信可以视频聊天，打国际长途电话都特别贵。”

在台湾工业技术研究院（以下简称“工研院”）的邀请下，胡正大回台湾担任工研院电子工业研究所（以下简称“电子所”）的所长。

工研院电子所可谓台湾半导体产业的摇篮，当前世界芯片代工（代理制造）巨头台积电，开始就是从工研院电子所的一个实验室整个转移出来成立的公司。可以肯定地说，目前台湾半导体界很多技术或管理的主管都是由早期的电子所培养出来的。

20 世纪 90 年代末，台湾的半导体业慢慢成长起来，美国业界开始视台湾为威胁。对此，1997 年美国针对半导体存储产品 SRAM（静态随机存取存储器），对台湾发动反倾销，以此来遏制台湾半导体的发展；紧接着一年后，美国又发动对 DRAM（动态随机存取存储器）的反倾销。

当时，身兼台湾半导体产业协会秘书长的胡正大，联合台湾半导体产业界成立联合阵线，对抗美国的控诉。胡正大在美国学习和工作前后有 21 年，对美国比较了解，他去美国找到专精于反倾销法的美国律师来协助。“美国是一个法治国家，因此在美国，必须要善用法律来解决问题，就像现在华为在美国告美国政府一样，这样做就对了。”胡正大讲道。

这两场诉讼，SRAM 案一开始是被判输的，后来胡正大他们又决定进行上诉，最终，两场官司台湾都打赢了。“此后，美国再没有发动其他的大规模行动来阻止台湾半导体产业的发展，这对台湾有非常大的帮助。对台湾厂商们而言，对美国的法律也有了一定了解，知道以后什么事情可以做，什么事情要小心。”提及这次反击战，胡正大语气中充满着坚定。他还用了一个形象的比喻：“这如同人得病之后，反而会产生抗体。”

打赢美国这两场反倾销诉讼，为台湾半导体产业的发展扫清了障碍。现如今，工研院统计数据显示，2017 年我国台湾地区半导体业总产值达 810 亿美元，仅次于美国与韩国，全球排名第三。

而当下，美国似乎有意以半导体芯片为筹码来遏制大陆经济的发展。胡正大对此说道：“全球的竞争就是弱肉强食，趁此机会，了解自己的弱点，寻求改进，未来就不一样了。”

重新出发，“一夜间”从台积电研发副总变为市场行销副总

2000 年，全球芯片代工龙头企业台积电公司向胡正大伸出橄榄枝，胡正大决定加入并担任研发副总。仅一年后，台积电招募一位市场行销副总，胡正大觉得自己对市场行销这一块欠缺了解，于是他自告奋勇地找到台积电的创始人张忠谋，表达想转到市场行销部门的意愿，没想到张忠谋很爽快地就同意了。一夜间，胡正大就从研发副总变为市场行销副总。

“朋友们听到后都说‘你胆子好大’。”胡正大微笑着回忆道，“当时，我对自己还是比较有信心的，那段时间我也买了很多行销相关的书籍，一面工作一面学习，对我来讲等于是重新出发。”

虽是重新出发，但是深厚的技术积累以及在硅谷、工研院也从事相关的管理工作多年，因此转到行销领域后的胡正大，很快就适应了并做得比较有心得。

从美国读博、工作，到回到台湾，其间胡正大不断地开辟人生的新局面。胡正大并不是从小就一帆风顺的。小时候的胡正大调皮贪玩，并不用心学习，以致“心都玩野了”。最后的结果是小学升初中考试失利。

这件事把贪玩的胡正大给“震到了”，因为他是班上极少数没有考上公立初中的学生之一。胡正大开始有所警醒，意识到问题的严重性。他说：“这种直观的受挫感，比父母整天在身边给你讲‘你要好好学习，不念书将来就找不到好工作’要强很多。”

考不上公立中学，只能去上私立中学。当时，私立学校的学生大多数是不好好学习的小太保。然而，在这样的环境里，胡正大不但没有被带跑，反而磨炼了自律能力。他说：“什么事情都要靠自己，自己决定要不要念书，要和谁做朋友……这都是你自己选择的。”从那以后，胡正大学习有了主动性，学会了自我管理。

初中到高中，胡正大成绩还不错。考大学时，他原本以为自己一定能考上台湾大学（台湾最好的大学），最后却未能如愿，但还好也上了不错的成功大学。这次受挫，让当时的胡正大悟出“总有人比自己棒”这一点，也让他学会更加谦虚。

54岁到大陆创业，攀越“另一座山峰”

当机会来敲门时，你准备好了吗？这个问题对于胡正大来说最合适不过。此时，他人生中又出现一个重要的机遇。就在胡正大在台积电得心应手时，有投资者来找他，说大陆有一个很大的市场机会，问他愿不愿意来。

当时的胡正大已54岁。在中国人传统的观念中，这个年纪往往就开始考虑退休之后的事了，而胡正大却在考虑创业。当问到他为什么这样做时，他说道:“退休是一个可能性，创业也是一个可能性，创业在当时对我的挑战性及诱惑力是比较大的，我觉得这是一个机会，有信心可以做起来。”

胡正大从事21年半导体技术研发，经历了从3微米、2微米到0.13微米等10个世代芯片工艺技术。他对半导体发展的判断有几个维度：一个是技术维度，半导体技术不断演进，工艺不断缩小，当时来看这个技术趋势还会继续缩小（现在成熟工艺已发展到7纳米，1微米等于1 000纳米）；另一个维度就是半导体的应用，从照相机、传真机、台式机，到笔记本电脑、智能手机，应用在不断演变；再者，就是市场本身，胡正大判断，大陆其实是一个特别值得开发的市场。

为此，当机会出现时，胡正大没有犹豫。54岁的胡正大，进入了人生的另一个舞台，除了投资人的200万美元，他又另外筹集了1 200万美元，一共1 400万美元，于2006年来深圳创办了敦泰科技（母公司在2014年并购旭曜科技后更名为敦泰电子），主要研究、开发、设计及销售平面显示驱动芯片及触控芯片。

创业初期的困难，使创业者面对身心的双重考验。公司第一轮融资的1 400万美元用完后，2009年做第二轮融资，胡正大前后一共找到44家投资机构，有些公司拜访了好多次，加起来跑了上百趟，连行李箱的轮子都跑飞了。“现在和那个时候的投资环境相比，真是天壤之别。当时融资真的非常难，几乎没有风险投资，只有一些外国的风投，大部分都设立在北京和上海，深圳这边几乎没有。”

胡正大说起当时的融资环境感叹道。

此外，在产品方面也遇到考验。最早的产品推出后销售不好，又进行改变和调整。胡正大分析说，这其中跟人有很大关系。起初胡正大对人事部岗位并不是特别重视，由管财务的人兼职负责人事部门的工作，后来发现，人比资金还重要。

在公司困难时期，在投资人的建议下，曾从事过企业管理的胡太太临危受命。胡太太像老妈妈一样关心公司的年轻员工，员工都亲切地称她“沈姐”。她把公司的人事制度逐一理顺。慢慢地，员工对公司有了家的感觉，归属感不断变强，工作的热情也高涨起来。譬如，公司每年都会举办一次 3 天 2 晚的集体旅游，家属可以一同前往。公司这种集体旅游就像是大家庭聚会似的，公司也逐渐形成了“家庭式”的企业文化。

胡正大说道:“高科技产业讲究创新，创新需要热情，如果员工没有这种热情，是不可能把事情做好的。”

等到公司渡过难关准备上市时，为了避免公司成为“家族”企业，胡太太就退出了公司。经历过这个时期之后，胡正大深深体会到 :“以前觉得最重要的就是研发，只要研发把技术做出来，东西就可以卖。当时真的是小看了公司软性（和人性有关）这块的重要性，人不对，什么东西都不对。做企业，技术、产品或资金虽然重要，但人才是最关键的。”

创业充满了未知和不确定性。胡正大比喻道 :“如同雾天开车，虽然是睁着眼睛在开，你觉得已经看得清楚了，但当走到那边时才发现前面有一条沟，所以随时都得保持警觉。”

68 岁仍坚持在前线，称“山后的风景值得看”

创业路上，还发生了一件让胡正大特别痛心的事。

几年前，公司一位高管把公司研发的技术带走，自己成立公司，反过来跟敦泰公司竞争。胡正大以前还有心培养这位高管，也很关心他，当这位员工失眠时，胡正大还常常宽慰并教他怎么化解压力。所以，发生这件事情，让胡正大特别痛心。

“尊重知识产权有点像驾驶者看红绿灯，假如人人都觉得只是一种参考或摆设，随便闯红灯，那一定会造成生命财产的重大伤亡和损失。”胡正大也语重心长地说道，“高科技企业不像制造型企业，机器和厂房是核心，高科技的关键是研发，抢的就是那几个月的时间点，如果晚出来就没有人要你的东西了。知识产权的保护非常必要，假如不保护知识产权，就没有企业愿意投入高成本去做研发、搞创新，整个市场竞争的环境都会受影响。”

胡正大真挚地说：“我们这些所谓的老一辈的人，希望能够告诉后来人，知识产权的保护与尊重如果不做起来，高科技产业是没有办法持续的。”

老一辈企业家身上有特别多可贵的地方，虽然公司已上市，但胡正大出差却从不坐头等舱。他说：两三个小时并不长，商务舱或一等舱要比经济舱贵好几倍，没必要把钱花在这个上面。把这个钱省下来，那这个钱就是公司全体员工的，可以用在更有价值的事情上。

胡正大很少追求钱财带来的表象的东西。他说：“有些身外东西是不重要的，我们要考虑人生是为了什么。”

这种价值观，也践行在与客户、供应商的合作上。胡正大谈到与客户和供应商保持良好合作关系的秘诀：“我希望客户买我的产品时价格合理，不要把我们‘杀’到完全没有利润；我跟供应商也是一样，我买你的东西会给合理的价钱。如果不给对方留利润空间，产品的质量就得不到保证。那样到最后，对大家都不好。”

正是与员工、客户、供应商的这种相处之道，使得敦泰一路走来，不断攀升。2012年，敦泰在触控IC中国市场占有率超过五成；2013年上市；2015年，触控IC年度出货量跃居全球前列；2016、2017年连续两年荣登年度“中国集成电路设计十大企业”榜单……敦泰已成为全球触控领域数一数二的企业，累计出货逾40亿颗。

创业，有最艰难的时刻、最繁忙的时刻，作为带头人承受的压力可谓巨大。近年来，职场上时常发生一些40来岁的创业者或工程师猝死的事情，令人惋惜。而胡正大54岁创业至今，13年间一直坚持在第一线，当问他睡眠如何，如何化解压力，如何保持充沛精力时，胡正道谈道：“睡眠还可以，再忙都能睡着。成事在天，有些事不是人为所决定的；我会尽全力做我能做的那部分，剩余的就是看上天怎么安排了。所以，累了就要去休息，不会经常熬夜。”此外，胡正大每周都坚持跑步锻炼身体。

他也提到，不管从事什么工作，都不应该过度，在任何情况下，三餐要定时，每天睡眠要保证，少碰烟酒，多喝水。

至今68岁的胡正大仍以饱满的热情和斗志带领着公司继续向更高处攀登。“一路走来，38年的职场生涯，能有机会参与并见证三次产业的起飞（第一次是硅谷的兴起，第二次是台湾科学园区的成长奇迹，第三次是深圳发展蜕变为世界的创新之都），非常难得和有幸。我很高兴，能看到山后面的风景是如此美丽，远超出我的想象。”胡正大面带微笑感恩地说道。

陈大同

从知青到博士后，从硅谷创业到回国创业，人生在不断刷新……

文/慕容素娟

陈大同，华创（现更名为璞华）投资管理基金投委会主席。1977年高考恢复之际考入清华大学，是国内首批半导体专业的博士生，随后留学美国做博士后。1995年，在美国创办豪威科技（OmniVision），推出全球首颗CMOS图像传感器芯片，使手机可以像相机那样拍照；2001年，在国内创办手机芯片公司展讯通信，不仅成就中国山寨手机市场，而且开发出全球首颗TD-SCDMA（中国3G标准）核心芯片，促进了中国通信产业的发展；2008年起，他投身高科技风险投资领域，先后创立华山资本和华创（现更名为璞华）投资管理基金。

陈大同

“人一能之，己百之；人十能之，己千之。果能此道矣，虽愚必明，虽柔必强。”陈大同的人生历程，与《中庸》里的这句话十分契合。从下乡到进工厂，陈大同从未放下过学习。农民眼中的他“干活卖力人实诚”；同事眼中的他“有点傻”，别人不愿意干的事他抢着做。而正是因为这种勤勉和厚道，让天资并不“出众”

的陈大同成就了多彩的人生：清华博士；斯坦福博士后；硅谷创业成功；回国创业，为中国的半导体公司蹚出一条路；跨界到投资领域做风险投资，惠泽更多企业，培养更多企业家；做私募股权投资基金，致力于中国半导体产业的发展……

知青岁月吃苦耐劳，未曾放下学习

“文化大革命”开始那年，陈大同上小学 4 年级。1968 年读初中时，很多老师被打倒（他们学校的门卫是北京仅有的化学特级教师），由高中生来教他们。不久后，教他们的高中生也下乡了。

1971 年，北京尝试第一批恢复高中教学。陈大同有幸读了两年高中，1973 年年底开始基本就是在等待插队的分配。

当时“白卷英雄”张铁生引发读书无用论，陈大同插队前的最后一次考试是物理，老师发完卷子就走了，两个小时后来收卷。最后，大家都得了 100 分，那时大家对未来都是绝望的。

1974 年 5 月初，陈大同到北京郊区插队，每天日晒雨淋，从早到晚，劳动强度特别大。

陈大同回忆道：“春天种棉花要抗旱，一天要挑一百多担水，肩膀肿得不像样。割麦子时，一个上午右手磨出五六个血泡；中午回去处理一下，下午接着干，刚攥镰刀时手上钻心地疼。一干就是四五天，手上全是血泡。”

半年后，陈大同肩膀上起了垫子，手上全是茧子。

每顿饭主要是玉米窝窝头，配着一碗酱油水（酱油都很少）。由于体力活繁重，消耗大，陈大同一顿饭能吃 4 ～ 5 个玉米面窝窝头，差不多 1 斤。每餐饭有时有点菜，有时没菜，需要吃盐豆补充体力。在那里，几个月见不着肉。

不过，至少知青能吃饱，有些农民吃饱都难。农民分的粮食不够吃，家家户户每年春天有几个月是青黄不接的，得靠借粮食度日。

陈大同第一次真正地目睹和体会到了穷到极端是什么样子。他说，当知青吃过苦头后，以后遇到的任何苦都不算是苦。他说：“所有的农活比自己想象的还要苦很多倍，但发现最后还能挺下来，也没有被累死，人的忍耐力也比想象中的要强很多倍。”

知青岁月，除了能吃苦耐劳，陈大同在待人处事上也收获很多。

陈大同当时特别瘦，身高 1.77 米，体重只有 120 斤。虽然力气不足，但是干活特别卖力。他们那边有二十多个知青，评工分时，只有两个得 10 分（满分），陈大同是其中一个（由于身体长期透支，后来得了严重的胸膜炎）。

陈大同在当地老乡中人缘很好，因为干活用心实在，还当上了团支书。他说："与人相处，你怎么对待别人，别人就会怎么对待你。有时确实会吃亏，但是得到了人们的信任，这完全值得。"

在农村，陈大同也学会了尊重每个人。他们知青里有个人很窝囊，大家给他起了一个侮辱性的绰号。有段时间，陈大同发现那个知青总是跟着自己，还帮忙打饭，对自己特别好。陈大同就问怎么回事，那个知青说，陈大同是唯一不叫他绰号的知青。

陈大同当时特别受触动："不管什么样的人，都有自己的尊严。从那以后，就会更有意识地从心里尊重每一个人。"

做人上的体悟和收获，对陈大同后面读书、创业有很大帮助。"创业中 80% 的事都与人相关，比如投资人、合伙人、员工、客户。与人相处遵守基本的原则后，朋友会越来越多，资源也会越来越多。"陈大同说，"社会上聪明人有很多，但半导体公司的成败不在于个人是否聪明，而在于资源是否越来越多，是否越来越懂市场，员工、投资者是否喜欢和你一起做，以及客户关系如何。"

虽然下乡体力活繁重，陈大同却一直未放下学习。他下乡时，自己带了一些借来的和在旧书店淘来的大学数学、物理等教材。

知青住在一起，晚上一般是打牌、摔跤，或玩其他的，而陈大同却在旁若无人地看书。别人都觉得他很奇怪，但他完全不在乎这些，而是沉浸在灵魂与知识的交互碰撞中。

另外，秋天庄稼快收获时怕偷，需要在夜里值班"看青"。轮到陈大同时，他总是会带着书去地里看。

就这样，在下乡期间，陈大同把大学的数学、物理等教材都自学完了。

回城当工人，恢复高考后一口气读到清华博士

1976 年年底，陈大同结束农村插队生活返回北京，被分配到印刷厂当装订

工学徒，月薪 18 元。陈大同知青时的愿望实现了：终于有了一份在室内的工作，不用春夏秋冬在外被日晒雨淋了。

在工厂里，陈大同经常抢别人不愿意干的活干，这让其他人觉得他有点傻，但很快得到同事们的信任。

比如，当时工厂正在盖楼，需要厂里派很多工人帮助做小工。盖楼在室外，活累还学不到技术，工人一般不愿意干，通常是车间里比较不听话、调皮捣蛋的被派过去。陈大同他们组的年轻人不愿意去，他就自告奋勇。盖了半年，他也与一帮“落后分子”打成一片：“当你尊重所有的人时，发现每个人身上都有亮点。”

到工厂之后学习条件比农村要好很多，陈大同在学习上投入了更多时间。

天助自助者。进工厂第二年的春天，陈大同遇到了一个不错的学习机会。一天，他的高中同学告诉他，中关村有个地下学习小组，原中科院数学所所长在家中辅导几个中科院子弟。这位所长当时被打为右派，辅导学习时冒着政治风险，很容易被扣上“毒害下一代”的帽子，只能偷偷地进行。陈大同得知消息后，和同学多次去请求，终于获得了旁听资格。

对陈大同而言，这种学习机会可谓久旱逢甘霖。为了能挤出更多的学习时间，他上班从骑自行车改为坐公交车，这样可以在公交车上看书。中午休息时间也用来学习，晚上下班再挑灯看书。一天下来，能挤出五六个小时学习。

就这样，从 1977 年春天学到了 9 月底。

有一天，陈大同从同学那得知，高考即将恢复，这意味着可以通过考试上大学。由于陈大同的父母是知识分子，“文革”期间被划为“臭老九”。当时上大学的途径主要是通过权、钱等各种关系推荐，陈大同的出身完全不可能有机会上大学。

既然没想过有机会考大学，为什么从下乡到进工厂，一直没有放下学习？对此，陈大同这样说，“学习完全出于一种热爱，即便没有高考，也会一直学下去。多学点东西，以后在工厂里可以参加技术革新小组。”

当听到恢复高考的消息时，陈大同说如同一声惊雷，看到了一条改变命运之路，激起了沉睡多年的梦。

得知消息时离高考只有两个多月的时间，由于高中前两年的积累以及下乡时没有放下学习，再加上到工厂后跟着老师系统地学习，1978 年，陈大同顺利考上清华大学电子工程系（现计算机系）无线电图像信息处理专业。

大学期间，陈大同的好人缘让他成为第一批发展入党的学员。他说："只要你好好做人，你到哪个地方都能得到别人承认。"

在那个百废待举、国门乍开的年代，杨振宁、李政道、陈景润成为青年学子心中的偶像。这些科学家的名字在他们心中，堪比现如今的周杰伦、李宇春、鹿晗等；青年学子口中如果不挂着"诺贝尔"，似乎就没脸见人。

从社会回归校园，陈大同特别珍惜学习机会，大学期间的各门课程几乎是自学提前学完。从 1978 年到 1987 年，他从本科一口气读到博士，成为国内首批半导体专业的博士生。

出国做博士后，机缘巧合下在硅谷被动创业

博士毕业后，面临着严峻的就业形势，陈大同不想大好的青春就此虚耗。不得已，1989 年到美国斯坦福大学去做博士后。

陈大同把留学生在美国的日子称作"洋插队"，又好比"农民工进城"。许多留学生一边修学位，一边打工养活自己，苦处难处，不亚于插队。有些在国内家里请保姆的留学生，到美国后给人当保姆，国内的条件在美国完全清零。

陈大同当时到美国跟农民工进城的感觉完全一样。进城务工的农民朋友，早上四五点钟起来进货，晚上干到很晚，一天十七八个小时，一个月挣 3 000 多元，与他们在老家的收入比起来，可谓是天上地下的差距。出国前，陈大同的工资是每月 78 元，加上补助大概 101 元。以他的资历在美国工厂上班，一年收入至少 5 万美元，是国内收入的上百倍；而且住的地方有热水、独立卫生间，这些在国内是无法想象的。

1993 年，陈大同进入美国国民半导体公司担任高级工程师。对他而言，发挥技术特长，做工程师的发展路线很明晰，他从没有想过创业。

1995 年，机缘巧合之下，有人跟陈大同说要创立公司，用 CMOS 工艺开发图像传感器，请陈大同担任联合创始人。陈大同没学过这种技术，竟然让他做联合创始人，而且管最关键的技术，这看起来非常不可思议。

后来陈大同想应该是两件事的缘故：一是这位朋友此前找他做过技术咨询，他没接触过的技术，但两三周内搞通并且解决了问题，这样证明了能力。二是陈

大同帮过对方很多忙，人家给报酬时他都没要，他觉得自己获得了学习机会，并且是业余时间做的。就这样，种下了一个善因。

“帮助人时不要想回报，最后得到的回报远远超过你当初的付出。”陈大同说道，“其实，没有绝对的好人，每个人都有私心。对我而言，帮助人时自己获得了快乐。算是主观为自己，客观帮助了别人。”

就这样，1995 年美国硅谷豪威科技（OmniVision）成立，陈大同成为联合创始人，被动地开启了人生的第一次创业。

豪威的团队，工程师里面 80% 是华人，华人里面 80% 是留学生，留学生里 80% 又是清华毕业生，团队创造性极强，干活非常玩儿命。最后，豪威全球首家把 CMOS 技术变成产品。通过 CMOS 工艺的产品化，图像传感器的功耗体积降低为原来的几百分之一，使得手机可以当作相机用。二十多年来，出现了二三十家竞争对手，要么倒闭，要么被卖掉。

豪威科技成立 5 年后，2000 年登陆纳斯达克，成功上市。

陈大同感恩道：“如果没有第一次被动创业的经历，不会有后边的创业机会。如果只在豪威做工程师也能起很大作用，但看不到也学不到那么多东西，就不敢回国创业。”

回国二次创业，成就中国山寨手机市场

豪威的成功，给了陈大同信心。

豪威的团队主要由华人留学生组成，帮美国把一个丧失了二三十年的市场从日本手中抢了回来。为什么不到中国来做这件事，把硅谷经验带回来？这些人，在中国完全能从欧美日那里把市场抢过来。

此外，在中国做还有两个优势，陈大同分析道：一是有客户，有很多中小公司，可以成为第一批试用客户，而欧美都是大公司。二是国内人力成本低，同样的资金在中国，可以多维持很长时间，创业成功的概率能增加很多。

于是，豪威科技上市半年后，陈大同回国，开启了他的第二次创业计划。

当时，他们判断，以后的掌上设备一定会取代桌面电脑；而且，当时中国是世界手机用户最多的国家，但手机的芯片都是进口的，这是一个巨大的机遇。

2001年，陈大同和几个朋友联合创立展讯通信，定位做手机基带芯片（类似于电脑中的CPU芯片）。

面对世界级的芯片竞争对手，如何活下来？陈大同他们发现，国外企业从手机芯片研发到产品上市，需要5～7年的时间。于是，展讯采用“快鱼吃慢鱼”的战术，从研发到产品进入市场，只用两年左右的时间。就这样，展讯因速度取胜。

另外，一个革命性的创新，让展讯牢牢站稳了市场。展讯不仅做手机芯片，还做软件、手机整机，也帮客户做测试、认证。这意味着，制造商拿到手机后只需要将外壳改一下，再改一下开机Logo即可，手机生产门槛被大大降低。原来手机只有大公司能生产，这种革新使得几十人的公司也可以做手机。

因此，2004年，深圳冒出来几百个手机生产商，也就是当时说的山寨手机。山寨手机不仅上市时间短，价格也从2 000元以上降到500元以下，使得绝大多数人能用得起手机。

最终，展讯成就了中国的山寨市场；中国的山寨市场，也成就了展讯。展讯及联发科仅用3年左右的时间，在2G手机领域几乎把欧美芯片企业全挤了出去。

2007年，展讯在美国纳斯达克成功上市。

再次创业，从芯片跨界到投资领域

展讯上市后，陈大同离开展讯，跨界到投资领域。

陈大同指出：“中国最缺的不是创业公司，是VC（Venture Capital，风险投资）。中国从来不缺市场、不缺人，缺的是一个整体的创业环境。”

为什么硅谷的半导体、PC、移动互联网能站在风口上，还有新能源、AI也是，不管任何领域，硅谷总能走到最前面？他指出，其实这跟领域、技术没关系，而与硅谷发明的风险投资体系相关。

VC支持的是以技术研发为主的创新公司，这类公司是中国的前途所在。中国要是没有VC，就不会有以技术研发为主的创业公司。

不管是技术创新还是商业模式创新，头几年肯定亏钱。从发展技术到发展产业，至少得一两年时间；再去打市场，也需要几年时间。任何一家创业公司，基本上前面 3 ～ 5 年，都是在烧钱。那么，谁来给钱让烧？

硅谷那边为了解决这个问题，从 20 世纪 50 年代到 70 年代，经过几十年才形成一套成熟系统——风险投资体系。陈大同讲，最难的是烧钱那几年需要逐渐融资，不能一次融，公司小的时候估值特低，融资太多股权会被稀释，团队就没股份了，没法做。硅谷风险投资的特点是分阶段投轮，比如每年 1 次投资，根据需求投资越来越大，同时公司的估值也越来越高，这样保证团队还有足够的股份来激励。

硅谷的风险投资体系包括：开始只有技术时，如何估值；有产品没销售时，如何估值；有销售时，如何估值；IPO（首次公开募股）时，如何估值。相应地，还有配套的律师服务、工资管理、董事会、事中审计等，这套体系是硅谷最有价值的核心。

硅谷的风险投资体系，2005 年以前在国内几乎完全缺失。

陈大同回国创办展讯时，找投资非常难。陈大同回忆道："前期需要烧 3 ～ 5 年钱，民营老板不可能用这么多钱陪你玩。上市公司也不会投钱，国企或者政府的投资要求零风险，基本没法做风险投资。当时，他们也去找硅谷主流 VC，人家听都不听。说中国再好，跟他们没关系，因为他们不了解那边。最后，台湾联发科的董事长蔡明介决定投资展讯，才解决了融资问题。"

互联网泡沫破灭后，硅谷投资机会特别差，投生物不行，新能源还没起来。硅谷 VC 界突然想起中国或许有机会，2004 年年底，十几位硅谷 VC 界领军人物来中国转了一圈，看到一些案例，才认为中国值得建立 VC。

于是，2005 年之后，国内开始有 VC，主要有两类：一类是硅谷 VC 直接在中国建分部，如 NEA、红杉、软银；另一类是先找代理，如金沙江、北极光等。

当时，他们最想找的是有海外经验，以及有企业管理经验的人。陈大同是少有的在美国和中国都创业成功的，同时他也令人信服，因此成为理想人选之一。

对陈大同而言，创业再做一家技术型公司不如做一家风险投资公司，因为可以扶持更多的高科技创业公司。

2009 年，华山资本成立，成为中国首家海外投资的高科技基金。陈大同在国内投了 6 ～ 7 个项目，大部分是半导体项目，如兆易、芯原、安集等，还有生产 9 号平衡车的公司、联合光电等都是硬科技公司。同时，陈大同作为中投的投资顾问，在最关键时刻投了中芯国际。

2014年，国家要设立集成电路发展基金，政府资金与社会资本结合，政府资金占20%～30%，社会资本占70%～80%，需要找有融资能力的专业投资团队。于是，华山和华登一起与清华合作，成立了华创（现更名为璞华）投资，管理北京市半导体产业基金的一部分，并立刻收购了硅谷上市公司豪威科技和ISSI公司。

回顾整个创业历程，陈大同每次创业都是开拓一个新领域，而且规模和产业影响力都比原来的大。

第一次创业做豪威时，上市时，销售额是 1 亿美元，占全球 50% 左右的市场份额。不过，豪威只是硅谷的一个小公司。

回国创业做展讯时，展讯的规模是豪威的很多倍，而且展讯为中国的半导体公司蹚出一条路，对后面的企业有很好的示范作用，影响力远远超过豪威。

做 VC 华山资本时，能够扶持更多的技术类创业公司，培养出更多的企业家。

做 PE（Private Equity）华创（现更名为璞华）投资管理基金时，政府资金与社会资本结合来解决中国半导体的发展，而且十几亿、几十亿美元的企业并购都可以做。

“第一次创业是被动创业；后面的几次都是主动创业，更有一种使命感，在那时自己变成最适合做这件事的人。”陈大同说道。

在别人看来，陈大同可谓是功成名就。然而，在他的微信签名里，却写着“Still hungry，still foolish”。这是乔布斯“Stay hungry，stay foolish”的演变，陈大同比较崇拜乔布斯，苹果公司出现危机时，乔布斯回去就能够救活，从电脑、iPad 到手机，把产品化腐朽为神奇。由于在产业已有多年，陈大同就改为了“Still hungry，still foolish”。

他说，这句话实际上是做人的两方面：精进、厚道；也就是清华校训中的“自强不息，厚德载物”！

戴伟民

从终身教授到创业者，台前幕后助力“芯火燎原”

文/茅杨红

戴伟民，芯原微电子（上海）股份有限公司创始人，现任董事长兼总裁。1956年出生于上海，1980年移民美国，在美国加州大学伯克利分校获得计算机科学学士学位和电子工程博士学位，曾任加州大学圣克鲁兹分校计算机工程系终身教授；1995年创办美国Celestry公司的前身Ultima公司，后被Cadence以1.35亿美元收购；2001年回到上海创办芯原微电子，目前公司拟在科创板上市。

戴伟民

在芯片领域，戴氏三兄妹无疑是业内难得一见的传奇人物，兄妹三人不仅都毕业于美国加州大学伯克利分校的计算机科学系和电子工程系，同时也都是成功的IC创业者。长兄戴伟民选择放弃美国终身教授职位，毅然回国创办的芯原微电子，2019年着手在科创板上市；弟弟戴伟进创办的硅谷远景（Silicon Perspective）和担任首席执行官的图芯（Vivante）均已被成功收购；妹妹戴伟立与先生共同创立的美满科技（Marvell）曾是世界排名前五的Fabless（无生产线设计公司）企业。

正如他们的祖父为三兄妹起的名字，“戴伟民”（伟大的人民）、“戴伟进”（伟大的进步）、“戴伟立”（伟大的站立于世界民族之林），都已经成长为国际级商业领袖的戴氏兄妹在全球芯片行业留下了自己的足迹，值得后人敬佩。接下来，就和大家分享一下戴氏长兄戴伟民的故事。

艰苦的知青岁月，高考脱颖而出

出生于上海的戴伟民，在中国高考制度恢复之前，有着一段不为人知的知青岁月。在他的记忆中，那段艰苦岁月也是他人生中不可多得的财富。

在上海高中毕业后，作为上山下乡的知识青年，戴伟民被安排到崇明农场。在那里，他带领一个 15 人的团队负责种菜。那时候肉很少，所以蔬菜就变得极其重要；他们每天要向一个 150 人的连队提供 150 斤蔬菜。农忙时要上第一线插秧、割麦；每年冬天还要参与建筑崇明岛的拦水堤坝。

土生土长于上海的戴伟民此前连花都没有种过，更别说种菜，所以一切都需要自己从头摸索。

“因为不会，所以我就跑到当地农民那里买他的秧，然后从农民那学习种菜的方法。种菜也是需要计划的，从收割倒推回去，计划下籽、育苗、移栽等的具体时间，需要在不同的时间种植不同的蔬菜。”他笑着说，“所以我现在对不同季节的蔬菜非常了解。”这段经历对他善于规划和注重细节的习惯养成有着深远的影响。

1978 年高考制度恢复之后，举国上下的莘莘学子蓄势待发，开始备战高考，而戴伟民也因此迎来了人生的转折点。因为白天需要忙农活，所以他只能利用晚上的闲暇时间自学。因崇明的蚊子又大又凶，在与书籍奋战的同时，还需要抵抗众多蚊子的“袭击”。

即便学习条件非常艰苦，戴伟民最终还是从几万名应届考生中脱颖而出，以崇明县第二名的优异成绩考入上海交通大学应用物理专业。他坦言，知青岁月虽然艰苦，但却培养了自己不怕吃苦的心志，这同时也为他后来的创业奠定了基础。

仅用 4 年成为加州大学终身教授

1980 年，彼时的戴伟民仍在上海交通大学读大学二年级，由于祖父母、外祖父母、舅舅和叔叔们均已扎根美国，戴伟民一家最终也决定移民美国，实现全家团聚的夙愿。对于当时的他来说，前往美国则意味着人生的另一个新篇章即将开启。

刚到美国的戴伟民因英语基础薄弱，便专门花费半年时间主攻英语，后来成功考入加州大学伯克利分校计算机专业。在谈到改学计算机专业的理由时，他坦言：“其实当时我连电脑长什么样都不知道，纯粹只是因为物理专业毕业不好找工作，而计算机专业好找工作，只是没想到学着学着就爱上了这个专业。”

拿到加州大学伯克利分校计算机学士学位后，戴伟民一鼓作气，继续攻读了电子工程博士学位。博士毕业之后，他成为加州大学圣克鲁兹分校计算机工程系的一名教授。戴伟民对此说道：“学技术，当工程师，在当时是华人融入美国社会比较容易的途径。”

在美国，只有两个职业是终身制的，一个是大法官，另一个便是终身教授。实际上，在美国大学做教授并没有想象中轻松，面临着残酷的竞争压力，有时一个“终身教授”的职位同时会有多人争取，而且学校限定的时间只有六年。

在大学里不仅要教书，戴伟民还需要学会从政府和工业界拿到科研经费。“做研究，写论文，从政府和企业筹钱，筹到的钱一半交给学校，另一半用来带学生做研究，同时还要付给学生工资。所以在美国，博士生都称导师为‘老板’。”他说，“在美国做教授，其实就像创业做公司一样。”

在戴伟民教授生涯的初期，除了教学和研究，他还创办了世界电子工程师协会多芯片模块国际会议和世界电子工程师协会芯片封装综合设计研讨会。他曾担任世界电子工程师协会电路和系统论文月刊和超大规模集成电路系统论文月刊的副编辑，在各类技术刊物和会议上发表过 100 多篇论文，并于 1990 年荣获美国总统青年研究奖。由于出色的表现，戴伟民仅用四年时间提前取得了加州大学圣克鲁兹分校计算机工程系终身教授职位。

不得不说的是，加州大学伯克利分校不仅是戴伟民的“贵人”，同时也是他的弟弟戴伟进、妹妹戴伟立的“福星”。戴氏三兄妹是第一批考入加州大学伯克利分校的中国大陆学生，在伯克利的多年学习生涯中，他们不仅获得了丰富的知识，还寻找到了自己的另一半。

“在伯克利学习期间，我没有参加过一场派对，活动范围仅限于计算机机房，所以我的另一半便是在机房认识的同学。”他笑着说道，“而我弟弟和妹妹的另一半也都毕业于同样的大学、同样的专业。此外，我的女儿刚拿到加州大学伯克利分校的生物工程博士学位，我的儿子也在计算机工程系本科毕业。如此看来，似乎我们全家都与‘工程’有不解之缘。”

从教授一“跃”成为IC创业者

在美国，能够取得终身教授职位是一件令众人艳羡的事情，但是戴伟民却并没有甘于只做一名大学教授，他反而为自己开辟了一条全新的道路——创业。

正因为美国强调实用性的教学模式，让戴伟民和企业界建立了良好联系。1995年，在身兼教授之职时，他和自己的博士生在VC（风险投资）的支持下，创办了计算机辅助设计高科技企业——Ultima Interconnect Technology。起初戴伟民并没有离开学校的打算，所以他聘请了专业的职业经理人管理Ultima，然而先后两任CEO都难以胜任，最后他只能亲自管理公司。

2000年，Ultima与美国伯克利技术公司（BTA）合并成为美国思略科技（Celestry），戴伟民与BTA的联合创始人胡正明教授一起担任共同董事长。2002年，Celestry又以1.35亿美元出售给美国铿腾电子（Cadence）。

在美国成功的创业经验让戴伟民充满自信，继续在这条道路上坚定不移地走下去，而他的下一个创业战场也随之转移到了国内。1998年，中国召开半导体发展战略研讨会，并邀请戴伟民作为国际专家出席。也就是这次会议，让戴伟民认识到国内的IC产业将兴起浪潮，同时也让他萌生了回国创业的念头。

2000年8月，IC代工企业中芯国际在国家的大力支持下开始破土动工，然而因为国内IC产业基础薄弱以及国际出口管制的影响，中芯国际并没有设计芯片最基础的标准单元库，这对于芯片制造企业来说是致命的障碍。

为了解决国内芯片代工企业所遭遇的知识产权困境，戴伟民最终决定回到上海创立芯原。公司刚刚成立时，芯原的基本业务包括提供 IC 设计所必需的标准单元库，戴伟民把这些标准单元库比喻为“造房子用的砖块”。

2001 年年底，戴伟民在上海招收了第一批员工开始开发标准单元库等设计平台，并与当时仍处于深挖地基时期的中芯国际合作，为其提供包括标准单元库在内的标准设计平台。慢慢地，芯原的合作伙伴名单中又增加了宏力半导体、上海先进、华虹 NEC、无锡上华等。

后来，随着国内设计能力的提高，以及国际巨头们纷纷开放标准单元库等知识产权给中国，进口标准单元库不再是困扰国内代工企业的难题。而对于芯原来说，如何将 IP 和设计服务推向世界成为公司的下一个目标。

带领芯原成为一流的 IP Power House

从创立之初，戴伟民对于公司的定位便很清晰：服务就是服务，产品就是产品。芯原专注于为客户提供定制的设计服务，不做产品，不与客户竞争，这是芯原的初心。

这样的初心注定芯原将扮演“幕后英雄”的角色。实际上，红遍全球的动作感应电玩操控系统，就采用了芯原代工设计的体感芯片。最近芯原为全球知名的社交媒体公司成功定制了用于数据中心的视频转码专用芯片。该芯片基于芯原自有视频编解码 IP 和多媒体视频处理方面多年的经验积累，针对视频转码的特点优化了性能功耗比，帮助该公司降低了系统及能源成本。同时，在世界一流手机的旗舰机型里都有芯原设计的芯片，但却看不到芯原的名字。戴伟民认为，作为设计代工服务公司就应当“耐得住寂寞，经得起诱惑”。

除此之外，芯原与众不同的地方还在于：一直保持晶圆厂中立。实际上，设计服务公司绑定一家晶圆代工厂是非常普遍的现象，晶圆代工厂可能会控股或参股一家设计服务公司，以此将客户与晶圆厂绑定在一起。“芯原只做设计代工，有时会根据产品需求和客户要求选择最合适该项目的晶圆代工厂，公司始终不会与谁捆绑在一起。”戴伟民说，“这种模式在芯原内部已经争论了十多年，但目前来看是正确的选择。”

通过观察全球半导体产业第三次转移以及集成电路产业技术升级的历程，芯原制定了芯片设计平台即服务（SiPaaS）的商务模式。SiPaaS 模式具体是指基于芯原自主半导体 IP 所搭建的技术平台，是为客户提供一站式芯片定制服务和半导体 IP 授权的一种商业模式。正如 1987 年前台积电引领了芯片设计公司从“有制造”（IDM）到“无制造”（Fabless）的转变，芯原致力于帮助芯片设计公司从“重设计”到“轻设计”的转变。

为了不断完善自身平台，芯原一直在扩大知识产权和技术积累，强化设计能力。2005 年，芯原从国际芯片巨头 LSI Logic 处获得 ZSP400 DSP 内核的使用授权；2006 年，芯原收购了 LSI Logic 的 ZSP（数字信号处理器）部门，ZSP 部门被整合进芯原的组织架构中，成为芯原的重要平台之一。2015 年 10 月，芯原和图形处理器公司图芯（Vivante）基于全股份交易的方式达成最终合并协议。当时这起收购案被业内高度关注，其中一个主要原因就是图芯的 CEO 便是戴伟民的弟弟戴伟进，也算是一起兄弟联手的成功收购案。

坚持只做服务，不做产品，不与任何一家晶圆代工厂捆绑在一起，有着清晰定位的芯原正在正确的轨道上前进着。通过多年的自主研发及并购积累，芯原不仅可以提供世界一流的系统级芯片（SoC）和系统级封装（SiP）一站式解决方案，同时针对消费电子、汽车电子、计算机及周边、工业、数据处理、物联网等领域建立起自己的 IP“护城河”，成功发展成为一流的“IP Power House”。根据 IPnest 统计，芯原 2018 年度半导体 IP 销售收入在中国大陆排名第一、全球排名前六。芯原 IP 种类的齐备程度在全球前六名半导体 IP 授权供应商中也具有较强竞争力。芯原至今已拥有高清视频、高清音频及语音、车载娱乐系统处理器、视频监控、物联网连接、数据中心等多种一站式芯片定制解决方案，以及自主可控的 GPU IP、NPU IP、VPU IP、DSP IP 和 ISP IP 五类处理器 IP 以及 1 400 多个数模混合 IP 和射频 IP。根据 Compass Intelligence 报告，2018 年人工智能芯片企业排名中，芯原位居全球第二十一位，在中国大陆企业上榜名单中排名第三。

此前，芯原还获得了国家大基金 2 亿元人民币战略投资，在戴伟民看来，这是对芯原公司和业务模式的极大肯定。市场对国产芯片的“自主、安全、可控”的迫切需求为本土半导体 IP 供应商提供了发展空间。公司也获得浦东科创投旗下的浦东新兴和张江火炬国有资本的入股。其他主要投资者还包括华山资本、富策、兴橙、IDG 和小米等。

重视公司文化管理和人才培养

对于一家高科技芯片企业来说，人才是不可或缺的组成部分。而曾是美国终身教授的戴伟民，对公司文化与人才管理更是高度重视。作为公司最高领导者，他反复强调工作与生活的平衡，并鼓励员工一定要重视孩子的教育。

芯原的员工稳定性很强，员工的家人都很喜欢芯原，“有些员工想要跳槽，最反对的反而是他们的孩子。”戴伟民笑着说。

谈到留住员工的秘诀时，戴伟民提到了公司的企业文化——Fair（公正）、Care（关爱）、Share（分享）、Cheer（快乐）。首先在 Fair 方面，公司一直秉承“公平公正”的理念，每一位进入芯原的员工都会通过 CEO 的亲自面试，公司对所有员工一视同仁，从公司高管到前台、司机，每一位员工都持有公司股票；其次在 Care 方面，公司会定期安排中医等健康辅助专业人员到公司为员工调理身体；再次在 Share 方面，传承是企业发展的基石，公司老员工会自发带领新员工，所以大部分校招的新生能快速融入项目团队；最后在 Cheer 方面，公司致力于打造和谐的工作氛围，注重工作效率，上班不打卡，采取弹性的工作制度，同时公司每年组织员工家庭日、“小芯原（员工子女）”夏令营，而每年芯原盛大的年会上，小芯原的才艺表演也成为最动人、暖心的一道风景。

除了人性化管理之外，戴伟民重视人才培养的地方还在于重视与学校的合作，他长期致力于推动企业和学校之间的交流与合作。从 2015 年起，芯原联合电子科技大学、西安电子科技大学、东南大学等国内知名高校举办“芯原杯”电路设计大赛，至今已成功举办多届，大赛主要基于 FD-SOI 先进工艺制程进行模拟及射频电路设计，由芯原命题，采用全封闭式竞赛模式。除此之外，芯原的每场校园招聘，戴伟民也都亲自到场宣讲并全程参与。

一转眼，2001 年成立的芯原走过了 18 年的风风雨雨，并最终迎来了自己的“成人礼”——申报科创板 IPO。戴伟民感慨道：“本来芯原很难有机会在大陆上市，如要上市只能去美国或者香港，现在幸逢国内设立科创板，给了芯原在上海上市的机会。”实际上，芯原 2018 年年底便已开始为上市做准备，2018 年 12 月，芯原集团完成拆红筹重组，芯原上海为未来上市主体公司；2019 年 3 月，芯原完成股改，同月开始科创板辅导，并着手准备递交招股书；2019 年 9 月，芯原完成科创板辅导验收。

在谈及 CEO 的职责时，戴伟民是这样解读的：“C 代表 Customer（客户），E 代表 Employee（员工），O 代表 Owner（投资者）。这个顺序也代表了一种价值的顺序。首先，没有客户就不是公司，所以必须服务好客户；其次，就是员工的幸福感和自觉性以及团队的创新能力和执行力。尽管 CEO 要对董事会，对投资者负责，但我还是把 O 放到最后，前面两个做好了，公司自然就会给投资者带来很好的回报。”

周立功

永远的学习者和开拓者，用人生为单片机代言

文/李晓延

周立功，生于1964年，著作等身的嵌入式技术专家，广州立功科技股份有限公司创始人、董事长、总经理，广东省电子学会副理事长，广州市半导体行业协会副会长，广州市软件行业协会副会长，曾撰写60余部技术专著。

周立功

已经55岁的周立功，身边的人都亲切地称他为周工。他腰杆笔直，健步如飞，神采奕奕，丝毫看不出经营企业所带来的重负。他说话声调高亢，思路敏捷，带着湖南人特有的机智和直爽。他称现在的好状态都是因为健身，因此把健身推广到公司中。“工作的目的就是为了更好地生活，所以一定要打造朝气蓬勃、积极向上的企业文化，让员工们有很好的体魄和精神状态。”

以前的他可不是这个状态，一边管理企业，一边熬夜写文章，身体状况一度很差。直到身边有人离世，才促使他警醒并做出改变。这一改变，不但让他受益颇多，也让整个公司重新焕发了青春。

志存高远

周立功生在湖南农村，父母都在中学当老师，上学时正逢“文革”末期，整个社会流行读书无用论，所以他天天在山上奔跑嬉戏，在学校里打乒乓球、打篮球、搞田径，去各个村子里表演节目。他戏称，“真是在体美劳方面全面发展，只是书读得很少。”

1977 年恢复高考，他对高考没有什么概念，“不知道大学是怎么回事，也不知道城里是怎么回事，就算恢复高考，也对读书没有什么渴望。”就这样，周立功在 1981 年高考落榜。

高考失利后，周立功没有选择复读，而是进入了技校，入校后同学间的差异刺激了他。他的父母是老师，虽然生活条件不如别人好，但这也激发了他的斗志，促使他开始认真思考未来。

周立功当时非常喜欢看报纸和青年杂志，一次他在报纸上看到了比尔·盖茨在微机牛郎星 8800 上开发了 Basic 编辑器。周立功受到了启发，觉得自己也可以做到。

这里就要说回当初，周立功的叔叔是电视台的台长，他很小的时候就跟着叔叔摆弄无线电，什么二极管、三极管、整流电路都不在话下。上技校的时候，他已经懂得数字电路和开关电路。1982 年 10 月，周立功终于自己做出了一台相当于牛郎星 8800 这样的微型计算机，“这可能是当时中国在业余条件下做出的第一台微型计算机。”

回想起这台计算机，他至今难忘，“当时是老师帮着做，但老师只懂原理，帮着找资料，我一本本看原理书，从键盘、显示器开始一点点做起来。”周立功的叔叔在电视台带徒弟们在“文革”时期保送上了大学，通过他们，周立功搞来了外国的资料和微处理器（如 6502 微处理器），一步步拼装在一起。计算机做出来以后，周立功感觉整个人生都不一样了，“因为美国人能做到的，我也能做到。”

这番成绩使他立下了志向，“我多么渴望有令人骄傲的才干，也希望能改变世界的某一个小部分。”周立功从此决定以技术为人生的追求，时至今日这个目标从未改变。

工厂生涯

技校毕业以后，周立功放弃了市里的大单位，选择了县城的化肥厂。“大单位当然好，但是大学生、干部子弟多，势必机会很少，在小厂里就很受重视，所以这步我走对了。”

因为工作出色，周立功很快当了班长和团委书记。领导看到这个年轻人喜欢自学，非常支持他，经常给他报销买书费用。他自己也喜欢钻研，遇工作从不推脱，晚上设备坏了，一般人不愿意去就找他，他从不拒绝，“找我解决问题，我就能学到技术，把学到的理论在实践中去验证，反过来再去解决问题。”

周立功的学习热情被完全激发了，“我把每次解决问题的过程都写成一篇文章，从故障现象到具体解决方法，将共性的、差异化的东西都写进文章里。”他将文章投到杂志社，没想到居然发表了，还挣了 20 元的稿费，后来他每月挣的稿费比工资都高。

有乐趣又有收获，这就是一个正向循环，周立功从此在工作上愈发出色。先是当选地区劳模，后来成为省劳模和全国先进工作者。因为做“五小”发明，为工厂节约了能源，领导非常重视，周立功还得到了经费支持。他更加努力，经常主动加班，一年一大半的时间都在工作。

那时的他，求知欲很强，到处寻找老师，县城、市里、省里都被他找个遍，最后发展到全国。终于，周立功遇上了一生的伯乐——北航的何立民教授。他给何老师写信求教，何老师热心回复，两人就开始了书信往来。周立功那种真实的求知欲打动了何老师，“我写信表达出的感情，让他觉得是其他学生所没有的。”何老师付出了很大的精力来指导周立功，两人很快就成了忘年交。而正是有了何老师的指导，周立功以后的人生开启了新篇章。

辍学创业

周立功一直渴望得到深造，就在 1992 年机会来了。国家选拔各地省以上的先进工作者去中国纺织大学（现在的东华大学）学习，周立功很幸运地入选了。

他在学校里学习自动化专业。就在此时，Atmel 公司开发出世界上第一颗集成了 Flash 的单片机 AT89C51。像一眼定终身一样，在上海市福州路附近的商店看到这颗芯片的周立功，顿时热血沸腾，“我觉得这颗芯片代表了未来单片机的方向，机会来了，我要去创业。”

比尔·盖茨、扎克伯格这些人都是辍学开始创业的，周立功也是如此。他二话不说就递交了退学报告。机不可失，周立功感到这是未来智能化的起点。经过仔细调研，他发现卖单片机和仿真器的人都不懂技术，而懂技术的人又不愿意下海，这就是属于他的机会，于是周立功东拼西凑了 2 万元去广州开始自己的事业。

何立民教授建议周立功通过技术带动单片机的销售，于是周立功就自己开发了多款基于单片机的产品。TCL、侨兴等这些现在的巨头，当时都成为他的客户。他的第一个单子是为一个客户做的电子秤提供技术支持，紧接着谈成一个银行监控产品的客户，订单数量是 1 万片，一下就挣了 50 万元。

第一桶金就这样来了，让周立功更坚定了用技术创造价值的理念。回看当时的创业经历，他一个人站柜台，吃住都在店铺里，因为买了一台 8 000 多元的电脑，钱都没剩下多少了，但艰苦奋斗也造就了日后的单片机大王。

顺势而为

一个人最后能否取得成功，除了个人能力外，很大程度上在于能不能顺势而为。生意做得红火，周立功自己并不如意，因为原厂的一些销售策略，他并没有得到很好的支持。事业要更进一步，他需要一个真正的合作伙伴。

对市场上各种产品进行仔细对比后，他发现能把单片机做得最好的都是模拟电路技术很强的公司，当时有 ST 和飞利浦（后来分离出 NXP）公司。ST 做的是自己的内核，飞利浦做的是 8051 内核，而中国的单片机教学也是以 8051 为基础的，两者非常契合。但是飞利浦当时对中国市场并不重视，产品定价高，没有样品，连交货也难。

周立功就去找飞利浦商谈，凭借诚恳的态度和扎实的技术功底，终于敲开了合作的大门。这其中有个细节，1999 年 5 月，飞利浦半导体公司高层邀请周立功去上海洽谈是否有意代理 LPC700 单片机。出发前 5 天，周立功才拿到用户手册。为抢时间，他一边写商业计划书，一边与大家翻译用户手册，同时排版和贴图，每天只休息 3 ～ 5 个小时。第 5 天，当他赶到上海东亚富豪酒店，将整齐的材料放在来自飞利浦公司的两位高管面前时，周立功的激情和效率使大家产生了共鸣。包括吃饭的时间在内，仅仅洽谈了两个小时，双方就达成了合作意向。事后他们告诉周立功，他的专注和与众不同的个性打动了他们。

回顾当年的决策时，周立功讲了一个故事：一名业务员去岛上卖鞋，回来后写了个报告，说岛上没人穿鞋，所以无生意可做。“飞利浦就是光脚的，我就是卖鞋的人，飞利浦不了解中国市场，我就给飞利浦信息，最后达到双赢。”

与飞利浦建立合作关系后，周立功就开始大展拳脚，把飞利浦当自己的品牌来经营。他深入各行业调研，按行业特点设计解决方案。他抓住市场机会，采用打包销售的模式，不仅提供便宜的专用编程器，还提供免费的中文资料和技术支持。他组织顶尖专家在全国十大城市进行巡讲，吸引上万人参会。

“千淘万漉虽辛苦，吹尽狂沙始到金。”周立功通过坚持，加上模式创新，把飞利浦推上了中国单片机市场的顶峰，也让自己的事业登上新高度。在市场从 8 位转向 32 位，由 51 内核转向 ARM 内核的大潮中，周立功也顺利站上了潮头。

一般人可能就此打住，但对技术的热爱，促使周立功继续对公司进行技术升级。他的公司从技术解决方案供应商，逐步转型到能独立自主开发软硬件相结合的产品，相继推出了模块、板卡和测试仪器。在这个过程中，企业积累了丰富的经验，产品进行了增值，获得了很好的利润，同时技术积累的经验也用来支持客户。“我们很自然地脱掉了纯产业分销的帽子，变成了一个有技术背景的供应商。”

专业专注

“做企业就像磨豆腐，要经营好自己的一亩三分地。”这是周立功反复打的一个比方，也是他自我反省后的总结。从 2007 年开始，公司发展非常迅速，“我们开始有点浮躁，觉得自己无所不能。”于是周立功决定全面出击，代理的品牌大幅增加，单在嵌入式里面，ARM 也做、X86 也做。“这就造成了资源的缺乏，人才不够，精力不够，资金也不够。”很多方向都走不通，最后只能做减法。

这个教训也让周立功明白了作为一个企业家，最重要的是会做取舍。“我们很多失败的方向是被员工绑架出来的，有些优秀人才想干出成绩来，我们爱惜他们的才华，就给他们单独开辟一个方向，但最后往往失败了。”周立功说，“现在我们就要求所有的人都围绕公司的战略来做，如果不执行就请离开。你再厉害，我们也觉得不合适。”

客观地说，周立功的扩张一直都没有背离自己的核心业务。以单片机为核心，向临近的领域扩张是不变的战略。客户买了单片机，就需要开发工具，周立功就提供开发工具，需要模块就提供模块，需要板卡就提供板卡，做产品还需要测试就提供仪器。整个业务发展逻辑非常明晰，用周立功的话说，就是“围绕核心，把圈圈画大”。

值得一提的是研发测试仪器，特别是高端测试仪器，是周立功领导企业完成的又一次飞跃。他一直对中国在国际仪器领域的集体失语有切肤之痛，当时曾在美国发誓，如果不搞出能够与跨国企业竞争的高端仪器，就绝不再踏入美国半步。但是从立项到仪器发布，10 年中遇到的困难，则是常人难以想象的。如果不是周立功的执着和把控，项目可能早就夭折了。好在付出终有回报，致远电子的 500M 带宽示波器和其他高端仪器已领先同行。

宽严相济

周立功在很多单片机从业者心中就是一个偶像，他在全国高校举行的巡回演讲，他撰写的 60 余部技术专著，都让他拥有众多“粉丝”。周立功公司的很多员工都是当年的“粉丝”，这些人被他身上的技术光环和人格魅力吸引到公司。致远电子研发副总经理刘英斌就是其中一位，当年他在佛山工作，去周立功网站查找资料，多次交流后被周立功邀入公司。致远电子 Z-Lab 研究院工程技术总监张波，在西安邮电大学读书的时候，因老师推荐去周立功网站查资料知道了周工，又因为听了周立功在学校的演讲，毕业后加入了公司。

周立功给予年轻人很多机会，即使犯了错误，他也不轻易去追究。张波讲了一段当年的往事，“在公司的信息管理制度还不完善的时候，有人拿走了公司的研发成果，去外面和别人一起赚钱。因为证据确凿，如果在法律上进行追究，那是非常容易的。但是周工没有这样做，他还是非常宽容的，没有继续追究。”但在工作细节上，他又非常严格。“周工是技术出身，根本没法跟他打马虎眼。”特别是在公司的技术文档方面，周立功结合自身的经验，定出了严格的规定。“新来的员工写文档，第一次出了问题，会给你指出，要是第二次还出问题，周工就会认为这个人不行。”

周立功公司的技术文档都有专业的规范，张波称，“我们的文档规范就是电子行业广大中小公司的标准模板，很多公司拿去当范本。”严格能培养个人的好习惯，要全面发展还需要良好的制度。周立功在公司设立了攀登计划，“销售、市场、项目管理各个方向，包括工程师，组成很多团队来学习，有高层的领导参与管理和培养他们。我们通过攀登计划培养普通的员工，使他们变得更优秀、更卓越。”

有了这样的人才培养机制，很多年轻人在公司脱颖而出，挑起了大梁。

远大理想

从事嵌入式行业多年后，周立功心中萌发一个很大的梦想：打造一个工业智能物联生态系统。他对整个行业仔细进行了观察，发现尽管很多电子企业投入巨资，不遗余力地组建庞大的开发团队，当产品开发完成后，从原材料 BOM（物料清单）与制造成本角度来看，毛利还算不错，但当扣除研发投入和合理的营销成本后，企业的利润所剩无几。

研发成本大多耗费在重复劳动上，上千种 MCU（微控制单元）、大量的片上外设、众多的外围器件，操作方式不尽相同。由于缺乏平台化的技术，即便相同的外围器件，几乎都要重新编写相应的代码和文档并进行测试，所有的应用软件很难做到完美地复用。

周立功进行了深入的思考，用共性和差异性分析的方法找到了解决之道。他认为，不管是基于何种内核的 MCU，也不管是哪家公司的 OS（操作系统），其设计原理是一样的，只是实现方法和实体（硬件和程序）不一样，但只要将其共性抽象为统一接口，差异性用特殊的接口应对即可。

因此，就诞生了 AWorks OS——一个 IoT（物联网）智能物联生态系统。

AWorks 制定了统一的接口规范，并对各种 MCU 内置的功能部件与外围器件进行了高度的抽象，因此无论选用的是 ARM（一种微处理器）还是 DSP（数字信号处理器），以高度复用的软件设计原则和只针对接口编程的思想为前提，则应用软件均可实现“一次编程、终生使用、跨平台”，显然 AWorks 给用户带来的最大价值就是不需要重新发明“轮子”。

AWorks 的开发也是一个漫长而艰辛的过程，“员工一拨又一拨地跳槽，他们当时觉得看不到未来，前后 20 多个人，只留下一个人坚持到了最后”。周立功不胜感慨，“留下的也是一个有情怀的人，他跟我有共同的理想，希望能改变世界的某一小部分。我们当时就幻想着，未来全世界的客户，如果都用我们的 AWorks OS，那将多么美妙。”

现在的 AWorks 已经被国内众多公司采用，真可谓苦尽甘来。如果没有周立功学者的眼光、企业家的资源，还有执着的个性，AWorks OS 也难有今日。

挑战自我

周立功自称小时候“五音不全”，普通话说得不好，就不太敢唱歌。后来，他特地找了一位华南师范大学的老师学习声乐。经过系统训练，他现在已经成为企业家中的歌唱家。

他通过健身将脂肪降到了很低的比例，曾花了半年时间从只能做几个俯卧撑练习到一口气能做 30 多个。他期望着将来能够学习花样滑冰，还能玩街头健身。他还准备写一本指导工程师如何健身、如何着装的书。

周立功一生勤读书，现在最爱读的书是《刻意练习》。“我从前没看过这本书，读过后发现，我一直在不自觉地按照这本书上的做法做事，所以只要按照这本书去训练，很多人都能有所作为。”

这就是一个对世界充满好奇，又能将好奇转化为动力并坚持下来的周工。他把自己的人生总结成三句诗：第一个阶段是“昨夜西风凋碧树，独上高楼，望尽天涯路”，这是指创业初期；第二个阶段是处于低谷的时候，“衣带渐宽终不悔，为伊消得人憔悴”；现在则是“众里寻他千百度，蓦然回首，那人却在灯火阑珊处”。

在纷扰变化的世界中，周立功和他的团队已经找到了属于自己的道路。

陈春章

从EDA到产业全书，他一直是芯片业中的好老师

文/李晓延

陈春章，毕业于中国科技大学近代物理系，是英国圣安德鲁斯大学辐射物理学硕士和博士。曾任职于美国 Cadence 公司，担任中国科学院助理研究员；无锡华大国奇科技公司，担任市场与销售副总裁；等等。在理论研究方面，曾发表科学研究文章三十多篇，2008 年出版《数字集成电路物理设计》，2015 年编译《混合信号设计方法学指导》，2018 年任《集成电路产业全书》编委会副秘书长。现为中国科学院大学兼职教授、深圳市微纳（集成电路与系统应用）研究院兼专家及顾问、工信部 CSIP 兼职顾问等。

陈春章

2018 年 9 月 12 日，是集成电路诞生 60 周年纪念日，由王阳元院士主编的《集成电路产业全书》在京发售。这部历经 3 年编纂的书，以宏大的视角展示了集成电路产业的发展全貌，对国际国内集成电路产业 60 年来发展的创新成果和成功经验做出了深入的研究和总结。此书一发售，就在产业内外引发了极大反响。

这部书是行业内多位专家的心血和智慧结晶。在诸编委中，有一位一直活跃

在产业一线，又坚持将芯片设计的新方法和新理念不断传授给他人的专家。他就是编委会副秘书长，全书第二章副主编和责任编委陈春章博士。

半路出家

陈春章博士已经退休。他退休前是 Cadence 公司中国应用工程师技术总监，与 EDA 和芯片设计打交道二十多年，指导了很多行业中人，也出版了不少专著，写了不少文章。一般人会认为他是半导体专业科班出身，实际上，他是不折不扣的转行者。

陈春章在 1973 年考入中国科技大学近代物理系加速器物理专业，毕业后被分到中科院生物物理所从事辐射生物物理学研究工作，一干就是 7 年。到 20 世纪 80 年代中期，恰逢我国开始大批选派人才出国留学，陈春章因为优异的工作表现，得到了所领导和研究室导师的推荐，英国知名科学家 Adams 教授亦大力协助，使其获得了去英国留学的机会。

陈春章以公派自费的身份去了英国的圣安德鲁斯（St. Andrews）大学，用 4 年的时间拿下了辐射物理学硕士和博士学位。在准备回国之际，生物物理所的导师鼓励他继续深造，增添博士后研究经验。他联系了数年前在会议上认识的纽约州布鲁克海文国家实验室（BNL）的生物物理学主任研究员 Sutherland 博士，那里正好有研究员的空缺，对方也对他非常中意。1987 年，陈春章就此踏上了北美大陆。

布鲁克海文国家实验室位于纽约长岛萨福尔克县（Suffolk County）中部，隶属美国能源部，建于 1947 年，首先开发了原子能的和平应用，具有 70 年杰出科学成就的历史。实验室开创了核技术、高能物理、化学和生命科学、纳米技术等多个领域的研究，已经有 7 次诺贝尔奖在此获得成果，有 36 项令世界瞩目的重大成果（R&D 100 Awards，奥斯卡创新奖），这其中也包括 Sutherland 博士的 DNA 辐射损伤定量分析方法。

从布鲁克海文国家实验室起步，陈春章后来去了加州大学旧金山校区和哥伦比亚大学继续从事科学研究工作。如果按照正常的轨迹，他应该在生物物理学的路上一直走下去。可惜天不遂人愿。20 世纪 90 年代初期，随着苏联的解体，冷战结束，美国的国防策略发生了调整，为国防服务的辐射生物物理学遭受了冷遇，课题经费很难申请到。于是，陈春章像很多同行一样，被迫转行。

你方唱罢我登场，辐射生物物理学进入低潮，半导体行业却开始兴起，各类半导体公司纷纷涌现，对人才的需求量非常巨大。经朋友介绍，陈春章 1995 年加入硅谷的 Trident 公司。作为当时的 ASIC 图像芯片公司三雄之一，Trident 公司 90 年代初期相当活跃，Trident 8900 和 Trident 9000 几乎就是 ISA/16 色显卡的代名词，也是 3D 显卡 GPU 的鼻祖。

Trident 公司招人不太挑专业，不像美国本土其他半导体公司一样，只认准 EE、CS（电子工程、计算机科学）等专业。陈春章进入 Trident 公司，从版图设计开始了自己的芯片设计生涯。两年后，他又加入 Cadence 公司，从此结缘 EDA（电子设计自动化）。

芯片界的教书匠

陈春章讲话时，语速适中，又条理分明，见过他的人，都会感受到他身上的教师气质。实际上，陈春章后来的职业生涯，包括现在的工作，都是跟教学息息相关的。

进入 Cadence 以后，陈春章担任了集成电路设计的布局与布线产品技术服务高级经理、技术讲师等职务。他参与了公司技术产品手册的编写与更新，除了经常给硅谷工程师们进行培训之外，还到世界各地客户现场做技术支持，包括 AMD、富士通、东芝、NEC、TI、意法半导体、摩托罗拉等，到过日本、印度、意大利、英国等，成为公司的一名“常飞客”。因此，2003 年 Cadence 决定在中国办设计大学的时候，他就是最合适的讲师人选。

当时的国内芯片设计行业方兴未艾，从业人员的水平普遍较低。Cadence 决定和政府合作，办一个芯片设计大学，培养芯片设计人才。整个项目的前期准备非常顺利，北京市政府特批了 11 万平方米的土地用于盖校舍，资金也基本到位，就等招生了。

2003 年，北京遭受了非典的肆虐，这并没有破坏 Cadence 大学的启动。可当学校正式开始运作的时候，最大的问题出现了：生源不足。一是校区位置偏远（北京稻香湖），二是学费昂贵，三是行业人员基础差，三大原因让整个项目招生困难。

“现在来看，这个项目还是很超前的，只是运营模式出了问题。”陈春章对这个项目还是感到遗憾。后来虽然又尝试了多种方法，整个大学计划还是黯淡收场了。

陈春章为整个项目投入很多，三年的时间他讲授了不少课程。通过授课，他对 EDA 有了更深的认识，也对国内的芯片设计行业有了初步的了解。因此，在项目完结之后，他决定留在国内。

一位同事的劝说对他当时的决定也起了很大作用。“你要想想回国到底为什么；再者，离开美国三年，工作关系都丢失了，还要重新建立。”一番话，让陈春章最终下定了决心。

现在看来，这是陈春章做出的一个正确的选择。中国的芯片业即将迎来大发展，他也将成为一个亲历者。

“EDA 公司实际上是帮助了中国芯片行业的发展。”陈春章带领的 AE（应用工程师）团队，为国内客户答疑解惑，还对他们进行培训。他们不但教会芯片公司如何使用 EDA 工具，还传授了很多项目管理的理念。

海思等国内著名的芯片公司都是 Cadence 的客户，陈春章也见证了其发展历程。“从以前的不买、少买软件，到现在的主动买软件，中国芯片设计业的技术水平在发展，版权意识也在不断增强。”

在这期间，陈春章主持编写了《数字集成电路物理设计》一书。这是他根据自己的工作经验，结合国内工程师常见的问题而编写的。这本书后来被很多工程师封为“红宝书”。

谈到这本书的编写以及相关系列书的方案，陈春章称开始做策划的时候，基本没有头绪。后来同严晓浪、孙坚和居龙等专家不断交流，厘清了思路，慢慢地把书做出来了。“最重要的是，我们采用了 Cadence 项目管理跟踪的办法。”

老骥伏枥

2013 年年底，陈春章离开了工作多年的 Cadence 公司，结束了自己的职场生涯。不过，他没有去游山玩水，而是继续投身于产业之中。他为前同事创办的集成电路设计服务公司出谋划策；同年，也在中国科学院大学开设了暑期课程，为研究生讲授芯片设计理念。而参与产业全书的编撰，则是他过去几年来最重要的一项事业。

回忆起参与全书的编撰过程，陈春章觉得很有意思。他开始被推荐来参加词条的编纂。在编纂过程中，由于有一些编书的工作经验，他积极参与，提出意见和建议，结果就成了第二章的副主编和责任编委。后来，王阳元院士又委派他来做全书的目录和索引。一来二去，他就成为全书的编委会副秘书长。

编书是个非常耗费精力的工作，但陈春章却以此为乐："编书让我学到了很多，原来对市场比较了解，但对各类产品了解不详细，通过编辑第二章，则对各种产品有了系统的了解。"

编书用了三年的时间，陈春章证明了自己是一个非常合适的人选。早年留学所受到的学术训练，还有多年的培训经验，加上出过书的经历，让他在内容的把控和组织编写上如鱼得水。

现今，全书的编撰又开始了一个新阶段，要进行英文版的编写。陈春章的背景和经验又让他成为编委的不二人选。

从辐射物理到生物物理再到半导体，陈春章虽然没有离开物理的大圈子，但仍然算是跨界的典范。他唯一的遗憾是，没能一直从事生物物理专业。不过，几年前，应生物物理所《蘑菇云背后》邀约，他写出了《核试验下风向尘埃的放射性监测》这篇专业短文，也算是对自己有了些弥补。

陈春章放弃了悠闲的退休生活，而一直在孜孜不倦地授业解惑，为芯片行业培养新力量。问起原因，他称这是一种责任感："因为我们这代人对祖国是心怀感恩之情的。"

"新竹高于旧竹枝，全凭老干为扶持。"正因有这种责任感，陈春章这一批人成为中国芯片业的薪火相传者。而中国芯片业要有更好的未来，还需要更多像陈春章这样的人，把责任感、方法和知识传递给后来人。

陈少民

驰骋职场的好“老爸”和思想者，他呼吁“以史为镜，芯片是国之重器”

文/慕容素娟

陈少民，北京汉能投资集团董事总经理，美国宾州州立大学电机工程硕士，拥有超过30年的半导体从业经验，长达27年在美国硅谷工作和生活。曾任多家国际知名上市半导体公司副总、董事及总经理等职；曾作为合伙人及总裁创办4家高科技企业，并分别在纳斯达克上市或被成功收购；曾任华美半导体协会会长、多个研发机构的顾问；曾在美国斯坦福大学、清华大学任客座教授及在美国圣何塞州立大学任兼职教授，现为上海交通大学及复旦大学客座教授；出版多本著作，包括《战略高地——全球竞争与创新》《跨越两千年的影响力——学耶稣建立一流的团队》《老爸的叮咛》《如此说，才能造就人》。

陈少民

陈少民有一颗热情的心，对他的专访，并没有限制在半导体领域，而是天南地北，无所不谈，从历史时空背景来分析中美贸易战，到半导体作为国之重器对一个国家的意义，再到家庭对一个人的影响，以及人如何看待金钱、财富、健康等。

古语云：“良田万顷，日食二升；大厦千间，夜眠八尺。”陈少民穿着方面不追求名牌，生活上简单、质朴、警醒，上班有时开车，有时也会挤地铁，他都觉得十分自在。此外，陈少民还诠释了多个出彩的人生角色：他是一名高管，也是一名企业家，还是一位善于思考的人。他将硅谷27年的管理经验出版成书《战略高地——全球竞争与创新》；他把从自己的信仰中得来的智慧演变为书籍《跨越两千年的影响力——学耶稣建立一流的团队》；他还与更多的朋友和家长们分享如何用“心”说好话，推出书籍《如此说，才能造就人》。同时，他也是一位好老爸，提到孩子时，他脸上洋溢着幸福的笑容，他把对孩子的爱转化为生命的7个礼物送给孩子，并将其著成书《老爸的叮咛》。

在美国27年，曾担任上市公司高管并4次创业

小时候的陈少民并不是一个聪慧的孩子，四五岁时说话还口齿不清，只有父母能听懂他说的话。当时有一部电影《胡马度关山》，父亲说要带他去看，前提是必须念得出片名，但是他怎么念都念不清楚。这几个字，最终说到别人能听懂，陈少民花了大约两年时间。

陈少民在美国宾州州立大学攻读电机工程硕士。毕业后进入公司当研发人员，他工作认真，但是由于语言及沟通问题，他的回报与付出往往不成正比。他下定决心要学好学精英文，并请家教一对一对自己进行辅导，光是矫正发音就花了整整4年时间。之后，为了训练用英语公开演讲的能力，他向美国加州圣何塞大学申请执教，在圣何塞大学电机研究所教了5年“芯片设计”，之后又有机会在各个会议中做报告。最终，陈少民的英文演讲和沟通能力得以精进。

32岁那年，先后作为合伙人参与了4家高科技企业初始公司，其中两家分别被上市半导体公司成功收购，一家在纳斯达克上市。“非常幸运，”陈少民谦虚地说，“现在若要我再做一次初始公司，都不太敢，那时是不知天高地厚。”

40岁以后，陈少民主要是管理上市公司。2001年年初，陈少民进入美国硅谷半导体芯片设计上市公司、硅谷前150的Pericom担任总经理，一干就是14年。在这14年间，陈少民需要到世界各地出差。他单在美联航的个人飞行里程数就达400多万千米，相当于绕地球飞了100多圈。“出差倒时差需要身体非常好，

倒时差几乎把我身体的本儿都‘吃’掉了，所以我一直保持很简单、警醒的生活，吃得也很清淡。”陈少民说道。

陈少民在半导体领域有超过30年的经验，涉足领域覆盖了设备、EDA、芯片设计、晶圆代工、IDM到封测的半导体产业链。从负责工程到企业的全方位经营管理，在偶然的机会里，陈少民在硅谷期间还曾担任多家公司CEO的教练，帮助制定产品策略、融资渠道及公司管理架构。他曾获EDN1994年年度最佳产品奖；曾任最大的华人半导体协会——全球华美半导体协会会长（CASPA，2001—2002），并多年担任顾问；多次受邀任IEEE及SEMI的SoC tutorial（IP Base SoC Design Methodology）讲员；在1999—2002年，制定中国台湾IT/芯片及系统产品路线并参与《台湾SoC白皮书》的撰写；2002年，被提名科技部全球海外华人火炬奖得奖人；还曾担任多地的芯片及高科技顾问。

多年来，陈少民一直保持着一颗赤子之心，对于自己所经历的一切人、事、物，他都很感恩："其实我跟一般人没什么两样，我的智力并不出众，只是非常幸运，遇到了一个好时机，把握住了好机遇。如果国家需要，我很愿意为国家做更多贡献。"

回国投身中国半导体行业，呼吁"以史为镜，芯片是国之重器"

2014年年底，52岁的陈少民回到国内，担任武汉新芯集成电路制造有限公司（后并入长江存储）执行副总暨首席商务官。武汉新芯主要做半导体存储器，在我国集成电路产业追赶的道路上，存储器被当作排头兵。2018年4月26日，习近平主席还特地到武汉新芯参观其生产线，可见国家对存储器的重视。

随后，陈少民又担任通富微电子股份有限公司执行副总、商务长及总裁办主任。该公司是中国前三大封测企业，在全球封测企业排名领先。半导体芯片产业主要有三个环节：芯片设计、芯片制造生产、芯片封测。在这三个环节中，我国芯片封测与国际水平的差距最小。

而现在，陈少民进入高科技投资领域，在汉能投资集团担任董事总经理。汉能投资集团是一家专注于中国互联网经济、消费及医疗服务领域的投资银行，业务涉及财务顾问、私募股权投资等，曾参与的并购交易有阿里巴巴收购饿了么、爱康国宾私有化、58同城与赶集网合并、百度去哪儿与携程合并、优客工场与洪泰创新空间合并、万达集团收购快钱、阿里巴巴收购易传媒等。

“转到投资领域，我仍更关注半导体及高科技方面的投资、融资及并购，为中国半导体业发展提供更专业的服务。”陈少民说道。

拥有半导体领域30多年的产业经验，以及在美国27年的文化浸润，对于中国半导体业的发展，陈少民也有自己的见解。

“近期的中美贸易战既是历史的偶然，也是必然。我们要以史为鉴，历史是会重复的，很多重大历史事件都有此迹象。”他阐述，从历史轨迹来看，中美贸易战是美国从自身的国家战略出发进行的。

为什么中美贸易战的重心是芯片？陈少民指出，美国在全世界的影响力，可谓无远弗届，包括美元、军事力量等，而全世界交易金额最大的两种货物是石油和芯片，这些都在用美元来交易。新经济及现代国防的核心竞争力就是芯片，等中国半导体产业做大了，肯定有话语权，甚至可能会用人民币交易，这样就会撼动美元及美国高科技国防的地位。自然而然，美国要从芯片入手来遏制中国的发展。然而，中兴事件反映出中国在芯片上的缺失，但同时美国相关企业也受到巨大冲击。目前，全世界的半导体总值是3 630亿美元，中国的芯片产出只有100亿美元左右。

对于半导体的重要性，陈少民从世界经济的发展史进行了纵横向的对比：1860年，当全世界开始工业革命时，当年世界出现的纺织、采矿、电报、铁路等产业，跟现在手机、航天航空、飞机一样，都是新经济。工业革命的成果反映在工业实力上，而工业实力反映在国防和经济上。制造业是国家实力和军事的一个衬底，所以中国要发展“制造2025”，而美国一定会在制高点上压制中国。陈少民指出：“我个人认为，我们虽然是做高科技的，但对文化、政治等必须要有所了解。”

如今世界各国都在重点发展半导体。陈少民强调：“半导体是国之重器，是国力和生产力的象征，新经济的产值重心是要依托半导体来体现的。”

与此同时，发展半导体领军人才是关键。陈少民指出，“君子务本，本立而道生”，应该在一个有情怀的人文环境中培养领军人才。一个优秀企业家，需要在一个有理想、有抱负的环境下诞生和孕育。他举例，美国斯坦福、麻省理工、哈佛等大学培养了无数成功和优秀的企业家，这些企业家年轻时就是在一个良好的人文环境中成长的，他们对人和社会是有关怀的，有社会责任感，是站在哲学的高度再通过身体力行去实践的；面对残酷的竞争，他们也愿意坚持；他们有动力持续去做一项事业。

“物有本末，事有终始；知所先后，则近道矣。”“国家必须用国家政策来支持半导体发展，而且发展半导体产业是一个长期的事业，要特别着力培养顶尖人才。”陈少民说道，“此外，在发展中国半导体产业的过程中，我们应该多一点市场化的竞争及经营，应该享受其中的过程，看到这样做的意义，这样才能找到内在发展的驱动力。”

笔是剑，著书立言，余生还要“仗剑走天涯”

虽然是一名高管、一名企业家，但陈少民并没有将人生局限于职场。

在硅谷时，他曾担任斯坦福大学可持续发展和全球竞争力研究中心兼职教授，与学生分享硅谷高科技公司的商业模式、创新及管理经验。为此，2018 年他著书立言，推出《战略高地——全球竞争与创新》。此外，陈少民还写了不少人文和教育方面的书。2017 年出版《跨越两千年的影响力——学耶稣建立一流的团队》，2015 年出版《老爸的叮咛》，2012 年出版《如此说，才能造就人》。其中，《老爸的叮咛》和《如此说，才能造就人》成为当时台湾的畅销书。

职场工作如此繁忙，如何挤出时间写这些书？对此，陈少民说，其实写书真的很难挤时间，在写《如此说，才能造就人》一书时，写完前半部分之后，正值公司在亚洲扩张，需要去各地出差、谈判；还恰逢新产品上线，常常加班到很晚；晚上还要和亚洲的团队视频会议，以至于写作一再延后。后来，读高中的儿子功课繁重，时常学习到深夜，陈少民就加入到深夜学习的阵营中，不久女儿也加入进来，家中学习的风气更加浓厚，陈少民写书的进程也逐渐加快。

陈少民还利用在飞机上的时间来写作，而且效率极高。陈少民开玩笑说：“在飞机上可能是与上帝距离较近，灵感很多，文思泉涌，下笔如飞。”写累了，不管飞机客舱有多吵，他都能蒙头就睡。

写书的过程着实不易，而就是这样一点一滴积累赶稿的岁月，陈少民却乐在其中，十分有热情。“世上没有一模一样的人，每个人的一生都有自己的独特目的。当你找到自己的使命时，你就会非常有热情；有了热情，你所做的事就会变得很有趣，你就会全力以赴，不在乎有没有回报。否则，做事情很难持续，容易随波逐流，人就会很容易焦虑。”陈少民说出他的热情来源。

职场的繁忙，使很多职场人士往往无法兼顾家庭或不得不牺牲家庭，而陈少民非常重视家庭关系。当他的一位一起长大、无所不谈的挚友突然离世时，陈少民忽然悟出人生的无常，不由思考：“作为父亲，我能给孩子最好的礼物是什么？丰厚的家产、显赫的权势、优越的物质条件？我觉得都不是，最好的礼物应该是心灵的传承。”

于是，在《老爸的叮咛》中，陈少民送给孩子生命的 7 个礼物：在叩问人生终极意义中启示的信仰；在生活实践中的品格；在敬畏上帝中领悟的智慧；终身学习、敬业自律、奉献社会的工作观；取之有道、用之有度、施之有恩的金钱观；恒久忍耐、恩慈友爱中成长的友谊观、婚恋观、家庭观；寻找使命、承担责任、喜乐健康的人生观、自我观、价值观。

这本书也是他挤时间写出来的，书中序言的开头这样写道：“亲爱的平平、薇薇，你们好吗？爸爸想念你们，想念你们的妈妈。此刻，爸爸正在某个旅馆的房间里，刚预备完明天一连串密集的会议……”

对家庭和孩子的用心，换来的是非常和谐的家庭关系。当陈少民提到两个孩子时，他脸上洋溢着幸福的笑容。现在，儿子已参加工作，女儿即将大学毕业，但是孩子们生活、学习和工作中的烦恼会与他倾诉；人生规划和理想，也会与他分享和商量。提起孩子，陈少民欣慰地说道：“两个孩子与我和爱人就像朋友一样，我们家庭的纽带非常强。我们很感恩，有这样的关系，一生就够了。”

不仅对家人用心，陈少民还关注和关心更多的人。他目睹现代人的交流方式和交流环节越来越复杂，人与人之间的沟通也越来越困难。于是，他通过一百多个中外名人的故事，从西方的苏格拉底到东方的魏征，揭示沟通最大的智慧在于用“心”说好话，让人们相互间自信沟通、用心沟通。为此，《如此说，才能造就人》一书问世。

陈少民骨子里更像是一位思想者，他很喜欢思考，很在乎脑海中随时涌现的一个想法。

陈少民说：“芯片在人类的历史轨迹中看起来非常渺小，而且会受时间、空间、应用的约束，但这些人文方面的书不会受时间、空间的影响。”

“人生有不同的季节，我要趁着血气未衰的时候，尽快把我所知道的或想写的写下来。”在陈少民的眼中，今之侠者，笔是剑。他开玩笑说，余生还要“仗剑走天涯”。

刘　越

玩转IC设计、制造、投资，拼出人生“芯”高度

文/李映

刘越，硕士，高级工程师。现任中国半导体行业协会理事、中国半导体行业协会集成电路设计分会副秘书长、北京半导体行业协会监事长。毕业于北京工业大学半导体物理系，从北京半导体器件三厂起步，历任北大青鸟集团副总裁、北大青鸟环宇科技执行董事及副总裁、中芯国际副总裁。2011年以后转型投资，在风险投资公司华登国际任副总裁，2014年参与创立了华创投资，现任元禾华创（苏州）投资管理有限公司执行合伙人。

刘　越

“天下之至柔，驰骋天下之至坚。”这话在看似柔弱实则坚韧的刘越身上，得到了最恰当的诠释。误打误撞进入IC业以来，从北京半导体器件三厂工程师到北大微电子所高级工程师，从北大青鸟副总到青鸟环宇执行董事，再成为中芯国际创始人之一，人生上半场拼出了新高度；之后成功转向IC投资，成为华登国际副总，再到创建华创投资，成为管理合伙人，人生下半场拼出了新深度。

这一番履历看似光鲜，但其实她一直自称在内心与表象间纠结，在理想与现实间挣扎，在家庭与事业平衡中跌跌撞撞走来，而无数的百转千回，最终成就现在功成名就亦淡泊宁静的她。

峰回路转，从上市企业到参与创建中芯国际

太多人只能见证历史，而刘越却是幸运地创造历史的一员。

刘越尤其记得在 2007 年的一天，她觉得此时自己在中芯国际的使命已经完成了，她向张汝京递交辞呈，但张汝京却让她坚持下去，这一待又是 3 年。是什么机缘让刘越亲身经历和见证了大陆代工（芯片制造）老大——中芯国际的崛起呢？

时间回到 1999 年，彼时的刘越自 1991 年因缘进入北大微电子所几年之后，恰逢校办企业如火如荼，在北京大学微电子学研究院院长、中国科学院院士王阳元带领下，刘越在 1998 年正式踏上了校办企业之路——任北大宇环微电子系统工程公司总经理。通过承接首钢等企业以及温州等地方 IC 设计项目，开始接触国内市场，也体会到其中的不易。

虽然经过 908、909 工程的发展，国内已经具有华虹 NEC、首钢 NEC 等集芯片设计、制造于一体的 IDM 厂家，但在代工层面与国际巨头相比仍差距甚远。而且国内 IC 业除受到体制、人才、资金等诸多方面挑战之外，欧美在当时对中国一直封锁亦是难以逾越的关卡。

在这一背景下，北大宇环结合北大青鸟信息安全技术，开发具有自主知识产权的信息安全 IC，然而国内制程工艺落后，导致芯片面积大、速度慢，而找其他代工厂基本是“不平等条约”。恰逢 1999 年香港创业板推出，北大环宇的 IC 业务和北大青鸟的信息安全业务成功整合在一起；成立了北大青鸟环宇，在一系列运作之后，成为大陆首家在香港创业板挂牌上市的公司。当初北大微电子所的投资在上市后等值 840 万股，累积了资本的实力。1999 年年底，一生致力于发展我国集成电路产业的王阳元院士以战略家的眼光开始构想建立我国集成电路 Foundry（专门负责生产和制造芯片的厂家），成为中芯国际的雏形。

北大青鸟环宇作为当时大陆的唯一发起者，联合了中芯国际创始人张汝京等

人，发起并创立了中芯国际（SMIC）。

作为北大青鸟环宇执行董事的刘越，亦成为中芯国际的创始人，在她的讲述中揭开了中芯国际历史的风云际会，也让人深切体会到国内代工业龙头起步与发展的艰辛。

共同的目标使得张汝京与王阳元院士相见，探讨在中国建立一个国际化的Foundry的蓝图。

一个多小时的首次会面，就达成以8英寸起步、在国内建立Foundry的共识。会后一行人直接到上海，与相关领导人洽谈。随后又分别考察了香港、深圳等地，最终中芯国际落地上海。

双方“落槌”之后，在当时上海市市长徐匡迪等领导的鼎力支持下，终于在2001年秋可行性报告通过了国家发改委的审批，而这时资金成为“拦路虎”。其间的一波三折、起死回生，刘越至今回想起来还感慨万千。

当时计划筹资14.8亿美元，其中8亿美元自筹，6.8亿美元贷款。2000年在所有股东资金尚未到位时，北大青鸟集团先行垫资5 000万元，使中芯国际第一座芯片厂得以在上海破土动工，为中芯国际首座芯片厂的顺利投产抢占了天时，赢得了迅速发展的宝贵时机。没曾想，前几大股东有些因为上层压力，最后不得不撤资。而中芯国际项目从2000年启动到2001年秋天，刘越就一直和张汝京一起，扎根在上海，当时一期厂房已盖到地面了，资金不到位就难以为继，压力巨大。到了2001年夏末初秋，账上已然没钱。最后所有董事联名写信恳请见上海市市长，力陈项目的紧迫性。幸运的是，当时徐市长就表态说中芯国际是重点项目，一定要大力支持，因而上海实业决定作为第一大股东投资1亿多美元“救火”，高盛等投资机构也都马上跟投，很快就募集了10亿美元。

刘越的全部精力也基本投入到中芯国际的融资、贷款等一系列事务中，在向银行贷款时只能现学如何抵押、如何作价，而且那时银行对这一项目存在种种质疑，刘越只能多方斡旋提供有力的材料与资质。刘越还提到，当时王院士的战略是引入国际化管理机制，因而中芯国际的注册地设立在了开曼，并建立了股权制度，顶层设计高瞻远瞩。而北大青鸟环宇面临的障碍是国内资本如何拆借投到海外，经历了无数波折，但由此也开创了一个难以复制的先河。而亲身参与并主导的刘越，学会了敬畏，得到了历练，收获了成长。

有惊无险之后，中芯国际终于实现了超募，10亿美元贷4.8亿美元“到位”

了。中芯国际自此开启了大陆代工龙头的传奇征程。

然而没过多久，又一个挑战接踵而至，让刘越从中芯国际的创始投资人转身成为团队一员。

波谲云诡，中芯国际北京项目

在多方助力下，中芯国际上海项目如愿走上正轨。刘越 2001 年年底如期回到北大青鸟环宇，还没怎么缓口气，中芯国际的董事长王阳元院士和张汝京再次计划 12 英寸生产线，而当时董事会都不支持，但张汝京认准的事一定要干，觉得时间不等人，因而力邀刘越，刘越被这种豪情感动，从北大青鸟环宇辞职，正式加盟中芯国际，全力以赴投资北京项目。

刘越笑言，到了中芯国际收入拦腰砍一半，但她还是义无反顾地来了。

好似她的命运早就悄然埋下了伏笔，并在未来的日子里，发生了翻天覆地的转变。

上了中芯国际这一大船之后，北京项目成为刘越实施的第一大“航行路线”。

在上海的三座厂顺利投产后，王阳元院士已开始打算在北京继续建厂。当时，可以说危机四伏，董事会里没有一个人同意。当时的国际市场处在回暖期，是出产品回收资金的好时候，按照“低潮盖厂，高潮生产”的惯例，一般人的看法都是不宜投资办厂。但王院士和张汝京以战略家的眼光，审时度势，高瞻远瞩，一直认为抢占市场先机比什么都重要。于是，中芯国际北京项目在起步之时只好打擦边球，取名为中芯环球。而首当其冲是可行性审查，张汝京看清代工趋势是 12 英寸，但当时欧美对设备基本禁运，如果按 12 英寸申请很难获批。于是王院士想出一个 8+12 的方案，提出来建设 8 英寸生产厂 +12 英寸引导线，这样才“涉险”获批，没有影响进度。

刘越还清楚地记得项目在 2002 年 9 月启动，2003 年 SARS 爆发，当北京像一座空城时，厂房建设却一天都没停。她还记得一些对中芯项目非常关心的政府领导还特地跑到工地视察说：“你们怎么还这么拼命？！”刘越当时的回答是：“开弓没有回头箭，十几亿美元的投入一旦启动，就没有回头的路。”

这看起来像是一往无前、不计后果的赌注，但坚持到 SARS 结束后，投资回暖，股东愿意投了，可行性报告也批下来了，刘越笑言以前的“私生子”变成光明正大的老二了。

但在大海中航行难免触礁，当时的一个“雷”引发了后来接二连三的海啸。“北京项目立项是做存储代工，因为 2002 年中国大陆拟做的 12 英寸设备禁运、技术封锁，为此我们与英飞凌签订了一个 DRAM 协议，而 2007 年下半年 DRAM 价格暴跌，坚持走代工路线的中芯国际出现巨大的资金缺口。最后，大唐电信参与进来成为中芯国际最大股东。”刘越提及这段往事。

而那时中芯国际不仅有内忧，还有外患，与台积电 2003 年、2006 年的两次专利官司打到最后，结果都是输。2010 年 5 月，刘越离开中芯国际。谈及这段风云激荡的往事，她不无沉重地说，天时地利人和成就了中芯国际，再度复盘已然不可能了，国内外环境变化太多了。中芯国际的创业太难了，幸亏王阳元院士和张汝京有着高瞻远瞩的战略眼光、海一样博大的胸怀和愚公移山的顽强精神，再加上各级政府的支持，这才一步一个脚印撑了过来。这没有对错之分，创业与打江山一样，而守业是要追求守成，本来就不太一样，不应互相批评。创业吃的苦不是守业能吃的，守业者能做的创业者不一定能做，亦希望中芯国际越走路越宽广。

命运的拐点再次来临，刘越此时想另起炉灶，不想做“累极了”的半导体，想接触一些有不一样商业模式的行业，而在进入上海泰景之后没多久，她重新选定了华登国际，转型做起了半导体投资。刘越笑说，看来是真的离不开半导体了。

或许这一机缘从她上大学起就已注定。

与芯结缘，从工厂工程师到北大研究员

看起来命运给我们走过的每一天都写好了序言，而我们的所作所为，都会酝酿一场新的征程。

1978 年，恢复高考的第二年，出身于书香门第、一直担心要去插队的刘越赶上了好时机，苦学之后高考分数十分理想。

到底是选北大还是北工大？这对别人十分笃定的答案对刘越来说却十分纠结。她回忆说，进北大虽然名头响亮，但分配可能不在北京，于是刘越选择了百

分百北京分配的北工大。那个时代杨振宁等是英雄，而北工大是工科院校，没有纯物理、数学，当时她就想学物理。恰逢她一个叔叔从日本考察回来介绍半导体很有发展前景，于是她选择了半导体物理专业。

没曾想，很有主见的刘越一上学在拿到了 5 年的课程表后，傻眼了。她说：“这个课程安排跟我想象的半导体物理是完全不一样的，当时心里就有一个想法：这个专业不能上了。”

这时也凑巧刘越入学体检查出急性肾炎，当时跟家里商量准备休学，第二年再回来换一个专业。没想到，学校又单独给刘越体检了 4 次，结果证明之前是“误诊”。于是刘越只能硬着头皮上。

现在回想起来，刘越也觉得是命中注定要跟半导体结缘。那时的北工大很多老师都是清华出来的，聪慧的刘越学习自然也很拔尖。大二时她就接触到了 EDA，就下决心以后要做 EDA，因为觉得这是自己能做的、也很擅长的。而且毕业论文她也完成得十分出色，当时导师想让她深造，但刘越还是选择了另外一条工作道路。

当时北京市半导体器件三厂要建 EDA 室，这让刘越心生向往，于是就断然来到了北京市半导体器件三厂。结果一上班就被分到光刻车间倒班，让“心高”的刘越很郁闷。

但厂里领导的“要做一个好的设计师，首先要做一个好的工艺师”这席话让刘越醍醐灌顶，从光刻车间起步，到蒸发、溅射，后又调到掩膜车间，不久之后又采用 EDA 学习版图设计，刘越很快就掌握了 IC 设计全流程，也因此被破格提拔为工程师。

机会总是青睐有准备的人。刘越凭借这些新学的本领，不久之后到北京器件三厂分立出来的凯德 CAD 公司做我国 EDA 二级系统实用化（三级系统后被称为熊猫系统），并与复旦、清华、浙大等科研院所分工合作，刘越也被“百里挑一”抽调过来负责 EDA 设计，还因此获得北京科学技术进步二等奖。

在这一峰回路转的过程中，刘越开始明了，无论什么行业，只要坚持下来就有机会。聪明人挑机会，不断在跳，但跳着跳着就有可能找不着北了；而踏实的人一直在干，等到机会来临就会受到垂青。

时值青春年华的刘越此时也恋爱成家。在孩子出生后，面临女儿上幼儿园的问题，即使作为北京人，在当时也会因为户口所在地与居住地不同而无法就近入园。刘越回忆说，先生一边忙着创业，一边还要每天花近两小时接送女儿，加上住房条件的困难，她也很焦虑，不得不思变。

“孩子和家庭对一个女人来说，虽不是全部，但至少是人生的一半。保住这一半，人生至少‘不输’了。”刘越想到父亲说过的这句话，觉得自己是时候要为家庭做出一些牺牲了。

而机会很快就在 1991 年来了，彼时北大很多学子出国或去外企，北大微电子所承担了国家很多攻关项目，十分缺人，便决定从社会招人，刘越因一直在行业，也与院校合作过，表现亦很优异，同时为了女儿上幼儿园，刘越来到了北大微电子所。

刘越坦言，“那时进北大可谓千载难逢，只有在那个年代、那个特殊时间才有机会。”但来到这里也意味着刘越将另外两个选择（一个是高薪外企、一个是中国电子信息产业集团）都舍弃了。她回想时说，“人生不可能走第二次，可能有些时候是情非得已，但及时调整好心态，每天都坚持把自己的工作做好、做到极致，才能不负时光。”

进入北大微电子所，并不意味着高枕无忧，和众多博士、硕士在一起，让本科毕业的刘越备感压力，毕竟在教研室要拿出成果才能证明实力。刘越也提到开发某一芯片时的较劲细节，说为了一个优化新算法的 ASIC（专用集成电路），当时工艺只能做到将算法切成两个芯片，再合成为一个，她每天都加班加点优化版图，最终得以流片。出色的表现，让刘越再次获得殊荣，不仅提了高工，也得到了王阳元院士的器重。

于是，在校办企业的浪潮中，刘越作为当时学校里少数具有企业背景的老师，且取得了优秀的科研成就，得以成为北大青鸟的副总，并借香港创业板之风成为北大青鸟环宇执行董事，开启后来与中芯国际的不解之缘。

投资风采，从华登到华创

加入华登国际，是因为刘越在 IC 业艰苦、执着地做了很多年，她从设计到代工全流程的资历、经验以及对国内市场的深刻了解，被这家业内享有盛名的投资公司看中。同时，这也是她再次放下身段潜心学习、探索下一段人生的起点。

之后的刘越依然上演着顺风顺水的故事。随着IC业"国之重器"的地位的确立，发展日益受到重视，各路VC、民营资本、政府引导基金、产业资本也争相涌入。2013年12月，发改委、工信部和北京市政府共同设立了北京市集成电路产业发展股权投资基金，基金总规模300亿元，其中政府出资90亿元，其余引入社会资本。

而当时华创投资团队散落在不同的基金投资公司，他们发现需要为这次中标的基金量身定做一家管理公司，才能完全符合政策要求。于是，北京清芯华创投资管理有限公司应运而生，刘越与一位老朋友合作，成为创始人之一，并于2014年成功中标北京集成电路设计与封测股权投资中心管理公司，负责20亿元的设计与封测子基金投资管理。

刘越介绍，这一基金公司成功收购了美国豪威科技和ISSI公司，并投资了韦尔、盛美、国微科技等知名企业，可以说成效显著，并在2018年启动二期基金（简称"元禾华创"）。

对于半路出家做投资的刘越来说，经过这些年的投资实战，也淬炼了自己的投资哲学。

"当你看中了一个项目，在对项目有了深入的了解和评估后，除了给对方投入资金外，是否还能帮助到这个企业的其他方面，包括技术、人才以及产品多元化布局等，亦是非常重要的。"刘越强调。

刘越的理解是，作为一个IC后发展起来的国家，不仅需要更专注、更专业的投资机构，还需要对整个产业有比较深刻理解的创新团队，潜下心来，共同努力，国内IC业才能实实在在发展起来。

"做投资当然要看产品是否足够好、市场是否足够大，但做投资越久，才发现其实更要看重人，产品定位有偏差也有可能做成，但人走岔了就散了，真正能沉淀下来的还是人。"刘越道出了自己的投资之道，"中国半导体业从2000年开始都有机遇，只要方向不错，都有机会成功，但其间有多少人'楼塌了'。"

如今的IC业正走入新的拐点，无论是技术的演进、AIoT与5G等的兴起，还是产业模式自上而下的变革。"IC从IDM开始分化，分化过一段时间后，设计、制造又开始向'类IDM'寡头聚拢，表明单一产品无法支持高成长性。目前诸多互联网巨头投入芯片开发，产业链的商业模式将随着变革深化和演变升级不可避免再次调整和分化。"刘越分析说，"在这一过程跟着大形势走的会是赢家，而不是分析会走成什么样。我的角度是静静看市场演变，而不是去随便预测，但不等于我不会去看它的变化，我们会遴选合适的人，这些人对市场变化最敏感，也有足够的应对能力，将可能蹚出新的路径。”

刘越的兜兜转转，总跳不出 IC 这一领域。虽然她直言骨子里有一个声音告诉她不该做芯片，但总有种神秘的力量拽着她，让她在时光的缝隙中不断见证、不断蜕变。

李亚军

集成电路并购猎场的“守”猎者

文/朱秩磊

李亚军，本科毕业于北京邮电大学，中欧国际工商学院EMBA，上海临芯投资管理有限公司创始人、董事长兼CEO，澜起科技董事。曾任上海浦东科技投资有限公司管理合伙人、副总裁，联芯科技财务总监、投资总监，拥有近30年央企投资及高级管理经验。曾参与锐迪科、澜起科技、OmniVision等多起海内外半导体企业私有化及并购案。

李亚军

自从集成电路产业上升到国家战略后，中国集成电路产业的境内外并购整合、资本投资越来越热烈，在国家集成电路产业投资基金（大基金）引导下，各地政府、民间资金积极参与行业的并购、投资，半导体产业迎来“天时、地利、人和”的发展阶段。

“VC赌钱，并购赌命。”临芯投资董事长、CEO李亚军这样评价，“半导体并购对投资人的毅力、眼光、胸怀有极大要求，犹犹豫豫做不成大事。”作为一个有几十年半导体投资经验的资深投资人，2008年大唐电信入股中芯国际、

2013 年锐迪科并购、2014 年澜起私有化、2015 年 OmniVision 私有化，这几起在中国半导体史上极具分量的并购案幕后都有李亚军的影子。

参与创立联芯科技，初涉资本市场运作

1984 年，20 岁的李亚军从北京邮电大学毕业，进入邮电部设计院计划科，相当于现在的市场部，后来机缘巧合之下直接被领导派到财务科当了科长。“虽然大学时候专业课也学过会计，但是从做计划转到做财务，我的思路就与传统的财务人员的思路不同。”他说。他在邮电部设计院一待就是 20 年，期间取得了中欧国际工商学院 EMBA 证书。

离开邮电部设计院后，2008 年，李亚军几经辗转成为新成立的联芯科技的 CFO，入职后做的第一件事就是推行员工持股计划。联芯的核心团队来自当时的上海大唐移动和大唐微电子，为了吸引人才，激励员工的工作热情，公司决定实施员工持股计划。

据李亚军回忆，当时的计划是大唐电信出资 1.9 亿元，联芯员工出资 2 000 万元。他提出的方案是 2 000 万元这部分资金由员工自己出，而不是采取有些公司通常会采用的奖金、借款等方式。“虽然这是一个很好的政策，但是推出以后发现员工是不愿意出资的。一方面当时大家手里余钱都不多，另一方面员工希望这种持股是免费的，不用再自己掏钱。”李亚军说，“我就跟员工说，现在想免费，以后可能就不一定能拿到收益，所以一定要自己出资。”在他的坚持下，持股计划最终得以实施。

员工的股权分配起初是按职位级别来的，从几万元到 100 万元不等，有些员工可能没那么多闲钱，也有些人认为风险太大，导致部分员工不能满额认购，于是李亚军把剩下的额度进行新一轮的分配，经过几次循环，2 000 万元股权最终全部认购完毕。

推行完持股计划，联芯员工的士气得到了极大的激励，在创立的前几年，发展势头迅猛。

“这次联芯的员工持股计划可以看成是一次创业成功，联芯科技初始出资为 2.1 亿元，2011 年引入战略投资人，估值增长了 6 倍，再重组进大唐电信，重组

时的股价估值是七八元，最后退出的时候均价在 20 多元，最终获益 20 多倍，这可能是在央企里为数不多的能够正常进、正常出的一次阳光持股。对初期那批核心员工来说，也可以算得上是一次创业成功。”李亚军指出，“另外，期间联芯曾引进战略投资者，最后重组进上市公司，也是一个资本市场的完整运作案例。”

如果说员工持股计划是李亚军初涉半导体行业的资本市场运作，那后来的大唐电信入股中芯国际则是他参与的第一个半导体并购项目，李亚军作为参与者，首次对国际半导体并购有了清晰的认识。

展讯、锐迪科并购案：小路条之争，中国IC投资史上的里程碑

2013 年，紫光集团以 18 亿美元总价收购展讯通信；其后，浦东科投和紫光集团先后发起对锐迪科的收购，形成竞购，最终紫光集团以 9.07 亿美元的价格完成对锐迪科微电子的收购。这两项收购案的背后，就是著名的“小路条”之争。李亚军直接参与了这两起并购案，他回忆了当时的故事。

联芯成立以后，中国三家手机基带芯片公司陷入了激烈的竞争。李亚军说，2008 年刚上市没多久的展讯股价跌得厉害，最低的时候到了每股 73 美分。李亚军当时提议，可以收购展讯。“以此时展讯的估值，收购它比联芯继续投入十几亿研发要划算得多。”但是公司决策会议上没有通过此项提议。

后来，锐迪科进入了李亚军的视线，他再次兴起了收购锐迪科的想法。“当时三家公司竞争，形同三国演义，只有孙吴（锐迪科、联芯科技）联合才能抗曹（展讯）。”他说，当时华平投资手中持有锐迪科约 40% 的老股，要出让一半，谈了几次以后无疾而终，最终以 9.3 美元的价格转让了，“可能是考虑到联芯央企的背景，华平没有接受联芯科技更高的报价。”

2013 年 7 月，清华紫光收购展讯。李亚军强烈感到对锐迪科的收购不能再等了。“就像漂亮姐妹俩，姐姐嫁出去了，妹妹肯定也会受到追捧。”鉴于前述收购的失利，联芯希望寻求合作者共同收购，于是李亚军找到了浦东科投。在这个过程中，李亚军顺势加入了浦东科投，正式开始了半导体投资生涯。

随后，浦东科投率先发起了对锐迪科的收购，并获得了国家发改委的预先批

准确认函（the NDRC Pre-Clearance），俗称“小路条”，但在清华紫光的加价竞购之下，锐迪科最终还是与还未获得“小路条”的清华紫光签订了每股 18.5 美元的收购协议。此次竞购史称“小路条”之争。

李亚军表示，“小路条”之争可以说是中国集成电路投资史上的一个里程碑事件。清华紫光和浦东科投对锐迪科的竞购持续时间将近一年之久，其间，北京、上海政府及发改委等政府部门深度参与，各大媒体连续跟踪报道，引起了政府、社会和行业中的极大关注，也激发了社会各界对集成电路的投资热情，直接促进了相关产业政策的制定，包括随后在 2014 年成立的国家集成电路大基金。同时，由于并购产生的巨大经济效益，使得无论是上市公司，还是再融资的公司，突然一下子成了“香饽饽”。对于集成电路这个技术密集、资金密集的产业而言，众多资本的进入就是“久旱逢甘霖”。

澜起私有化，中国投资并购史上的经典之作

展讯、锐迪科都是从纳斯达克回归的案例。竞购锐迪科失败后，刚上市不到一年的澜起科技受到了浦东科投的关注。2014 年，澜起科技是全球的四家之一、亚洲唯一可以在服务器内存市场提供内存接口解决方案的芯片公司，有着中国上市半导体公司最高的净利润率，可以说是中概股的芯片龙头。李亚军说，澜起在 2013 年上市时的价格是 10 美元左右，后来一轮增发浦东科投想参与，但是由于股价太高就放弃了。

意外的是没多久澜起被做空，股价大幅下滑，达到了浦东科投的预期价格，机不可失，于是果断举牌。最终，浦东科投联合 CEC、金石投资，以 6.93 亿美元完成这项私有化交易，当年被评为“最佳中概股私有化奖”。一年后，国际巨头以一倍溢价增资澜起，一年之内估值翻番。

这项收购在国家《集成电路发展促进纲要》和大基金刚出台的 2014 年，意义非常重大，是首次由国企和央企联手收购海外上市公司。李亚军回忆说，浦东科投、CEC 只用了 4 个月时间募集资金，并且完成了各项审批程序，这些经验对之后中国资本跨境并购的成功有着重要的示范与借鉴意义。

澜起科技成功私有化，并在后续得到顺利发展，进入独角兽行列，李亚军道

出了一个不为外界关注的重要因素，那就是股权比例的设置。

长久以来，国际公司对中国资本，尤其是国企和央企有着偏见和误会，不愿意被国有企业收购，尤其是对央企戒心很重。另一方面，央企在收购优质资产时，都希望能做大股东，但是如果股权比例超过 51%，要走的流程、制度都有相对更复杂的程序，这对海外回来的走全球化道路的这类企业来说会很难操作。在澜起的案例里，最终股权设置比例为 CEC、浦东科投和金石投资分别为 34%、33% 和 33%，这个比例后来被业内认为是一个黄金比例，既能发挥各自的优势，也能相互取得平衡。

李亚军提到，浦东科投还与清芯华创共同发起了豪威（OmniVision）的私有化，但是其间浦东科投实施混改，加上其他种种因素中途退出了，结果非常遗憾地错失了这么一个优秀的标的。

创立临芯投资，“守”猎“芯”猎场

2014 年国家成立大基金以后，上海也发起建立了 500 亿元规模的集成电路产业基金，其中 100 亿元为装备材料业基金，为了获得该基金的管理权，浦东科投将其集成电路投资团队分立出来，成立了上海临芯投资管理有限公司，落户上海临港，经公开招标，临芯投资获得 100 亿元基金管理资格。

后来浦东科投实施了混合所有制改革，管理团队成为实际控制人。临芯投资也顺势股改，管理团队成为实际控制人，李亚军任董事长、CEO。

自 2015 年成立以来，临芯投资以“专注于集成电路的产业投资平台”为宗旨，开始大手笔投资，成绩斐然。目前实际管理的已投资金近 30 亿元，投资了一批在业界有影响力的项目，如澜起科技、博通集成、中微半导体、芯原、思瑞浦、无锡新洁能等。典型的如中微半导体，投资于 2016 年，投资额 3 500 万元，并在 2017、2018 年连续追加三轮投资，充分体现了临芯投资的眼光、手法和风格。在 2019 年的科创板申请大潮中，据统计临芯投资有 9 只产品投资了科创板预上市公司，其中包括澜起科技和中微半导体两个龙头，位列 218 家私募管理人投资标的数量之首，有望成为科创板私募冠军。

谈到成功的秘诀，李亚军表示，临芯投资的特点就是专注和专业，其是由央企和外企高管组成的专业团队，采取的是“守”猎的方法。“就像一个狩猎者一样，静守自己熟悉的猎场，长期耕耘和培育，一旦发现机会就果断出击，命中率高。”他同时表示，“投资半导体要有耐心，就像‘煲汤’，不是火大就管用，要温火慢炖，火候、时辰到了，汤味才能出来。”

李亚军表示：“并购对投资人的毅力、眼光、胸怀都有极大的要求，犹犹豫豫做不成大事。静如处子，动如脱兔！”因此，他将投资比喻为“VC 赌钱，并购赌命”。“VC 我敢投十个出去，砸了九个没关系，有一个出来就赚钱。但是并购就不能这么干，要百发百中。”李亚军表示，临芯投资绝大部分资金都是真金白银的市场化的募资，容不得出错。

李亚军将并购标的分成了四个不同的等级和类型。1.0 版是并购国内的集成电路企业；2.0 版是并购国内运营、海外架构的集成电路企业，例如澜起；3.0 版是并购华人管理的海外企业，如 OmniVision；4.0 版是并购纯粹的海外企业。目前临芯投资的重点在 3.0 版上，而现阶段标的价格和并购难度与当初并购澜起时早已今非昔比。

尤其是涉及海外并购时，难在首先要把这个公司的技术带回来，其次要帮助它打开国内市场。“海外并购中最大的挑战是沟通谈判、并购后企业文化融合及投后管理。”例如，李亚军谈到临芯投资的芯原微电子，2014 年曾经领投过，某一次他到硅谷去考察，朋友推荐了图芯，他认为图芯和芯原的产品如果能组合起来将会实现 1+1 ＞ 2 的效果，便积极推动芯原成功收购了图芯，成功赶上了人工智能的大潮，为地平线、虹软等重量级人工智能企业提供了核心技术，芯原的估值因此也上涨了。于是 2018 年，临芯投资再次参与了其 G 轮融资，2019 年冲刺科创板。

“如何将海外的先进技术引进国内，降低运营、研发和开发成本，并开辟国内新市场，使海外业务和国内产业整合，产生 1+1>2 的化学反应，这是海外并购的意义。”李亚军强调。

投资有道，对集成电路产业不变的情怀

集成电路企业应该如何融资和正确对自己估值？对此李亚军提出了“市梦

率、市盈率、市销率、市净率”的概念，正确认清自己企业处于哪个阶段很重要，相对应的投资人最关心的是什么？“前期大家是听你讲故事，后面是要看你赚不赚钱的。因此，就算刚开始估值很高，后面做不好，一样会跌下来。”他指出。

在新的产业投资形势下，李亚军也保持着清醒的头脑，对投资团队提出了两个限制。第一是限制投资的边界，坚定地聚焦在集成电路产业中；第二是限制欲望，要合理地评估自己的能力，脚踏实地，以平常心来帮助产业做大做强。

同时，李亚军也强调被投资人的品德，要求“投资有道”，提出了“四不投”原则，即坑蒙拐骗的不投、损人利己的不投、有违道义的不投、污染环境的不投。

“集成电路目前处于天时地利人和的黄金发展期，就像20年前的通信产业一样，经过10到20年的发展，相信会出现一批类似于华为这样的世界级企业，通过实业+投资并购双轮驱动无疑是集成电路企业发展最快的一条路径。作为产业出身的投资人，我对集成电路产业充满希望，通过投资推动产业发展是我们的责任和梦想。”李亚军说。

孙　坚

中国第一代EDA的研发者，芯片行业尽显巾帼风采

文/李晓延

孙坚，生于1961年，是荣获过国家科学技术进步一等奖的EDA专家，北京石溪清流投资有限公司总经理，石溪资本管理合伙人，中国半导体行业协会副秘书长。

孙坚

半导体行业被认为是男性主导的世界，但是女性也在其中做出了巨大的贡献。尤其是一些优秀的女性，更是为整个行业带来了很多亮色。

本文的主人公就是这样一位女性。她有丰富的职场经历，从工程师开始，历经销售、企业管理、战略规划、创立公司并被成功并购，最后成为职业投资人；曾任职于华大集成电路设计中心、Cadence、金沙江创投和紫光集团。其间她见证并亲历了中国半导体行业的很多重大事件，时至今日，仍活跃在半导体产业的前沿。不过，当问起她对自己的定义时，她仍然认为自己是做EDA的人，骨子里仍然是一个工程师。

攻坚国内首个自主研发的ICCAD系统——熊猫系统

1986 年，法国同意帮中国建立集成电路设计中心，并赠送一套 ICCAD（集成电路自动化设计）系统。但是由于政府更迭，这一计划搁浅。而美国又在 EDA（Electronics Design Automation，电子设计自动化）软件出口上限制中国，国内的芯片设计行业面临严重的危机。

不能在这个方面被卡了脖子。为此，国务院决定自主研发，组织专家组集中攻关，力争拿下 ICCAD 系统这个堡垒。这个任务交给了新成立不久的北京集成电路设计中心（以下简称“设计中心”），由来自硅谷的华人 CAD 专家连永君来带头。而刚加入设计中心的孙坚，很有幸成为攻关团队的一员。

设计中心就是后来的华大半导体，是中国第一家专业芯片设计单位，机电部直属。孙坚对设计中心的感觉就是朝气蓬勃：“周围都是年轻的同事，正从事着一项年轻的事业。”

她刚去的工作就是做集成电路的版图设计，第一个产品是 74 系列芯片。当时国内的集成电路设计水平很低，多以逆向工程仿制为主，但是版图还要靠人工来提取，而且没有仿真环节。就在这种条件下，孙坚做出了自己的第一款 IC 产品。

就在此时，连永君博士来了，要组建 ICCAD 产品开发的软件室。孙坚因此面临职场的第一个重大选择：去软件室还是留在原部门。留在原部门的好处就是可以去德国培训半年，这在当时是很有吸引力的。

周围的朋友也劝她留下，因为她没学过软件。不过孙坚天生喜欢新事物，终于还是下定决心加入软件室。

为了攻关三级系统（当时的 ICCAD 系统叫法），国家抽调了各路精英，这些齐聚设计中心。孙坚去软件室的时候，那里正在组建，编号都在头几名。因为以前只学过 Fortran 语言，软件工程师的工作就从学习 C 语言开始了。没想到一接触编程就上瘾，一天十来个小时的工作很快就过去了，特别是给程序调试，让孙坚乐此不疲。

孙坚当时还是负责系统的版图设计部分，整天都处于一种兴奋的工作状态中。同时，为了保持健康，她坚持跑步运动，因为已有多年的习惯，很多男生一开始都跑不过她。

那时，所有攻关人员都集中在712厂一幢五层楼中。单身人员住在楼下，楼上就是办公室。这个项目政府方面的总负责人王阳元院士经常给大家鼓劲儿："两弹一星就是这么造出来的，项目做好以后，给你们每个人发个大大的纪念牌。"

为了照顾这些"国家的宝贝"，王院士可是花了不少心思。国家给的补助不少，不能随便花掉，于是就让大家吃好的。"一周要吃一次肘子，还经常烧海参吃。"以当时的条件，可算是非常奢侈了。

同事们都很努力，在这种氛围中，孙坚成长速度很快，不久就成了版图编辑组的组长，后来又兼任数据库组的组长。她说："数据库对我来说还是很难的，当时什么都不懂，好在人缘好，大家都愿意帮我。"

有了国家的支持，大家齐心协力，终于在1991年完成了三级系统的研制，通过了国家验收。据说，因为攻关人员长期熬夜加班，黑眼圈都很重，很像国宝熊猫，于是经上级同意，三级系统改名叫熊猫系统。

熊猫系统是中国第一个自主研发的ICCAD系统，核心部分由28个设计工具组成，共180万行代码。它的成功，打破了西方对中国集成电路设计技术的封锁，意义非凡，获奖无数，特别是获得了1993年国家科学技术进步一等奖。孙坚作为研发主力，也获得了这一荣誉。

作为一个女性，能在如此重大的科技项目中担任主力是非常不容易的。那么，孙坚是如何走上半导体之路的呢？

学半导体物理的女生

1983年，家在武汉的孙坚从华中工学院（现华中科技大学）毕业，被分到北京广播科学研究院的一个半导体实验室。孙坚学的是半导体物理专业，这个专业在当时院校设立的并不很多，而学这个专业的女生更是凤毛麟角。

学这个专业对于孙坚却并不奇怪，她在高中时就获得过武汉市物理竞赛一等奖。上大学就想学物理，当时可选的还有华工的物理师资班（毕业当老师），孙坚并不感兴趣，于是就选择了听起来"高大上"的半导体物理。

那时国内已经有很多半导体工厂，大部分都是 20 世纪 70 年代初建厂潮的产物，不过都在衰落中。孙坚分配去的单位，却是一个生力军。其成立的初衷是做一些半导体器件，来替换进口广播电视设备的器件。

分配去北京，这让很多人羡慕不已。但是，这个实验室在北京郊区的沙河定福黄庄。不像今天，那里当时就是真正的农村。去单位要从德胜门坐很长时间的车，颠簸到站以后还要穿过一条长长的林荫道才能到达。单位周围都是麦田，风吹麦浪虽然美如画，但城里来的孩子们只感受到了荒凉。一个从广州来的女生，没待两天就哭了。“可我觉得很新鲜，很爱看那些麦田，还有牛拉车，应该说我骨子里更像个农村人。”孙坚更多的感受是新奇。

实验室的超净间很快建了起来，孙坚被派到沙河的另一个半导体所去学光刻。以当时的工艺，是把硅片放在铝制饭盒里烘干后去完成刻蚀。为了不比工人师傅干得差，孙坚回家后就练习在水杯里夹硅片。现在想来还觉得有意思，孙坚干这些事一直兴致勃勃。除了工作以外，她每天坚持跑步，锻炼身体，还谈起了恋爱，日子过得很充实。

只是这种光景并不长。因为做规划的人空有一腔热血，却并没计算清楚做半导体生产线要花多少钱。超净间建起来了，买设备的钱不够了，项目很快就搁浅了。不到两年，孙坚就发觉没事可干了。

单调的乡村生活还能浪漫，但是没事可干实在不能忍受。于是孙坚找领导，希望能调动工作。经过一番波折，她终于来到了正在组建的北京集成电路设计中心。到了这里，也意味着她与 EDA 的缘分正式开始了。

转型到销售

再转回到熊猫系统。自从研制成功以后，国家定下了实用化的目标。实用化意味着需要客户来支撑，这就要组建一个既能做销售又能完成技术支持的部门。孙坚被认为是领导这个部门的最佳人选。

已经三十出头的孙坚经过仔细权衡后，做出了人生的第二个重大选择——从研发转型做销售。

“我是给国家卖东西！”靠着这个底气，她将熊猫系统推广到当时国内不少芯片设计公司。以政府为背书，熊猫系统在国内的小规模销售还算比较顺利。只是，还缺乏一个真正的商业用户。

此时，香港的晶门科技出现了。该公司的创始团队都来自于摩托罗拉公司，在他们没有出来创业的时候，就已经和孙坚认识了。晶门公司处在香港，是当时不用盗版的少数公司之一。于是，孙坚就把刚刚诞生的熊猫系统推荐给了晶门公司。

为了支持这个客户，孙坚花了很多精力。有半年的时间，她经常去香港做技术支持，带着团队成员现场改代码。最终，她的努力得到了客户的高度认可。这一单为公司带来了几百万元的收入，也让她收获了作为销售人员的成就感。

不过，国内市场环境一直不好，盗版猖獗，设计公司也普遍水平较低，没余力提出对工具的需求。公司为了产品技术的发展，决定在美国成立销售分公司，开拓海外市场。

孙坚又一次成为先锋，被派往美国，且一待就是两年。虽然英文底子不强，但她并不胆怯。“在美国做销售，拜访客户都是要先跟秘书联系，在打电话之前，我就把要说的话写出来，然后照着念，因为是先讲，总能掌握主动权。”就这样，华大的团队在美国也发展了不少客户。

从美国回来以后，她又开始同时负责机顶盒事业部的工作，做芯片的销售。客户当时都在广东东莞一带，孙坚就亲自一家家地拜访。那些公司都是前店后厂，小作坊的模式。见到孙坚，小老板们都很惊讶：“买你们的芯片很久了，还是第一次见到副总级别的人物。”

就这样，孙坚在销售岗位一干又是好几年，做出了很好的业绩，也带出了庞大的团队。随着时间的推移，公司的情况发生了一些变化，设计中心已经成为华大公司，战略重心也开始由 EDA 转向了身份证芯片。加上公司架构的调整，使得孙坚萌生了退意。恰在此时，美国 Cadence 公司发来邀请，一番考虑和商谈之后，孙坚决定离开自己工作了 18 年的单位。

进入投资圈

Cadence 是当时 EDA 行业的老大，也是华大的直接竞争对手。对于加盟，孙坚提出了自己的条件："我不去做销售，以前是给国家卖东西，不能再卖其他家的产品。"

那就做战略规划吧。于是孙坚来到了融科资讯，在 Cadence 的中国公司做起了战略规划。外资公司的中国子公司通常是没有决策权的，孙坚为此不得不想尽办法来开展工作。在她的全力推动下，Cadence 投资与上海广电集团成立了集成电路设计合资公司，又成功投资了一家科技企业——国微技术。国微技术后来成功在香港上市，这也为孙坚以后的投资生涯打下了基础。

投资这条路似乎走上了正道，但是总部更换了 CEO，经营策略改变，Cadence 做投资的事情也就偃旗息鼓了。

一扇门关上了，另一扇门就此打开。因为投资国微技术，孙坚和金沙江创投得以相识。对方诚意邀请，她也萌生了对投资的兴趣，于是转投金沙江创投。这也是孙坚职场路上的又一次转折，投资人生涯从此开启。

金沙江创投是一家美元投资基金，以激进的投资风格著称。去哪儿、滴滴出行、饿了么、映客直播、ofo 这些互联网公司，都有金沙江创投参与。在中国的互联网浪潮中，金沙江获得了很好的成绩。

孙坚属于硬件团队，领导是一位加拿大人，希望能在中国打造出世界级的高科技公司。孙坚和同事们就不单关注半导体，还关注新材料、新能源领域，力求挖掘颠覆性的技术。孙坚一度为了一项石油的技术发明，走遍了全国各大油田。

因为从事技术工作多年，孙坚还保持着工程师的做事风格，任何案子的来龙去脉都要搞清楚。她非常勤奋，投资对象的业务会、办公会都要参加。有一年，光国航的飞机，她就坐了 142 次。

投资有自身的规律，光有眼光和勤奋是不够的。硬件团队发掘了很多好项目，但是落地时总会碰到各种问题。或者，即使落地了，后期也难以持续。"在金沙江做了几年，没有什么好案子。"孙坚从不避讳这段不太成功的投资经历。

作为技术人员进入投资公司，孙坚比很多人都早。虽然没有很成功的案例，但是金沙江的 5 年投资经历，让她对风险投资基金的运作非常熟悉。

从金沙江创投出来以后，孙坚随自己创立的公司去了同方国芯。后来，随着同方国芯并入紫光集团，她又成为紫光集团董事长赵伟国的助理。在此期间，她见证了很多国内半导体行业的重大事件，如紫光集团在台湾的收购、长江存储的成立等。也是在那段时间，她碰见了现在的老板朱一明。最终，在朱一明的力邀下，她加盟了石溪资本，再次投身于半导体产业投资领域。

结合自身的行业背景和多年的投资经验，孙坚对产业基金有着自己的认识："相对于做产业公司，做基金是要在较短时间内画圆圈的。"石溪资本围绕兆易创新等产业公司，对基金的投融资增加了相当多的确定性。这也是她加盟石溪资本的原因——围绕产业链来做些事情，最大程度发挥自己的能力。

纵观孙坚的经历，从做工程师开始，再到转型做销售、做外企的战略规划、自己创立公司，最后到职业投资人，围绕着中国集成电路产业，其职业身份多次变化。而每一个工作，她都做得很出色。这一切一方面是她的勤奋所致，另一方面，也是因为她对未知的事物永葆好奇之心。在采访中，孙坚多次提到自己是个不纠结于过去的人，也正是这种乐观向前的态度，让她在中国半导体行业的大变迁中，画出了一条亮丽又独特的轨迹。

赵立新

小时候和父亲摆地摊，保送清华又走出国门，只身一人带着技术回国创业……

文/慕容素娟

赵立新，清华大学微电子专业毕业，格科微电子董事长，创办了移动互联网公司“我查查”。当前，格科微已连续多年成为中国十大集成电路企业，其CMOS传感器在国内同类产品中销量第一。同时，我查查的下载用户数已达3.8亿，有1.6亿条条码信息，数据涵盖全国近500个城市的7 000多万种商品。

赵立新

商场如同战场，能在激烈的市场竞争中活下来的企业不多，活得久的企业更是凤毛麟角。企业的成败，与带头人息息相关。而在这些企业家身上，往往会有很多特质，让他们能够在人生的不同阶段经过千锤百炼，谱写出一个与众不同的、大写的“人”。

采访赵立新时，他说："我这个人运气好，就是一直读书、出国学习技术、回国创业、同学资助，都比较顺利。"云淡风轻的描述背后，是他在人生路上一步步迈出的坚实步伐。

即便在创业成功后，赵立新的周末时间也几乎仍是在公司度过。他自谦道："我对摄影、下棋等都没有兴趣。"

从小和父亲一起摆地摊，历练出生意直觉

赵立新出生在湖南的一个小县城，家里有四个孩子，父亲身体不好，很早就下岗了。小时候家里生活很艰辛，他和父亲一起摆过地摊；还和父亲一起给人家组装过自行车，"记得当时是30元装一辆，现在我的手艺还不错。"赵立新讲到这里，笑着说。

虽然家境贫穷，但在他们家很看重成绩。有时赵立新考试得第二名、第三名，自己觉得考得还不错，父亲就会质疑："吃饱了饭，怎么不能考第一啊？"因为父亲说自己小时候饿着也能考第一，就觉得孩子们与自己比差得远了。

赵立新的父亲是一个技术能力很强、很聪明的人。父亲在18岁时，有一次想做电动机，就乔装进入工厂，看一圈回来就做出来了，父亲常说，读书要活学活用。赵立新和妹妹都很争气，都考上了清华大学。妹妹是以县里状元的身份考进清华的，而赵立新是保送上的清华。1985年，赵立新获得了全国物理、化学竞赛奖项，并获得了全国青少年创新发明一等奖，因而后来被保送到清华大学。

当赵立新得到被保送清华的消息时，父亲说："不行，我还有个手艺没教你，就是怎么做模具。"

"很多孩子上大学前的暑假会很开心地玩，而我在上清华大学的前一个暑假，父亲在教我用手工做一套模具。"赵立新提到那个暑假还印象深刻。

由于父亲开过许多小工厂，做得很辛苦（商业规则），赵立新也从小体验到做生意的不易。"父亲生得太早了，时代不好。"赵立新说道，"父亲具备了很多优点：聪明、勤奋、正派、正义、信用，但就是做生意不成功。他的执行力第一，但在战略层面有问题。"

"父亲对风险过度厌恶，只做无风险的事，但最后是零风险零回报。"创业多

年后，赵立新回顾自己与父亲两人做生意的不同特点时说道，“我是只做有风险的生意，没风险的不做，10 倍的风险，可能意味着 100 倍的回报。”

家庭的熏陶以及生意场上的历练，使他凭直觉做生意“我回国以后，很多商业上的决策都是靠直觉判断的。”赵立新说道。

从清华到国外，生意直觉使他完成从“跑龙套”到“技术大拿”的转变

“我身体不太好，到清华后就生病了。在清华待了 10 年，不怎么样。”赵立新谈到清华的学习阶段说道，“我觉得背英语单词实在是无用，如同背八股文似的，比较抵触，个人功利心比较重。”

本科毕业后，赵立新加入清华大学微电子研究所，工作 3 年后，又读了研究生，再 3 年后出国。

他先去了新加坡的一家公司，并从设计走向了工艺，做了 3 年刻蚀。

后来又去了美国，加入 ESS 公司，重新做设计，从事图像传感器的研究。这家公司当时供给中国 VCD 芯片。离开 ESS 后，赵立新转去了 UT 斯达康，从事了两年的设计工作。

“我在做传感器设计时，其实是跑龙套的。先做 QA、TEST、DESIGN，在 ESS 的 3 年很少有时间做设计，真正做设计是在 UT 斯达康，对测试、软件、电路设计、工艺都有所了解。领导常常说‘小赵你来试试’，所以干了一年就被提拔为经理。美国是看个人实力的，只要能帮公司赚钱，你扎辫子人家也不管，也没有时间和精力搞什么歧视。”赵立新总结了国外的职业历程。

“我做设计挺有天赋，又做工艺又做设计的人比较少。我相当于半桶子水，什么都会一些。”赵立新谦虚地说道。

在 2002 年、2003 年时 UT 斯达康还很红火，但赵立新凭直觉判断这家公司要不行了，因为公司文化存在问题，而且高层之间有很多矛盾，他就打算离开。果不其然，昔日红火的 UT 斯达康不断走向衰落。

对于这种直觉，赵立新说:“我对生意比较敏感，对设计敏感，对工艺敏感，其实很多东西都是相通的。”

当时赵立新在美国有专利，他既做设计，也做工艺，判断传感器有机会。“当时也比较年轻，无知者无畏。自信心满满，觉得自己‘能得不行’。”赵立新回想当时的状态时说，“我这个专利如果在北美能拿到投资，就在美国做；如果不行就不做了。我并不是那种很执着于做老板的人。有些人个性比较强，而我不是。”

不过，由于当时是他一个人，也没有团队，他的专利大家看不懂。在北美走了一圈，赵立新都没有拿到投资。

这时，赵立新在美国遇到严晓浪。“他说准备回中国做半导体，让我一起做。我说怎么做啊，什么都没有，没有技术沉淀、没有人才优势。设计是一个天才性的东西，如果没有成本优势，就很难有优势。但严晓浪说设计是创造性劳动，像写书一样，与人多少没关系。你们这些水平高的人就是太保守了。”赵立新与严晓浪的沟通还历历在目。最后，在严晓浪手下工作的赵立新的一个同学将他说动了。

当时还有一个叫付磊的，在做风投。要知道在十年前是很少有人做投资的。“他也鼓励我回国，每周都来我们家。其实也是来我们家蹭饭吃，因为我们家的饭好吃。所以老婆做饭做得好，也是成功的秘诀之一。”赵立新开玩笑地说道。

刚好UT斯达康有一个老板去中国做投资，他建议赵立新回去看一看。当赵立新决定回国时，他接到了一位同学的电话。

“听说你要回来了，到我这儿来看一看吧。”这位同学其实是想合作。

“这个项目挺费钱的，得200万美元。”赵立新说道。

“你不要从门缝看人呀，200万美元不是问题。我有资金，你回来不用想筹钱的事，这都为你准备好了。”赵立新的这位同学说。2000年年初，他这位同学的身价已达两亿元，做生意很厉害。

“我这位同学很佩服我，中学时，我参加全国竞争，从县里‘杀’出来，‘杀’到地区，又从地区‘杀’到省里，再到全国，最后在全国拿到金牌。当时中学学校的奖牌都是我得的。到今天，也保持着这个纪录，没人打破。”赵立新说，“所以同学特崇拜我，干‘没谱’的事情都能成，很神奇。平时考试成绩也还行，但是越难越喜欢，越难越容易考好，太容易的不爱做，还考不好。难的时候我都能赢，容易的时候都不行。关键时刻比较牛，平时比较松。”

“我这位同学也挺牛的，当然他不能跟我比，哈哈。”赵立新时不时地幽默一下。

同学的畅快还是让赵立新小吃一惊，“当时想，这不可能吧。因为投资与崇拜是两回事。”

随后就有了“深圳会友”的一幕。

当时他们在同学的工厂边上找了一个很破的地方，有很多苍蝇。“我当时还打着领带，穿着西服。一边赶苍蝇，一边谈话。”赵立新笑着说道。

这位同学叫来他们企业的合伙人（大学上下铺），说：“这是我高中同学，要200万美元，你投不投资，你投资？我们就都投。我是给你说了，我是准备要投了。”

这位合伙人也很爽快，说道：“我们俩钱一样多，这个你投，我也投，那咱俩就一人一半吧，一人100万美元。”

就这样，2003年，赵立新拿到了来自同学的第一批融资200万美元。

“格科微发展到今天，有很多机遇。”赵立新回顾创业的历程时说道，“2003年拿到200万美元，一条线杀回中国，是很传奇的。其他企业可能是一个团队，用的钱也很多。”

等到第二圈融资，VC资本进来了。“加上我自己的钱，我花了40万～50万美元。当时我账上有90万美元的现金……”赵立新笑着说。

将国外打工多年的积蓄投入创业，当时赵立新也没怎么和妻子商量，然而妻子没有反对。对此，赵立新还是很欣慰，“我告诉她，如果输掉，咱就不‘玩’了。”

妻子说：“那我就有理由去逛街了，给你买几件新衣服，开公司总是要新行头的。”

同学的200万美元，风险投资进来340万美元，再加上赵立新自己的几十万美元，公司前期总共用了600万美元。“我所有的身家都在这里了。”赵立新说。

创业前期所有的错误都犯了，3～4年后才开窍

在这样的背景下，格科微电子于2003年9月正式在上海浦东张江成立，主要从事CMOS图像传感器、LCD Driver、高端嵌入式多媒体SoC芯片及应用系统的设计开发和销售。

由于赵立新是一个人回来，“开始我都是带着清华的学生教他们，现学现卖，不仅做设计，还研发工艺，所有的一套，比如封装厂，当时是国内没有的。等风

险资金进来以后，才请了行业的人士。”

在初期，格科微所有的创业错误都犯了：团队管理不行，技术被偷走，分裂出另外一个公司；销售上，不注重自身的销售团队建设；现金流断裂，差点儿被竞争对手消灭……

做了 3 ～ 4 年后赵立新才开窍，用很多时间理顺一些问题，对难题也很感兴趣，考虑要怎么活下去，怎么做出高品质的产品。

为此，在公司运营上，赵立新是技术和市场两手都在抓。在产品定义的大方向上，都由他来把关。

当时产品需求量大，很容易被炒货（低价倾销），赵立新就对销售环节进行管控，设立了 IT 部门，建立 ERP 系统，监控供应链。货物全流程监控，扫条码、出货、汇总，哪个地方用了多少产品，一目了然，这样就避免了炒货。

面对竞争对手，赵立新认为要与竞争对手共舞，而不应该是敌对的状态。具体而言，在图像传感器芯片领域，索尼为世界第一，格科微为世界第二。但是格科微在 COM 封装专利上实现了经济和性能上的双突破，索尼对此非常赞叹，为此索尼和格科微在封装上还建立了合作关系。

回想起创业的前期，赵立新用“惊心动魄”来形容，他说：“我运气还算好，天不灭我。有些事情不是人的能力可左右的。”

赵立新也觉得公司的发展比较神奇。他说：“有一些因素使得公司发展比较顺利。”

在外在因素方面，一是时代机遇让格科微赶上了中国智能手机业蓬勃发展的潮流。格科微从电脑摄像头入手，2007 年起进军手机领域，敏锐地抓住了中国手机快速成长的一波浪潮。二是产业链上的支持，赶上中芯国际上新工艺线。格科微起步之时，正值中芯国际想做图像传感器代工，技术优势让格科微入围候选合作伙伴之一。格科微提供技术帮助中芯国际建立 CIS 生产工艺线，中芯国际则负责其研发费用。

此外，一个不可忽视的因素是，格科微员工的流失率很低，原因在于员工个人持股量很高。“在半导体领域里，员工持股没有这么高的。”赵立新说道。这也让员工能够踏踏实实地一直跟着赵立新做。半导体是“板凳要坐十年冷”的行业，人才能够沉下心、静下心做研究特别重要。

于是，公司开始“野蛮”生长。由于格科微自己研发的工艺非常简洁，当时做出的芯片成本是同行的一半，性能却差不多。在性价比的大差距下，格科微很快就居于垄断地位。在中国手机每个月出货量在六七千万部时，格科微每月的芯片出货量已达到 8 500 万片。如今格科微每月的出货量已超过 1 亿颗。

格科微从 2011 年起连续六年成为中国十大集成电路设计企业，2017 年销售额达到 40.5 亿元。在国内 CMOS 图像传感器芯片企业中市场占有率排名第一，全球市场占有率排名第二。

值得一提的是，格科微的发展没有用到国家项目的一分钱，完全是自力更生。

做企业，其他错误可以犯，战略性错误不能犯

2003 年赵立新回国时一共遇到三个机会，他说："一个是 Sensor，这是一个战略发展方向；另一个是做闪存，当时国外有个团队找我做闪存，最后没有下定决心，这也是一个难得的机会；三是移动互联网。"

格科微是赵立新创办的第一家公司。赵立新还成立了一家移动互联网公司，叫"我查查"。

赵立新说，创办这家公司时，周围都是反对的声音，说不要做，做网站很难成功，会输掉的。但赵立新很坚决，力排众议，最后坚持下来了。

我查查 2010 年成立于上海，是国内首个通过商品条码扫描比质比价的工具，旨在为企业和消费者搭建沟通的桥梁，打造商品公信力平台。2014 年，我查查成功研发彩虹码专利技术，升级了传统的黑白条码，实现了条形码一物一码的管理功能，开启了条码 2.0 时代。

截至 2016 年，我查查下载用户数达 3.8 亿，有 1.6 亿条条码信息，数据涵盖全国近 500 个城市的 7 000 多万种商品。此外，还推出同步 App"扫码比价神器"——我查查。

"我一共有 3 个机会，中了 2 个，丢了 1 个，打 66.6 分。"赵立新说道，"错过 Flash，我很遗憾，对于做企业的人来说，一辈子可能只能遇到一到两个战略发展的机会，遇到并不那么容易。"

从这些创业历程中赵立新也形成了深切的体会，他说，"做企业，其他错误

可以犯，但是战略性的错误不能犯。战略方向对，也不一定会成功，还需要一些机遇。一旦战略方向错，基本没戏。从中国企业的发展来看，90% 的企业输在战略发展方向上，执行力没问题，犯点小错误‘死’不了，关键是看准了并坚持下去。李彦宏、马云、马化腾都犯过错误，但是看准了，坚持下来，成功率还是很高的。”

有意思的是，赵立新做着高精尖技术的芯片公司，也极有前瞻性地创办了移动互联网公司，但赵立新本人，却是一个非常传统的人。直到 2013 年，赵立新才开始使用智能手机，以前一直用的是功能机，而这部智能手机还不是他主动去更换的。

吕向东

先后攻读近代物理、半导体物理和材料物理，在多家大公司历练后回国创业做芯片

文/茅杨红

吕向东，毕业于中国科技大学，本科专业为近代物理，硕士专业为半导体物理，后进入美国理海大学攻读材料物理专业，获硕士和博士学位。先后任职于 Trident、日本 NEC、美国 TI、德国英飞凌、美光科技等大企业，在半导体行业拥有二十多年的丰富经验。2006 年回国创办隆智半导体有限公司，2012 年被美国飞索公司收购；2015 年成立合肥恒烁半导体公司，主要研发 NOR/NAND 闪存，同时与中科大合作，联合研发基于 NOR 架构的 AI 芯片。

吕向东

1977 年，由于“文化大革命”的冲击而中断了 10 年的中国高考制度得以恢复，中国由此重新迎来了尊重知识、尊重人才的春天。

恢复高考后，以第一名考入中科大

除了高考制度恢复，20 世纪 70 年代末还有一个让人振奋的好消息。1978 年 3 月，全国科学大会在北京召开，时任中国科学院院长的郭沫若以诗人的豪情预言：科学的春天来了！这一切不仅改变了整个中国科学界，也深深影响着当时的莘莘学子，吕向东便是其中之一。

高考制度恢复后的第三年，也就是 1979 年，出生于安徽省淮南市的吕向东以第一名的成绩考上了中国科技大学，这在当地引起了轰动。

从小热爱物理的吕向东在报考专业时，毫不犹豫地选择了中科大的近代物理系，而这也是中科大当时最热门的专业，只招每个省高考成绩前几名的学生。

在大学本科四年期间，吕向东所学的近代物理专业主要探究宇宙的起源和基本粒子的构成，而这些内容虽然拓宽了人类认知的疆界，但是想要进行深度研究是一件十分困难的事情。于是，在报考研究生专业的时候，他选择了更加实用的半导体物理专业，而这也成为他日后进入半导体领域的契机。

读博期间退学，选择出国留学

在中科大取得硕士学位之后，吕向东顺利考上博士，但是在读博一年后，他却做出了一个让人意想不到的决定。经过深思熟虑之后，他选择退学并出国继续深造。当时规定在校学习期间想要出国，必须要上交几万元的培训费，吕向东毅然决然地选择退学，然后申请出国。

1989 年，吕向东考上了位于美国宾夕法尼亚州伯利恒市的美国理海大学（Lehigh University），至此开启了在国外的求学生涯。

由于国内的硕士文凭在国外并不被认可，因此吕向东到了美国理海大学之后又重新开始攻读硕士学位，毕业后再攻读博士学位。其间，虽然他所读的依然是物理相关专业，但既不是近代物理，也不是半导体物理，而是材料物理，主要研究方向是导电玻璃。

20 世纪 90 年代初期，吕向东在理海大学获得硕士和博士学位之后，决定在美国硅谷求职。“去了硅谷就一直从事半导体芯片工作。”吕向东说。

让人感到疑惑的是，为何学了这么多年的物理专业，最终却从事半导体相关的工作呢？吕向东回忆道：“1994 年刚毕业的时候，一方面由于物理专业的学生找工作并不容易；另一方面我也一直对工业界更感兴趣，甚至在理海大学读书期间就跟其他人一起开过公司，因此毕业之后我才会选择去硅谷工作。”

任职全球多家IC企业的不同岗位，为创业做储备

来到硅谷之后，吕向东工作的第一家公司是由我国台湾同胞创办的 Trident，这家公司曾是世界著名的多媒体芯片设计公司，半导体业内的多位知名人士曾在该公司就职过，包括展讯通信创始人武平和范仁勇等。

在 Trident 工作两年后，吕向东又去了日本 NEC 在美国的分公司。当时 NEC 是仅次于英特尔的第二大半导体公司，主要从事 DRAM 研发，也就是从那时起，吕向东第一次接触到 DRAM 行业。

后来吕向东离开 NEC，去了美国 TI（德州仪器）、德国英飞凌、美光科技等公司，而这些都是世界知名的半导体公司。“可以这么说，我这人不太有长性，很难去深入做一件事情，但是我对很多东西都有兴趣，选择进入我国台湾公司、日本公司、德国公司和美国公司的原因是我想‘肆意’培养自己的眼光，这对创业的人来说是非常重要的经验。”吕向东说道。

不管是求学还是工作，吕向东一直在尝试不同的新鲜领域。在读书期间，他的专业从粒子物理到半导体物理再到材料物理；而在工作之后，他从一开始的芯片设计做到应用工程师，再转向市场和销售，可以说半导体相关的技术和市场职位他都做过。

“很多人不理解，因为在 20 世纪 90 年代的中国人大都以技术优先，认为从事市场工作完全没有技术含量。”吕向东说，“但其实市场和销售工作也需要技术，而且需要的是非常高超的技术，只是当时大家还没有意识到而已。”

实际上，吕向东真正开始从事市场工作是在加入英飞凌之后，在英飞凌期间他还曾被外派到上海担任大中华区市场总监。但是在 2005 年，他又被美光科技招揽至麾下，主要负责公司的 NOR 闪存市场销售工作。

有意思的是，由于工作的不断变动，吕向东从美国回到上海，又再回到美国，他笑称，“这或许也是我们科大人的特点吧，我们不会害怕，反正就是不断尝试新的东西，试不好大不了再回来。”

时机成熟后，回国创业做起了芯片

或许正是骨子里的那股劲，吕向东心中的创业种子一直在不断萌芽。在美国时，他认识了一群有技术、有理想且志同道合的中国同胞，大家一拍即合，于是决定一起回国创业。

2006 年 9 月，隆智半导体有限公司在江苏镇江正式创办。而谈起创办于镇江的原因，吕向东说，“因为我们团队中有一位镇江人，而镇江市当时正在招商引资，所以就联系了我们，就这样阴错阳差去了镇江。”

隆智半导体自成立以来，主要从事 NOR 闪存研发工作，公司总部位于镇江，并在上海成立了研发中心。一转眼，从知名大企业的高层回国成为一名小公司的创业者，对于吕向东来说角色的改变也意味着需要承担不同的责任。

“大公司会把平台都搭好，若在大公司，只要在已经搭好的平台上做某些事情，总会有人辅助你。但是自己创业的时候，所有事情需要从头来过，这是非常不容易的，小到找房子、注册都要自己去做。而且你以前的舞台不存在了，需要自己去搭建一个新的平台。因此很多大公司的管理人员想转型创业，需要很长时间的转型。”吕向东说。

“然而 2008 年全球金融危机的爆发，使得融资渠道变得十分不顺畅。”吕向东回忆道，“到 2011 年的时候，虽然公司产品做得不错，但是由于资金问题，公司一直没法盈利。与此同时，当时去找融资是一件非常困难的事情，大家对半导体芯片十分排斥。”

他无奈地说道，“当时一说做芯片，尤其是做存储器，很多人觉得一定做不成。不像现在，完全是另一个极端，只要说做存储器，大家都觉得你一定能做成。”

融资渠道的不畅，再加上与镇江政府签署的多项协议无法兑现，2012 年，吕向东只好选择将隆智半导体卖给美国飞索公司。通过这次收购，美国飞索公司将其中国总部设在镇江，而吕向东则担任飞索中国公司副总裁。

现在很多人还会问他："会不会后悔？如果当时不把隆智半导体卖掉，或许现在会成为另一个兆易创新。"

吕向东却认为："这一切其实很难说，但是对于当时的我们来说，卖掉公司也是另一条出路，因为不卖掉的话公司必'死'无疑。"

天时地利人和，开启人生第二次创业

实际上，隆智半导体被美国飞索收购之后，对于吕向东团队来说也有有利的一面。因为美国飞索是一家拥有优秀 NOR 研发实力的半导体公司，吕向东团队在该公司得到了不错的训练，研发实力也得到了进一步提高，而这也为其团队的第二次创业打下了坚实的基础。

2015 年，吕向东离开美国飞索，带领团队再次成立了合肥恒烁半导体公司。因为第一次创业所积累的丰富经验，吕向东的第二次创业顺利很多，而他在为新公司选址的时候，也从镇江搬到了合肥。

实际上，合肥恒烁的团队成员大都来自于隆智半导体，彼此之间已经培养出绝佳的默契。目前，合肥恒烁依然以研发 NOR 和 NAND 为主。同时，公司正与中科大合作，联合研发基于 NOR 架构的人工智能（AI）芯片。

创业成功需要天时地利人和，也需要领导者卓越的战略眼光，而吕向东在分享他的创业经验时说道："在创业成功的过程中，技术最多占 30%。很多技术人员创业最大的误区是认为自己技术好创业就能成功，这其实是不对的。公司是一个整体系统，产品、资金、技术、市场和管理缺一不可。这就像钟表的齿轮一样，不管大的小的，只有结合起来才能转动。"

毋庸置疑，吕向东已经从一名技术人员完美转型成为一名管理者，但是他却透露自己从没有读过 MBA 等管理的相关课程。他笑称："或许因为我是科大的学生，所以我的自学能力比较强。"

"眼界非常重要，我工作之后先后加入了五六家公司，而且分别是我国台湾、日本、德国和美国公司，不同国家公司的决策方式是完全不一样的，这对于我的创业是非常重要的影响因素。"他最后强调。

邹铮贤

国内芯片IP第一人，没有故事的故事

文/李晓延

邹铮贤，1992年本科毕业于华中科技大学，1995年研究生毕业于中国科技大学，1996年赴新加坡留学和工作，2002年回国，2004年在成都创立四川和芯微电子股份有限公司。公司专注于数模混合集成电路IP核研发和设计服务，是一家致力服务于中国中小企业的具有SOC设计经验的IP定制企业。他先后获得了科技部“创业领军人才”，国家侨联“创新创业归国人才”等荣誉称号。

这是一个中国芯片从业者的经历，他创办的公司是很多国内芯片公司成功背后的英雄。当我们想知道一些关于他和公司的故事时，他说，“我们没有什么故事。”

邹铮贤

路起蓉城

2001年，已在新加坡生活了多年的邹铮贤，萌生了回国创业的想法。他早

年来南洋理工大学读博士，之后进入工业界从事设计工作，在狮城过着惬意的生活。那时国内支持集成电路产业发展的 18 号文件已经发布，中芯国际刚刚建厂完成，国内 IC 产业初露曙光，他希望在更广阔的空间体现自己的价值。为此，邹铮贤和几位有相同想法的同事一拍即合，大家决定着手准备。事情开始颇为顺利，但就在成行之前，团队的“带头大哥”因家庭原因决定推迟原定计划，此时箭已在弦，邹铮贤选择自己牵头，按原计划于 2002 年毅然回国。在考察了几个城市之后，团队锁定了成都作为落脚地。“创业的同伴中有从成都电子科技大学毕业的，成都高新区也对我们非常支持。”于是邹铮贤就在成都开启了创业之旅。

其实，这已经是他的第二次创业了。20 世纪 90 年代中期，没有现在这么多的创业咖啡可以喝，能创业的大学生可谓凤毛麟角。“当时，我周围有一个很好的创业环境，我的研究生导师李敦复教授牵头创办了中国科技大学首批校办企业科波公司，在他的影响下，我的很多师兄弟都在国内和美国创办了自己的企业。”所以早在中科大读研究生的时候，他就和同学创办了一家软件公司，之后这家公司被紫光集团收购。

邹铮贤在大学里长期担任学生会干部，大量的课外工作磨炼了他。而在毕业之后，他还去了刚组建的联通安徽公司，担任总经理秘书。“需要和形形色色的人打交道，还要接触很多不同的企业和部门，最大的收获就是开拓了眼界。”邹铮贤回忆道。

这一切都为后来的创业打下了基础。2004 年，IPGoal 公司（四川和芯微电子股份有限公司）成立，15 年之后，公司注册资本 4 200 万元，资产数亿元，已经成为国内一流的数模混合 IP 核和集成电路设计服务商。

一次神奇的演示

创业的路上，在关键节点，运气就在那里等着有准备的人。

在选择创业方向的时候，邹铮贤和同伴们做了仔细的考量。几个合伙人都是技术出身，对国内的市场状况了解不深，要扬长避短，做芯片 IP 最为合适，这样既能发挥自身技术特长，也避开了很多陷阱和障碍。

产品研发很顺利，开发好的 IP 却根本卖不出去。邹铮贤发现，虽然团队对自己的技术有足够的信心，但单个 IP 毕竟只是 SoC 中的一部分，很多公司担心初创公司对系统的理解不够，产品会造成可靠性和兼容性问题。

为打消客户的这种顾虑，邹铮贤就亲自和销售总监一家家拜访潜在客户，试图说服他们打消顾虑。一次，在上海拜访敏华微电子公司的过程中，奇迹就发生了。在与客户寒暄之后，像往常一样，邹铮贤用样品板替换了竞争对手的板子，接入系统后上电启动，不成想竟然一次点亮了系统，这不但让客户非常满意，也让邹铮贤倍感惊喜。要知道，这种不经调试的一次成功率，概率其实是很低的。“这种事以后基本没有再碰到过，现场总要做一些适配和调试。”这么多年过去了，邹铮贤现在都觉得不可思议。就凭着这次神奇的表现，和芯微拿到了自己的第一个订单。

迎难而上方折桂

那个时候的国内市场，正是 MP3 和功能手机大行其道的时候，这两样产品中必不可缺的功能是 USB 传输和音频解码，这正好是和芯微的技术强点。再者，里面芯片大部分都是国产的，采用国内 IP 是最优选择。凭借过硬的品质，和芯微很快就占领了大部分国内市场，2009 年，公司的产值已经过亿元。

邹铮贤没有满足，他想让公司更上一层楼。也就是在此时，机遇又来到了他和团队面前。2009 年，国家核高基项目课题申请启动了，这里面就包括 SerDes 高速串行接口项目。如果能评审通过，将得到国家政策和资金的大力支持。不过依照以往惯例，这些项目主要由高校、研究所和大型国企承担，一个初创企业怎么能脱颖而出呢？

邹铮贤也有这种顾虑，但如果能承担下核高基的研发任务，就能使和芯微进入“国家队”序列，公司整体技术水平会大幅提升。再者，和芯微也有自己的技术底气，当时国内串行接口传输速率普遍只有 1Gbps 的水平，和芯微的产品却已经能做到 4Gbps 了。权衡了利弊之后，邹铮贤和团队决定拼力一搏。为了增加胜出的概率，公司主动将关键技术指标从 2.5Gbps 提高到 6.25Gbps。此时，还有一个困难摆在面前：因为是首次承担国家项目，有关部门只给项目总经费的 30%，等项目研发成功了，再支付剩下的 70%。虽然困难，邹铮贤还是接受了这个条件。

经过一番拼搏，和芯微如愿于 2010 年年底完成了项目的研发并通过项目验收。

现在再问起这件事对公司的意义，邹铮贤认为，拿到国家的资金支持固然重要，但整体技术实力的提升也让公司获得了极大的声誉。自此之后，公司又连续承担了 2011 年和 2013 年两项核高基项目并全部通过验收。

蜕变

和芯微成长至今，在技术研发和开拓市场方面都遇到过不少困难，但在邹铮贤的眼里，那都算是创业过程的常态。“创立一个成功的企业，最关键的是人。”十几年的打拼，让邹铮贤从创业者转变为成熟的企业家，他的管理理念也在不断深化，“同其他技术出身的创业者一样，我最初也是关注产品，但是后期就转为关注人。”

管理要符合人性，每个企业家的理解和运用却各不相同。对于技术起家的和芯微公司，如何调动起研发团队的积极性是至关重要的。最初，研发人员基本不了解签订的合同商务内容，他们也不接触客户。“我们当时担心研发工程师接触客户太多，工程师被挖走，给公司带来风险。”邹铮贤回忆道。

隔离不能真正避开风险，邹铮贤渐渐悟出了这个道理。“我们现在让研发人员去跟客户接触，包括合同的内容、项目的状态，甚至是挣钱还是赔钱，都让他们知道。”这种透明化做法反而激发了研发人员的责任心，让他们不再只是以一种给老板打工的心态做事，而是真正为客户着想。此外，和芯微还鼓励研发人员去参加各种展会，只有让他们了解市场，他们才能在产品定义的过程中发挥更重要的作用。

对待项目延迟或失败的态度，也是邹铮贤管理理念发生改变的重要一点。回忆以前在面对这种情况的态度上，“我们采取的方式是对事不对人，这也是传统管理的说法，但是在多年的实践后，我们发现应该对人不对事。”邹铮贤说。

“一个出问题的项目，在项目进展的过程中，相关的项目成员在干什么，这是我们最关心的。比如，一个项目，因为你而耽误了进度，我们就要问，你到底有没有想尽办法来解决；如果有无法解决的困难，有没有提前通报；在碰到困难的情况下，如果你不付出额外的努力加班加点，那就要受到批评；如果你非常努力，还是没做到，我们会表示理解，并对这种负责任的态度进行嘉许。”邹铮贤这样解释了“对人不对事”的做法。

化解人才之痛

和芯微是中国芯片产业的一分子，而整个行业正承受着高速发展带来的阵痛。“芯片人才缺口 30 万，人工智能人才缺口 100 万”，相信你也看过此类报道。整个社会都开始担心，芯片行业到了可能无米下锅的地步吗？

邹铮贤对这个问题有自己的看法：“芯片行业缺的不仅是人才，更加缺乏的是人力。”他所说的“人力”就是指基础人才，在芯片行业从事基础工作的开发人员。

将芯片行业与软件行业来比较，两者同气连枝，在人才结构上有着相似的特点：高精尖人才来定义规划，大量的实战型人才去实施。

“目前的问题是人才做了人力的事。”邹铮贤点出了行业的痛点，“很多公司都缺少做基础工作的人，高级人才在所有事上都亲力亲为。就以模拟电路设计为例，个人单打独斗的很多。实际上，模拟芯片业也应该进入团队化协作的阶段，只不过国内人力不足，才造成了这种现象。”

截至 2018 年年底，国内的 IC 企业接近 1 700 家，其中绝大多数是中小公司，人才和人力短缺是他们普遍面临的问题。在国内高校培养的人才未能大规模就位的时候，应该有另一种解决思路。“中小芯片设计企业除了核心技术之外，一切都应外包。”这是邹铮贤给出的解决之道。中小企业将主要的开发资源用在刀刃上，整个行业才能高效运转，人才短缺问题也能很好地缓解。

在采访的过程中，邹铮贤说想不出太多的精彩故事来分享。不过，他有一个愿望，希望能为中国芯片人才的培养尽自己的一份力，帮助更多的有志青年进入这个行业，助力“中国芯”事业的发展，这就是邹铮贤与和芯微从过去到未来一直在书写的故事。

周正宇

20 年创业路，可用“险恶”二字描述

文/茅杨红

周正宇，1964 年出生，炬芯（珠海）科技有限公司董事长兼 CEO。浙江大学信电系硕士，美国南加州大学数字与图像处理专业博士，中国 IC 设计业 2014 年度企业家。曾就职于美国科胜讯（Conexant）、罗克韦尔（Rockwell）公司；1999 年，在美国创立 NetRidium 通信公司；2005 年创办美国 Mavrix Technology 及上海摩威科技公司；2010 年摩威被并入炬力集成电路设计有限公司，2012 年起担任炬力公司 CEO；2016 年领导炬力私有化，从美国退市，成立炬芯科技并担任董事长兼 CEO，领导公司重组并实现扭亏为盈。

周正宇

一转眼，35 岁踏上创业之路的周正宇已经在这条道路上走了整整 20 年。在外人看来，他绝对是一位幸运且成功的 IC 创业前辈，但他却用“险恶”二字来描述自己的创业道路。“有时在自己的心里留下的好像也只有那些简历上的历史，而忘掉了中间许许多多的沟沟坎坎和起起伏伏。所以我没办法分享所谓的成功经验，只能说有一些警示他人的创业体会。”作为一名资深的创业老兵，他建议：“IC

行业里的创业者们千万不能为了创业而创业，在练好基本功的同时，也要能耐得住寂寞，因为这注定是一条漫长而艰难的道路。”

考入浙大，却在“下海潮”时期选择出国求学

1964年，周正宇出生于上海，由于父母都是哈工大的老师，因此他的童年是在哈尔滨度过的。1973年，因父母工作调动，他跟随父母来到南京，一直在南京生活到高中毕业。他的童年，中国正值“文化大革命”，无论在冰天雪地的哈尔滨复华小学，还是在酷热的南京苜蓿园大队附属的中山门小学，每个学期完成学农的积肥和交猪草的指标压力远大于学习本身，而剩余的课余时间也都用于学习绘画。

1977年，被“文化大革命”中断10年的高考制度得以恢复，举国上下的莘莘学子为之振奋，次年周正宇也迎来了自己人生的转折点。某一天，当13岁的周正宇在田里学农时，他的数学老师匆匆走来对他说：“你总不能一直在学校混下去吧，十中可以考试录取了，我这里有两张准考证，你去试试吧。”

据他回忆，这位当时年龄最多20岁的老师曾就读于南京市第十中学，也就是如今赫赫有名的金陵中学。她初中毕业就被迫上山下乡了，回城后成了周正宇的初一数学老师，没想到这位老师竟以最朴实的职业动机改变了他的道路。彼时对考试升学毫无概念的周正宇在参加第十中学的入学考试后居然成功考上了！“或许是那时候大家的起点都比较低，所以我才能幸运地考上吧。”他谦虚地说道。

因为农村学校的基础薄弱，刚进入第十中学的周正宇依然懵懵懂懂。但意外的是，在学校第一次正式的期中考试中，他的总分竟是全班第一。也正是因为第一次享受到“成功”所带来的喜悦，为了维持自己的“学霸”地位，他便开始发愤学习，慢慢地他就成了真的学霸。一直到高中毕业，每次考试他的成绩都能维持在前三名。

1980年的中国正处于改革开放初期，国内大量学者被派遣出国进行考察，周正宇的父亲也是其中之一。去英国剑桥大学当访问学者回来之后，父亲给他灌输了许多新的理念，尤其是当时最火的三大技术革命：信息、材料和能源。在父亲的指引下，高考结束后他选择了跟信息技术相关的浙江大学无线电专业。

在浙大的无线电系，周正宇整整度过了四年本科和两年半的研究生生涯。直到1989年，因为中国当时的种种社会现象和事件，让他和许多年轻人陷入迷茫之中。他清楚地记得，当时社会中涌现出许多“官倒”和一股“下海潮”，个别成为“倒爷”的同学在倒卖彩电后就能年收入上万元，而硕士研究生毕业后工作每月收入仅80元。

在他看来，这两种生活方式显然都不适合自己。为了寻找一条适合自己的道路，他最终决定出国读博，因为他想出去看看另一个世界。得益于优秀的英语基础，出国必考的托福和GRE他都以近乎满分的成绩轻松通过。

1990年的寒假，拿到美国南加州大学全额奖学金的周正宇正式踏上了出国之路，由此也拉开了他人生的另一个篇章。

因读博期间偶然的实验成果高薪入职Rockwell

虽然美国南加州大学的电机系排名全球前十，但是学校的地理位置并不理想，位于臭名昭著的美国洛杉矶中南区，经常会发生持枪抢劫事件。1990年3月就来到美国的周正宇被告知，秋季才能进行入学报到，且奖学金9月才开始支付。因此在开学前的半年里，他只能一边免费为教授工作，一边打零工养活自己。

据他回忆，在美国半年的打工经历中，发生了许多十分有意思的事情。“我第一次出去找工作的时候还不知道洛杉矶的危险，碰上了黑人拦路抢劫，当时的我实在是穷的一分钱都没有，那个黑人估计也同情无产阶级，竟然把我带到一个中餐馆，并告诉我中国人去中餐馆找工作比较容易。”不过仅仅做了几个小时他就被那位台湾老板开除了，“因为我从鸡腿上剔鸡肉的技术实在太不专业。”他笑着说道。

在第一份工作草草结束后，周正宇很快又以浙大无线电系的文凭获得了修理电脑键盘的工作，而在第二次打工的过程中，也发生了一个插曲：有一天，他跟往常一样搭乘公交车去店里修键盘，突然“砰”一声巨响，公交车停了下来，车上的乘客全都趴在地上，原来公交车遭到了枪击。

虽然在美国有许多惊险的经历，但不可否认的是，周正宇就读的美国南加州大学是一所非常优秀的大学，他的四年多博士生涯收获满满。博士毕业后，他拿到了佛罗里达一所大学的教授录用通知，本应该和父母一样成为大学教授的他却在此时犹豫了。正因为父母都是大学教授，所以他从小到大都十分了解教授的生活，虽然工作稳定但缺乏挑战性，他的内心告诉自己不想过一种一眼就能望到底的生活。

恰逢此时，他的同学被美国罗克韦尔（Rockwell）半导体公司（美国科胜讯的前身）录用，并将他极力推荐给了部门主管，于是他也获得了这家公司的面试机会。最终，在大学教授和 Rockwell 之间他还是选择了后者。

1995 年，他不仅顺利入职 Rockwell，还获取了比一般新毕业博士生高很多的薪水，而这一切都得益于他在读博期间一个偶然的工作成果。

在浙大读研期间，他第一次接触到 TI 的 DSP（数字信号处理器），并在 TMS32010 芯片上完成了自己的硕士论文《自适应均衡器和回拨抵消器》。后来在南加大读博期间，恰巧学校要开一门偏实用的大学课程，需要用到 TMS320C50 芯片（比当时在国内用的至少要先进 5 代），因此有一点基础的周正宇毛遂自荐成了这门课的助教。为了让课程更有趣，他的导师 Richard Leahy 选择将主动降噪作为该课程的主题(主动降噪因近两年在耳机上的应用才被大家熟悉)。

虽然当时美国的技术十分先进，但关于主动降噪的研究也只停留在学术界的理论仿真阶段，而周正宇为实验课程搭建的主动降噪演示平台，居然是业界最早实时演示主动降噪效果的样机之一。这样一个偶然的实验成果后来竟被美国国家航空航天局（NASA）看中，他也因此和导师一起被聘请为 NASA 的外部顾问。他在完成博士论文的同时，继续进行主动降噪技术的实现和开发。

“那时的主动降噪技术和现在用于耳机的主动降噪不太一样，它主要应用于喷气式飞机之中，在飞机上用一圈喇叭进行主动降噪以便降低引擎在机舱内的噪声，但实际上两者的概念是一样的。”他解释说。

正是因为读博期间的工作成果，让周正宇轻松获得了 Rockwell 的青睐，也因此放弃学术道路，开启了自己漫长的 IC 设计生涯。

在自家的车库里创办第一家公司

1995 年，当时上网仍需要通过普通电话线用 Modem（调制解调器）拨号上网。但也就是在那一年，互联网领域发生了一场技术革命（也称 Modem 大战），Modem 的传输速率直接从业界以为已经逼近极限的 33.6 Kbps 提高到 56

Kbps，这在行业内可谓掀起了一阵“狂风巨浪”。

彼时刚刚入职Rockwell的周正宇只是一名算法工程师，但因为他的几个和56Kbps Modem相关的专利技术，以及不错的英文表达能力，让他获得一个很特别的机遇：以Rockwell的代表身份参与制定ITU 56Kbps数据传输国际标准，也被称为“ITU V.90标准”。可以说，这次参与国际标准制定的经历不仅开拓了他的个人视野，同时也激发了他的创业动力。

1998年，Rockwell公司的半导体部门被剥离出来，正式更名为科胜讯（Conexant）。也就是在这时，半导体行业开始进入宽带时代，已经被提升为研发主管的周正宇也面临着人生的两个选择：一是留在科胜讯继续主导宽带ADSL技术的研发工作；二是在这个技术升级关口出去创业，去实现更多的个人价值。

“或许是年轻气盛，或许是我的野心作祟，我最终还是决定辞职创业。”他说道。1998年7月，周正宇正式离开公司踏上了创业之路。而出于职业道德，已经接触过科胜讯公司ADSL核心技术的周正宇若出去创业，必须选择与科胜讯不同的技术方向。

1999年，周正宇和其他两名好朋友就在自己家的车库里创办了NetRidium通信公司，而当时作为办公室的车库内只有两张桌子和两台电脑。至于公司未来的技术研发方向，他们经过深思熟虑后想道：如果家中接入了宽带，如何才能在任何一个房间不用重新布线就都能享受到宽带？其实这也是宽带进入家庭以后的刚需。

家庭网络分布可以有电话线、电源线和无线这三种可能的解决方案，周正宇和合伙人最终选择的是电话线这一方案，即家中电脑插上现有的电话线插头之后便能享受到近10 Mbps带宽的网速。

作为一家初创公司，虽然理念先进，但是初期的融资并不容易。在拿着商业企划书出去拉融资的过程中，周正宇认识了一位来自台湾的前辈，他是一家新加坡投资集团的合伙人，后来也是NetRidium公司的天使投资人。这位投资人直接告诉他：“我先投资20万美元，等你们的技术可以演示后，我再帮你们找其他投资人。”

在这位台湾投资人的指导下，三个创业“小白”终于建立起自己的团队，并开始研发公司的第一颗芯片。在研发过程中，NetRidium公司的技术有幸被台湾瑞昱公司看中，并获得了瑞昱的投资。在瑞昱投资的一年后，Wi-Fi技术开始展露锋芒，虽然周正宇团队的技术在当时比较热，但从长远来看一定会被Wi-Fi技术淘汰，因此他跟投资人商量之后最终决定将公司卖给已经上市的美国亿世科技有限公司（ESS，当时全球最大的 VCD、DVD 芯片提供商），让产品在有限的市场窗口内迅速发扬光大。

毅然回国迎接移动互联网的到来

2000 年年初，公司被 ESS 收购之后，周正宇不仅获得了人生的第一桶金，也成了上市公司 ESS 的副总裁，分管南加州分支。而此时的他也认为自己变得既自信也更务实："我发现自己在 IC 行业要学习的东西还有很多，第一次创业成功主要还是依赖于运气和领先的产品理念。"

可以说在进入 ESS 公司之后，周正宇才算真正全面地接触 IC 设计行业。作为 ESS 的副总，他必须对 IC 的每个环节了如指掌，也因此他对整个 IC 行业有了更加深入的了解。从 2000 年至 2005 年，他先担任 ESS 公司的研发副总，后担任数字图像事业部的资深副总裁，或许是性格使然，他慢慢发现自己并不适合美国大公司的工作氛围，不管做任何决定都会受到公司其他力量的制衡。于是，再次创业的种子逐渐在他心中萌芽。

此时，恰逢全球开始掀起手机热潮，为了迎接移动互联网的到来，再加上以前投资人的鼓励，周正宇决定离开 ESS 公司，开启自己的第二次创业之路。在当时瑞昱董事长叶南宏（同时也是珠海炬力的 CEO）的全力支持下，周正宇决定正式进军手机芯片行业。然而作为投资人的叶南宏对他提出了一个要求：公司的重心必须放在中国。

2005 年，周正宇和其他两位合伙人共同创办了美国 Mavrix Technology，并于 2006 年回到上海张江开始创办上海摩威科技，而公司的主营业务是手机高清多媒体协处理器和集成通信与多媒体的 CMMB（中国移动多媒体广播）手机电视芯片，凭借先进的技术，摩威很快便拓展了几乎国内所有的手机客户。甚至在 2008 年金融危机期间，摩威还曾逆势获取中国著名投资机构鼎辉的 B 轮投资。

无须通过运营商网络的 CMMB 手机电视业务，一度是即时媒体播报最耀眼的卖点。然而让人意想不到的是，2010 年，CMMB 的运营主体——中广传播正式宣布，CMMB 手机电视即将全面步入收费时代。国家政策的变化无疑给包括摩威科技、创毅视讯、卓胜微在内的多家芯片厂商以"当头一棒"，无奈之下这些芯片厂商纷纷开始寻找其他出路，而摩威科技也因此被大股东珠海炬力收归旗下。

2010年，摩威科技被MP3芯片大厂珠海炬力收归旗下之后，作为摩威科技创始人的周正宇也因此被炬力揽入麾下。“我是一个喜欢创业的人，因此我当时只答应在炬力待一年，主要负责将摩威团队真正地融入炬力之中。”他说。

“从负到正”的第三次创业

可能真验证了一句老话：计划永远赶不上变化！本来只决定在炬力待一年的周正宇，后来竟然在炬力开启了自己的第三次创业之路，不同于前两次创业，这是一次“从负到正”的艰难创业。

珠海炬力是一家成立于2001年的老牌MP3芯片大厂，成立前期发展良好，不仅多次当选“中国十大IC设计企业”，并居首位，还于2005年11月在CEO叶南宏的带领下正式登陆美国纳斯达克，成为国内第二家在美国上市的中国芯片设计公司。

然而一切的辉煌却在2007年戛然而止，由于公司不断扩张，员工规模一度高七百多人，但公司的主营产品却依然只有MP3芯片，再加上公司核心管理层的突然“出走”，直接导致公司营收大幅下滑，即使后来再次由瑞昱专业背景的台湾管理团队对公司进行重组，依然无法挽救炬力的颓势。

董事会股东因不满公司长年亏损的经营状况，2011年年底决定让彼时已加入炬力一年的周正宇担任新CEO，帮助公司实现扭亏为盈。对于周正宇来说，这不同于以往“从0到1”的创业，接手炬力将是一次“从负到正”的全新挑战，而他也决定迎难而上，接受挑战。

2012年，正式接任炬力新CEO一职的周正宇，第一步便选择切入火热的平板市场，同时他还做出了一个“弯道超车”的重要决定：跳过单核和双核，直接推出平板四核芯片。虽然这一决策提升了炬力的营业额，但在竞争对手的紧追之下，平板芯片市场最终还是成了一片“血海”，没能让炬力实现扭亏为盈。

庆幸的是，虽然炬力在平板市场受到了些许挫折，但于2012年下半年开始同步布局的蓝牙芯片市场再次为炬力带来了曙光。在周正宇的带领下，炬力逐渐从完全没有自研通信能力的公司，成长为拥有全线蓝牙芯片研发技术的芯片设计公司。

除了规划公司的产品方向，如何使得公司扭亏为盈才是周正宇最大的目标。在美国纳斯达克上市之后，炬力的股值长期低于公司实际的现金值，同时公司还必须每年缴纳 200 万美元的各种费用维持上市，这无疑给公司带来了巨大的财务压力。因此，周正宇与董事会商议后决定通过现金要约收购炬力股票的方式，帮助公司从纳斯达克退市。

在炬力退市的过程中，周正宇为了成立一家内资芯片设计公司，便创立了一家它的全新子公司——炬芯（珠海）科技有限公司。“新成立的炬芯既不应该在炬力曾经成功的光辉下，也不应该在它后期亏损的阴影下发展，它应该是一家独立于炬力、轻装上阵的公司，所以我们在内部也强调这是二次创业，炬芯就是一家新创公司，同时必须在有限的时间内扭亏为盈。”他说道。

2016 年年底，炬力从美国纳斯达克成功退市后，炬芯开始正式投入独立运营。而周正宇也对炬芯进行了四大重要战略调整：一是组织了团队的 MBO（管理层收购）；二是将团队规模精简至三百余人；三是关闭原有芯片测试厂，让炬芯只聚焦于芯片设计业务；四是将产品线调整为以蓝牙芯片和 AIoT 为主。

在团队的努力之下，新成立的炬芯终于在 2017 年实现了真正的盈利。而对于周正宇个人来说，炬芯无疑也是他人生中的第三次创业，同时也是一次前所未有的艰难创业：“前两次创业相当于在一张白纸上建立团队，炬芯却是从一家拥有长期积累的大公司改造而来的，显然后者的挑战性和难度更大。”

本来只签订三年 CEO 合约的周正宇至今没有离开公司，他笑称一转眼八年都结束了：“其实没有离开公司的主要原因在于几个方面：一方面是责任感，在公司还没有真正体现出价值的时候离开是不负责任的；另一个方面是与团队长期培养的感情，团队中的每个成员都是家人般的存在；此外，对于我个人来说，这是一份有趣且具有挑战性的事业，很有成就感。”

一路走来，虽然创业的道路上荆棘满满，但周正宇还是在这条道路上坚定不移地走着。如今的他在分享自己的创业心得时坦言：在 IC 行业创业注定是一条漫长的道路，一定要有一颗耐得住寂寞的心。

倪文海

从美国到中国，只为扎根中国射频“芯”

文/李映

倪文海，国家领军型人才，迦美信芯通讯技术有限公司董事长兼 CTO，获得美国佛罗里达大学物理博士学位和微电子射频硕士学位。曾经参与美国 Harris（哈里斯）半导体公司的第一代 Wi-Fi 芯片设计，在美国 RFMD 研发过销售额上亿美元的手机射频收发芯片。回国后加盟我国大陆第一家射频公司——鼎芯通讯，曾带队研发出高性能的小灵通和 TD-SCDMA 收发芯片套片，其成果发表在 2007 年旧金山 ISSCC 峰会上。目前，在积极研发高性能、极致成本的 5G 多模 SOI 射频开关和高耐压的天线调谐器、可调电容调谐器等，推进与 SAW/BAW 厂家合作，为 5G 终端客户提供高集成度的接收和发射方案。

倪文海

如果你已年近不惑，并且在国外现世安稳，还会因为内心的某一情结所牵引，在某种机缘下被再次触动并生长，最终毅然选择回国重新开启一段新征程吗？这篇文章中主角的选择就干脆利落，在 23 岁远赴美国求学、40 岁实现“美国梦”后回国重新上路，只为了心中燃烧的射频“中国芯”。他就是迦美信芯通讯技术有限公司董事长兼CTO倪文海。经过十几年的征战，迦美信芯已然“稳了”，但中间的跌宕起伏让倪文海思量起来仍感慨万千。

回国之后的首次失利

2004年，在美国打拼十多年的倪文海虽然功成名就，但潜意识深处，总有个声音在拷问自己是否应该为国内半导体业做些什么。

彼时倪文海的内心仍蕴含着家国情怀，认为中国芯片人才培养不容易，亦想将自己的一技之长带回国。在此期间，倪文海认识了对其影响巨大的一个人——张汝京。

倪文海还清楚地记得，当年在美国北卡的RFMD，在《华尔街日报》上看到张汝京的事迹。报上提到张汝京本来想回国开个孤儿院，但后来觉得对国家最直接、最有意义的贡献是做半导体厂，因而开始全心全意打造中芯国际，并动用了所有的人脉关系，许多人也加盟了中芯国际，倪文海亦被这一情怀所激励。

恰巧倪文海在佛罗里达因某一机会认识了张汝京在美国布法罗纽约州立大学的同学，大学同学还介绍了双方结识，当时张汝京也力邀倪文海加入。但考虑到中芯国际是晶圆厂，而自己的专业是射频，因而倪文海最终选择联系了大陆首家射频芯片设计公司鼎芯通讯。虽然当时鼎芯在加州也有办公室，但倪文海还是选择了中国上海团队成为技术总监。

选择了鼎芯，倪文海也在鼎力支持鼎芯。适逢国内通信从2G迈向3G，国内自主标准TD-SCDMA被寄予厚望。在他的主导下，倪文海与从高通招来的佛罗里达师弟李振彪一起带队，加上美国加州两个工程师和刚从美信加盟的系统工程师王险锋一起，日夜加班，终于开发出了两颗TD-SCDMA芯片套片，一颗是射频收发芯片，一颗是模拟基带芯片，并且其结果发表在2007年2月旧金山ISSCC国际固态电路年度峰会上。中国大陆得以第一次以系统级芯片突围。

但好景不长，一方面TD-SCDMA市场用量迟迟未启动，导致鼎芯资金链断裂；另一方面公司内部发生了严重分歧。内忧外患之下，鼎芯TD-SCDMA的团队及IP最后被展讯收入囊中，创始人也各奔东西，鼎芯最终倒在了“黎明前的黑暗”下。

经历了剧烈动荡之后，此时的倪文海又该何去何从呢？

与射频的结缘

回到最初的问题——倪文海为何选择做射频芯片呢？

而他“锚定”射频，或许与他一波三折的出国经历有关。

出身杭州乡下的倪文海，对外语有着特别的爱好。倪文海提到一些细节，以前英语教学只注重语法，实用性差，当时他就自己听 *Voice of America*（美国之音）。倪文海在一举考上中科大进入地球物理系之后，成为班里英语最好的学生。当时中科大不少人都准备毕业后出国，英语底子好的倪文海自然也在备战，那时的偶像都是类似杨振宁这样的科学家，倪文海也报考了杨振宁的 CUSPEA 研究生，但意外失利。命运在关了一扇门之后又开了一扇窗，由于倪文海当时经常参加英语角，给国外的游客做导游练口语，因此认识了一个大学的物理系系主任，最终收到录取通知去中美洲的波多黎各大学留学。

1987 年，倪文海本科毕业后正待出国，签证业已通过，却发现机票钱难以承担。那时机票约 800 美元，相当于 6 400 元，而倪文海父亲每月的工资才 50 元。一筹莫展之际，倪文海找到一个去了香港的小学同学借了 1 000 美元，最终得以成行。

辗转来到波多黎各之后，倪文海却发现物理太简单了，对语言极其爱好的倪文海留学两年就整天学英语和西班牙语。两年之后转到佛罗里达大学继续物理学博士的深造时，倪文海拜师 MIT 毕业的著名教授 Kenneth O，安心苦研，并同时攻读射频 IC 设计硕士学位，由于物理、材料与射频强关联，倪文海也因此打下了坚实的集成电路基础。

“回看一生，交叉学科是非常有帮助的。”倪文海感慨地说。

1994 年倪文海拿到物理博士学位、射频硕士学位之后，被全球最早研发无线局域网通信芯片技术的公司 Harris 招入，成为第一梯队的核心设计团队成员，并在当时全球第一个使用锗硅（SiGe）工艺做 Wi-Fi 芯片开发。后受东南亚金融风暴的影响离开 Harris 进入当时还在初创时期的射频芯片厂商 RFMD 负责手机射频芯片研发，一待就是6年。倪文海所在团队设计的Polaris射频收发芯片套片在RFMD创下破亿美元的纪录，他也因此被提升为主管工程师。

这些经历偶然中带着必然，让倪文海从此专心走上了射频之路，亦顺理成章地选择了鼎芯。虽然暂时触礁，但也让倪文海重整出发，来到美国Orange Country公司担任首席技术官，在主管射频芯片设计咨询和服务、多频段导航仪射频芯片和接收器设计两年之后，正式开启全新的创业历程。

北斗导航射频芯片成“流星”

在2008年金融风暴低谷的10月，倪文海创立了迦美信芯这一“新天地”。之所以为公司取这一名字，其实大有深意。“迦美是指以色列的腹地，一块流着奶与蜜的地方；而信芯是与‘信心’谐音，表示一定要有勇气和信心。”倪文海解读说，“就如以色列一样，虽然国家小，强敌环伺，但只要够专业、够强大，就不仅得以生存还能不断壮大。这也蕴含着对迦美信芯的期许：虽然市场残酷，周围都是竞争对手，但只要专注，在细分的领域做到第一，就能得以生存并且壮大。”

而儒雅的、个性独立的倪文海依然遵循小步、慢走的逻辑，在2008—2011年主要做设计服务，接收一些项目先期“自给自足”，累积IP经验并培养团队。

其间他仍不忘初心，2011年主导开发了兼容GPS+北斗导航的射频芯片，并一炮而红，被国内主要基带厂商（如和芯星通、泰斗、东方联芯）和台湾地区的威航等采用。当时在北斗这一细分市场占据了60%的份额，累计产量超过1 000万颗。

迦美信芯累积了一定的资金池。

2014年由于北斗导航没有为用户带来增值体验，消费类北斗细分市场也迟迟未大量突破，加上分立的射频+基带芯片方案价位偏高，基带厂商转向将基带和射频集成的方案，因而单纯的射频也就失去了立足之地。市场变局来得如此之快，倪文海的导航射频芯片一转眼成为“流星”。

虽然导航射频芯片市场走低，但其附带的GPS低噪放大器却每年卖到了上千万颗，可谓“失之东隅，收之桑榆”。经过这番洗礼后，倪文海在2013年年底在荣获中国第二届创业创新大赛三等奖之后，再次决定将迦美信芯的航道转向射频前端。

这缘于他对市场大势的敏锐判断。

2014 年，《国家集成电路产业发展推进纲要》发布，国家集成电路产业投资基金（大基金）设立，积极的宏观环境十分有利于 IC 业发展。随着通信制式从 3G 到 4G 再到 5G 的演变，手机射频前端的市场增长强劲，光智能手机射频前端器件市场规模预测从 2017 年的 150 亿美元跃升至 2023 年的 350 亿美元。

除手机射频机会良多之外，倪文海还非常看好“虹云工程”。这一工程是在距离地面 1 000 千米的轨道上发射 156 颗小卫星，构建一个星载宽带全球移动互联网络，以满足所有“阳光之下”，特别是欠发达地区、规模化用户单元同时共享宽带接入互联网的需求。相比于光纤的铺设，这种卫星通信网不仅更加迅捷，而且覆盖面也更广。据悉“虹云工程”将于 2022 年完成星座部署，亦是射频前端器件的一大应用市场。这一布局，其实亦对等于 6G 通信技术。

倪文海憧憬地说：“不久的将来，地面有一张包括 28 GHz 毫米波的 5G 智能手机通信网络；天上还有一张天基 30 GHz 的毫米波网络，相辅相成，交相辉映。”因而无论是地面的无数 5G 移动终端，还是天空的 6G 微基站，射频市场“钱”途无量。

这也激励着执着于射频“芯”的倪文海再次扬帆出海。

聚焦射频前端

射频前端种类繁多，包含功率放大器（PA）、滤波器、天线调谐等，通过对市场格局的分析，迦美信芯的定位聚焦于天线调谐。

倪文海分析说，随着 5G 的发展，射频占的比例将越来越大，而且门槛较高，参与厂商虽然还不太多，但竞争激烈。从产品来看，国内诸如唯捷创芯、汉天下和卓胜微等公司主要集中于 PA、滤波器、开关等，在天线调谐等领域还有诸多空间。2017 年调谐器市场规模达 4 亿美元，2023 年预计将增长到 10 亿美元，虽然数额不是很大，但却是业界比较忽视的细分市场。

而且，倪文海对技术走势也有判断：开关未来将走向集成，与滤波器、PA 等封装集成，虽然仍有一二成分立，但集成化的趋势明显；而天线调谐靠近天线，不太可能与其他芯片或主芯片集成。2019 年 3 月举办的“第四届智能硬件创新创业互动论坛——5G 射频前端技术及应用”会议上的报告提到，未来智能手机天线数目将增加到 11 ～ 16 根，天线调谐器数目和种类也将大幅上升。而如何解决手机厂商在天线设计方面的痛点，成为迦美信芯着力专攻的方向。

有了方向，就需要人才来“行军”。而此前在鼎芯的经营，也让倪文海周边汇聚了一批优秀的技术团队。他提及，在鼎芯开发时带了很多工程师，比较辛苦，但付出也得到了回报。现在迦美信芯很多骨干都是他在鼎芯带出来的徒弟，已成长为得力干将。因为鼎芯的失败，大家都有壮志待酬的情结，再次聚首就是为了逆势回归，实现中国射频梦。

因为看好迦美信芯的潜力，一些有实力的投资方也纷至沓来，包括中国蓝思科技的周群飞、深圳东方富海及手机供应链厂商。而周群飞之所以看上迦美，是因为天线调谐器能够结合天线、手机玻璃或陶瓷盖板，在 5G 到来的关键时点创造出一条第一且唯一的道路。

从现在来看，虽然迦美信芯市场占有率仍较少，但倪文海乐观地说，迦美信芯将潜心打磨，不断创新，持续迭代，优化工艺线，力求做到极致。目前已进入小米以及国内一些 ODM 厂商，也将着力打通 OPPO、华为等厂商供应链。

2017 年中兴事件的突发、中美贸易战常态化，让 IC 界上下游齐齐反思破局之道。对于国内射频芯片的发展，倪文海非常赞成业内专家的观点，认为需要通力合作而不是分散精力，用“热钱”追求“大而全”。国内厂商如果开打价格战，结果只会是两败俱伤。倪文海认为，未来机会还在于有大机构投资，先投小公司，然后慢慢捆绑起来。每家都做好自己的专长并达到盈亏平衡，然后自然而然地“联姻”（即合并），这比硬性地盲目兼并要好。

如今中国 IC 业正处在“路漫漫其修远兮，吾将上下而求索”的关键阶段，大量海归及爱国志士回国，成为中国转型的栋梁之材，倪文海亦成为大浪淘沙中的一颗沙子。从物理到射频，从设计服务到射频前端，几经浮沉的倪文海一直在执着向前、倾“芯”不止。虽然前路依旧漫漫，但倪文海领导下的迦美信芯会为“中国芯”带来更多信心。

董霄剑

屡立潮头逐浪者，“美丽视界”筑梦人

文/张轶群

董霄剑，东南大学无线电工程专业博士，无线通信领域知名技术专家，拥有二十余年通信行业和芯片领域工作经验，历任飞利浦半导体 TD-SCDMA 技术理论负责人、展讯通信首席科学家、北京博雅华录视听技术研究院有限公司总经理。2016 年，董霄剑创立北京伟景智能科技有限公司（Vizum），担任创始人兼 CEO。

董霄剑

在移动通信和半导体行业里，董霄剑的名头很响，他被熟悉的人亲切地称为“董博”。

从国内顶尖通信院校专业毕业的高才生，到寻呼时代的“掘金者”，再到手机时代的“首席科学家”，一路走来，董霄剑坦言自己不是天才，但也不笨。

他似乎有一双“慧眼”，能够屡屡抓住时代和技术发展机遇，始终逐浪潮头。

他坚信“思想的光辉照耀人生”，笃定思考所赋予人的力量，热衷于思辨和对环境的敏感洞察使其成为善谋大势的“预判者”，也让他的人生充满很多“意外”。

如今，历经多次技术换代浪潮并相继获得成功的董霄剑，乐于做一个辛苦的创业人，切入蓬勃兴起的立体智能视觉和人工智能的赛道，为机器人打造一双能够洞见“美丽新视界”的“智能眼”。

在董霄剑看来，这是“真正意义上最快乐的事”，因为他现在做的，是一次回归初心，有关儿时梦想；也是一场技术革命，有关下个未来。

“还有什么会比这更令人兴奋的呢？”董霄剑说。

“逃离”体制内单位，“掘金”寻呼时代

成功者都有一颗“不安分”的心。“你得知道自己要做什么。”董霄剑说。

董霄剑出生于知识分子家庭，父亲是国家最早的一批大学生。家庭环境的影响使得董霄剑对学习抱有极大热情，坚持独立思考和判断是贯穿他人生的标签，也让其人生轨迹充满着很多常人看来的“意外”。

1992 年，董霄剑以优异的成绩从南京航空航天大学电子工程系硕士毕业。尽管当时导师给出了读博和留校的建议，但董霄剑认为，面对高速发展的信息技术浪潮，他迫切需要去感受时代所带来的冲击。

当时高校毕业生就业还处于计划分配阶段，董霄剑被分到西安的一个知名科研院所工作，事业单位待遇好，压力不大离家近，在那个年代，这样的安排再合适不过。

但刚到单位报到 10 天，董霄剑就“请辞”了。

“相对安逸的科研体制内的生活并不适合我，我想到企业和社会上去追求更有挑战性的工作。”董霄剑说。

离开单位的当天下午，董霄剑跟家里打了声招呼便只身踏上前往南京的火车。

相比于当时较为封闭的西部地区，南京六朝古都的文化底蕴、秦淮河的风情以及曾经的求学经历，都让董霄剑对这里有着难以割舍的感情，而彼时逐渐升温的通信市场也让董霄剑敏锐地捕捉到了广阔的发展空间。

20 世纪 90 年代初，寻呼业务在中国已呈现出旺盛的市场需求，凭借通信专业出身和极强的技术能力，董霄剑先从寻呼台业务做起，随后自己创业，建立公

司进行寻呼机的研发和销售。

当时市面上寻呼机产品的核心部件是编码卡和软件，设计和生产基本都由国外大厂垄断，而且价格昂贵。从研发角度而言，技术实现有难度但并非无路可走，于是董霄剑决定自行研发编码卡及软件。

用了近半年的时间，董霄剑自己做设计、焊板子、写代码、调程序……其间不知经历了多少次的通宵达旦，终于做出了寻呼机的编码卡及寻呼系统软件。相比于市面上几万元一台的进口产品，董霄剑研发的编码卡售价不到竞品价格的一半，凭借极具竞争力的性价比优势一下打开了市场。

在董霄剑看来，本科和研究生时期在通信专业上打下的扎实理论基础是他第一次创业成功的关键。

“从编码卡到软件，在当时看来是高科技。但在通信专业领域，却是比较简单的技术，不过如果没有硬件基础，做成也绝非易事。”董霄剑说。

凭借着钻研与勤奋，这个敢闯敢拼的年轻人在毕业几年后便将寻呼生意做得风生水起，其创办的公司所开发的编码卡和寻呼软件在华东地区的市场占有率一度高达 30%，在寻呼机业务上，董霄剑收获了事业上的“第一桶金”。

感知机遇来临，放下一切“回炉”读博

寻呼系统的创业成功本可以使董霄剑继续轻松地赚“快钱”，但他却又一次做出了一个让人意外的决定，在离开校园 4 年后，董霄剑选择到东南大学继续深造，全职攻读通信专业的博士学位。

20 世纪 90 年代末，全国累计只有 3 万多博士，能读到博士的人凤毛麟角，而工作后又选择全职读博深造的更是少之又少。这又是为什么呢？

董霄剑用了一句颇为文艺和哲学性的话语来概括：出于根深蒂固的对未知和先进技术的向往。

董霄剑是一个善于把握时代发展趋势的人，这源于他对行业、技术以及环境的敏感以及勤奋思考。创业之后毅然决然放弃一切“回炉”深造，自有他的考量。

1994 年，前中国邮电部部长吴基传使用诺基亚 2110 打通中国大陆首个

GSM（全球移动通信系统）电话，这标志着中国手机时代的悄然来临。尽管当时并没有来电显示功能，但董霄剑已经敏锐地意识到，从未来发展的趋势上看，来电显示将会是手机的基础功能，这不仅意味着寻呼机将退出历史舞台，也意味着一个具有更大市场的移动通信时代即将来临。

“春江水暖鸭先知”。实际上，这正是促使董霄剑重回校园的重要原因，他需要为即将到来的新时代和新机遇做好准备。

当时东南大学在3G技术及移动通信接收机理论和实践方面全国领先，而董霄剑报考的博士生导师尤肖虎教授也是我国移动通信领域的领军学者，曾分别承接国内第一个GSM以及CDMA移动通信系统的研制等多项国家级重大课题。选择到东南大学全职读博，董霄剑希望通过对全球领先移动通信技术的学习和积累，为自己的下一步发展充电和蓄力。

但董霄剑毕竟经历过外面世界的“精彩”，还能忍受重回象牙塔的寂寞吗？一开始尤肖虎教授也有这样的顾虑，他还特地问过董霄剑:“小董你是认真的吗？”

但正如董霄剑给尤肖虎教授保证的那样:“我做事有股定力，决定做什么，就一定会专注把事情做好。”董霄剑回忆说。

在读博期间，董霄剑参与了大量与3G有关的项目及算法的研究，属于我国最早一批接触3G理论和实践的科研人员。在尤教授的指导下，在东南大学国家移动通信重点实验室，董霄剑全面系统地学习了移动通信理论及产品实现，并参与了国内首个WCDMA终端芯片研究的全过程，这为其日后在移动通信时代进入芯片领域施展拳脚打下了坚实基础。

移动通信时代的首席科学家

5年的博士生涯，让董霄剑收获满满。博士毕业时，他已成为顶级通信和半导体公司追逐的目标。

面对众多知名公司提供的工作机会，董霄剑选择加盟飞利浦半导体。当时飞利浦半导体是世界第二大半导体厂商，董霄剑成为飞利浦半导体TD-SCDMA技术理论负责人。

2003年，大唐移动、飞利浦电子和三星电子组建北京天碁科技有限公司（T3G），董霄剑在T3G负责算法方面的工作，正式走上移动通信芯片之路。2004

年3月30日，世界上第一台TD-SCDMA手机由大唐移动研制成功；8月18日，T3G推出首个TD-SCDMA/GSM/GPRS双模手机芯片，董霄剑都作为研发负责人深度参与其中。

2006年，董霄剑加盟当时的展讯通信，担任全新的WD部门负责人，目标瞄准CMMB、WCDMA和WIMAX产品。

其间，董霄剑和团队曾用两个月时间研发出适应广电数字电视广播标准的CMMB芯片系统设计方案，创下“从拿到标准到系统设计完成”业界最快的经典案例。这款芯片产品不仅各方面都满足行业高标准，也是当时市场上首颗CMMB的SoC芯片，从设计到芯片量产只用了10个月。

凭借在TD-SCDMA和CMMB项目开发上展现的技术实力和研发组织能力，2008年，董霄剑被任命为展讯通信首席科学家，其在主导芯片设计、研发攻关等方面的能力得到行业内的广泛认可。

2009年，董霄剑受命负责SC8800S芯片的性能改进攻关。SC8800S是一款专为数据卡市场设计并支持HSDPA/EDGE的TD-SCDMA/GSM的双模基带芯片，代表着展讯3G基带芯片技术解决方案系列的最新成果，董霄剑带领一百五十余人的工程师团队，历经半年攻关成功。

在SC8800S之后，董霄剑开始负责展讯全新一代的TD-SCDMA多模40纳米芯片的系统算法设计，研发出SC8810，这款芯片将展讯多模芯片产品的性能提升到一个新的高度，其TD-SCDMA通话稳定性和数据吞吐量的数据指标都位列行业第一，成为展讯历史上的经典。

借3G时代的重大机遇，以及芯片产品上的优异表现，展讯一举奠定了在TD市场的地位，TD芯片市场占有率一度达到绝对的市场领导地位，展讯股价也随之大涨，迎来高速发展时期。

在展讯的8年，董霄剑认为收获的是国际化的平台视野，也意识到芯片产业的领军人才必须经过“硬仗”的考验才能成长。展讯给了他这样施展才能的舞台，而见证展讯一路成为国际领先的IC设计企业，也让董霄剑由衷感到欣喜。

再创业投身人工智能，为机器人装上“慧眼”

2013年，董霄剑告别了服务8年的展讯回到北京。朋友邀请其加盟北京博雅华录视听技术研究院有限公司担任总经理，博雅华录主要开发智能图像处理芯片。2016年，董霄剑决定再次创业，创立伟景智能，进军人工智能和机器视觉领域。

从小就爱发明创造的董霄剑说，机器人凝聚了他儿时对于科技的美好愿望。他曾一度痴迷机器人的设计制造，还因此获得过全国比赛的奖项。而如今，董霄剑做的事情是给机器人打造一双“眼睛”。

这是一双构筑“美丽视界”的眼睛，通过三维目标训练，让机器人认识三维世界，并使机器人能像孩童一样通过自然学习认知世界，具备选择性认知和认知性选择能力，让机器人既可以看到一个立体丰富的世界，又可根据设定的需求和目的，自主选择呈现3D坐标、尺寸等量化信息。

董霄剑相信，未来一定是机器人的世界，而他要给机器人装上一双“慧眼”，也是眺望未来的“慧眼”。董霄剑判断，人工智能是高科技公司迟早要涉足的领域，如今时代给他提供了这样的机遇，而一路走来所掌握的雷达信号处理、通信信号处理、图像信号处理、芯片系统研究的系统性知识以及丰富的实践，也使他具备了抓住机遇的能力。

“从来没有这么好的机会，理想和事业结合了起来。”这是董霄剑认为最快乐的事情。工作很多年，他依然保持着创业者的干劲，从早忙到晚。

董霄剑的工作案头，除了专业领域书籍外，还包括很多哲学类的著作。这位理工男很痴迷哲学，据他透露，他曾经动过报考人大哲学博士的念头。

董霄剑的微信签名是“思想的光辉照耀人生”，他坚信思考的力量。如今，董霄剑依然保持着写日记的习惯，他认为哲学层面的辩证思考将有助于人工智能领域的从业者更好地认知这一领域，并找到赋予机器主动思考能力的路径。

董霄剑为伟景智能设定的愿景是：不智能不做。这包含两个含义：一是不是通向人工智能方向的不做；二是本身采用的方法路线，不是机器智能，不能够让机器自己产生思想的不做。

经历了寻呼机、智能手机时代的成功之后，这个“善谋大势”者将目光聚焦在人工智能和机器视觉的赛道，继续奔跑在思考和逐梦的路上，董霄剑坚信中国人能够做出伟大的事情，而人工智能时代提供了这样的机遇。

走自己的路，引领机器视觉行业发展

随着人工智能、机器视觉等技术的不断发展，应用场景的不断开拓，相关的应用也在加速落地，在赋能行业的同时，也将推动和加速各个行业的变革，而在这些领域所引发的全球竞争中，中国企业正处于第一集团。

董霄剑和他的伟景智能正致力于成为这一轮创新技术和应用浪潮的引领者，而对于初创型公司而言，如何从万马丛中脱颖而出也成为企业发展的紧迫课题。

董霄剑认为，关键在于做到产品化并找到市场切入点，需要对产品有更精细的设计，并贴近市场客户的需求。作为一家核心技术驱动型的人工智能公司，伟景智能将继续在机器视觉领域进行创新性的算法和产品研发，推动机器视觉技术和产品的不断变革，为国内外用户提供领先的立体视觉产品和前沿技术服务，为机器视觉技术在更多领域实现商业化应用提供强大助力。

自 2016 年伟景智能成立以来，公司在机器视觉方面已经小有成就，先后推出了 ViEye 立体智能认知相机、ViEye 线激光立体相机等多款产品以及解决方案，广泛应用于工业、农牧业、物流业、餐饮业等领域并受到行业客户的高度认可，其可见光立体视觉技术和产品全球领先。

在伟景智能的展示厅，董霄剑向笔者介绍了伟景智能“双目视觉 + 线激光”用于智能计数的应用案例。在钢铁行业中，钢筋计数一直是通过人工完成的，不仅慢，且存在准确度的问题，而通过伟景智能的方案，无论钢筋截面是什么形状、是否生锈和腐蚀、是否有杂物、是否颜色不同、是否有吸光和反光，都可以高速高准确率地计数。据称，100 根钢筋由人工数需要 5 分钟，而使用伟景智能方案 5 秒就可生成数据结果，准确率可达 99.9%。

据介绍，伟景智能基于“Natural Learning”自然学习机器体系开发的产品和方案具有认知快、不用预先训练、识别准确、可靠性高的技术特点，可以快速进行产品部署以及作为钢铁行业信息化管理的触角。目前，伟景智能的钢筋计数系统已经在国内最大的线钢制造商大规模成熟商用。

类似的应用案例还包括智能餐盘、挤牛奶机器人、物流分拣、智能农业的采摘、新零售机器人、金融安防高精度立体视觉人脸识别等，伟景智能推出的这些产品都因为创新性和领先性而备受关注。

在董霄剑看来，中国企业要想在人工智能时代有所发展，不但要兼收并蓄，更要创新。“在人工智能面前没有权威，要有能够走出独立道路的勇气。这反映出我们在技术上的进步和自信，也将对行业的发展产生正向的推动作用。”董霄剑说。

董霄剑和他的伟景智能，正在开拓这样一条创新之路。

李庭育

不是科班出身却成了专业的IC“老师傅”

文/茅杨红

李庭育，1964年出生于台湾，现任江苏华存电子科技有限公司董事长、总经理。在集成电路界拥有近23年的深厚资历，先后在台湾福懋科技、台湾智原科技、台湾智微科技任职高阶主管。2008年创办台湾银灿科技，于2011年带领团队成为全世界第一家量产USB 3.0 5G界面存储主控，打败美日韩等各大世界级公司研发团队，并于2013年以2年22人团队做出手机存储器55纳米eMMC主控破台湾业界纪录。2017年，来到大陆创办江苏华存，1年后正式发布国内自研第一颗嵌入式40纳米工规级存储主控芯片HC5001。

李庭育

江苏华存电子科技有限公司位于南通市高新区的江海智汇园中，这是一家自主研发存储控制芯片的高新技术企业。一走进华存的办公室就可以看到，偌大的公司竟毫无隔断，董事长的办公桌就安置于员工的办公区内，很显然这是一个追求高效率沟通的办公环境，也从另一侧面体现出公司决策者的办事风格：简单、高效、平等。

"我不喜欢有很多隔间的办公环境，这样会逐渐形成部门之间的分化对立，而像现在这样更方便沟通。在我的观念里，高科技公司是没有老板的。对于高科技公司来说，不应该有所谓的私人隐私，大家可以自由讨论财务、研发等任何事情，各自有各自的思维和想法，大家唯一的目标就是把公司做好。"作为华存的创始人，同时作为一名从台湾地区来到大陆创业的"IC人"，李庭育对于管理公司有着自己独特的想法和理念。

机缘巧合进入IC领域，成为福懋传奇人物

李庭育出生于台湾，毕业于台湾中兴大学，并没有任何专业的IC技术背景，在机缘巧合下进入IC行业后，一待就是二十几年，更是将自己全部的青春岁月都奉献其中。如今的他笑称自己是IC行业中一名专业的"老师傅"。

跟许多大学生一样，大学毕业后的李庭育对自己的前途感到茫然。恰逢当时李庭育的姐夫在台湾南亚科技（一家存储器芯片制造公司）当处长，在他的指引下，李庭育决定进入IC行业，而这也是他与芯片之间缘分的开始。

李庭育加入的第一家公司是台湾福懋科技，隶属于台湾的台塑集团，主要从事IC封装和测试业务。进入公司后，李庭育的第一份工作是会计，但是他并没有甘愿只做一名会计。他十分勤奋，就连擦洗无尘室、保养机台等基础工作也都愿意去做。

"虽然我这个人看起来有点呆，但是我有个习性，就是想做一件事情的话就很执着。因为我想进入IC行业，所以不怕吃苦，哪怕每天从嘉义开车到云林上班，来回需要两个小时，我也毫无怨言。当时作为公司的新人我什么都愿意做，别人每天花8个小时学习，我就要花10个小时。"对于自己刚进福懋科技的场景，李庭育依然历历在目。

李庭育的努力并没有白费，在会计岗位待了1个月之后，他便被台塑集团董事长王永庆调去生产管理岗位。在管理岗位上的李庭育依然十分拼命，记得有一年春节，公司员工基本都已放假回家，可南亚科技有一批产品急需在福懋科技进行封装，李庭育便自愿加班，自己开车载着产品从南亚回到福懋进行封装，路上堵了三四个小时。

那时候，连福懋科技总经理都深感诧异，“怎么会有这样的‘疯子’？给你低薪，让你做什么你就做什么，工作时间又长，即使没有加班费也自愿加班。”而李庭育知道，自己如此拼命的理由只有一个，那就是获得机会。

“机会总是留给有准备的人”，在生产管理岗位待了 4 个月之后，李庭育又被调去业务岗位，再次从零做起。为了提升公司业绩，李庭育跟领导提出想去拓展国外客户。但领导一口否决，“你怎么知道你一定能搞定国外客户？如果想去，应酬费和机票费全部需要你自费。”

内心的不服输精神让李庭育决定置之死地而后生，“当时我冒着被扣薪水的风险，心想如果拿不下这个客户就不回去了，于是毅然到国外追着客户跑了七八天，没想到最终真被我拿下了。”他愉悦地说道。也正因此，他被提升为公司的业务经理。

后来福懋科技想在台湾省新竹市建立一个新的封装厂，李庭育便被委以重任，负责将新封装厂从无到有建立起来。作为业务主管的李庭育在新厂建成之后，发展的客户包括联发科以及所有台湾联电系企业。可以说直到现在，李庭育还是福懋科技内部的一个“传奇人物”。

离开福懋加入智原，开启十年IC设计之路

在福懋科技历练了一年之后，李庭育便被台湾智原科技揽入麾下，而且一待便是十年。智原科技成立于 1993 年，是 ASIC（专用集成电路）与 IP 研发销售领导厂商，同时也是亚洲第一家 ASIC 厂商。

不同于福懋，智原科技是一家 IC 设计公司，这对于李庭育来说，又是一件极具挑战性的工作。他回忆道，“刚进智原时，公司还只是一家拥有六七十人的小公司，我既要负责测试厂的产能、晶圆良率、晶圆制程，以及封装厂的产能和评估，还要做一些客户投诉处理工作，一人身兼数职，但也因此学到了很多扎实的知识。”

当时的智原科技因为精简的人才和高效的运作，发展十分迅猛，能够在有限的资源情况下以最快的方式帮助客户设计 IC 产品。更值得一提的是，只要是在智原科技的精细管理下被训练过的人才，出来创办 IC 设计公司基本都会有

所成就。

虽然李庭育从没有过任何IC设计的工作经验，但在智原科技的10年时间内，他逐渐从一个“小白”蜕变成了一名专业的IC设计人才。“每年看100个IC产品，10年就是1 000个，就这样看久了之后会发现原来IC最开始的设计原理是一样的，不一样的只是最后的产品应用。”他说道。

在李庭育看来，台湾IC公司实力强的关键在于管理。他举例称：“比如FPGA的验证，如果等硬件研发出来后，在FPGA板上的验证不够严谨的话，不可能一次性就流片成功。但是智原对研发人员的要求就是只能一次成功，所以智原员工的严谨度都非常高。同时，智原要求撰写的市场规格书必须非常精准，甚至需要精准到3年之后产品的规格。”

为什么规格书需要精准到3年后的产品规格呢？李庭育对此解释道，“如果没办法看到3年之后，只能说你的能力太弱。因为你的竞争对手和同行也一直在搜集资料，不管是搜集到的同行资料、市场资料、客户资料，还是客诉资料，全部需要融合在规格书中，只有规格书精准，才能选择合适的软硬件系统，然后在FPGA板上进行验证，以最快的速度满足客户的要求。”

除了严格的管理，智原科技能够在短短10年内称霸亚洲也离不开当时“智原人”的那股拼劲儿。据李庭育回忆，有一年台湾发生大地震，整个新竹市都处于停电状态，所有的晶圆厂因此停产了至少两三天，但是智原的团队并没有休息，为了及时交付国外客户订单，甚至自己开车去机场送货。然而因为地震的原因连机场都处于停运中，于是他们就用公司唯一的一台传真机来输出信息，及时将业务情况汇报给国外的客户。

基于在智原科技长达10年之久的工作经验，李庭育知道一个成功的IC设计公司必须具备三点：一是规格；二是管理；三是品质要求。而这也为他后来的创业奠定了坚实的基础。

孤身一人创办银灿，两年时间破台湾业界纪录

李庭育亲眼见证了智原科技逐渐从一家只有60个人的小公司发展成一家拥有600名员工的大公司，随着公司的不断壮大，也逃不开内部斗争的命运，因此

他最终还是选择离开智原出来创业。“人分很多种，有的人要钱，有的人要名利，但我想要的是成就感。”对于离开的理由他这样说道。

除了想要逃离大公司内部恶斗的气氛外，李庭育出来创业的另一个重要理由是：时机到了。从福懋到智原，他几乎在所有岗位中均有历练，即便没有专业的 IC 知识背景，热爱学习的他也称自己是一名专业的“老师傅”。离开智原科技后，他先在台湾智微科技（主控集成电路设计公司）待了 1 年的时间，随后才正式踏上真正的创业之路。

凭借在 IC 行业十多年的资深经验，李庭育最终决定在存储主控芯片领域闯出一片天地。在当时李庭育的创业并不被看好，群联董事长潘建成直接质疑他，“全台湾已经有 9 ～ 10 家公司在做 USB 3.0，还有三星、东芝等大厂也在做，他们都是成百上千人的研发团队，你怎么跟人家竞争？”但是再多的质疑也没有击退李庭育，内心的那股不服输精神告诉他：“我就是要做。”

2008 年，孤身一人创业的李庭育只能租最便宜的铁皮屋（搭建在平房之上）作为临时办公室，并将新公司取名为银灿科技。新公司成立之后的首要大事便是招募人才，第一位来面试的是软件主管，李庭育只问了他一个问题，“你愿意跟我一起打拼吗？”就这样，这位从没有做过任何存储相关产品的软件主管成了银灿的第一位员工，后来成为银灿的研发副总。

随后这位软件主管将自己的徒弟介绍进银灿，并随之招募了硬件主管、系统验证主管等，就这样组成了银灿的初创团队，而他们要打的“第一场仗”就是 USB 3.0 主控芯片。

虽然李庭育招募的员工都没有存储主控芯片的研发经验，但是他们有一个共同点，那就是拼命。联电集团的一位高管当时就住在银灿公司对面的住宅楼里，据他观察，“白天看银灿公司里有人，晚上看公司里也有人，员工累了就趴在桌子上睡觉”。

“其实我们没有比人家聪明，我们团队就是有一骨不服输的干劲儿，既然不想输，那就要像乌龟一样地爬。当时团队里的系统验证主管甚至有三四天没有回过家。”李庭育说道。

经过团队的不懈努力，2011 年，银灿研发出业界首颗 USB 3.0 主控芯片，并信心满满地决定在台北电脑展中重磅发布。然而让人意想不到的是，电脑展的第一天银灿便闹出了一个“乌龙”，公司研发的 USB 3.0 芯片根本无法运转。

于是当天晚上李庭育便带着主管人员从台北回到新竹，通宵检查并处理问题。等问题解决之后，他又立马开车带着样品回到台北，并直接睡在电脑展外面的停车场内。

终于在电脑展开展的第二天，银灿公司成功向观众展示了全世界第一颗USB 3.0 5G界面存储主控芯片。这款芯片的面世意味着，仅仅只有几人的银灿团队竟打败了美日韩等各大世界级公司研发团队。

USB 3.0这场硬仗打赢之后，李庭育并没有因此骄傲懈怠，反而更加积极进攻。两年后，李庭育带领着22人的团队又成功研发出手机存储器55纳米eMMC主控，打败了拥有千人的韩国海力士eMMC研发团队，并破下台湾业界纪录。

谈到银灿成功的创业经验时，李庭育指出，“作为一家IC公司的领导者，你必须知道自己需要什么样的人才。”他举例称，“这就好比你想开车去喜马拉雅山，肯定不能开法拉利过去，但还是会有很多人开着法拉利去，因为觉得高大上。所以在IC行业中，很多公司会迷失于高大上的感觉之中。”

转向大陆开始二次创业，打破高阶存储主控设计行业垄断

由于近几年台湾的IC产业呈现下滑趋势，市场正逐渐向大陆转移。与此同时，大陆也开始着力发展IC产业，存储正是重心中的重心。在大背景的影响下，李庭育最终决定离开银灿公司，来到大陆开启自己的第二次创业。2017年9月，华存电子科技有限公司在江苏省南通市正式注册。

实际上，江苏华存并不是一家从零开始的初创企业，公司的多位初创成员来自银灿公司，而李庭育也将银灿的技术和产品融入江苏华存。正是基于专业的团队和技术积累，就在公司成立一年之后的2018年11月，华存正式发布了国内自研第一颗嵌入式40纳米工规级存储主控芯片HC5001，成功打破国外厂商在高阶存储主控设计的行业垄断。

对于将华存公司落户于江苏南通的原因，李庭育解释说：“一方面南通高新区政府给予了大力的支持，另一方面南通交通位置优越，不仅靠近上海、苏州，而且南通的兴东机场每周一三五都有直飞台湾的班机。除此之外，南通的生活成本低且员工较为稳定。”

截至 2019 年，江苏华存公司拥有 85 人，其中，台籍 5 ～ 20 年的资深工程师有 31 人。在短短一年的时间内，华存已建立 183 项国家目前最需要的存储器主控发明设计专利部署，包括团队自主设计发明、中国知识产权局受理专利与 PCT 国家专利申请 172 件，eMMC 集成电路布图设计专有权 1 件，以及已通过的 10 项战略型专利（8 个美国专利，2 个中国专利）。

值得一提的是，来到大陆之后，李庭育发现在大陆发展 IC 产业，政府一直在资金上投入较多，却并没有真正地把产业和人才聚集在一起。而台湾 IC 产业之所以能够发展好，最大的一个原因便是台湾 IC 产业聚集度很高。

此外，一些企业只会展示“漂亮”的 PPT，而没有真正的技术。李庭育认为，真正能够在 IC 行业打赢胜仗的企业是不可能有双休日的。真正的实战需要行业内的“老师傅”。

李庭育最后强调，存储主控不同于一般集成电路主控，硬件与软件设计尚需长年累积国际原厂（如美国英特尔、美光、闪迪，日本东芝，韩国三星、海力士）的相关 Flash 经验，才能设计出中高阶产品。上述六大国际原厂每 1.5 年就推出新产品，台湾因已是存储主控的世界重心，所以总是能与原厂一起研发并即时推出市场，而大陆同业因闪存技术资料受限只好晚市场半年到一年。过往大陆存储主控设计并不被重视，现在只能拼命往前赶。

骆建军

他来自珍珠之乡，历经种种磨难终让“中国芯”扬名海外

文/李晓延

骆建军，1970 年生，“钱江学者”特聘教授，华澜微电子股份有限公司总裁，兼杭州电子科技大学微电子研究中心主任。拥有 40 多件国内外专利，参与创立或领导过美国硅谷多家高科技公司。

骆建军

有一家芯片公司，其团队在十几年内积累起了计算机接口和固态存储方面丰富的知识产权核（IP），这在国内芯片公司中极为罕见。这些 IP 在国际市场可都是价格不菲的宝贝，拥有如此深厚的技术底蕴，这家公司的实力完全不逊于任何国际大厂。事实上，无声无息之间，这家公司的移动存储、固态硬盘和硬盘阵列控制器芯片已经走入全球主要存储厂家，成为存储卡、U 盘、移动硬盘、固态硬盘、大数据存储硬盘阵列、计算机桥电路、服务器高速总线和加速器等产品的核心芯片供应商。在我国集成电路依赖进口的背景下，这是难能可贵的极少数以中国芯片逆向出口国外的中国芯片公司。

这家公司就是杭州的华澜微电子股份有限公司，其创始人骆建军博士，作为中国最早一批微电子专业科班出身的毕业生，三十年间，从天堂杭州到美国硅谷，再从美国硅谷回到天堂杭州，用坚守书写了“西天取经”之路。

两位名师领路

骆建军出生于浙江省诸暨市。这个谱写过卧薪尝胆故事的越国故里，自古名人辈出，远有西施、王冕，近有大哲学家金岳霖，还涌现出多位学者大家。诸暨人耿直、坚毅的性格在骆建军身上体现无遗。

20 世纪 80 年代中期，我国为了发展集成电路产业，配合 908 工程等项目，尝试设立微电子专业。骆建军在 1987 年考上上海交通大学电子工程系微电子电路与系统专业，是这个专业的第二批学生。毕业后，他又进入杭州电子科技大学攻读硕士学位，在那里遇到了专业领域的第一位启蒙人——邓先灿教授。

邓先灿教授是骆建军的硕士研究生导师，她参与了中国第一个晶体管的设计制造，是电子工业部第 13 研究所掌门人、砷化镓平面结构器件的发明人、中国半导体行业的知名专家。严师出高徒，邓教授对科研一丝不苟的态度，让骆建军养成了自我要求严格、日夜奋斗的工作习惯，也为他日后的成功打下了坚实的基础。

骆建军在邓先灿教授的悉心指导下，进步神速，一年后，在国家电子科技重大项目上做出突出贡献，获得电子工业部科技进步奖。邓教授破格让他提前一年毕业，并推荐其免试进入浙江大学攻读博士学位，由邓教授和浙江大学中国工程院院士阙端麟教授联合培养指导。

很多人遇见一位名师就属难得，骆建军能接连遇见两位名师，也是命运垂青。阙端麟院士是国内单晶硅技术的泰斗，但是知道骆建军对半导体材料兴趣不大，对电路设计情有独钟后，就鼓励他继续按自己的兴趣跟邓教授侧重研发电路。这份大家风范和因材施教的理念，让骆建军终生难忘。

有两位名师引路，获得博士学位后的骆建军，很快就在业务上大放异彩。他进入当时的通信系统公司——杭州东方通信，在公司内部创立集成电路设计部门。在当时，芯片设计大多是独立的公司业务，芯片设计立足于系统还是先进的理念，在通信系统公司是开拓性的尝试。他带领团队成功设计出浙江省第一套用于光纤通信 SDH/SONET 系统的集成电路芯片，开发出寻呼机基站产品。

获得成功的骆建军内心并不满足。作为一个半导体人，他一直向往着行业圣地——美国硅谷，“我的这些成绩是因为国内基础差易显出来而已，放在硅谷根本不算什么。”恰在此时，很多美国公司也向他伸出了橄榄枝，借此机遇，骆建军毅然决定开启自己的硅谷之旅。

初次创业的甜与酸

骆建军在硅谷一家公司担任高级芯片设计师，业务水平迅速提升。更为重要的是，他遇见了一生的事业伙伴——楚传仁。楚传仁具有在 IBM、Maxtor、Oak 等公司从事硬盘、光盘驱动芯片研究的丰富经验，也是 Syntera 公司的副总裁。两人一见如故，很快就开始共谋创业大计。

不久之后，名为 Baleen Systems，Inc. 的公司诞生了，公司主要从事数码存储产品的核心控制芯片和系统产品的研发与设计，并很快推出专利产品，集成了 USB 盘和 SD 卡的单芯片集成电路。

创业的路上，有风也有雨。2003 年，骆建军观察到数码存储卡将代替传统胶卷，希望在国内开展相关项目，得到的答复是“理念太超前，不可能应用普及”，最后无功而返。

错失的机遇不止这一次。2004 年，骆建军回杭州成立分公司时看到一个巨大的商机：那时的国内手机市场非常兴旺，但手机存储空间非常有限，如果给手机配置一个卡槽，接入存储卡来播放音乐、存放文件和照片，这样就能开业界先河，并成为手机业的新标准。在邓教授的推荐下，他把这个项目方案递交给国内相关部门，依旧得不到支持。一年之后，美国 SanDisk 公司就做出了骆建军想做的事：定义了小尺寸的存储卡（MicroSD），即今天的 TF 卡，并得到摩托罗拉和诺基亚两大手机厂商的支持，在手机行业全面推广，全世界每张卡至今还要向 SanDisk 交 6% 的专利费。

虽然是当时的环境使然，但是骆建军很不甘心，他暗下决心，绝不再错失下一次重大的产业变革机遇。几年后，机遇果然到来，固态硬盘（SSD）开始逐渐取代机械硬盘。而此时的骆建军已是一个成熟的企业家，身边也汇聚了一个研发能力很强的技术团队。他预感到了这一变革将要发生，于是决定回国再次创业。

芯片业的中华之波澜

“我有个梦想，我去美国是取经学习的，最终我还要回来，要带大家做出具有真正国际化水平的集成电路。”这是骆建军出国前说的愿望，现在终于实现了。

2011 年，在国内多方支持下，骆建军带领美国团队回国，在国内的周斌、刘卫东、杨永刚等的接应之下，成立了华澜微电子股份有限公司，专门提供数据存储和信息安全领域的集成电路芯片和技术方案。

公司设在有“天堂”之称的城市——杭州。“杭州其实跟硅谷很类似，临近大都市上海，有适宜的居住环境，有人才济济的高等院校，最重要的是创业氛围好。”骆建军发觉杭州在创业软硬件条件上的提升，已经领先于国内其他城市，适合创新企业成长。

在美丽的杭州扎根后，骆建军的团队很快就取得了技术上的突破，这也是因为他们在存储领域已经有了长时间的积累。2011 年 7 月，公司正式成立，当年 9 月，便成功推出 SD/TF 卡主控芯片、MMC/eMMC 主控芯片，后者被鉴定为“我国第一颗自主知识产权的 eMMC 片上系统芯片”。2012 年 6 月，华澜微 SATA 固态硬盘主控芯片诞生。次年，该成果正式通过 11 位国内权威专家的技术成果鉴定，被评价为“我国第一颗自主设计的多 CPU 架构的固态硬盘控制器芯片”。那时，国内存储产业还处于萌芽状态，很多人甚至第一次听说“固态硬盘”，甚至问是否有“液体硬盘”。这枚芯片采用国内 110 纳米工艺，实现了千万门级的大规模集成系统单芯片，让华澜微成为世界上少数拥有固态硬盘控制器产品的公司之一。

2014 年，华澜微在国际闪存峰会（FMS）上展出一个新品成为业界新闻：支持 5TB 容量固态硬盘的控制器芯片，并对国际市场量产交货 2.5 英寸、9 毫米厚度的标准尺寸高密度固态硬盘产品。相比较，同时期业界标准尺寸（2.5 英寸、

9 毫米厚度）固态硬盘的容量最大是 1TB。一时间，国内外专业媒体纷纷对此进行报道。

2015 年，华澜微完成股份制改造，同年 11 月登陆新三板，成为从创业到上市最快的公司之一。

2016 年，华澜微与美国芯片厂商 Initio Corporation 签订了收购协议，获得 Initio 桥接芯片的完整产品线，以及该公司积累二十余年的全部技术、相关知识产权、商标、品牌等高价值资产。华澜微也因此成为少有的拥有计算机接口核心技术的公司之一，这些核心技术包括 SD/MMC、PATA、SATA、USB2.0/3.0、PCIe 接口的物理层到协议层技术，应用覆盖存储卡、计算机主板、硬盘和硬盘阵列等，客户群包括国际主流硬盘公司和计算机公司。这其中，包括速度高达 8 Gbps 的模拟电路，包括二三十年传承下来的协议规范，也包括各种编解码算法、存储管理算法等。

华澜微电子凭借核心芯片技术，提供一系列自主可控的大数据存储、安全加密存储、自毁可控存储等方案，成为国内甚至国际上具有特色解决方案能力的存储控制器技术厂家。骆建军也多次成为一年一度在硅谷召开的国际闪存峰会（FMS）的组织者之一，开辟中国论坛，为中国存储产业融入国际产业界做出了贡献。

目前，华澜微的存储桥接芯片出货量居全球第三，是继台湾祥硕（Asmedia）和智微（JMicron）之后的主流芯片，包括美国希捷、日本东芝在内的国际磁盘大厂都是华澜微芯片用户。云存储服务器中核心的磁盘阵列控制器核心芯片，华澜微已研制成第一代，应用于自主开发的大型云存储服务器内，第二代的研制现正在紧锣密鼓地进行。

激情创新，用心造芯

骆建军经常将集成电路设计比作设计一座“新上海城”：马路是七层甚至八九层立交的；建筑物有几百万座；拥有几千万人口，几亿扇门窗不断开关；所有建筑物的门窗一秒钟要开关上亿次，而且不能够有一扇门窗的开关不准确。每个开关尺寸最小在 40 纳米、28 纳米甚至 14 纳米。

“在这张超级地图上，每个房间都要供电、供水，每个马路都要准确受控，一两个房间水压不够，或者一盏红绿灯停摆，都直接导致整个芯片出错。如果这个芯片用于飞机上，你的飞机就可能掉下来，这就是失败的芯片。对于芯片设计来说，数百万门电路对于任何微小错误都是零容忍的。”

“设计这样的芯片，实际上是设计一个完整的系统，就好比武侠小说里面，真正的高手是内功（硬件电路）和外功（软件或固件）一起修炼，都达到了极致的。而且，外功招式漂亮很容易，内功却是一点点积累起来的，玩不得虚，必须十年磨一剑才可能成功。”他总结道。

这个成功的背后，是一个优秀团队的不懈奋斗，更是一个优秀企业的文化的逐步升华。华澜微的英文名字 Sage，正是这种文化的体现。

骆建军给出了具体解释：“第一，华澜微英文名字 Sage 的本意是‘智者’。面对西方先进科技，我们要勇于挑战，充分发挥聪明才智；科技水平要达到国际一流，做国际水平的‘智者’。第二，Sage 用拼音读谐音是‘傻哥’。团队内部要做‘愚公’，要有耐力和恒心，要脚踏实地。一个人再聪明，也只有一个人的能力；而科学和技术往往需要很多重复劳动、辅助劳动，甚至学科交叉，真正具有强大攻关能力的是一个优良的团队。”

那什么样的人才能成为中国芯团队的合格一员呢，骆建军认为，“创业需要激情，激情会在艰难险阻中被消磨，但是，我们还是要讲激情，华澜微的团队宁缺毋滥，因为做芯片不是靠人海战术堆出来的，不符合华澜微文化的人不能要，华澜微需要的是真正的战士，必须加持八个字座右铭：‘激情创新，用心造芯’。激情必须有，也要有本领和实力（创新），更要有恒心和定力，耐得住寂寞，经得起挫折，才能够最终造出中国芯片。”

从硅谷创业到如今，骆建军创业最深的感受是：“就好像唐僧经历九九八十一难，艰辛波折，事后都是传奇。唯有一句话最重要：活着就有希望。”他说：“创业，要学习共产党之二万五千里长征，万水千山只等闲，要在磨难中活出诗情画意来，这才是真正的浪漫主义，才体现豪情万丈。”

对华澜微来说，现在不但活着，还活出了精彩；对于骆建军，他的“中国芯”之路也越走越宽广。

李虹宇

知天命时二次创业，自称半导体创业也需要“老家伙”

文/张轶群

李虹宇，1968年出生，合肥联睿微电子创始人。毕业于中国科学技术大学近代物理系，是通信、射频芯片和集成电路领域的专家，在美国硅谷、中国台湾及大陆有着超过20年的芯片研发及创业经验，先后在Sun Microsystems、飞利浦、联发科等全球知名芯片公司担任核心芯片设计师。

李虹宇

2015年6月，李虹宇回国创办了合肥联睿微电子，由华米科技、华颖基金参与投资，专注于研发新一代低功耗、低成本蓝牙核心芯片技术，及其在可穿戴、物联网等领域的应用，致力于成为研发低功耗物联网芯片的平台型公司。2018年9月，联睿微电子宣布获北极光和将门创投6 000万元A轮融资。

李虹宇一直觉得自己“开窍”比较晚。他承认对于外部世界的感知并不敏感，在人生的前半场，凭借一些“粗糙”的对世界的认知和朴素的想法做着一些人云亦云的事。比如别人出国，他也出国，别人创业，他也创业。

但如今，李虹宇觉得，要做点“与众不同”的事情，他开始把握人生的主动权，做自己喜欢做的事。

于是，在知天命的年纪，半导体老兵李虹宇踏上了二次创业的征程，做一个辛苦而又快乐的奋斗者。

“我一点儿都不感觉辛苦，50 岁的年纪在半导体界正当年！”李虹宇坦言。

淘气学霸玩学两不耽误

1968 年，李虹宇出生在一个知识分子家庭，父母为其提供了良好的成长环境。小时候李虹宇十分调皮，经常会因为在“课堂”太淘，被老师赶出教室罚站。但他又是个不折不扣的学霸，即便是在楼道里罚站，他也会扒着窗户听老师讲课，不至于错过重要的内容，而且从小学到高中一路都是班级前几名。

“从小到大基本没耽误学，也没耽误玩。大家可能更多看到的是我淘气的一面，没看到我用功的时候。”李虹宇笑言。

顽皮并没有减少李虹宇对于学习的兴趣，上学的时候他会订阅十几本杂志来充实自己，包括《中学生数理化》《飞碟探索》等，在当时消息闭塞的时代，这些书籍为他提供了丰富的营养，让他对天空、宇宙充满向往。

就这样，边玩边学的李虹宇一路考上了中科大近代物理系。近代物理系自中科大 1958 年建校时即已设置，很难想象这样一个曾经的“熊孩子”的志向是成为下一个爱因斯坦。

1991 年，李虹宇以优异的成绩从中科大近代物理系毕业，怀揣着物理学家的梦，同时也受到同学纷纷出国深造浪潮的影响，1992 年，李虹宇赴美国肯塔基大学物理系攻读硕士学位。

还有一个促使李虹宇出国的因素是：在 1992 年，美国政府在得克萨斯州投资 82 亿美元建了一个以巨型超导磁体为主的超导超级对撞机特大型设备，李虹宇认为这个项目将雇用大量的物理学家，是未来就业的机会。

没能如愿成为物理学家，成了射频芯片专家

尽管后期这个项目因为经费不足等原因在 1993 年被美国国会终止，但在美

国求学的经历开阔了李虹宇的眼界，当时以集成电路、通信为代表的信息技术兴起，出于进一步提升自己的目的，1994年，李虹宇来到明尼苏达大学攻读电气工程硕士学位。

其实在那个年代，像李虹宇这样，从基础学科转到半导体领域的人并不少见，不少国内半导体创业成功的“海归”以前都是物理、生命科学等院系出身。

没能成为物理学家在李虹宇看来并不遗憾，而在物理学这样的基础学科方面的扎实积累为其日后在半导体领域的发展打下了坚实基础。

1996年，李虹宇在明尼苏达大学毕业后，加入全球知名的半导体公司Sun Microsystems，参与全球首颗64位服务器CPU的设计工作。

李虹宇说，在Sun公司学到的重要一点是搭建数字电路的能力，俗称“摆砖头”，如果要追求最佳的性能，手搭电路是一个很好的方式，但需要较高人力成本和经验，一般体量的公司缺乏这样的能力。

据李虹宇介绍，后来很多Sun的同事加入了PA Semi，后来PA Semi被苹果收购，也使得苹果后来推出的A系列芯片大获成功。

“手搭电路类似搭积木，基于计算，搭完后再仿真，仿真是验证的过程。甚至有斯坦福的博士毕业后工作的第一件事就是去搭寄存器，实际上对设计者的要求很高。”李虹宇说。

1997年到2002年，李虹宇就职于飞利浦半导体，参与CDMA、TDMA、WCDMA等2G、3G手机射频芯片的研发工作。相比于以前砷化镓的方式，李虹宇所在的是全球首个利用硅材料来进行研发和设计射频芯片的团队。

2002年，李虹宇同飞利浦的台湾同事一起，拉来千万美元的投资，创办了达盛电子，主推CMOS工艺，主营产品包括Wi-Fi、Zigbee、PA和卫星通信，2004年便已实现百万级的出货量，客户包括Atheros（后被高通收购）、微芯（Microchip）、瑞萨（RENESAS）等知名厂商。

相对于以往的Bipolar工艺，CMOS的集成度更高，射频、基带、存储集中在一颗芯片上，能够有效降低成本，提高性能。2005年，因成熟的技术和产品，李虹宇的公司被试图引入RF COMS技术的联发科收购，李虹宇和团队进入联发科工作。

首次创业便小有所成，对于李虹宇来说是份不错的成绩，更重要的是通过这次创业，李虹宇收获了宝贵的经验。同样，李虹宇也坦言经历过技术突破、团队管理以及产品设计等多方面的难题，但他一直是个积极乐观的人，寻找解决问题的办法也会被他视为一种乐趣和挑战。

在联发科期间，李虹宇一直在硅谷带领研发团队，主持了联发科早期的 Wi-Fi、蓝牙芯片研发工作，直至 2008 年退出。

知天命开启二次创业，坦言“正当年”

2008 年之后，李虹宇继续在硅谷进行设计服务类的工作，其间接触了大量的项目，包括触摸屏、应用软件、电动汽车等，作为投资顾问，也接触过很多前沿的创业项目，在这期间他将视角更多放在大陆，作为北美半导体协会会长，李虹宇还组织参加了很多产业界的活动，奔波在中美技术和产业交流的前沿。

实际上自 2000 年以来，很多半导体海归人才回国创业，李虹宇并非没有心动，但一方面李虹宇希望能够尽量多陪在家人身边，另一方面，他也一直在等待机遇。李虹宇认为半导体行业的创业者在技术上一定要有足够的“unfair”优势，也就是足够高的技术门槛和壁垒，否则容易成为抄袭和模仿的对象，陷入利润微薄的同质化竞争。

在 2014 年 12 月的一次活动上，李虹宇遇到了华米科技 CEO，也是他中科大的师弟黄汪。在短暂的交流中，黄汪提出想要定制一颗低功耗的蓝牙芯片，有差异化，体现出更多产品特性。而李虹宇二十多年来在低功耗射频芯片方面的技术积累以及创业经验，让双方一拍即合。

李虹宇一直称自己不是个能够把握趋势的人，但似乎一直被时代牵引着前行，从集成电路到移动通信，再到物联网。

2015 年 6 月，李虹宇回国创立联睿微电子，专注于可穿戴芯片及物联网无线通信芯片设计、研发、制造和销售。2015 年 9 月，联睿微电子获得华颖基金及合肥市创新科技风险投资有限公司的首轮投资。2018 年 9 月，联睿微电子又获得北极光和将门创投共同投资的 6 000 万元 A 轮融资。

联睿微电子的低功耗蓝牙 SoC 芯片采用先进的纳米超低功耗工艺，在提供相同的处理器性能、更大的系统内存以及同等功耗的前提下，其芯片面积是竞争对手的三分之一。超低功耗锂电池保护芯片采用先进的亚阈值设计，整体功耗只相当于市场上同类产品的十分之一。

也正是得益于技术的先进性，2017 年 3 月，联睿微电子获得华米 100 万的超低功耗锂电池保护芯片订单，并实现四款产品的量产，除了可穿戴设备领域外，联睿微电子的产品还涉及智能水表、电表、指纹锁等领域。

李虹宇说他的创业节奏是，第一年了解市场，第二年做芯片，第三年开始销售，如今，基本按照他的思路在推进。

“我们希望通过稳扎稳打的方式，成为国内乃至全球在低功耗蓝牙芯片方面的第一品牌。”李虹宇说。

如今，儿女都已经进入美国知名大学就读让李虹宇很欣慰，他也可以将更多精力投入公司的运营中，尽管找投资、招人才、开发产品等花去了他很多精力，但李虹宇说他仍然会留一些时间去了解前沿技术，保持对技术趋势的敏感。

年过 50 的半导体行业老兵进行人生的第二次创业，李虹宇认为并不晚，他的中科大师兄、60 岁创办中微半导体的尹志尧是他学习的榜样。

李虹宇说，半导体创业需要一些“老家伙”，这些人看过外面的世界，了解中国的市场，有过创业经历，这些人的经历和格局，有助于中国半导体创业浪潮站在更高的起点，能够引领世界的起点。

杨　磊

不惧半导体投资的曲高和寡，终于守得云开见月明

文/李晓延

杨磊，北京大学化学学士，美国威斯康星大学麦迪逊分校计算机科学硕士和化学博士；拥有二十余年技术开发、公司战略和运营以及投资的经验。杨磊 2010 年加入北极光，负责先进科技领域的投资，包括智能系统、物联网、传感器及半导体等。此前，曾任 VantagePoint Venture Partners（VPVP）的董事，同样专注于早期科技公司的投资；曾是麦肯锡管理咨询公司的全球副董事，负责为高科技产业链上的财富 500 强公司（涵盖半导体设备、芯片、网络及存储设备制造商、软件等领域）进行重组转型、跨国并购整合及管理提升。

杨磊

杨磊硬科技的投资，特别是半导体的投资，在国内一直处于起伏交替的状况。半导体领域虽有众星捧月般的风光，但过往的大部分时间里，只有少数人肯一直坚守于此，而杨磊就是这少数者之一。

知人者智，自知者明。投资者在洞悉世界的同时，也在不断发掘自我。为此，选择这条艰险之路的杨磊并不后悔。无论是时代给予的机遇，还是他的内心所愿，

都注定让他与半导体结下不解之缘。

硬科技投资的火苗

“硬科技的投资‘不招人待见’。”杨磊半开玩笑地说。但就是这个曲高和寡的投资方向，他做了 10 年。

从 2008 年回国算起，杨磊一直在做硬科技方面的投资。这其中的大部分时间，国内的同行之人寥寥无几，但是杨磊和北极光创投却一直坚持下来了。“这束火苗在我们这里没有断过。”

杨磊在北极光负责先进技术的投资，在智能系统、半导体、传感器、新材料、物联网、机器人等领域都有丰富的投资经验。他投资及负责投后管理的项目包括 Crossbar、清锋时代、通用微、联睿微电子、黑芝麻智能、云英谷、芯朴科技、登临科技、清智科技、圆融科技、易美芯光、安集微电子、诺菲纳米科技、亿智科技等。

这一串闪亮的名字中，很大一部分是半导体公司。半导体是硬科技中的硬核，其门槛高、投资周期长，让很多投资机构望而却步。但是从 2011 年开始，杨磊始终对半导体投资不离不弃。这段时间的中国半导体和半导体投资行业所经历的跌宕起伏，他都见证了。

“10 年前，做半导体投资，可能有一大桌，不到 20 个人；5 年前，可能就剩一小桌了，只有五六个人。但是今天如果问投资人，你投半导体吗？没有人会不举手。”杨磊谈到这些年投资半导体的感受时这样说。

做半导体的投资，并非一蹴而就。加入北极光创投之前，杨磊已经在美国开始了投资生涯。2005 年到 2007 年，他个人投资了一些初创公司。这些公司的后续发展都不错，得到进一步的融资。因为做得风生水起，他进入了美国的一家知名基金公司——VPVP。这家公司在投资圈内很有实力，特斯拉的 A 轮就有其参与。

杨磊主要负责该公司在中国的投资业务。他发掘了很多不错的投资对象，如软通动力、蓝讯等。遗憾的是，虽然各种前期工作都做到位了，但是最后时刻，这些项目基本被美国老板否决了。因此，他得出一个结论，VC 还是一个非常本土的事业。

决意从该公司跳出的杨磊，收到了很多公司抛出的橄榄枝。他心中初步圈定了两个公司，但是曾有一面之缘的北极光创投掌门人邓锋得知此事后，力邀他与北极光团队见面。被邓锋的热情所打动，杨磊和邓锋的团队见了面。随后，他又对北极光投资的所有公司做了个尽职调查。最终，北极光的企业文化吸引了他。“北极光是一个很有情怀的公司，把帮助企业家成功放在第一位，我觉得在文化上很契合。”

加盟北极光创投之后，杨磊一开始做的是清洁能源方面的投资。不过，他一直在关注半导体。从 2011 年开始，遇见合适的机会后，他正式踏入了半导体的投资领域。“我一直在寻找自己最适合投资的领域，最后发现还是要做自己理解比较深的领域，而这就是半导体。”杨磊这样总结道。

结缘半导体

杨磊与半导体的缘分其实很久了，贯穿了他的求学时代和最初的工作阶段。

1993 年，他进入北京大学化学系学习。在专业的选择上，杨磊稍感缺憾。无线电才是他最想学的专业，可惜由于那一年北大不招无线电系的学生而没能如愿。父母都是北京大学化学系毕业的，杨磊最终选择了高分子化学专业。“我当时学的就是做光刻胶，这可是国内半导体产业目前都无法填补的空白。”杨磊认为这是自己与半导体的初次结缘。

读完本科以后，与很多同学一样，杨磊也申请到了全额奖学金，去美国威斯康星大学麦迪逊分校继续深造。原计划读完硕士就去就业，没想到美国大学新颖的教学方式，完全激发了他的求知欲。“当时有一门深奥枯燥的热力学，由一位韩国老师来教，他深入浅出的讲课方式，调动了学生的思考能力，一下把课程给讲透了。”有了学习热情，杨磊决定继续读下去。

在他赴美留学的那个年代，正是半导体最火热的时候，电视中经常播放 Intel 小蓝人的广告，各大半导体公司的市值也屡创新高，引得全球各路年轻才俊趋之若鹜。

杨磊学半导体的意愿也更强了，恰好学校有个纳米科技研发中心，研究方向和半导体挂钩，而且有位很厉害的泰勒教授，带过的学生都去了 Intel、AMD 这些顶尖公司。杨磊想去泰勒教授的小组，就给教授写了一封热情洋溢的自荐信。感受到诚意的泰勒教授同意他去面试。面试很顺利，不过教授告诉他，这里的学生一般 6 年才能毕业，可自己还有 4 年就退休了，所以能否在 4 年的时间内完成博士学业就很关键。

杨磊没有产生退意，他认为自己可以搏一下。于是，他开始师从泰勒教授，研究相移掩膜工艺。这个研究方向涉及器件工艺，还要熟悉 EDA，实验难度很高，挑战巨大。做实验的时候，杨磊经常在洁净室里一宿一宿地待着。最辛苦的是，他要制备的材料，需要从实验炉中用手工的方式一点点往外抽取，“半小时才能抽出一米，极其考验人的耐心”。

但是，他的创新热情被完全激发出来。在实验中，学习器件工艺、VLSI 设计、操作系统，还要自己编写 EDA 工具，杨磊的知识面大为拓宽。当时，他想出了一个很巧妙的方法，做出了优异的实验样品，让实验室获得一笔 800 万美元的研究经费。教授一高兴，给了他多一倍的薪酬。

他不仅坚持下来，成为泰勒教授门下最短时间读完博士的学生，而且以优异的成绩出师。此外，在读化学专业博士期间，还辅修拿到了计算机硕士学位。杨磊毕业时，可以选择 IBM、Intel 或摩托罗拉。巧的是，一份麦肯锡咨询公司发来的邀请信又改变了他的命运。

在麦肯锡的半导体生涯

那年，麦肯锡公司广邀美国各大学的博士去波多黎各听管理咨询讲座。对于这个世界顶级的管理咨询公司，杨磊称，自己那时对麦肯锡一点儿概念没有，“但是知道波多黎各”。受到好奇心驱使，他参加了这次活动。

通过这次活动，杨磊认识了很多其他专业的博士，并对管理咨询有了好感。而且，麦肯锡当时给的工资很高，起薪就是十六七万美元。2000 年年初，这对一个刚毕业的异国留学生来说，是非常有吸引力的。最终，他决定加入管理咨询这个行业。

没想到，这段路之初并不平坦。刚入职不久，2001年的全球经济危机就来了。裁员大潮席卷全美，一同入职麦肯锡的新人基本都被辞退了，凭着在读博士时习得的多种知识技能，杨磊最后得以“幸存”。“我能留下，主要靠两样，一是计算机，二是半导体。”杨磊感慨道。

他当时在纽约参加摩根大通集团的合并案项目，要制订一个裁员计划。可当时两家公司的技术加运营一共有一万多人，没有具体的业绩数据，很难做出评判。他想出一个办法，安排几名程序员把银行的所有花销做成一个数据矩阵，再把每个人和每个项目匹配进去，算出每个人的业绩和效率。但当时数据量过大，程序要同时在两台计算机上运行，效率很低。学过编程的杨磊就亲自上阵，修改程序。最终，他用程序输出的“一大箱子”详细数据报表获得了客户和公司的认可。

此项目一结束，杨磊获悉公司接了富士通和AMD闪存部门合并的案子。一听是半导体，杨磊二话没说就申请参加。考虑到他的专业背景，公司批准了。此后，在麦肯锡的7年内，他有5年的时间都在做半导体。AMD拆分出Spansion，AMD拆分出格芯，NXP从飞利浦分出来，应用材料在西安设立研发中心，这些项目他都参与了。

他印象最深的一个案例，是去给NEC在日本九州的晶圆厂做提效。日本人对于美国公司来指导工作，心中多有不服。工厂的负责人就对杨磊说：“美国公司也能来教我们日本人怎么做工艺？”杨磊没有直接反驳，而是问对方要了一台设备，在旁边观察了好几个小时的操作运行。然后，他告诉对方，有办法提高8%的效率。日本负责人不太相信，于是杨磊就让他安排一个工人，现场教他用自己提出的方法来提效。最后的结果证明了杨磊的方法正确，工厂负责人对他十分佩服。多年以后，碰上那位负责人的时候，对方还告诉杨磊：“杨桑（先生），咱们合作的那个项目是日本制造业有史以来最成功的一个，它拯救了日本的半导体产业。”

麦肯锡教会了杨磊很多先进的思维方法，也让他接触到风险投资。如前文所述，在离开麦肯锡之后，他就开始了自己的投资之旅。

投资逻辑

“投资并不是一个智商160打败智商130的游戏。”这是巴菲特的名言，意思就是投资并不需要多聪明，关键是要有自己的投资逻辑，并严格执行。

杨磊认为投资硬科技，要有跨领域的认知能力，而且对每个领域都要有很深的了解。每个他所选中的投资对象，也都具有这种系统性的思维特质。“我觉得自己可以做战略的构架，但定义不了产品。所以我找的人，都是能看清复杂的方向，执行力又强的人。”杨磊谈到。

想要在未来胜出，杨磊为半导体公司的掌舵人总结了三条认知标准：一是认知的时间轴要比别人长，要看到更远的未来；二是要跨更多的领域；三是要比别人深。如果不拼认知能力，半导体就只能把产品当萝卜白菜卖。

这也契合了他坚守半导体投资多年悟出的心得：“半导体公司越来越像系统公司，既有硬件，也有软件，要应对挑战，需要领路者有非凡的认知能力。”

有一家他所投资的半导体公司，做半导体生产材料起家。出于对行业的了解，他起初已不打算投资。但是，与对方领导共进一次早餐后，彻底改变了他的看法。他发现此人对行业的理解相当深入，更有一份对事业的执着。二话不说，杨磊立刻拍板进行投资。尽管因为历史的原因，这家公司的投资条款对投资人非常不利，但他没有一丝动摇。

后来的发展也证明了杨磊的眼光。这家公司已经成为该领域的龙头公司，并在科创板成功上市。“我后来知道，对方也是吃了这顿饭以后，才决定接受我们的投资。”杨磊表示，“如果再过十年，我还是会选择投他们。”

对于半导体的投资方向，杨磊称自己关注的是“计算架构的大变化，比如下一代的存储，下一代的触控”，希望抓住大的机会，而不是专注小而美。

不能全面、深刻地了解技术，就抓不住这种大机会。“有人说，北极光特别偏好技术。我就要把这个基因鲜明化。”杨磊对技术的喜爱近乎痴迷，“有一个困扰已久的问题，与一个朋友吃早饭的时候有了灵感，立刻给团队打了电话。”

类似的事情经常发生在杨磊与投资对象和自己的团队之间。器件、算法、AI，甚至很多产品细节都是讨论的话题。“这种讨论让我非常快乐。”他开心地表示。

节奏、坚守和策略

接受杨磊投资的人，很多最后都成了他的朋友。“已经被我们投资过的，还会劝说其他人也来接受我们的投资。”把帮助企业家成功放在第一位，不仅是北极光的核心文化之一，也是杨磊的行事准则。

投资对象有了问题，杨磊经常会给他们各种直接的建议。不过，有时候他也会让“子弹飞一会儿”。“有个公司的CEO，我跟他聊了半个小时，一个信息都没听进去。我于是反省，决定等段时间再沟通。”过了一段时间以后，那个公司CEO主动来找杨磊，接受了他的建议，还埋怨他为什么不早说。

杨磊打了个比方：“这就是控制节奏，就像敲墙一样，连续去敲不如蓄力猛敲一下。”在投资的每个环节，时间点的拿捏都是非常重要的。

他也会经常约CEO去散步，在锻炼中探讨问题。散步完毕，他还会请对方到家里品尝他做的饭菜。“与每一个CEO聊天，都能学到东西。”杨磊称这也是自己排遣压力的一种方式。他也会尝试用新方法来解压：“我还在尝试冥想，哪怕只有十五分钟，也能带来新的思考。”

当然，他钟爱的厨艺也是很好的解压方式。“我是一个好厨师。”杨磊对自己的厨艺水平很有信心，喜欢综合各种菜谱所长，做些微创新。“做饭的时候，人是在多线程地思考，所以会非常专注，忘却杂事。”他很享受这个过程。

杨磊还非常喜欢摄影，这是从小受父亲熏陶的结果。在很小的时候，他就会自己配显影液、定影液，独自冲洗胶片。投资人走南闯北的职业特点，也给了他很多拍摄机会。

爱好丰富了他的视野，让他在投资路上更加自如。虽然现在有机会做晚期投资，但杨磊依旧喜欢做早期投资。能与企业一起成长，他是乐得其所的。新兴的5G射频、BLE（蓝牙低功耗）、AI芯片领域，他都投了初创公司，并已经初见成果。

做半导体投资多年，他深知半导体行业的艰辛。对于新进的半导体创业者，杨磊给出了自己的建议。

他认为，要做好一个半导体公司，在经营上重要的是控制好现金流；在战略上，除了坚持以外，还要有正确的策略。杨磊强调：“坚持非常重要，但是在坚持的同时一定要积累核心竞争力，等释放之后，再积累新的核心竞争力，如此不断循环，最后就有机会脱颖而出。”

张韵东

他是中国芯片行业的老兵，从游戏机芯片起步，现在又走在了AI的潮头

文/李晓延

张韵东，复旦大学微电子学硕士，中星微集团共同创建人和CTO。国家科技进步一等奖获得者，“数字多媒体芯片技术”国家重点实验室执行主任，“星光中国芯工程”副总指挥，我国神经网络处理器专家。曾获首届中关村高端领军人物奖，主持和参与制定两项国家标准，多次担任“核高基”“973计划”“863计划”、国家电子发展基金、国家集成电路设计专项等重大科研项目负责人。2016年7月，受聘为中国工程院中国信息与电子工程科技发展战略研究中心专家委员会特聘专家。

张韵东

作为中国最早的一批芯片设计人才之一，张韵东与中国的芯片行业同步成长。现在，他又带领团队，走在科技的最前沿。

以游戏机芯片为起点

1991 年的中国，在邓小平南方谈话之后，芯片设计行业刚开始起步，除了专门的研究机构以外，鲜有民间公司从事这项现在热得发烫的事业。彼时，刚从复旦大学微电子专业硕士毕业的张韵东，踏上了珠海这片土地，开始了自己的芯片设计生涯。

“那时候，上海基本没有做芯片设计的公司，本科的同学中，一半都转去了别的行业，当时去校园招聘的，也多是宝洁这类化妆品公司，还有银行之类的。”正巧 Realtek 公司在珠海成立了亚力（珠海炬力的前身）公司，要进行芯片开发，张韵东就毅然奔赴了珠海。

那时的珠海还远未被开发，“我们去了那里，发现当时的珠海很落后，简直就像个渔村，超市都没有。”

好在能从事与自己所学专业相关的工作，这些困难也就不在话下。在台湾师父的带领下，张韵东参与了以太网 MAC 芯片的开发，“我单独完成了芯片的一部分。”

随后，张韵东开始独立设计芯片，开发了一枚用于游戏街机的音视频处理芯片，《魂斗罗》《坦克大战》这些经典游戏都能跑，“那是我第一个项目，CPU 是外挂的，最开始是 8 位，后来升级到了 32 位，现在很多街机上还有这枚芯片。”这枚芯片也为公司创下了可观的利润。

开发这枚芯片之后，张韵东被集团公司调至美国硅谷，这也开启了他人生的新篇章。

在半导体圣地开始创业

硅谷，半导体行业的发源地，八叛逆创立仙童公司的故事激励了很多年轻人开创自己的事业（八叛逆指的是以罗伯特·诺依斯、戈登·摩尔为代表的八位年轻工程师，他们一同离开了“晶体管之父”威廉·肖克利创办的肖克利半导体实验室，创立了仙童公司）。

张韵东 1995 年调到公司的硅谷分部，受到火热创业氛围的感染，1996 年就和几个同事一起开始创业。

他们创立的公司，中文名叫科广，英文名叫 T-Square。“科广中的‘科’代表科技，‘广’是指广东，因为创业的几个人都是从珠海过去的。”张韵东解释道。

从游戏机起步，科广公司开发了一个 run-time 指令解释器，它可以执行索尼、任天堂和世嘉 3 家公司的 CPU 指令，相当于一个通用的平台，可以通玩 3 家的游戏。这对想玩 3 家游戏的玩家是个不错的选择。

这个产品卖得不错，不过科广真正的成功是在 PC 领域。当时的 PC 上，音乐合成都采用古老的算法，声效很差。张韵东另辟蹊径，采用了波表合成的方式，就是先对声音采样，建立库，再通过算法进行调用，大幅提升了 PC 音频的性能。这个产品以 IP 核的方式，卖给了美国国家半导体、Trident 半导体、ESS 半导体和我国台湾威盛（Via）、台湾矽统（SiS）、台湾扬智（Acer Lab）等多家知名半导体芯片公司，大获成功。

科广挣到第一桶金后，开始扩张，在国内设立了多个研发中心，“当时有 400 人的规模，在 1999 年，可以算国内最大的芯片公司了。” 张韵东回忆道。

公司到了要进一步发展的时候，在决策方面发生了分歧。张韵东与合作伙伴的看法无法统一，而正在此时，已相识多年的邓中翰博士决定回国发展，对他发出了邀请。仔细考虑后，张韵东踏上了回国再创业的征途。

闪耀星光芯

在出让了科广的股份后，张韵东在 2000 年加入了中星微公司，出任 VP of Engineering，主管研发。

中星微最初的发展，可说是一帆风顺。2001 年，星光一号问世，标志着国内第一颗具有自主知识产权的多媒体芯片诞生。

谈起这颗芯片，张韵东说，最初是想开发手机的摄像头芯片，后来发现 PC 上也需要，并且从 PC 上入手把握更大。“PC 摄像头，用 USB 跟主机连接，只要做个驱动就能用。中星微还配合微软提前做了认证，实现了在 Windows 每一版都能免安装驱动程序。”

这款芯片的成功让中星微的声誉大振，进而占据了全球 70% 的市场份额。即便到了现在，苹果笔记本的摄像头上，还在继续使用中星微的后续产品。

星光系列芯片成功后，中星微开始进入手机市场。先从音频开始，张韵东带领团队开发了全球首个能实现手机 64 和弦功能的 midi 芯片，当时中国所有的手机都使用了，产品还打入了韩国的手机三强。随后，中星微又顺理成章地推出了集成摄像头和音视频处理的星光移动芯片。凭借手机市场庞大的体量，出货量很快就达到了千万颗。

“但是手机的市场变化太快，因为本身空间有限，芯片的整合就是主旋律，所以上量很快，下降也很快。”中星微意识到必须另寻一个新的市场。在反复地考察和论证后，他们找到了新的方向，那就是安防市场。

扬帆新赛道

进入新赛道的中星微，先后碰到两次重大机遇。

第一次机遇是制定国家标准。据张韵东介绍，当时的市场上，主流的视频编解码标准都是 MEPG4 和 H.264 这些国外标准，它们会给国内的企业带来很大的收费压力。再者，它们都是为视频分发设定的，很多场景下的清晰度并不高，安全性也很差。为此，公安部提出了一个需求，希望建立中国自己的安防视频编解码标准。

张韵东带团队承接了这个工作，经过刻苦攻关，于 2011 年成功推出了 SVAC（Surveillance Video Audio Codec）1.0 标准。后来，又升级到 2.0 版本，相当于 H.265 的水平。围绕这一标准，还成立了 SVAC 联盟，国内主要的安防企业都已加盟。“SVAC 标准是免费的，任何企业都可以按照要求进行设计。”

标准设立之后，中星微很快就碰到了第二次机遇——AI 技术的兴起。

2016 年 3 月，阿尔法狗击败了李世石。6 月，中星微的嵌入式神经网络处理器（NPU）芯片星光智能一号就宣告诞生。“其实，这个项目从 2013 年就启动了，只不过一开始采用了传统算法。做到一半的时候，发现深度学习效率更高，就改为采用深度学习。”张韵东道出了这枚 AI 芯片的开发历程。

与云端芯片不同，星光智能一号是嵌入式芯片，要在低端硬件上实现 AI 功能，所以就在算法上做了优化。“别人用多模型，我们用单模型，别人用两步法，我们就用一步法，在不牺牲算法精度的前提下尽量少地使用硬件资源。”张韵东表示。

他进一步阐述中星微在人工智能方面的策略：“我们要做的是前端芯片，用在边缘计算上，所以要实现功耗和算法的优化。”

“深度学习在公安系统的大数据支撑下作用最大，但在数据很少，甚至是零数据的场景下，一些传统的算法反而有效。因此，即将发布的星光智能二号就采用了多核异构架构，用不同的核来应对不同场景。”张韵东强调，“未来的芯片也将继续采用多核异构架构。”

张韵东对中星微的人工智能技术期望很大，他正在将其拓展到更多的领域，“电力部门关心电力线的安全，金融部门要搞生物特征识别，还有自动驾驶，这些都是星光智能芯片的用武之地。”

人工智能新征途

安防市场在这几年发生了重大变化，越来越多的新玩家开始进入，中星微还能保有优势吗？

张韵东对此一点儿都不担心：“我们有两个优势，一是对安防应用非常熟悉，能围绕客户的需求，提供一站化服务；二是从前端芯片本身来说，中星微的产品从一开始就集成了 NPU 和视频编解码器，这是很多公司不能提供的。”

他的自信还来自中星微严格有效的研发管理机制。“公司有一整套的 SoC 设计验证流程，可以保证一次性流片成功，错误都可以被及时发现和解决。并且，我们招的很多应届毕业生，一年后就能胜任工作，也是这套机制在发挥作用。”

不过，他还是有些感慨，“我们以前设计芯片的时候，没有这么多工具，每个人都要从头盯到尾，一点儿错误都不能犯，这也培养了我们这批老芯片人很强的责任感，这是后来者很少能比拟的。”

从一个芯片开发工程师开始自己的职业生涯，后来接连成为创业者、管理者，张韵东是如何成功进行角色转换的呢？

“其实很简单，就是把工程师的单线程思维变成多线程思维。”张韵东做了个技术性的比喻，“不过，我还是很怀念做工程师的时光，那时可以花三个小时思考一件事，做到单一、极致。”

把技术打磨到极致，这也是张韵东带领着中星微人工智能公司正在努力的方向。“做一些世界上没有的东西，为中国市场做一些东西”，他和他的团队一直以此为信条。未来，这个中国 IC 行业的老兵，还能带给业界什么惊喜？就让大家拭目以待吧！

郭国平

“寂寞”的量子计算路上的“堂·吉诃德”

文/张轶群

郭国平，1977年12月出生于江西南昌，教授，博士生导师，合肥本源量子计算有限责任公司创始人兼首席科学家；国家杰出青年基金获得者；长期致力于固态量子计算的研制开发工作，在量子芯片、量子测控系统、量子软件和量子云平台等方面取得了多个原创性成果，对量子计算的实用化进行了重要的探索。

郭国平

郭国平给自己的微信取名为“追本溯源”，这也是由他创立的国内首家从事量子计算行业公司“本源量子”的名称的由来。

自1998年郭国平接触到量子信息技术以来，他已经在这个领域耕耘了二十多年。量子力学中有个术语叫“量子纠缠”，郭国平笑言这辈子都要与量子“纠缠”到底。

量子计算道阻且长，但郭国平坚信行则将至；先行者的旅途孤单寂寞，但郭国平愿做挑战“风车”的“堂·吉诃德”。

“星星之火可以燎原，希望通过产学界的共同努力，在未来量子计算展现出巨大价值并被广泛应用之时，中国不是这个领域的看客。”郭国平说。

极本穷源，求学中科大文理交融

1996年，郭国平考入中科大外语系，后转入物理系。一是因为中科大数理化气氛浓厚，物理系历史悠久，学术传统深厚；二是中科大对于学生培养有着宽松自由的氛围，遵从学生的兴趣并不多加限制。

现在看来，彼时思想上似乎并不怎么安分的郭国平，实际上是在对自己未来人生方向和真正兴趣所在进行寻找。

于是，在此后的二十多年里，中国可能损失了一位优秀的外语类人才，但多了一位前沿科技领域的全球领军科学家。

中科大一直以学风浓厚著称，还曾有“不要命的上科大”这样的说法。回忆本科时期的求学经历，郭国平说，虽然枯燥但极其充实。

“像数学、外语这类的基础课，科大的学生经常会拿一本吉米多维奇的《数学分析习题集》，4 000多道题做一遍；《韦伯大辞典》一页一页背，背完一页便撕掉。本科学习使我形成了两个特点：一是认真踏实的严谨心态，二是勤奋肯吃苦、攻坚克难的毅力。”郭国平说。

从1996年到2005年，郭国平在中科大物理系一路读到博士，毕业后便留系任教，从事科研工作。提及母校，他满怀感恩之情，坦言获益良多。正是在中科大培养的扎实基本功，为其日后走上科研创新之路打下了坚实基础。

1998年，读大二的郭国平有机会接触到著名量子信息学家郭光灿的量子研究团队。当时量子光学、量子信息等在中国刚刚兴起，跟国际前沿相比有差距但并不大，在这里，郭国平有机会接触量子信息技术领域最前沿的报告、会议以及理论。

本科期间参与到大量的量子理论研究，为郭国平打下了量子研究的扎实基础，当很多同学读到大五（中科大如考虑出国，则读五年本科）的时候，研一的郭国平已经开始在国外核心期刊上发表论文了。

凭借导师的悉心指导以及自己的勤奋努力，郭国平在研究生期间多次在顶级学术期刊上发表论文，因学术上的高产和高质，相关的顶级奖学金也基本都被他拿了个遍，其中包括香港求实研究生奖（硕士）以及中科院院长特别奖，这两个都是研究生类奖学金中含金量最高的奖项。

追本溯源，投身量子计算甘做“愣头青”

在硕士、博士期间，郭国平一直在中科大学习量子光学，从事量子保密通信及量子信息器件的研究工作。但在博士三年级时，他突然觉得量子信息现有的研究已经不足以吸引自己，而当时包括美国、荷兰、日本的顶级高校都在从事半导体量子计算方面的研究，在这方面我国还处于空白。

于是郭国平跟导师郭光灿商量，能否选修固体物理的课，进入量子计算相关领域。当时，郭光灿也意识到未来实验室的战略部署需要固态物理，但现有的研究人员多数都是量子光学背景，便让郭国平开始负责建立国内首个半导体量子芯片研究组，竞争国际量子计算的制高点。

相较于量子光学、量子通信而言，量子计算是一条更难走的路，需要付出巨大代价，包括时间和资金投入、硬件、软件以及平台的搭建。不仅难度大、风险高，而且从当下的评价体系而言，文章都不好发。郭国平说，当时很多人都称这是“愣头青”干的事儿。

但与此同时，量子计算的价值也极其巨大，随着摩尔定律趋近于极限，芯片晶体管集成度越来越高，开发难度越来越大，成本也越来越高，而量子芯片可解决这一问题。与此同时，量子计算带来的效率和计算能力的提升将远超于现有的超级计算机，可以称之为人类计算能力的再次飞跃，意义比晶体管替代电子管还要巨大。

如果说半导体领域是“板凳要坐十年冷”，那么半导体量子计算则是“十年寒窗无人问”。但郭国平甘于做这样的“愣头青”，因为他坚持认为量子计算是有价值的东西。

“我们有理论、有想法，但是实验科学只有做过了才知道。就算失败了，对国家的工业和技术发展也是有好处的。”郭国平说。

2005 年博士毕业后，郭国平被中科大聘为副教授，也有条件进一步从事半导体量子计算的科研工作。十几年来，郭国平一直在这个领域辛勤耕耘，也取得了很多令人瞩目的成绩。

2010 年，年仅 33 岁的郭国平获得科技部 A 类国家重大研究计划（超级 973）科技专项“固态量子芯片研究”重大项目，任首席科学家，并于 2013 年成功在“一个电子”上实现 10 皮秒级量子逻辑门运算，将原世界纪录提高近百倍，使基于半导体的量子计算机的实现迈出重要一步。

2016 年，郭国平担任国家重点研发计划“半导体量子芯片”项目首席科学家，成为目前我国半导体量子芯片研究领域的领军科学家。

2017 年，郭国平创立本源量子并兼任首席科学家，进一步助推量子计算的产业化进程，追本溯源，本源量子承载了郭国平对于量子计算科研领域的探索决心以及做大做强中国量子计算产业、科技报国的情怀。

目前，本源量子有近百人的团队，其中百分之八十是工程师。本源量子的业务板块包括 IP 授权、解决方案提供商、高端仪器仪表、整机、在线云计算以及量子教育。

正本清源，别让泡沫掩盖了珍珠

谈及创立本源量子的目的，郭国平坦言是为了更好地进行科研。本源量子的工程师可以更加专注在这个领域，同学校的研发资源相配合。

“本源创立之初就是肩负国家使命和个人情怀理想的。我们希望在量子计算上，能够为国家抢到足够多的核心专利，让中国能够在全球量子计算科研领域占有一席之地，能够跟上国际上的前沿科技步伐。”郭国平说。

2017 年年底成立以来，本源量子正在打造从半导体量子芯片、测控一体机、量子语言、操作系统、云服务到整机的完整产业生态。目前，已推出第一代半导体二比特量子处理器玄微 XW B2-100，第一代超导六比特量子处理器夸父 KF C6-130，量子测控一体机 OriginQ Quantum AIO，量子语言 QRunes（量子指令集），基于 32/64 位量子虚拟计算系统的量子云平台，提供量子计算在线演示、教育科普及模拟服务等产品。

郭国平强调，量子计算涉及芯片、测控、软件、算法和云平台等多个领域。

也许这些都不是本源量子一家就能完成的，但是作为中国第一家量子计算公司，本源量子要通过实践告诉国家和产业界以及公众，这些领域都很重要，并提供外界接触量子计算的机会。郭国平认为，量子计算这个战略高地给中国的时间不会太多，必须尽快进行合理的部署。同时要吸取传统计算机的发展教训，中国量子计算机的研发从一开始就要有构建生态体系的意识。

“理想模式应该是政府牵头引导、企业为主攻关、科研院所参加、资方辅助监督、市场检查评价。”郭国平向笔者表示，量子计算机的研制、开发和应用是个意义重大的新型战略领域和科学技术工程，需要多方协同努力，若只靠单方面的努力，无论是政府、企业或者资本方都不一定能取得良好的效果。

近年来，我国在量子通信领域取得了举世瞩目的成就，量子信息开始受到世人关注。但经过某些媒体、个别学者炒作之后，量子信息领域呈现出“虚火”。

郭国平认为，我国量子技术研究存在“珍珠”，但也有很大的“泡沫”，他担心的是泡沫会蒙蔽视线，造成过高的期望和不切实际的幻想，一旦“泡沫”破灭，就会连“珍珠”一并倒掉。

因此，郭国平指出，对待量子技术的态度是：既要重视其在未来科技战略中的重要性，也要客观认识到存在的差距，加快投入和研发，追赶上国际先进水平。

就量子计算领域而言，我们国家起步较晚，对其重视程度以及投入仍不及发达国家。美国 20 世纪 90 年代初开始进行量子计算机的研究，微软、IBM、英特尔等众多跨国企业更是不遗余力地投入重金进行相关的研究，而我国只有少数高校和科研院所从事相关研发，这方面的人才、资金投入程度也无法与其相比。

郭国平认为，尽管从某种意义上来说，如今从事的工作有点像堂• 吉诃德，明知不可为而为之，但信心和坚持比黄金更宝贵。

“这是一场持久战，目前只是万里长征走了一小步，还有很多问题有待突破和解决，我们能做的就是踏实耕耘、莫问前程，努力推动量子计算领域的科技研发不断前进。”郭国平说。

骈文胜

每天不够睡的半导体人，创业三年，进入市场前三

文/朱秩磊

骈文胜，1970年出生，上海伟测半导体总经理。毕业于成都电子科技大学电子精密机械专业，历任摩托罗拉中国大陆电子有限公司设备工程师、设备经理；上海威宇科技电子有限公司测试部经理、制造处长；日月光上海电子有限公司封装厂长、资深处长；长电科技封测三厂厂长、电路事业中心总经理、海外销售副总。

骈文胜

1993年，从成都电子科技大学电子精密机械专业毕业的骈文胜，进入刚成立一年多的摩托罗拉天津公司，从此与半导体封测结下不解之缘。回顾自己的半导体人生，骈文胜感慨道，就如同刚进厂培训时老板说的：做半导体眼睛会变小，因为每天睡不够！做半导体实在太辛苦了！不过他也表示，能以微薄的力量为中国半导体事业的发展贡献一己之力，报效祖国，也是值得的。

在骈文胜二十多年的封测生涯中，从天津摩托罗拉到上海威宇、日月光，再到长电，稳扎稳打。先后在美企、台企、民企的工作经历，对他后来在上海创立

伟测半导体产生了极大的影响。

激情燃烧的 MOTO 岁月，初涉封测产业

1991 年，摩托罗拉在德国汉诺威展示了全球首个使用 GSM 标准的数字蜂窝系统和电话原型。次年，摩托罗拉在天津开发区的生产基地投入运营，将大量世界领先的通信和半导体技术带入天津。摩托罗拉开发的 6 Sigma 管理系统，改善企业质量流程管理，以“零缺陷”的商业追求，带动质量成本的大幅度降低，最终实现财务成效的提升与企业竞争力的突破。

在当年，进入摩托罗拉工作是一个非常好的起点。骈文胜回忆说，他从成电毕业进入摩托罗拉天津半导体事业部担任设备工程师，那是中国当时最先进的封装测试工厂，大学毕业月薪 2 000 多元，这几乎是当时全家人的月工资总和。能进入当时还为数不多且又这么优质的外企工作，是由于骈文胜在上大学期间就有了独特的想法，即一定要把英语和计算机学好，这为他之后的工作铺平了道路。

骈文胜说，摩托罗拉是一家典型的美国企业，“电话会议的时候，参与的同事有美国的、日本的、新加坡的、马来西亚的，这逼着我一定要开口讲英语，哪怕是结结巴巴。中国的大学生英文词汇量是足够的，就是张不开嘴。但是在摩托罗拉那种环境里，就不得不开口讲，逐渐就把口语练起来了，为之后的工作奠定了很好的基础。”他开玩笑地说:“环境很重要，有时候出差去国外，等到回国时，会连续几天都习惯性地说英语。”

在 20 世纪 90 年代进入中国市场后，摩托罗拉将最好的技术带到了中国，为中国的工厂配备了最高的制造标准，包括国有企业在内的数百家中国供应商也开始有机会学习如何用摩托罗拉的方式来制造产品。而且这些供应商也都有下游的二级和三级供应商，他们得以将这一知识一级级地传播开来。此外，摩托罗拉在中国还帮助建设了国家通信网络，使用的技术甚至比美国的还要好。

骈文胜至今还很怀念在摩托罗拉工作的 6 年。“那时候工作充满了热情，这种热情一方面来自公司的文化，让你慢慢融入其中，不自觉地就有动力去付出。另一方面是工资很高，也使你非常愿意去辛勤工作。”他说。每天下班不愿意回家，都在公司加班，顺便可以吃一次好吃的免费晚餐。因为工厂在塘沽，家在天津市

区，如果加班太晚，回家的车都打不到，公司也可以报销附近宾馆的住宿费。有一次他负责的机台出了故障，连续 36 个小时没睡觉，终于把问题解决。“因为操作员是要考察产量的，机器停工，他们只能眼巴巴指望着你啊。”他说，“这样的事情还有很多，做事情都是靠自觉，不用老板去管。有这么好的条件与待遇，有什么理由不好好工作呢？”

除了学到扎实的封测知识和设备管理技术外，令骈文胜感悟更多的，还是以客户为导向的公司文化。当时 TCS（Totally Customer Satisfy）这个概念已经深入到员工的血液里了，员工差不多十个人分为一个组，几个月一次比赛，看哪个组的品质、质量、效率、客户满意度等方面改善最好。参加比赛的每人奖励一瓶可乐，虽然不是多丰厚，但是大家都抢着喝，非常“可乐”。

骈文胜说：“当时年纪小，可能还不是很理解这个比赛的意义。现在自己创业了才明白，产业链的上游是公司的直接客户，这是外部客户；公司生产中的下游即下道工序，就是你的内部客户。我们每天都在想着怎么让内部客户及外部客户满意，产品能做不好吗？客户能不满意吗？摩托罗拉就用这样的日常教育加定期比赛（全员参与而且必须参与）的方式来培养员工的服务精神。”

初涉封测行业的骈文胜在摩托罗拉待了 6 年，从设备工程师做到设备经理，虽然满怀不舍，但还是踏上了新征程。

从威宇到日月光，十年成长为大陆最高级别管理者

当时的威盛董事长王雪红以个人名义在上海投资了一家封测厂——威宇科技（GAPT），初期主要是给威盛做封测，骈文胜来到威宇担任测试部经理，后来做到制造处长。4 年后，威宇被日月光收购，他随之进入日月光，历任日月光上海测试厂长、封装厂长、资财处长，是当时上海日月光在大陆地区最高级别的管理者，这是很难得的。

而骈文胜从威宇到日月光的十年里，日月光通过不断的并购，成长为全球第一大 IC 封测公司。在如此庞大规模的企业做过管理，对他后来的管理理念甚至创业影响非常大，那就是标准化。

例如，以前威宇公司采购的设备、模具等，如果与公司的标准不符合，就会

被直接换掉。开始他们非常不理解，为什么不用呢？浪费这么多钱！后来慢慢算了一笔账才发现，如果设备、材料等不统一，调试、生产时会导致来回改机，从而造成生产效率低下，来回改机更会造成很多错误发生！而设备、模具、材料等统一以后，材料省了，效率提升了，竞争力也就提高了。

因此，虽然生产线上各种设备很多，半导体设备厂家的更新换代也越来越快，但是日月光规定同一类型的设备最多只能有两个品牌，他坚信这也是日月光的竞争力之一。

2009年，骈文胜结束了长达十年的威宇、日月光生涯，应邀加入江苏长电科技，历任长电科技封测三厂厂长、电路事业中心总经理、海外销售副总。

这家成立于1972年，前身为江阴晶体管厂的企业，专注于集成电路封装测试业务，经过几十年发展后成为中国大陆第一、全球第三的封测企业。当时长电希望招一个在大陆外资企业有经验的管理人员来帮助长电改善工厂运营，骈文胜毅然决然加入了。对于这段经历，骈文胜形容说："全心全意，将毕生所学贡献给长电。"

在长电的前三年，骈文胜管理的三厂有3 000多人，后三年主要做欧美市场拓展，能有海外销售的机会，也得益于他在摩托罗拉的六年锤炼，口语非常好。骈文胜也十分感念带头人的心胸、包容和视野的前瞻性，会让手下发自内心地想把工作做好。

而长电对于客户"东边不亮西边亮"的策略与理念也让后来骈文胜创立的伟测受益颇深。事实证明这个策略非常成功，伟测也采用了这样的策略，在2018年下半年半导体市场呈现疲软的情况下，由于伟测客户群庞大，业绩仍在持续提升。

天时地利人和，创业开垦高端晶圆测试市场

从摩托罗拉到威宇及日月光，再到长电，从技术到管理能力，骈文胜稳扎稳打。随着国家对半导体产业越来越重视，在封测领域积累了深厚经验的他选择了创业。他戏称，当时孩子也快上大学了，可以出来做一些事情了。

选定晶圆测试市场作为创业方向，是因为中国本土这块投资小且开垦不完善，市场需求巨大，国内已有的一些晶圆测试企业规模大都较小，而且基本都是中低端产品，高端晶圆测试基本都在海外。幸运的是，骈文胜创业的想法得到了

行业内一众朋友的响应，虽然他觉得在这个年纪出来创业有点晚，但是大家都义无反顾地支持。

2016 年 5 月，上海伟测半导体成立，注册资金 2 000 万元，并先后获得两次融资，第三次融资也已经接近完成，三轮融资总额达到 8 750 万元，投资方包括君桐资本、苏民投、北京华创、同创伟业等优秀的投资企业。

随着中国集成电路消费市场逐年增大，芯片自给率提升，半导体产业链日趋完整，国内晶圆测试市场需求激增。或许是应了天时地利人和这句话，伟测成立以来发展得顺风顺水。2016 年第三季度厂房开始投片量产，2017 年第一季度就实现单月账面盈利，当年就实现了第一个完整年度盈利。如今伟测厂房已扩建到两座，2019 年年底达成月产能 1 000 万元、全年销售额近 1 亿元的规模。

而伟测的首个客户，让骈文胜至今颇有感触。当时他开着车到张江拜访这家朋友介绍的小客户，跟对方老板此前也不认识。但是当他介绍完从业经历及公司现状后，该老板当即表示："这里有 500 片晶圆你带回去吧，等你们开发好程序就在你家测试了！"

此外，伟测的首个大客户是晶丰明源，骈文胜说，晶丰明源的胡黎强总经理给予了他极大的信任，对他说："我信你，就赌你了。"

后来，伟测创下了晶丰明源有史以来最快的上量速度，几个月下来就成为晶丰明源的最大晶圆测试供应商，晶丰明源的支持对初生伟测的茁壮成长起到了至关重要的推动作用。

这种互助和互相扶持，对于现阶段的中国半导体产业尤为重要。骈文胜说，半导体产业链逐步向中国转移，包括设计、制造、封装等，一方面是国内市场需求驱动，另一方面是去年美国对中兴的制裁加剧了产业链的回迁。晶圆测试作为半导体产业链中的一个虽然小但必不可少的环节，也受惠于整个大环境的推动。

目前伟测在国内本土晶圆测试企业中已进入前三，正大步向着中国第一、世界一流的目标迈进。可以看出，公司的企业文化"客户导向""团结合作""追根究底"深受骈文胜三段职业经历影响。

现在骈文胜计划筹备产能扩张，开拓更多中大型客户。下一步将规划在苏州、无锡、深圳、成都、厦门等地选择设立生产服务基地。

回顾不到三年的创业历程，骈文胜觉得最困难的部分就是融资。创业的初衷就是要把公司做大，融资是必然的，但是此前没有接触过，初涉资本市场使之前做工厂、做销售的骈文胜相当头疼，也曾经为此焦虑不已。但是经过三次融资后，总算积累了一些经验，伟测也成为投资机构争相融资的优质标的。

虽然做半导体很辛苦，经历三轮融资后股份也被稀释了很多，但是在骈文胜看来，能将伟测做大，在晶圆测试领域里有一席之地，对大陆半导体产业有一丝贡献，就已倍感自豪！

陈若中

辗转美国、中国台湾，终圆“中国芯”之梦

文/朱秩磊

陈若中，毕业于美国南加州大学马歇尔商学院，曾先后担任泰瑞达半导体中国区总经理、晶晨半导体运营副总裁、美满电子科技中国区销售总经理、格芯半导体大中华区业务副总裁和艾迈斯半导体大中华区销售市场副总裁、国科微CEO等职务。他最广受称道的是在格芯任职的4年里使公司营收增长3.5倍，更抓住28纳米产能不足机遇立下辉煌战功。

陈若中

2019年迈入“知天命”阶段的陈若中，是一个地地道道的职业经理人。在他长达27年的职业生涯里，足迹几乎遍布整个半导体产业链，从上游的设备厂，到制造，再到设计公司，其中有18年在大陆度过。作为一名美籍台湾“外省人”，陈若中身怀的是一颗赤忱的“中国芯”。

从中国台湾到美国，道德观和价值观的塑造之路

陈若中的父亲是1949年去到台湾的“流亡学生”，而母亲则来自迁至台湾的上海“大户人家”。1969年，陈若中在台北出生，他们这样的小孩在台湾被称为新生代“外省人”。

出身良好的母亲对陈若中和哥哥的教育非常严格，给他们灌输了很多儒家思想，比如四维八德“礼、义、廉、耻”“忠、孝、仁、爱、信、义、和、平”。母亲有一本中国传统文化画册，陈若中从中看到了祖国大陆的很多优美风光，历史名胜，使他从小就对大陆产生了一种向往，一种幻想。

正统的学校和家庭教育在陈若中15年的台湾童年生活中帮助他塑造了良好的道德观、价值观。之后陈若中全家移民美国。

移民美国的陈若中开启了他人生的第二阶段。当时父母选了一个白人比较多的城市，他上初中的学校包括他在内只有两个华人。在台湾时的陈若中是个淘气的小孩，接受的是填鸭式的教育。到了美国以后，一方面，语言的压力逼着他不得不认真学好英文；另一方面，美国的民主开放、实事求是和因材施教的环境让他爱上了学习，尤其是数学。

陈若中认为，美国这个开放的大熔炉激发了他想要努力的本性，有更大的空间让他去发挥，也塑造了他的团队合作精神。

陈若中说，美国当时有3个“师”很受欢迎：医师、律师和工程师。当时他认为医师和律师学出来了以后还要继续深造考从业证书，而工程师不需要，可以很快出来工作分担父母的负担，于是大学就选了电机系。

当时正值半导体产业刚刚起步，学校也跟附近的公司合作提供实习机会，每年这些公司会在学校里选拔几个优秀的学生去实习。陈若中在50多个竞争者中脱颖而出，进入了泰瑞达实习。

辗转美国、中国台湾，终圆“中国梦”

大学毕业后，已实习两年的陈若中继续留在泰瑞达。当时，这家老牌半导体

测试设备公司刚突破 10 亿美元营收大关，决定做一些文化上的改革，于是率先引入了 TQM（Total Quality Management，全面质量管理）。这在当时是非常先进的管理理念，陈若中说，半导体测试设备都是用来测试世界上最先进、最精密的芯片和器件的，当然性能、复杂度也更高，这样一来品质管控和质量管控就显得非常重要。

当时，泰瑞达要求每位员工每年必须上 40 小时的课程。例如，学习从 7 个步骤找问题，追根溯源，从而从根源上避免同样的问题再次发生。这个培训让陈若中受用终生，因为它适用于每一个领域，他在工作中抓问题，从上游去分析问题、解决问题的能力就是从这时候培养起来的。

1993 年 10 月，泰瑞达派陈若中到大陆出差。第一次来到了他从小向往的北京，非常震撼，原来这就是他魂牵梦萦的祖国，他暗中告诉自己：将来一定要到大陆来工作，将自己的才能贡献给祖国。

当时，大陆半导体行业还没发展起来，而台湾正好有一个工作机会，陈若中就向公司申请调到台湾。

据他回忆，1991 年苏联瓦解，几十年的冷战使美国的军事工业蓬勃发展，培养了大批科技人才，其中很多都是台湾留学生。冷战结束后，军工业需求减弱，大批人才寻找出路，此时正值张忠谋在台湾创办台积电，同时为其服务的半导体产业链也开始崛起，于是大批接触过美国最先进科技的人才回到台湾，分布在半导体制造、设计、封测等环节，成为台湾半导体产业繁荣的顶梁柱。

陈若中也在这个回流时期回到了台湾。他说，1995 年到 1999 年，他在台湾新竹科学园区的泰瑞达工作，那时候整个半导体产业的同人都很拼，他自己去帮客户安装机器，做机台调试的时候，大家半夜三更都是睡在无尘室里面，困了眯一两个小时起来继续工作。“那时候整个台湾半导体产业真的是拧成一股绳，大家都朝着一个目标去奋斗，非常难能可贵。”陈若中说。

在台湾泰瑞达的最后两年里，陈若中转到了技术营销部，能更直接地接触到客户，参与到销售的过程中，也经常飞到北京、上海来做研讨会演讲。此时大陆对半导体测试设备的需求刚刚开始升温。

1999 年，陈若中申请了美国南加州大学的全职 EMBA 课程去深造。在一年紧张的课程中，他最喜欢的是策略。在此期间，他领悟到了“做人、做事、做局”的大局观，“做局是为了长远的未来，需要其他部门其他同事的辅佐。”他说。

一年课程结束后，陈若中留在泰瑞达硅谷办事处，正式接触销售业务。当时硅谷的芯片设计初创公司如雨后春笋般冒出来，泰瑞达希望去挑选一些“明日之星”作为潜在客户。当时陈若中从台积电学到的企业筛选方法是：把自己当成一个 VC，如果去投资，你会怎么看这家公司？哪些因素对你是最重要的？你为什么要投它？这样转换身份挑选出来的公司，应该不会差太多。这个方法陈若中一直沿用至今。

2001 年，泰瑞达扩张上海办公室，陈若中被派遣至上海负责中国业务开发。至此，他终于圆了自己的大陆梦，一住就是 18 年。

“做对的事情”，不只是把事情做好

18 年里，陈若中一直秉持的一个理念就是“Do the Right Thing”（做对的事情），这要归结于他童年时期所接受的道德教育。“不畏强权做对的事情，奋力是自己的职责所在。”陈若中说，“回大陆以后做事，有时候发现道德观和价值观会有冲突。从价值观的角度来说，应该做，回报很大；但是从道德观上来说可能就不太对。最后就只能说，做对的事情，而不是只把事情做好。”

他举了一个例子。那时他已经是泰瑞达中国区的总经理，有一天，他的团队里有人来找他签字。

“是什么？”

“这是一个客户的产品测试。审核报告通过了，测试检验报告过了。”

“这是什么产品？”

“哦，这是一个类似 CPU 的处理器。”

“我在文件上没有看到过太多这个客户的产品，之前没有见过相关的信息啊。”

“这个你不用担心。他们这个产品很有未来的，有交大的背景，将来一定有很大的量，对我们来说将来会有特别大的订单。”

“这个测试结果是真的吗？”

“客户让我们自己做的（也即伪造的），反正你不用担心。”

“我在他的测试数据上签字也就意味着我要给他做背书，要签可以，但是这个数据必须要能说服我。”

陈若中最终没在这份测试报告上签字，他听说这个客户另外找了友商来做。几个月之后，“汉芯事件”曝光。“事实证明我做了该做的事情，也做对了。”他说，“每个人心中有一把尺，我会用我这把尺来衡量这个事情该不该做。我没办法要求大家都一样，我只是要求对得起我自己这把尺。一直以来我秉持着一颗赤子之心，但是来到大陆以后就是把我自己当作一张白纸，全部重新学习，我不能把我的价值观和道德观硬套在别人身上，那样是不对的。每个人有不同的观点，但我会坚持换位思考去体会不一样观点的价值。”

辗转半导体产业链，转换各种职业经理人角色

在角度转换上，陈若中最先从设备厂商到芯片厂商。

2005 年，陈若中离开泰瑞达，加入晶晨半导体（Amlogic），随后先后经历了美满电子（Marvell）、格芯（GLOBALFOUNDRIES，格罗方德）、艾迈斯半导体（ams）和国科微，职业足迹遍布半导体产业链。

“一开始在泰瑞达我是负责销售，是卖方。后来加入晶晨负责运营，是买方。虽然我没有运营的经验，但是我还是愿意接受这个挑战，我也喜欢挑战。”

在晶晨的时候，陈若中开始学习产品运营。加入公司便着手组建了专业的运营团队，同时管理 8 家代理商并签署了正规的代理协议。海外销售也是他负责，所以当时他的工作时间被分为 6 成在运营管理，4 成在销售管理。“那时的完美指标就是‘不能掉一个订单，也不能有库存’。”他说。

“我既买也卖，接触到很多供应商都是以前我在泰瑞达的客户。现在我从甲方变成乙方，在角色转换过程中，我认识到没有永远的甲方，也没有永远的乙方，有时候是卖方市场，有时候是买方市场，所以跟供应商培养互惠的战略关系就非常重要。”

陈若中举例说，有一次在晶晨的代工合作伙伴遇到业绩压力，自己在能预见的市场需求内下了最大的订单量而且没有要求降价。作为回报，在晶晨后来为了争取美国最有名的数码相框品牌的入门机型而遇到竞争对手打价格战时，这个代工合作伙伴也给了他足够的支持，使得晶晨最终以价格优势拿下所有订单，当年

成为市场领先者。

从晶晨出来以后，2008年陈若中加入美满电子负责中国区销售，在4年内将业绩翻了两倍多，同时创造了美满电子在TD-SCDMA的辉煌时代。2012年陈若中加盟格芯，又来到了全新的领域——晶圆制造。他笑着说："我从卖方形的芯片，跳到了卖圆形的硅片。"

在格芯的4年里，陈若中一直为业界称道的是使格芯的销售收入增长了3.5倍，2016年更是抓住台积电28纳米制程产能严重不足的时机，大力扩充格芯的28纳米产能，成功争取到不少大客户订单，显著提升了格芯高端制程产能利用率，立下辉煌战功。

回忆这段经历，陈若中说，当时联发科28纳米制程优先选择的是另一家更大、更知名的公司，当时的第二优先供应商也比格芯大。他去给联发科的负责人推荐格芯的28纳米制程。"性能、良率绝对更好，价格也更有优势，为何不选格芯呢？"联发科被他说服，先做了一些工程样品，测试下来性能、良率、成熟度都十分令他们满意。加上格芯有价格优势，而联发科为了抢占当年的中低端手机芯片市场，能快速量产又符合成本要求很重要，于是优先选择换成了格芯。

陈若中在职业道德操守上也有很受业界尊敬的口碑。当时格芯28纳米制程是在德国工厂生产的，当格芯的28纳米产能紧张，产能调配在客户之间产生冲突时，陈若中从不会因为任何私人关系调整产能分配，陈若中坚信：权力是用来给予力量推动公司前进的，而不是用来给予任何客户和私人关系以方便。

之后，陈若中又从传统芯片转到新兴技术领域。

2017年，陈若中再次接受挑战，来到了ams（艾迈斯半导体），对他而言这是一个全新的传感器领域。他开玩笑说，"我每到一个新的公司，第一个习惯就是要把'老水管'给打通，像一个管道工一样去疏通公司存在的各种问题，因为只有问题得到解决，才能为革新打下基础。"他总结说，这是由于自己特别擅长找问题，解决问题，建立团队，为公司布局。"我的习惯是当下做的所有事情都要为未来3～5年的战略规划做准备。"

例如在ams的时候，他发现这家公司在传感器领域有非常高的技术含金量，中国市场对传感器需求也非常旺盛，但是传感器应用技术含量和门槛非常高，需要教育市场，需要跟客户一起开发。而当时ams在中国只有12名员工，陈若中上任以后，10个月内就组建了一个五十多人的全方位团队。"一开始十几个人只能够守城，而 ams 需要的是一支能够作战、攻城略地的团队。”陈若中说，“为了激发大家的斗志，我对中国团队的激励机制做了彻底的改变并提供多元化的培训指导，短短几个月，整个团队的精神面貌就不一样了。”

一年共同奋斗的时光，冲在第一线的陈若中与团队建立了深厚的感情，他带团队也有自己的方式和心得。第一是要尊敬员工，每位员工都有自己的专业背景，都是值得尊重的；第二是认可，每一名员工都是公司的一颗螺丝钉，缺一不可，认可员工的能力，认可他的贡献；第三是奖励，公正透明、奖罚分明的激励机制能最大程度保持员工的积极性。管理的本质就是激发员工的潜能，这三者都做到了，才能打造高凝聚力、高绩效的团队。

当陈若中离开 ams 时，团队自发制作了一个“Best Boss Award”的奖杯送给他。陈若中为在中国渐入佳境的 ams 布好了未来几年的局，打好了基础，他的格局、领导力、执行力，在短短的一年时间里，获得了团队的一致认同。

从外资职业经理人到“中国芯”追梦人

2018 年年初，陈若中受国科微邀请出任 CEO。一开始收到邀请时，陈若中很意外：“在过去的职业生涯中，我一直作为中西方的桥梁，把中国客户的需求带到外国总部，同时把总部的产品和支持带到中国。但是作为美籍华人成为中国公司的代表，需要把中国的产品和支持推向国际，却是第一次，这一次是跟我同样有着中国梦的本土芯片设计公司国科微的愿景和梦想深深打动了我，虽然意外，但是我也很坚决地加入了。”

陈若中说，加入之后的想法是能够帮助国科微走出中国，走向海外市场，并打造一个文化多样、产品有竞争力的一流芯片公司。后来也实施了一系列的改革措施，同时与海外著名企业拓展了一些合作机会。

不巧的是，几个月之后中美贸易摩擦加剧，而国科微作为本土上市公司，在国内广播电视、智能监控和智能存储系列芯片扮演重要角色，公司此时的战略调整，需要集中精力研发针对国内行业需要的产品。因此，陈若中最终选择了离开，不过仍然以顾问的身份，在国际合作方面给国科微一些意见。

陈若中从在国外起步，经历知识和技术的累积，到归国带领外企在大中华区开疆拓土，再到在产业链上下游各个管理职能上的历练和转型，直至最后在国科微用一颗赤子之心带领完全本地化的团队为中国的半导体行业贡献自己的所有经验和力量，每一段经历、每一次角色转换都是宝贵的财富，都能使他从中悟到很多人生道理。他在不同职场舞台尽心尽责扮演好各种角色，不忘初心。陈若中说："在中国的18年，我学了很多，听了很多，很感激。不论接下来迎接我的是什么样的角色，我也将一直秉持一颗赤子之心，在这个我热爱的事业上继续燃烧自己。"

吴　征

不畏艰险重"芯"出发，踏上攀登珠穆朗玛峰的新"征"途

文/茅杨红

吴征，地平线（上海）芯片研发总经理，征程芯片研发总负责人。1985年免试进入浙江大学混合班，随后顺利攻读了无线电系的学士、硕士和博士学位。相继担任韩国三星半导体专任研究员、摩托罗拉苏州研发中心汽车芯片部门经理、飞思卡尔上海芯片研发负责人、三星半导体中国研究所所长和三星中国副总裁。作为在芯片行业工作超过20年的"老兵"，他曾带领芯片设计团队成功开发出了十多款SoC芯片产品，每款都达到百万片数量级的销售规模。2018年他加入地平线，担任地平线（上海）芯片研发总经理。

吴征

在20世纪90年代初的浙江大学校园内，有一位工科博士生身着外贸服装，佩戴十字架饰品，随身携带着索尼Walkman（随身听），其中播放的是Dire Strait、Queen、Nirvana等非常小众的国外摇滚歌曲，这无疑是当时这所高校内的一道另类风景线。而这位博士生便是吴征，作为一名从浙大毕业的工科生，他

不仅有与众不同的兴趣爱好，同时也拥有非同寻常的职业履历。接下来，就和大家分享一下他的故事。

保送浙大，受“求是”学风熏陶近10年

吴征出生于上海，成长于浙江杭州。其父母均毕业于国内知名学府——浙江大学，或许是受到父母潜移默化的影响，吴征对于浙大一直保留着一份特殊的感情，而这也造就了他与浙大之间的不解之缘。

1985年，在杭州第二中学就读的吴征便以极其优异的成绩被免试保送至浙江大学（工科）混合班。混合班创办于1984年，具体说就是“培养工科拔尖创新人才的英才教育班”，这是当年浙大本科教育改革的一个举措。2000年，在混合班的基础上，浙大成立竺可桢学院，浙大学生都以能进入竺可桢学院为荣。

进入浙大混合班的学生都具有扎实的学习功底。“跟普通班不一样的是，我们基础学科，比如物理和化学课等用的都是英文原版教材，数学课用的是数学系的专业教材，第一年要做的参考题目来自‘吉米多维奇’的数学分析。”吴征说道。

结束了在混合班两年的特殊课程培养之后，直升大三的吴征选择就读浙大的无线电系（现已改名为“信息与电子工程学系”）。“当时的无线电系位于浙大的之江校区，这也是浙大的三分部。整个之江校区建筑群大概有十五六幢老楼，中西合璧，非常漂亮。”对于母校浙大，吴征有着深厚的感情。

在浙大无线电系顺利读完本科后，吴征毫不犹豫地决定继续在浙大攻读下去。“其实当时的想法比较单纯，这个专业发展不错，可以免试攻读硕士（博士）学位，那就继续往上读吧。”他解释道。

攻读硕士和博士学位期间，吴征一直师从业界知名的姚庆栋教授，主要进行图像编解码的研究，吴征受姚庆栋教授的影响较大。姚庆栋教授是国内第一代从事视频压缩编码研究的科学家和教育工作者，其参与编写的《图像编码基础》自1984年出版以来，总计出版3版，影响了中国乃至国际从事视频图像编码科学研究与应用的一代人，至今仍被清华大学等高校当作经典教材使用。

姚庆栋教授不仅学术成就不凡，同时也是一位很有远见的学者。在领导浙大图像团队研发了几代可视电话、会议电视和数字电视系统后，他越来越感觉到集成电路的重要性，并预判到中国以后一定会自主研发芯片。姚庆栋教授在学术上的敬业与专业精神，以及他对学术研究和行业发展方向的判断，都对吴征以后的从业生涯产生了一定影响。

在摩托罗拉和飞思卡尔挥洒 12 年青春

1995 年，获得博士学位的吴征本可以选择留校，但他却为自己选择了一条不同的道路。彼时的韩国三星在半导体领域已颇有名气，吴征在获得三星的录取通知后，毅然决定只身前往韩国，在三星半导体总部器兴（Giheung）担任专任研究员，主要从事 DSP（数字信号处理器）芯片设计工作。那几年，他多次获得 A 级考评，深得总部好评。在三星工作期间，吴征深深地感受到了这家韩国财阀集团的强大，当时他强烈地预感到，三星在其计划进入的电子 / 硬件行业，比如半导体、显示、电子整机等领域成为全球数一数二只是时间问题。

20 世纪 90 年代，全球半导体领域最“风光无限”的企业莫过于摩托罗拉，它是全球通信和半导体行业的“巨人”，其中手机部门是其最赚钱的部门，而半导体部门是仅次于手机部门的第二大事业部，其嵌入式 CPU 技术全球领先，也是全球排名前三的芯片公司。与此同时，它也是吴征在浙大读研期间十分景仰的一家企业。

当时的摩托罗拉是首家在中国成立国家级研发中心的跨国企业，继在天津成功建立中国第一生产基地之后，又决定在苏州建立第二生产基地和研发中心，主要研发无线通信、MCU 和汽车电子芯片等。而这对于吴征来说，无疑是一个回国发展的绝佳机会，于是他毅然谢绝三星总部的再三挽留，于 1998 年加入摩托罗拉，开启人生的新篇章。

作为摩托罗拉苏州研发中心汽车电子芯片的开发负责人，吴征身上的重担不言而喻。他坦言:“刚开始团队只有不到 10 个人，大部分做的是验证，以及一些小的 RTL 修改和综合，主要目的是支持美国总部完成项目。”

吴征清楚地记得，一开始他只带领团队负责 IC 前端设计，后来美国总部领导告诉他:“Davids，如果苏州没有IC后端设计团队，还是要依赖于其他Site（站点），那么很难独立完成一个芯片开发。”听后尚且半信半疑的吴征开始自学IC后端设计，随后还建立了专门的IC后端设计团队。

经过不懈努力，苏州团队很快便交出了一份让总部满意的答卷。2001年，摩托罗拉成功研发出DSP56371这颗24位音频数字信号处理芯片，该芯片从前端验证到后端实现均由苏州团队研发完成，主要应用于汽车音响中。在此基础上，吴征带领的苏州团队随后仅用10个月便研发出DSP56374，这也是苏州团队第一次独立完成的从前端到后端的芯片研发任务，且一版就成功，意义重大。除此之外，团队所研发的基于PowerPC架构的Telematics芯片也取得了不错的业绩。据吴征回忆，他所领导的苏州汽车Infotainment芯片设计部门很受美国总部重视，发展非常迅速，当时的IMTD事业部，苏州增长后的总人数一度超过美国Austin和德国Munich两个设计部门的总和。

“当时的汽车电子市场还没有像现在这么火热，依托于摩托罗拉强大的半导体技术，我们绝对是国内第一家研发出车规级芯片，并通过AEC-Q100量产认证的芯片团队。”吴征自豪地说道。

然而，随后摩托罗拉进行战略调整，2003年10月将半导体业务拆分成独立的公司——飞思卡尔(Freescale)。独立后的第二年，飞思卡尔即赢利2.1亿美元，并在纽交所成功上市。2006年，私人股权基金黑石集团最终以176亿美元的价格将飞思卡尔揽入怀中。

在飞思卡尔独立出来之后，吴征带领设计团队在中国持续发展，并于2007年在上海成立新的设计中心，主要研发基于ARM处理器架构的I.MX AP芯片，同时覆盖消费市场和汽车市场。经过几年的发展，I.MX SoC已经成为业界非常成功的Infotainment主控芯片，在全球的Tier-1和整机车厂得到广泛应用，已成为NXP/Freescale的主力汽车芯片产品。

在飞思卡尔耕耘多年之后，吴征在技术和管理等各方面的能力都得到了全新的历练和提升。此时，原来的“老东家”三星力邀吴征重新加盟，给予更大的责任与自主权，不仅让其负责芯片设计，还让其负责软件和Solution开发，同时委以开拓中国关键客户的重任。

于是2010年，在摩托罗拉和飞思卡尔挥洒了12年青春和汗水的吴征，最终递交了辞呈。

重回三星负责开拓中国市场

带着不舍离开飞思卡尔之后，吴征回到三星，担任三星半导体中国研究所所长，负责在中国的整体研发并开拓整个中国市场。

2011 年及其后那几年是三星智能手机最辉煌的时期，Galaxy 系列和 Note 系列均取得了很大成功，同时三星自主研发的 Exynos AP SoC 芯片也扮演着关键的角色，无论在性能还是工艺上均处于领先地位，并收获了联想、中兴和魅族等多个国内手机客户。但是，吴征当时意识到，三星 Exynos AP 芯片主要面向三星内部的 Samsung Mobile，定位高端，而需求巨大的中低端市场处于空缺状态，于是他说服三星总部为中国市场定制一款中低端芯片。

彼时的三星虽然发展势头强劲，且拥有极其强大的应用处理器（AP），但却有一个很大的软肋：没有自己的基带调制解调器（Modem）。众所周知，Modem 在手机中扮演着最基本的通信和连接功能，其重要性不言而喻。“之前飞利浦、飞思卡尔、TI 和爱立信等都研发过 Modem，但最后却都逐渐退出不做了，可见其在技术和商业上面临的巨大挑战。”吴征说道。

吴征介绍，研发 Modem 最大的难度在于除了要开发出芯片之外，还必须要开发出包括通信协议在内的软件解决方案，并且需要通过多轮的场测和运营商认证测试。从 2G、3G 再到 4G 时代，随着频段的不断增加，通过全球众多运营商测试的复杂度也在提升，这需要耗费企业大量的人力和财力，这也是许多企业望而却步的重要原因。

当时的中国刚步入 3G 时代，中国智能手机市场也迎来快速增长。为了迅速抢占中国中低端市场，吴征开始寻求与中国本土 Modem 厂商合作，最终经过考察后，他决定和重庆重邮信科（CYIT）合作，CYIT 是制定中国 3G 标准 TD-SCDMA 的主要参与者之一，其负责人唐如安也是大唐移动的前总经理。

作为项目总体技术负责人，在吴征的带领下，双方团队紧密合作，从芯片定义、SoC 架构规划、前端设计与后端实现、芯片流片到调通，再到 BSP、AP 和 Modem Solution 开发，都由中国团队独立自主开发，最终在 2013 年 10 月成功研发出首颗基于 28 纳米工艺制程的 AP + Modem 集成在一起的 SoC 芯片，并且一版成功，是当时国内领先的一颗智能手机 SoC 芯片。该项目不仅获得了三星总部的 Excellence 大奖，同时也推动三星总部建立了首个 Cost-effective AP SoC Platform，打破了三星此前只研发高端 AP 处理器芯片的局限。

紧接着，吴征又带领团队在很短的时间内成功开发出一颗成本和功耗均得到优化的 AP，并被三星手机部门搭载于 Gear S2 智能手表，销量达到几百万部。很显然，吴征对于 Gear S2 有深厚的感情，直到现在他依然佩戴着该款智能手表。

三星是一家总部在韩国的跨国公司，有自己独特的企业文化。作为三星中国管理层的一员，吴征一直在思考如何提高员工的积极性、团队的产出和公司的业绩。为了打造团队的高绩效文化，吴征提出了 ACT 文化：A 代表 Accountability（担当），即员工应该对其职责负责；C 代表 Collaboration（合作），即不同部门、员工之间应站在公司角度相互合作；T 代表 Taking Initiatives（主动性），即员工应积极主动工作。

可以说在吴征的引领下，三星半导体中国研究所无论在研发水平、企业文化还是本土化方面，都取得了卓越的成效，这也使吴征的眼界和格局更加高远。

直面挑战，开启人生新篇章

虽然中国的第一块集成电路诞生于 1965 年，但是技术发展一直远远落后于美日韩等发达国家。直到 2014 年 9 月，总投资额高达 1 200 亿元的国家大基金的成立，终于为中国的芯片产业带来了新的曙光。在这股半导体热潮之下，从中央到各级政府的各种集成电路产业扶持政策相继出台，推动着一大批有志之士投入到半导体的创业大军中来。

近几年，随着 AI、5G、IoT 等新技术的快速发展，以及在资本、政策等多方面因素的推动下，国内开始涌现出一大批优秀的高科技芯片公司，其中由余凯博士于 2015 年创办的地平线便是一家极具代表性的 AI 芯片企业。

中国半导体产业发展进入厚积薄发的新阶段，这无疑在吴征的心中掀起了不小的波澜，他也想为中国的半导体产业发展贡献自己的一分力量，而地平线便是一个可以让他施展理想和抱负的“最佳平台”。

2018 年，在地平线的力邀下，吴征加入地平线担任地平线（上海）芯片研发总经理，整装以待重新出发。与摩托罗拉、飞思卡尔和三星不同的是，地平线是一家中国的人工智能初创企业，这也意味着吴征将迎来职场生涯中新的开始。

谈到加入地平线的理由时，吴征说道：“一方面，之前我都是在外企工作，从设计工程师到部门经理，再到高层，收获很多。然而在摩托罗拉、飞思卡尔和三星工作这么多年，芯片行业发展的起起伏伏，包括事业部的调整，使我感受颇深，让我在丰富自己的同时也感受到了外企的‘残酷’。另一方面，多年行业的经验让我感受到中国在自动驾驶、智能汽车领域拥有着巨大的发展潜力，是时候加入像地平线这样有技术、有高度的本土公司做点事了。”

凭借在三星、摩托罗拉和飞思卡尔积累多年的丰富经验和影响力，吴征在加入地平线之后，快速组建了国内一流的 SoC 芯片设计团队——Chip Validation 和 BSP/Solution 团队，目前负责研发新一代的全车规级 AI 处理器芯片。

作为国内知名的 AI 独角兽企业，地平线深受资本的厚爱。继 2017 年下半年获得由 Intel 领投的超过 1 亿美元的 A+ 轮融资后，2019 年 2 月，地平线再次获得由 SK 中国、SK Hynix 以及数家中国一线汽车集团与旗下基金联合领投的 6 亿美元 B 轮融资。2019 年，地平线估值 30 亿美元。

此外在研发进展方面，2019 年 9 月，地平线在上海正式发布了地平线的征程二代芯片 Journey 2，这是中国首款车规级 AI 芯片，并已打进汽车前装市场。今年 6 月，搭载地平线征程 2 的长安旗舰车型 UNI-T 上市发售，地平线车规级 AI 芯片正式实现前装量产，这也使得地平线成为继英特尔和英伟达两大芯片巨头之后，全球第三家实现车规级 AI 芯片前装量产的科技公司。

如今的吴征正在全新的职场生涯中尽情驰骋。天性乐观的他讲道：“对于我来说，这也是一个从零开始的过程，机会和挑战并存。Life is a journey，而我们正在做的车规级 AI 处理器就是在攀登珠穆朗玛峰的征途上，痛并快乐着。”

王惟林

破解“缺芯”困局，引领高端CPU新突破

文/李映

王惟林，国家科技重大专项课题研发负责人，高性能通用 CPU 技术团队负责人，上海兆芯集成电路有限公司（以下简称“兆芯”）总工程师，毕业于中国科学院微电子中心。王惟林拥有多年 CPU 及芯片组研发设计和管理经验，作为科技重大专项课题研发负责人负责组建了高性能通用 CPU 和芯片组设计实现团队，主持 CPU 和芯片组微架构的总体设计和总体实现方案、设计流程和设计规范的制定，先后负责了多颗 CPU 及 x86-SoC 芯片的设计研发及量产。

王惟林

随着数字化时代的到来，芯片成为极度关键的战略性产品，不仅影响国民经济发展，更与国家安全息息相关。当今，我国作为全球数一数二的网络大国，却仍然饱受“缺芯”之痛，而国内最缺的“芯”无疑是高端通用处理器、存储器、FPGA、射频芯片等“主角”。

所幸的是，国内的 IC 人也在奋力追赶。2019 年 6 月问世的、被业内评为“可

与英特尔第 7 代 i5 比肩”的 x86 架构处理器 KX-6000 系列，正是国内高性能通用处理器企业上海兆芯的 CTO 王惟林带领的 500 多人团队集结开发、历经无数个日夜的成果。

这一切，要从他 20 年前的一个决定开始。

转身

时光回溯到 2000 年，从中科院微电子中心毕业不久，王惟林选择进入威盛电子。

当时的威盛可谓 IC 业界的翘楚，1999 年通过收购 Cyrix 成为第三大 x86 处理器厂商，2000 年收购 S3 图形部门成为第三大显示芯片厂商，是第一家同时拥有 CPU、GPU 和芯片组的厂商，是台湾的“股王”，风光可谓一时无两。

但第一次面试王惟林就挨了一记“闷棍”。王惟林对当时的情景记忆犹新，当时威盛公司面试研发副总，但很多问题涉及的设计理念和方法都没有听说过，只能勉强回答，但由于基础还算扎实，被认为面试表现不错的王惟林作为种子选手进入威盛。

同期，威盛也在着力打造研发队伍，当时安排王惟林等有潜力的新晋员工到海外学习了半年，由研发副总和工程副总亲自培训，掌握先进设计技术和设计方法流程，回来之后，王惟林从 PCIe 模块设计起步，开启了芯片组等主力芯片的开发历程。

而威盛内部研发团队也在比拼。王惟林说，当时的机制是哪个团队研发周期短、流片快，项目就由这一团队接盘。大陆研发团队士气如虹，一般 IC 设计周期需 10 个月，大陆团队只用了 6 个月，成功胜出。并且，市场也给予积极反馈，芯片月销量达 200 万片。

一战成名之后，王惟林成为研发主力，而威盛的主要研发中心也由台湾转移到大陆。

看起来一切都顺风顺水，但前行的道路总是崎岖不平的，最大的考验已然来临。

煎熬

在一代代芯片的迭代历练中，王惟林及其团队也在不断成长，2010 年，一个新的考验横亘在王惟林面前。

当时威盛把 x86 技术带到了大陆，需要王惟林领导的团队来“闯关”，没想到这一闯就是两年。

王惟林至今仍记忆犹新：当时手上还有其他项目，但至少一半时间在琢磨 CPU 设计。他说:“成员们经常关在‘小黑屋’里看源代码到深夜，还要经常组织讨论答疑解惑。因为一个 CPU 内核有 220 个模块，其中有 180 个模块是拿手工画的，是定制化设计，他形容说真的让人十分‘抓狂’。当时团队的不少工程师因为周期长、设计复杂，同时觉得看着高大上但不能做产品，缺乏实际意义，陆陆续续地离开了。”

但王惟林仍在坚守,也实打实地淬炼了两年才“通关”。“从原理、架构、代码、设计方法到流程，一整套体系要全吃透才行。我们边看边改进，不停试错，两年多来终于摸清楚了来龙去脉：认识到如何对微架构改进，提高 IPC 和频率等，同时也看到采用全定制化时间太长，而采用工具进行半定制化能将时间缩短一半，将面积和功耗缩小一半。”王惟林表示。

此时新的变局来临。由于时代及产业发展的需求，威盛最终于 2013 年与上海市国资委旗下联和投资合资成立了上海兆芯集成电路有限公司，其中上海联和投资出资 2 亿美元占股 80%，威盛电子占股 20%，王惟林团队的人马被全部转入了兆芯。

命运的车轮带着王惟林驶入了兆芯的轨道，而首要的任务是需要攻下 x86 CPU 内核这一“堡垒”。

跨越

X86 cpu 内核是必须要攻克的“山头”，因为现实十分紧迫。

经过数十年之功，英特尔借助 Wintel 联盟已在桌面处理器领域占据了绝对霸主地位，虽然 AMD、英伟达甚至 ARM 阵营想发起冲锋，但撼山易撼英特尔实难。而且，英特尔虽在移动芯片领域屡次败下阵来，但其 x86 架构已延伸至通信和服务器领域并横扫天下。而在国内向高端通用处理器进军的兆芯、龙芯、飞腾等舰队中，由于架构不同，生态各异，表现出众的兆芯亦承担破局的重任。

毕竟，王惟林对兆芯有更高的期许：在满足高端通用桌面处理器的需求后，将向笔记本、服务器、嵌入式计算平台等多元化市场扩展。

而如果不在桌面处理器技术实现突破和作为，从而以点带面向服务器等高阶领域进军，那所谓的信息安全只能是“空中楼阁”。作为追赶者，没有捷径，唯有咬紧牙关打攻坚战。

“虽然兆芯从威盛团队承接了大量 x86 技术资源和 x86 专利交叉授权，但是我们拿到的原始代码与主流水平差距太大，每一代优化改进难度都相当于重新设计一个芯片，只能是小步快跑，积跬步以至千里。”王惟林感慨地说。

而之前 CPU 内核“攻关”的积累，只是一个开始，只表示有“纸上谈兵”的能力。王惟林坦言，在看懂之后进行可行化改进还面临重重关卡，一方面要改进原有架构，如多核流水线、内存读取、多核互联等，另一方面要改进流程设计方法，评估性能功耗，包括 SoC 验证环境等均需重新搭建。

小步快跑的背后亦掩藏着无数的艰辛：“通用处理器这一规模的芯片开发需要大集团作战，我们团队有四五百人，倾力研发了三四年时间，也只能维持 CPU 这样规模一个半项目的开发。”王惟林提到，“上一代 CPU 将近 20 亿晶体管，从微架构定义到流片，从数字、模拟 IP 设计集成到测试，从性能、功耗到兼容性、稳定性，可谓诚惶诚恐，每一节点都不能出差错，投入的人力、时间、资金难以想象，经过无数次反复审验，才敢最终量产。”

虽然难上加难，但快跑的结果也很显著：2012 年国内 CPU 水平只是当时英特尔产品的 7%，而兆芯推出 C 系列芯片之后则提升至 50%（《科技日报》），最新推出的 KX-6000 处理器完整集成 CPU、GPU 和芯片组，具有 8 个 CPU 核心，主频最高 3.0GHz，支持双通道 DDR4-3200，最大容量可达 64 GB，不仅刷新了国产高性能通用处理器的纪录，性能上更是可与英特尔主流产品媲美。

而这一小步，却实现了国产高性能通用桌面处理器从能用、可用到好用的一大步。

突围

虽然 CPU 的研发迭代一直在稳步推进，但是王惟林头上的“紧箍咒”却一直悬着。

因为设计一个 CPU 实打实地作战还可以完胜，但技术上的突破只是第一步，构筑商业或生态系统才是终极挑战。

幸而 x86 架构相对有一定的生态基础，可以不必从零开始搭建自己的生态，有利于兆芯 CPU 的推广，王惟林也认为兆芯是站在了巨人的肩膀上。

但他也直言，x86 生态虽相对完善，但仍会遇到诸多问题，要与生态伙伴一起解决。比如 x86 在操作系统（如 Windows）上适配较好，但国内操作系统大都基于 Linux，对 x86 CPU 虽然比其他的指令友好多了，但仍有很多适配的工作要花工夫，要做实，包括固件、软件、应用、系统集成等环节，需要与合作伙伴一起扩大和完善产业生态。

可喜的是，兆芯经过几年的“征战”，目前已与多家知名整机厂商合作，包括联想、清华同方等系列台式机厂商；昂达、技讯、联想开天、上海仪电智通秉时等一体机厂商，以及中科曙光、火星高科、众新等服务器公司。采用兆芯通用 CPU 的多品牌台式机、笔记本均已量产并完全达到成熟产品标准，且兼容性出色。

一组对比数字成为兆芯 CPU 表现的最佳注解：2018 年营收比 2017 年增长 3 倍，2019 年营收比 2018 年增长 4 倍。

但反观现实，仍让王惟林唏嘘。他提到，在高端通用处理器领域，国外厂商拥有多年积累的技术、资本、生态等方面优势，国内起步晚，技术积累有限，依然有困难和挑战，但国内一定要倾力发展自己的高性能通用处理器，因为这才是真正能保证信息安全和产业链安全的基石。

在信息安全已上升到产业安全、供应链安全的时候，留给国内高端处理器企业的考验仍将持续。而正如古语所言：“天下有大勇者，卒然临之而不惊，无故加之而不怒。此其所挟持者甚大，而其志甚远也。”在王惟林引领下的兆芯，又会带给我们哪些新的“吉兆”呢？

范宏春

半导体测试风雨30年，从被“卡脖子”到国产设备崛起

文/朱秩磊

范宏春，上海交通大学微电子所研究生毕业。曾任惠普（后来改名Agilent，安捷伦）业务经理，主管IC测试机的销售；2002年年底，加入一家初创IC设计公司，任运营和市场副总；2006年起，任台湾电子测试设备厂商致茂电子（Chroma）半导体测试事业部中国区总经理。

范宏春

随着半导体技术的发展，业界对测试的理解越来越深刻，要求也越来越高。作为中国最老的一批半导体测试人，范宏春在这一领域坚守了数十年。他说，最早一批测试（ATE）人后来多数都转行了，留下来的人估计不到5个，“圈子太小，厂商就那几家，工作都不好找。”而他坚守至今，也见证了中国集成电路及半导体测试行业从一开始的艰辛到现在的蓬勃发展历程。

国外技术封锁，中国在核心技术上被“卡脖子”

上海在中国电子仪表工业中占有举足轻重的地位，早在20世纪20年代末，就相继出现了一批民族资本厂商。中华人民共和国成立后，上海电子仪表工业获得新生，规模从小到大，技术从低级到高级，逐步形成了具有相当生产规模、门类比较齐全的新兴工业部门，成为全国电子仪表生产、出口、科学研究基地之一。

至1990年年底，上海电子仪表工业拥有集团性公司11家、电子计算机制造企业11家，曾经的上海无线电一厂到三十六厂均有过辉煌的过往。

在这样的生活背景下，范宏春从小就对电子产品及动手做手工展现出了极大的兴趣，并组装过自己的第一台收音机。在少年范宏春的心中，长大后能进入无线电厂的办公室里上班，是一个非常体面的工作。于是1984年，范宏春从上海最为顶尖的中学之一——华师大二附中毕业，进入上海交大电子工程专业。

范宏春回忆，他们这一代人经历的最大变化是从一个封闭的社会到与世界各种先进的理念和技术开始接触，这使得他充满了一种时代赋予的激情。

惠普是最早进入中国的科技公司之一，早在1985年就“敢为天下先”，在中国成立了一个法人机构，早期只是销售一些仪器仪表和电脑。对电子行业的研发工作而言，仪表是非常重要的，但是当时很多设备是对中国禁售的。尽管如此，惠普销售的这些设备当时在中国仍然是前所未有的。

当时国内有一些机构秘密地仿造这些进口仪器，硬件上的仿制并不难，难的是由于国外的限制，中国买不到一些关键的元器件。技术引进对中国的发展起到了非常重要的作用，然而一些关键技术上被“卡脖子”的痛，制约了中国的发展步伐。

范宏春立志大学毕业以后要进入惠普工作，不过现实并不尽如人意。第一次申请惠普工作的范宏春没有被录取，于是进入一家德国IC测试设备公司在中国的代理商做应用工程师。当时国产IC很少，几乎都靠进口，所以有很多来料检验的需求，IC测试设备就是卖给这些公司的。范宏春的工作是根据客户芯片的规格写测试程序，也负责帮助客户维修设备。那时一台测试设备高达十几万美元（当时相当于一两百万元），只有一些国有企业、有军工任务的厂商才买得起。

为了保密，高精尖技术攻克转移到深山峡谷和大漠荒野

范宏春回忆，在20世纪90年代初期，除了上海等一线城市的无线电厂生产一些民营产品，当时多数半导体研究所都是军工厂，这些包括半导体、化工、精密仪器行业等在内的高精尖技术的军工厂有一个更具时代感的名字——三线厂。为了保密，所有涉及军工的工厂都没有名字，只有一个邮箱号，一个数字简称，从地理环境上看，主要在深山峡谷和大漠荒野里。在1964年到1980年代，超过400万科研人才、大学学者、年轻干部、熟练工人和成千上万的民工，响应时代的号召来到这些深山峡谷、大漠荒野，用青春和生命建设祖国的“三线工程”。

1991年左右，范宏春第一次去甘肃秦安县一个“三线厂”客户现场装机器，他先坐火车从上海到天水，然后客户派车来接他，还要再往山里开4个多小时，半路起了大雾，汽车险些开到悬崖边上，就在一路颠簸和心惊胆战中，范宏春终于顺利抵达了深山里的研究所。

经过检查，出故障的测试设备受潮、漏电，IC测试结果不准确。刚毕业没多久的范宏春也没有太多实践经验，摆弄了几天没修好，马上就要过年了，客户总工程师很着急，希望他把设备修好再回去。范宏春表示，技术方面需要上海公司用传真请教德国公司总部，上海公司再把指令打电话告诉他，留在深山里打不了电话也发不了传真。由于当时已经下起了大雪，客户只能把范宏春送到秦安县，再坐大巴到天水火车站。曾有人被这种颠簸折腾得腰椎错位，范宏春回忆道：“就是这样也得咬着牙。设备估计是运过去的时候在机场受潮了，后来打开放了一段时间就自己好了。”

在这家代理商工作两年后，1993年范宏春进入惠普仪器仪表部门（后来的安捷伦）。1995年，惠普推出了首台ATE设备HP83K，这也是后来最经典的测试机HP93K的前身。

“中国最早的83K和93K都是我卖到国内的。”范宏春得意地说。据他回忆，当时做半导体的公司能买得起这种设备的，基本都是军工企业。“测试设备当时美国也是有限制的，频率在50MHz以上的设备是对中国禁售的，技术上被人卡真是难过。”

新的“玩家”进入ATE领域不容易，即使像安捷伦这种有测试背景的国际大公司，由于缺乏经验，技术过于超前，软件、算法与市场现有产品不兼容，

83K 和 93K 一开始都不成功。经过几年尝试后，安捷伦最终还是将这部分业务分割出来，成立了一家独立公司——惠瑞捷，93K 在惠瑞捷时代才开始慢慢赚钱。范宏春总结道：“做 ATE，技术和投入是必需的，即便这样还要靠时间的磨炼，有时还要那么点运气。”

“在惠普的时期，客户主要是国有企业、军工企业，等后来我到了 Chroma，中国半导体市场的成长翻天覆地，IC 设计企业如雨后春笋般涌现，国内三大封测厂崛起，对 IC 测试的需求也逐年快速增长，测试复杂度逐渐向国际领先水平靠近。”范宏春表示，另一方面，成本效益是 IC 测试的另一大需求。

中国成为全球最大市场，助力国产测试设备发力

随着中国成为全球最大的芯片消费市场，同时国内各地区加大加快集成电路产业发展和建设，测试设备的需求越来越旺盛。数据显示，2017 年全球 ATE 检测设备市场规模约 50 亿美元，中国市场约 8 亿～ 10 亿美元，2025 年中国封测产值有望从 20% 增加到 45%。

范宏春表示，全球 ATE 行业基本形成了垄断的局面，高端 ATE 被日本和美国公司垄断了全球近 90% 的市场，它们有着行业最先进的技术和研发能力，并且设备价格常年保持较高。

国内测试设备行业起步晚，整体规模较小，虽然在部分低端测试设备市场已经占据了主要份额，但是对于中高端测试设备市场，依然是一片空白。

范宏春指出，一方面技术含量高，开发难度大，这从研发推广 93K 的历史就可以看出来。国外设备先进的技术指标及高可靠性和稳定性，不仅仅是长达几十年的技术开发经验的积累，更是结合应用市场和反馈需求，一次次地调试和验证，不断改进、完善的结果。另一方面，如此复杂的设备需要大量的资金投入，开发周期长、资金见效慢、开发失败率也高，很少有资本愿意涉及此行业，人才更是匮乏。

“从量变到质变还需要很长时间，从长期来看，国内厂商肯定能做起来，现在需要的就是积累和耐心。”范宏春肯定地说道。

廖　杰

耕耘 28 年，以长跑心态做大做强本土产业链

文/张轶群

廖杰，1968 年出生，深圳宇阳科技发展有限公司总经理。毕业于华中科技大学电子材料元器件专业，历任康佳集团品质部经理、集团质量管理办公室主任、华东营销中心总经理。2001 年，参与创办深圳宇阳科技发展有限公司，目前宇阳已成为国内产量最大的 MLCC 厂商。

廖杰

回忆起多年前开始在深圳闯荡的经历，廖杰依然清晰地记得 1992 年 1 月 22 日那个温暖的午后。

当时，他和很多年轻人一起以一种异乎寻常的激动心情注视着邓小平同志的车队从华强北深南路经过。东风吹来满眼春，从那一刻起，廖杰感受到深圳发展变化的热度，也将青春和汗水挥洒在这片充满活力的土地上。

在电子元器件领域，廖杰耕耘了 28 年，见证了中国电子元器件产业的从小到大，见证了中国彩电业、手机业的崛起。而对于本土产业链的振兴，廖杰形容

是一场马拉松。他说:“这个行业需要有长跑心态，需要积累和专注。只有做大做强本土供应链，中国的电子信息产业才不会被人轻易‘卡脖子’。”

从武汉到深圳，感受改革开放的热度

武汉市第一中学对面的前进四路，是廖杰梦开始的地方。

20世纪80年代，前进四路电子电器一条街在全国颇为知名，从电容电阻到家用电器等应有尽有，是中国最早的电子产品交易市场。

从小学到大学，廖杰成绩优秀，数学尤为突出，在全国数学竞赛中也屡次获奖。因为每年的数学竞赛全市都会组织学习苗子到武汉一中和其他几个重点中学进行集中培训。因此，一有时间，廖杰就会在前进四路上来回溜达，把玩大大小小的电容、电阻，了解它们的特性是廖杰除了解答数学题之外最大的乐趣。

正是因为对电子元器件的痴迷和热爱，1986年高考时，廖杰考取了华中科技大学固体电子学系电子材料元器件专业，并一路读到硕士研究生毕业。

得益于改革开放的推动，20世纪90年代初，深圳的电子工业已开始起步。那时候流行一句话:“来深圳的都是全中国的精英！”经济的热潮在涌动，创新的活力在凸显。

1991年，廖杰跟随导师来到深圳的一家企业参与合作项目，一方面协助导师工作，另一方面也顺便完成自己的毕业设计。

廖杰还记得他1991年7月到深圳当天的情形，“坐了一夜的火车，人还是迷迷糊糊的，便被拉进办公室，开始画图，做中高压电容结构设计。”

而像廖杰这样的高才生，当时深圳的企业可谓求贤若渴。

因为研一修满了所有的学分，研二研三这两年，廖杰基本都在深圳度过。头一年，廖杰先在一家公司做中高压圆片电容，第二年到了另一家公司做PTC（正温度系数热敏电阻)。在深圳的头两年，廖杰开阔了眼界，也真切感受到了深圳发展的热度。

“那时候深圳发展的势头、奋斗的环境以及创业的氛围让人记忆犹新。特别是1992年邓小平同志来深圳考察，我们眼见着车队从华强北深南路开过，大家都很激动，深圳也真正从那时开始火起来。”廖杰说。

从彩电国产化先锋到“泡在卖场”的营销圣手

1993年，廖杰硕士研究生毕业后，进入康佳工作。彼时康佳作为全国知名的电视机企业，刚刚经历了1992年A股、B股股票正式上市，股份制改造的成功让其处于快速发展阶段。

20世纪80年代中期，彩电成为我国市场上的紧俏产品，于是各地纷纷发展彩电生产线，在很短时间内先后引进了100多条彩电生产线。但在关键元器件、生产设备等方面，我国彩电产业仍严重依赖日系企业进口，无法做到自给自足。

为了发展我国彩电工业，满足国内市场的需求，在引进彩色电视机生产线的基础上，国家开始实施彩电国产化“一条龙”工程。

“当时全国都有危机感，中国就是要搞出自己的彩电供应链。”廖杰说。

可以说，中国电子工业最早是从彩电起步的，彩电在当时的电子工业中处于龙头地位，而康佳作为当时全国知名的整机企业，成为当时彩电国产化的先锋，并在打破外国企业在彩电产业链上的垄断，推动进口替代和彩电价格成本下降方面做出了突出贡献。

这样的背景，给“科班”出身的廖杰提供了广阔天地以及难得的学习机会。据廖杰回忆，当时他在康佳主要负责彩电中包括电容在内的被动元件进口替代工作，他经常有机会同全国元器件顶级厂家的总工进行交流，探讨同日系产品技术的差距以及本土市场的需求。

在浩浩荡荡的彩电国产化浪潮的推动下，到20世纪90年代末，日系彩电品牌大幅降价并退出中国市场，中国迎来康佳、创维、TCL、长虹等一众国产彩电品牌百花齐放的时代。

在康佳，廖杰历任集团品质部经理、集团质量管理办公室主任等职务。在1999年，当彩电国产化任务告一段落后，廖杰被任命为康佳广州分公司总经理，工作重心转向经营。

在三个月的时间里，廖杰让广州分公司的业绩从零提升至全集团第一；随后廖杰被任命为华东营销中心总经理，廖杰又用了五个月的时间将华东区业绩从后进做到了全集团第一。很快，懂技术、善沟通的廖杰转型成为营销圣手。

其实，廖杰并不具有点石成金的魔法，只是把功夫下在了别人看不见的地方。

在负责销售的那段时间，廖杰每天做得最多的不是开会，而是天天泡在卖场里跟客户交流，观察客户对于产品的需求，跟客户解释产品卖点，有时廖杰甚至自己在现场写海报，突出产品的差异化卖点。

因为是技术出身，又对产品有深入了解，廖杰与客户的沟通卓有成效。“同样是 7 000 元 29 寸的彩电，客户会选择康佳而不是其他品牌。”廖杰说。

正是得益于产品品质的保证以及营销策略的对路，在 20 世纪 90 年代末，康佳彩电销量一路攀升，成为深圳首家销售额过百亿元的工业企业，在国内市场占有率超越长虹，成为彩电行业老大。

以长跑的心态做 MLCC

可以说，作为电子元器件行业的“老兵”，廖杰经历了我国电子工业从电视、电脑到手机的全过程，从而也见证了产业链的从无到有、从小到大。

如今，廖杰依然保持着长跑健身的习惯，北马、汉马、深马跑了好多年。廖杰说马拉松是孤独的运动，强调专注和持久，需要体力分配和策略，这和做 MLCC 元器件行业的思路一致。

“做电子元器件领域一定要专注，需要积累，日系企业就是凭借这两点在这一领域一直保持着优势。如果存在浮躁的心态，那这条路注定走不长，更不要说实现我国本土产业链的做大做强。”廖杰强调。

2001 年，看到了贴片元件市场潜在的巨大商机，康佳原总裁陈伟荣和包括廖杰在内的几名前康佳员工创办了宇阳科技发展有限公司，专注于 MLCC 的生产、研发及销售，向上游电子元器件产业发展。

为何选择 MLCC，廖杰提及，是因为这么多年来整个行业不时会感受到 MLCC 缺货带来的压力，以及电子元器件的重要性。

依托自主研发和创新体系优势，宇阳已形成完整、成熟的产品链，具备为通信设备、计算机及周边产品、家用电器、安防设备及汽车电子提供大批量贴片电容和贴片电阻的能力。经过十多年的发展，宇阳科技在 MLCC 的自主研发和规模化生产方面打下了坚实的基础。如今，宇阳已经成长为国内产量最大的 MLCC 厂商。

实际上，当时包括康佳的陈伟荣、创维的黄宏生、TCL 的李东生、长虹的倪润峰等一批 50 后或 40 后的制造业领军人物，都普遍具有产业报国的情怀。无论是整机还是向上游挺进，目的都是希望做大做强中国的电子产业，提升本土供应链的能力，而这样的情怀在廖杰这一批 60 后身上得到了延续。

2013 年，宇阳申报并承担了由工信部及财政部下达的首批“2013 年工业转型升级强基工程示范项目”电子元件项目之一——“移动互联用超微型片式多层陶瓷电容器”项目。在这个被国外厂商高度垄断的市场中，经过三年的不懈努力，宇阳在 01005 超微型系列产品上实现突破，填补了国内的空白，达到国际先进水平，并得到政府及中电元协等行业主管的官方权威认可。在提升中国本土品牌 MLCC 的技术水平和形象的同时，也为先进 MLCC 的本土供应提供了有力支持。

本土产业链强大是参与国际供应链公平竞争的筹码

近 20 年来，MLCC 行业亦大起大落。在这个几乎为零毛利甚至负毛利率、竞争激烈的行业，能坚持下来并不容易，即便是日系当年的六大品牌，关门退出的、收缩战线的、转移战场的也有四家之多。

特别是在 2018 年，MLCC 的一波“行情过山车”引发广泛的关注。由于过度竞争造成产业储备产能不足，日系企业产能向高端领域调整后，低端产能出现空缺，加上市场炒作，MLCC 行业价格数十倍疯涨后又断崖式下跌。

宇阳在这波行情变化中获得了一定利润，同时，也恪守商业信誉和道德，最大限度地保证了对客户的稳定供货。但廖杰认为，利润只是宇阳收获的最小部分，更大的收获在于赢得了国际国内大客户的认可。

在这一过程中，一些国际客户开始同宇阳接触，后来又因中兴禁售等事件，国内客户订单也显著增加。特别是在高端产品的订单方面，比重扩大了两个数量级，多年来宇阳一直在提升自己的技术能力，而高端市场需求又带动了宇阳研发技术水平的提升。

微型化、小尺寸是宇阳从创立之初便坚持发展的技术方向，也是宇阳技术先进性和差异化所在。

廖杰指出，小型化面临两个挑战：一是技术，二是市场。这就需要提供比行业水平高的技术，还要有比行业水平高的客户支持。以前这些高端客户的需求都被日系、韩系企业掌控，即便国内厂商掌握了技术，也仍需要客户需求拉动。

而这一轮的 MLCC 行情以及国际国内因素为宇阳提供了难得的发展机遇，宇阳多年来一直坚持在技术上前瞻定位，在先进技术、高端产品研发方面不遗余力，这使得其在机会到来时能够牢牢把握。

目前，宇阳的产品技术水平紧追日系企业，遥遥领先于国内同行，面向智能手机的 MLCC 出货量占总出货量六成，与国际领先的通信设备商以及手机厂商建立了密切的合作。随着 5G、物联网等进一步成熟商用，宇阳将迎来更加广阔的发展空间。

“宇阳最大的特点是在技术和产品结合方面行业领先，在本地化的匹配速度要比日系企业快，并且产品技术水平高、性能好，加上好的服务，这是宇阳的优势所在。”廖杰说。

廖杰同时指出，中兴事件为整个产业敲响了警钟。只有提高自身供应链能力和水平，才能够在国际大供应链体系中公平竞争，才不容易被人“卡脖子”。

如今，宇阳正在进入创立的第十九个年头，作为国内产量最大的 MLCC 厂商，宇阳更担负着振兴民族产业链的重任。

廖杰认为，这一天并不遥远，只要坚持下去就会有收获。

闫宇暾

再出发，他要攻下硬件仿真这个“堡垒”

文/李映

闫宇暾（tūn），北京亚科鸿禹电子有限公司、合肥海本蓝科技有限公司董事长。1973年出生，1993年毕业于山东大学半导体物理专业，同时加入北京电子管厂（京东方前身），工作于半导体生产线，并曾就职于Celestry公司。2009年创立亚科鸿禹，现已成为国内FPGA原型验证板主要提供商之一。近年设立合肥海本蓝公司，推出的桌面型硬件仿真器已开始有客户装备。

闫宇暾

2017年年初的一个深夜，闫宇暾发出了彻底停掉济南公司业务的邮件，再次感受到心中的苦楚。持续五年的无线视频芯片之路，多少个不眠之夜，都在这时画上了休止符。

但同时，他也感到一种难得的轻松，同时运转三个公司、三个项目，进行着一个挣钱供养另外两个的“一拖二”式冒险式运营，而现在终于卸下其中一个项目的负累。但随之而来的问题是：“一拖一”的项目会走向何方？

他的思绪又回到十多年前。

第一次试水铩羽而归

2000 年国家发布《鼓励软件产业和集成电路产业发展的若干政策》（18 号文），卷起了中国新 IC 业发展的一个浪潮。其时闫宇暾正在 Celestry 公司做销售经理，在这一时代的洪流中，他也主动或被动地裹挟其中，想要烙下自己的“刻痕”，随着时代的“公转”而“自转”。

拿什么来成就烙印呢？闫宇暾回溯了自己的历程：自毕业于山东大学半导体物理专业之后，先是加入北京电子管厂（京东方前身），工作于半导体生产线，之后转战销售战场，在不同的外资公司负责销售半导体设备和软件，熟悉了光刻机、涂胶机、芯片焊接、金线焊接以及 Teradyne 测试机等设备。而在 2000 年后则进入 Celestry 公司，面向国内 Foundry 和 IC 设计公司提供 EDA 和 IP，从而接触到 IC 设计的最上游技术与客户。而随着公司的起承转合，EDA 业务被 Cadence 合并，IC 设计服务业务则分立演进成 VeriSilicon 公司。

有了这些机缘，以及多年的历练与积累，闫宇暾开始放手一搏，在 2003 年开启了创业之路。

没想到，却迎来了当头一棒。

“当时计划与清华电子系一个老师以及几个行业朋友一起，做 MPEG2 压缩算法，先期研发，但做了之后才发现要做成商业产品的工程量太大，投入太多，而且至少需要 4 年。当时也自不量力，有想法就去冲，几个月之后就意识到不行，资金也跟不上，而那时 VC 的概念闻所未闻，于是就自然赶紧各干各的去了。”闫宇暾白描式地带过这段往事。

在“缴了一定的学费”之后，闫宇暾重新定位，以自己销售的经验来“积跬步”，从 FPGA 原型验证板和 IP 代理入手。闫宇暾直言，一则对自己的山东大学半导体专业基础还有点信心，二则毕业后在众多国企、外企进行了销售锤炼，尤其 2000 年后面向新 IC 行业接触到当时相对前沿的 IP、EDA 等技术，并积累了相应的资源与人脉。

闫宇暾在当时野蛮生长的代理环境里也着实经历了波折起伏，但好在他自认为“为人不错、朋友较多”，几年间收获了一定量资金。于是，闫宇暾在2009年重新注册了亚科鸿禹，选定了一条“芯”路——自主开发FPGA原型验证板。

借原型验证板“稳了”

为何是原型验证板？

闫宇暾表示，当时全球IC业在经受金融危机的“余波”，中国IC产业在维持前几年的高速成长后，已经开始进入调整期。虽然行业整体低迷，但FPGA原型验证板作为IC设计不可或缺的一个重要环节，由于成本相对其他EDA工具低廉，反而需求逐渐增加，毕竟对于大型数字IC设计，这一“关卡”是必须要过的。

重启之后，闫宇暾开始界定自己的机会和空间。他分析说，这一市场是“小众而温和增长的”市场：从市场来看，虽然技术含量不高，但总体趋势是需求不断增长；现在格局是虽然一些大的IC设计公司也自己开发原型验证板，但最终证明走向“分工”最有效率，如同IC业从IDM走向设计、制造、封测的细分化。闫宇暾将其比喻成，虽然大家都会做包子，但不需要天天做，直接去包子铺买就行了。因而，亚科鸿禹这一“包子铺”虽然说不上“高大上”，但踏实服务就有稳定的营收。

而做原型验证板就需要FPGA，通过此前做代理和销售积累的资源，亚科鸿禹与当时FPGA两大巨头Altera与Xilinx建立了合作关系。

经过了几年顺风顺水的时光之后，时到今日，FGPA格局早已“面目全非”：Altera被英特尔收购；Xilinx虽然一家独大，但被收购传言不时耳闻；国内十几家FPGA公司在接连发力。

在这一变局之下，亚科鸿禹的“朋友圈”会否向国内倾斜？闫宇暾对此指出，FPGA厂商的芯片主要是面向通信、广播、工控等应用，但一直有一个针对IC原型验证的分支，后者往往需要最快速度、最高容量、最先进的FPGA，在国外巨头的营收里占比约为一成。国内新发展FPGA厂商一般先定位于特定应用的中低档FPGA以立足，之后才会针对原型验证板开发大容量FPGA，因此虽然和国内FPGA厂商保持密切联系，但目前还没有找到合作契合点，这需要一个过程。

一拖二导致一败一胜

做着原型验证板有了“现金牛”，虽然日子也还过得“安稳”，但随着时代风潮的演变，闫宇暾又产生了与其紧密交织的念头。

于是，一方面看准工业无线视频领域的机遇，2012 年开始在济南注册公司开发芯片。另一方面，恰逢合肥大力发展 IC 业，在合肥政府基金的支持下，独家收购了麻省理工学院的仿真器软件版权，成立了合肥海本蓝科技有限公司，于 2015 年开始向硬件仿真器高地进发。

于是，开头“一拖二”的故事发生了，猜不中的结局来了。

“当时带着稍带做的简单想法，觉得工业芯片没有上市时间压力，慢慢做就行，结果研发进度一拖再拖，开始也没想着吸引 VC 投资，也没下狠劲抢占‘时间窗口’，结果虽然最终过及格线了，但拖的时间太长，有同行已经捷足先登，而这一行业就是前两名能活着，后几名就难以为继了。”闫宇暾惋惜地说。

而从硬件仿真器市场来看，好似仍有“留白”，中国市场需求在全球 6 亿～7 亿美元规模中约占 10%，而且虽然面临 Cadence、Mentor、Synopsys 等“大山”，但闫宇暾形象地做了对比：“Cadence 相当于卖保时捷，其行业领导产品新款的基础报价已经到 400 万美元，Mentor 可以说是卖 SUV，Synopsys 相当于是卖耐用小皮卡。我们可谓是很好的补充，相当于我们只做小电动车，骑着就能跑，但价格只有十来万美元。”此外，主流仿真器功能强大，个头也很大，需要设计公司建机房甚至需要水冷，而亚科鸿禹的仿真器和原型验证板的硬件都已经通用了，可直接放在工程师桌面上操作，虽然功能没有那么强大，但小巧便捷，甚至某些功能运行速度还更快。

“相当于家里有 SUV，但不妨碍买电动自行车。”闫宇暾直白地说。

但知易行难，直到 2018 年，硬件仿真器项目才见明确起色，而济南项目在 2017 年只能被动“清盘”。闫宇暾感慨良多，“就业赚的钱都被吃了，还没生出钱来，近 1 000 万元就没了，还不算我个人的机会成本、投入的时间与精力，“一拖二”变成了很糟糕的失败。”

当时不止一个朋友劝他，应聚焦并收缩战线，但他听不进去，总是想着一旦芯片开发出来了，凭借推广人脉现金流就起了，想创造一个奇迹，仍一二三都做，天天熬夜，结果到头来“付诸东流”。闫宇暾也反思道，“人家创业集中一件事都常常九死一生，我是一个小挣钱的业务拖着两个新业务，那段时间压力也很大，不想停，总想着合肥那个快成了，济南那个也快成了，但结果现金流已经不行了，济南项目给拖死了。只能愿赌服输。”

他笑言，“很多行业高手一路‘根正苗红’，生而知之；而一些成功创业者是学而知之；我是不碰墙就不知道，我是‘撞而知之’。”

在撞了“南墙”之后，闫宇暾坦言确实有很多教训和反省，他说，选择工业无线芯片方向虽对，但自己不懂技术，也不熟悉研发管理，最基本的研发要卡死时间，充分计划，再不成延期一次两次来做 B 方案，不能说延期了十几回，没有经验导致“起个大早赶个晚集”，这一失败教训非常深刻。

“而且时代变了，应该当时让 VC 进来，太慢了同事们也抗不住。时代已转换了，过去的模式必然要调整。”于是，开玩笑抱怨日子越来越惨的闫宇暾痛定思痛，断臂求生，将济南公司彻底关停，全力扩展仿真器市场。

专注硬件 EDA，再向虎山行

兵分两路之后，合肥海本蓝在“打磨”了两年之后，硬件仿真器开始小量出售，并且已有用户重复购买，迎来了曙光。“一拖一”变成了两个“现金牛”，亚科鸿禹再次迎来了“缓冲期”。

然而世易时移，竞争形势亦倏忽生变。一方面，市场迎来了爆发期，随着 AIoT 以及国产替代风潮的兴起，众多 IC 设计公司上演了“抢时间”大戏，对原型验证板、仿真器的需求也在水涨船高。另一方面，EDA 的同行大咖们源源不断的技术推进和资本推动，给亚科鸿禹带来了无形的压力。

因势制权，闫宇暾谋定而后动，转变了策略。“我们也在开始接触一些 VC 投资，曾有几天连着来了三拨人谈，不谈不行。现在是公司应该加速的时候，虽然有客户认可产品，但大面积推广没起来，而且要不断升级迭代，我们的仿真器过了及格线了，对于创业来讲已经不怕‘死’掉了，但要快速发展，还需要资本的助力。通过资本助力，吸引更多的人才，再上一级台阶才有可能向更高更宽维度扩展。”

他的总结侧面揭示了 IC 业的惶恐，“我参加工作二十多年了，基本每几年商业模式都会产生变化，而且数字时代的战略逻辑不一样了。比如十几年前没有 VC，而现在不和资本结合就很容易失败，从市场应用的角度来看，更是每两三年就有不同的领域冒出来。比如消费电子领域从 MP3、MP4、PMP、DTMB、CMMB 到平板、白牌机，多少行业概念都已经成为历史，做传统芯片的很多公司也都需要主动或被动转型，尽管转型不易。”

有深刻感悟的闫宇暾也学会了从拒绝到接受、从偏见到正见，能够预见的是，这是一个终局不断被修改的过程。

“现在还是爬坡阶段，压力和焦虑不断，每个订单都需要战斗。”闫宇暾最后提到，“未来期望三五年内将仿真器做成中国市场第一，然后向北美拓展，最终在 10 亿美元份额中能拿到 1 亿美元也知足了。”

以往工业时代的战略逻辑，波尔的理论最具代表性，即总成本领先、差异化与聚焦。但数字时代的战略逻辑全然转变，或成为连接者，或作为重构者，或引发颠覆者，或演变成新物种。

王艺辉

团队至上，用“芯”让世界更美好

文/张轶群

王艺辉，珠海市杰理科技股份有限公司（以下简称“杰理科技”）董事长、总经理。杰理科技专注于集成电路设计，主要从事射频智能终端、多媒体智能终端等系统级芯片（SoC）的研究和开发。

王艺辉

从深圳蛇口港出发，经过一个小时的船程，便可来到浪漫之城珠海。这座环境优美的城市不仅孕育了格力、华发、汤臣倍健等知名企业，近年来高速发展的IC设计产业也成为一道亮丽风景。

成立于2010年的杰理科技如今同炬芯、全志、艾派克等知名半导体企业构成了珠海IC产业的城市新名片，杰理科技董事长、总经理王艺辉也是半导体行业为数不多的女性领导人。这位来自天府之国的“川妹子”，凭借女性特有的细腻与坚韧，为这个“直男当道”的行业注入了更多温情。

斯人如水，触及方知柔。王艺辉却笑称自己是“胶水”，她始终强调团队至上，自己只是把大家团结在一起。她认为IC设计行业，除了企业自身发展需要的“硬实力”之外，企业文化氛围等“软实力”的提升也不可或缺，这是一个将心比心、以心换“芯”的过程。

如今，王艺辉和她的团队已经携手走过了近十年的时光，杰理科技在经历了从小变大、规模渐成之后，逐步迈入由大到强的历史发展新阶段。

团队至上，互为荣耀

1992年从家乡成都来到珠海闯荡，王艺辉说她完全是误打误撞进入IC领域。

她依然清晰地记得一开始有大半年的时间，作为行政人员参与技术讨论会听得一头雾水，也记得作为销售人员在40℃的高温下，拿着一块“面包板”搭乘公交车，满珠海去跑客户的辛苦。

为了更好地了解这个行业，王艺辉没少下功夫，自己看书学，找人请教问，晶元封测厂、代工厂跑多了，慢慢对整个产业链条熟悉起来。

“每一个领域，如果用业余的态度和人家专业的比一定会输，所以干一行确实需要爱一行。”王艺辉告诉笔者。

从最初完全的“门外汉”，到IC设计企业的“女掌门”，王艺辉说这个行业需要更加勤奋与专注，热爱与投入，也更要强调团队的互相帮助和支持。

“一颗小小的芯片，个人的贡献微乎其微，一定是团队智慧和汗水的结晶，团队至上和协同合作是成就杰理科技的重要因素。”王艺辉说。

因此，即便是面对采访，她也更乐于让团队的同事来共同分享经历。她谦虚地把自己在公司的角色比喻成“胶水”，起的作用就是让大家拧成一股绳往前冲。

王艺辉拥有南方女子的细腻与才情。据她回忆，当年创立公司时，自己起了一百多个名字，只有“杰理”这个到工商局注册时能用，而“杰理”这两个字，上下左右结构都兼具，也体现出她的周全。而由她手绘的杰理的Logo，两个缩写字母“JL”组成了“π”，也隐含着她对于杰理寄予的无限希望。

当然，“JL”还意味着“家里”，打造“家”的氛围，这是王艺辉为杰理注入的最重要的企业文化。

同杰理员工交流时，你会感受到他们对公司的那份认同和感情。

一提到自己的公司，身穿印有杰理 Logo 工服的司机师傅满脸骄傲：“我觉得我们公司的工作氛围很好，领导非常关心我们员工的方方面面，大家如同一家人。”

走进杰理科技大楼，你会被各种各样的绿植、员工团建 / 郊游的合影照片、企业理念展示以及荣誉奖项所环抱，让人很容易融入其中，王艺辉说希望给员工营造温馨的家庭环境。

在杰理科技，王艺辉提倡多用“我们”而不是“我”，高管没有独立办公室，而是和员工坐在一起打成一片，她希望杰理的员工和杰理能够互相尊重，彼此成就，互为荣耀。

王艺辉坦言作为女性领导者，她会更加注重细节的要求。“特别是对于 IC 设计行业，员工需要这样良好的环境和氛围来激发出更多创新的活力和凝聚力。”王艺辉说。

做“抠门”的芯片生意

正是得益于这样的企业文化，杰理科技在成立近十年的过程中，始终稳步前行。

目前，杰理科技已成为全球蓝牙音频 SoC 芯片出货量最大的企业之一。除蓝牙音频 SoC 芯片外，杰理科技的产品还包括多媒体智能终端 SoC 芯片。

杰理科技副总经理、主管研发工作的张启明告诉笔者，杰理科技的芯片产品之所以能够做到性价比出众，得益于近十年来专注在这个领域以及核心研发人员的稳定，这使得在技术研发具有传承的同时，更能从整体考虑问题，而非单方面软硬件的优化，不拘泥于传统设计，敢于创新。

“我们每天绞尽脑汁想办法节省成本，比如在外围电路上，杰理科技提供的产品，其封装片会比竞争对手的裸片还小。”张启明说，“我们做的就是‘抠门’的芯片生意，想方设法降低芯片成本，帮客户省钱。”

杰理科技的芯片产品，主要应用于蓝牙音箱、蓝牙耳机、行车记录仪、视频监控器、无人机摄像机、智能语音玩具、便携式音箱、车载音响、血压计等智能终端产品，下游应用市场空间巨大。

但同时，这又是一片市场竞争近乎残酷的战场。其中传统欧美巨头如TI、CSR（原英国厂商，后被高通收购）、苹果占据第一梯队和价值链的高端，日本、韩国和我国台湾地区企业占据第二梯队，大部分我国大陆企业处于第三梯队。

而实际上，具有高集成度、高性能、多功能、高性价比等特点的产品正是杰理科技脱颖而出的关键。杰理科技的产品和设计方案，能够有效节约下游客户生产成本，缩短终端产品开发周期，降低智能终端产品批量生产难度并提升产品品质，为客户创造出差异化的竞争优势，相较于进口芯片，在功能大致相当或有所提升的基础上，公司产品性价比具有明显的竞争优势。

成功不止靠性价比

自2010年成立以来，杰理科技始终以自主研发、持续创新为发展战略，并建立了多个省、市级技术研究中心。经过多年的努力，杰理科技形成了集成电路设计相关的多项核心专有技术体系，形成了强大的技术储备和积累。

此外，杰理科技的优势还在于快速响应的本地化支持和服务能力。

杰理科技副总经理、主管应用设计工作的胡向军告诉笔者，因为杰理科技的客户（方案商）基本上都在深圳，杰理通过组建现场技术支持工程师队伍，为客户提供专门的技术支持。杰理提出了“一小时响应”“总部工程师一线支持”等机制，即下游客户在使用公司芯片产品需要支持时，深圳杰理销售支持工程师需在一小时内到达客户现场，如果该支持事项需要更有经验的应用工程师支持，珠海总部工程师将于第二天到客户现场一线服务。

“这个行业变化太快，可能有时候为了抢一款爆品，新东西出来之后只有一两个月生命周期，这就要求快速将产品做好，使客户实现量产，如果本地化服务做不好，等反应过来，市场就没了。”胡向军说。

在胡向军看来，杰理科技的主要研发人员为公司股东，能够有效保证公司研发团队的凝聚力和稳定性，同时也一直扑在前线，跟客户保持密切沟通，十分了解市场，这使得产品更接地气，制定决策也更快速灵活，形成了一套以市场为导向的、非常实用的高效决策机制和体制。

“基本上是瞄着市场去做，但又不是盲目地去追，而是量力而行。”胡向军说。因此，杰理科技的成功单纯用性价比来总结并不准确，坚持贴近市场的策略、保持快速响应的机制、重视自主研发的积累才是杰理科技致胜的关键。

下一个十年，从大到强

如果说历经十年耕耘，杰理科技从小到大，实现了“让杰理的芯片随处可见”的愿景，那么在占据和巩固目前市场地位的情况下，如今的杰理科技正在准备进行二次飞跃——从大到强，用“芯”让世界更美好。

王艺辉对杰理科技的现状有着清晰的认识，特别是面对激烈的市场竞争时，她认为，唯一的出路还是不断地投入时间和精力，去寻求技术上的突破。

“每一个领域想一劳永逸都是不可能的，别人都在不断地赶超，尽管我们领先友商 6 ～ 10 个月，但时间非常短暂，稍微休息一下，别人就会追上来，因此需要时刻鞭策自己不断创新，革自己的命。”王艺辉说。

她坦言性价比是杰理科技的优势，但不能成为杰理科技停止不前、满足于目前市场现状的理由，而是要在巩固和扩大市场占有率的基础上，更进一步，向更能体现技术水平和研发实力的中高端挺进。

据王艺辉介绍，在公司成立十年之时，她希望杰理科技实现两个目标：一是营收超过 15 亿元，二是建立自己的科技产业园区。

从目前的情况看，杰理科技正在稳步前进，2018 年营收已达 13 亿元，2019 年年底杰理科技园区落成。“我希望未来杰理科技的产品能够有拼多多的价格，小米的功能和华为的性能。”王艺辉说。

但从小到大易，从大到强难，这条路注定漫长而曲折，而且也是很多 IC 设计企业发展过程中面临的普遍问题，那就是能否脱离其成长发展的舒适区。可以看到联发科、展锐这样的 IC 设计企业在巩固中低端的同时，向上冲击的挣扎；当然也包括高通等在中高端成功之后，向下辐射的不易。

王艺辉将她现在和杰理科技的状态描述为“二次创业”。跟十年前她刚开始创业时相比，她认为如今半导体行业的创业有很多优势，首先营商环境好很多，包括各地政府的重视，有很多资金。但同时，她提醒创业者，进入任何领域，都要做好艰苦奋斗的心理准备和心理建设。对于IC设计企业，要考虑落地区域的产业链成熟度和产业链配套等问题。

王艺辉告诉笔者，最令她欣慰的是，能够看到经历十年发展的杰理科技，仍然保持着创业者的热情和心态。

“在这里你依然可以看到老员工的不忘初心，年轻人对于技术的痴迷和拼搏，更重要的是，在遇到问题和挑战时整个队伍表现出的团结的士气。”王艺辉认为，这是杰理科技成立十年积累下的最宝贵的财富。

“人才、团队和信心真的比黄金更宝贵。”展望杰理科技的下一个十年，王艺辉自信地说道。

李志雄

见证江波龙 20 年成长，做大做强中国存储产业

文/张轶群

李志雄，江波龙电子高级副总裁、首席技术官，毕业于华中科技大学。2004 年李志雄加入江波龙电子，历任江波龙电子硬件经理、总经理等，在存储领域具有研发设计和管理方面的丰富经验。作为江波龙技术研发的负责人，目前已申请二百余项发明专利，曾两次获得国家优秀专利奖。

李志雄

2019 年 4 月 27 日，江波龙中山存储产业园，在江波龙 20 周年庆活动现场上，CTO 李志雄显得有些激动，许多到场嘉宾与同事向他表示祝贺，并亲切地称他为“大熊”。

对于大熊而言，江波龙的 20 年，他投入了理想、青春与奋斗，也见证了中国存储产业的发展壮大。“我们将继续在这条路上耕耘开拓，为做大做强中国存储产业做出贡献。”大熊说。

蔡华波"三顾茅庐"请来的得力干将

1998年,大熊从华中科技大学电子信息工程专业毕业后,加盟了实达网络(现改名为星网锐捷)。2000年,刚创立江波龙不久来福州推广产品的蔡华波(江波龙电子创始人)与大熊相识,并对他过硬的技术水平和业务能力留下了深刻印象。

那几年,蔡华波出差到福州时,就会同大熊聊聊技术和产品,前后来了三次。2004年李志雄研究生毕业,他接受了蔡华波的邀请,成为江波龙最早一批核心研发人员。

"蔡总是从华强北闯出来的创业者,敢想敢试,有很好的销售和市场开拓能力以及对技术的理解,而我更偏向技术,我们的配合一直非常默契。"大熊说。

蔡华波的信任给了大熊很大的发展空间,而他也没有辜负蔡华波的厚望。他亲自组建研发团队,并带领团队搭建起江波龙所有产品线。企业员工从二十余人到现在七百余人,营业额稳定增长,看着一路走来的江波龙,大熊也深感欣慰。

从2004年至今,大熊将青春与奋斗的15年献给了江波龙,通过在技术研发上坚持突破、不断创新,为公司的产品形成技术优势做出了突出的贡献,在江波龙的发展中搭起一座座里程碑。

2006年,大熊主持设计了电源芯片NC0727,利用Charge Pump(电荷泵)技术改进电路,实现1.8V供电驱动3.3V工作的MLC NAND FLASH,并且这个电源芯片带数字启动功能,只有在存储数据的时候才开启工作,其他时间处于Stand By模式,创新方式降低了功耗,从而用MLC NAND FLASH实现取代SLC NAND FLASH功能,将其应用于1.8V MMC Mobile产品中,降低了一半以上的成本。产品有了技术突破,再加上杨晓斌主导市场推广和销售渠道管理,迅速打开了市场,为公司带来了过亿元的利润,使江波龙的发展提升了实力。

没有自己的工厂,就没有成本和效率优势;没有自己的品牌,就没有溢价能力,只给存储品牌公司代工的竞争力是不够的。2007年,江波龙开始多次脑力激荡,大熊提出可以用U盘模块产品来对抗传统U盘PCBA生产方式。这就需要从USB芯片开始规划,市场上USB芯片都是四边打线,做成QFP封装SMT到PCBA上,如果做封装模块,就需要重新设计U盘芯片实现L型打线,并且外围电路必须要少。大熊就开始规划属于江波龙的 U 盘控制器芯片 DM8261，集中了研发、测试、工程，以邓恩华、谭康强、庞卫文等为核心的技术攻关团队，齐心协力，将外围二三十颗元器件有效整合，极大降低了成本，且容易封装。开创性地将 U 盘的 PCBA 生产方式改变为封装模块，使得 U 盘产品从原材料到成品生产流程大大简化，从十二道工序减少到两三道工序，无论是成本还是产品品质，包括生产周期都得到了很好的控制，一举改变了产业的竞争形态：“当时深圳做 U 盘的厂商有上百家，杨晓斌和莫淇市场推广 UDP、Micro UDP 取代 PCBA 不遗余力。”大熊说。技术和销售结合改变了 U 盘行业，让江波龙电子的销售团队很有成就感。

江波龙一直有危机感，从存储价格型市场往存储价值型市场转型，在 2010 年就开始涉足嵌入式 eMMC 产品的研发，先从固件开始。当时国内还没有嵌入式固件人才，大熊自己带研发团队投入其中，团队中的郭丹、尹慧、李中政就这样锻炼成为技术能手，同时招聘大学毕业生进行专业培养。他们按照国内市场需求，定制了 DM2271 嵌入式芯片，实现了各种接市场地气的功能，凭着专业技术、良好品质及稳定供应，江波龙的嵌入式存储品牌 FORESEE 经过 5 年的努力，开始被市场广泛认可。在嵌入式产品积累技术和培养人才的同时，江波龙开始投入 SSD 的研发，从固件到芯片的定制，将 Micro UDP 的模式应用到 SSD 上，大熊带领钟孟辰、庞卫文等核心人员经过 1 年多的努力，研发出一体化封装的 SSD 产品——Mini SDP，并迅速普及市场。

江波龙不是一家芯片设计公司，江波龙针对存储产品投资存储产业链从芯片开始制定规格，开发自有固件和产品应用，提高了技术竞争门槛，形成独特的技术产品模式。江波龙不设计芯片，但是江波龙的芯片跑的是江波龙思想。江波龙能够将市场语言转变为芯片语言，实现属于江波龙的芯片产品，芯片设计公司基本上都是 Fabless，大熊总结江波龙是“IC-less”。

实用主义哲学的 CTO

实际上，蔡华波“三顾茅庐”力邀大熊加入，已经表明了这位江波龙的创始人对于技术和人才的重视，而在江波龙成立之初，蔡华波给出的江波龙的定位便是掌握核心技术、自主知识产权、使用先进工艺、管理价值资源。

在大熊看来，一直以来江波龙对于研发的不断投入，也是其在竞争激烈的市场上能够存活下来并实现规模发展的前提。

大熊还记得十几年前，有一位供应商来江波龙参观，当得知江波龙有40个研发人员、两个业务人员时简直不敢相信，因为当时和江波龙同等规模的竞争对手几乎是40个业务人员、两个研发人员（一个做工程、一个做测试），全都扑在市场上。

“江波龙与同行的差异是，同行一味强调对市场的投入，忽视了技术的积累和储备，而江波龙技术研发人员已经突破300人。”大熊这样总结江波龙能够在行业中脱颖而出的原因。

据了解，江波龙电子共申请了七百多项专利，其中三百多项为发明专利申请，且重视专利质量，在国内处于行业领先位置。

随着智能手机、PC的兴起，2011年江波龙成立自有嵌入式存储品牌FORESEE，正式进入嵌入式存储行业市场。目前FORESEE品牌拥有固态硬盘存储、嵌入式存储、微存储及汽车存储4条产品线。正是得益于在研发上的积累，江波龙从U盘到嵌入式存储，再到现在的固态硬盘，稳步向前发展。

和一般的CTO不同，大熊是一个多面手。做PDA系统出身的他，除了对软硬件领域很熟悉外，还曾在江波龙担任5年总经理，分管过供应链，这使得他具有更加全面和宏观的视野，能理解产业链各方的需求，清楚如何降低成本，增强竞争力，因此他主导研发设计的产品，非常“接地气”。

知晓差距方能赶超，未来空间广阔

如上文所述，同许多国内做存储的厂商不同，江波龙放弃了以贸易作为核心、做工厂代工这条看似容易的道路，而选择自主研发，掌握核心技术的高附加值之路，这让如今成立20周年的江波龙站在新的起点。

目前，江波龙的产品涵盖闪存卡、U盘、DRAM、嵌入式存储eMMC、UFS、固态硬盘SSD、无线存储器、系统存储、汽车存储、金融安全存储等众多领域，在全球存储市场占据一席之地。

2017 年 9 月，江波龙宣布收购全球领先闪存品牌 Lexar（雷克沙），形成了 Lexar（雷克沙）和 FORESEE 双品牌模式，覆盖 B 端和 C 端市场，而 2019 年江波龙向更深技术和更高的营收目标发起冲击。

但与此同时，李志雄也深知同国际大厂相比，包括江波龙在内的中国存储企业都存在差距。

一是研发规模和投入，目前国内企业的体量难以做到大规模的研发投入支撑；二是国际性人才，本土人才在学校的理论课程普遍落后于当今的行业实践。

“中国这十年来 IC 行业有大的发展，只要我们保持对于研发投入的足够重视，积极通过校企联合培养本土人才，同时加大国际化人才的引进，中国的存储企业终会有成功的一天。”李志雄说。

此外，内外部的环境，新的市场需求，如今也为中国存储厂商的发展提供了广阔的空间。

李志雄表示，一方面，未来国产化替代、自主技术会越来越强，已经看到京东方、长江存储等的出现增强了中国半导体产业链的整体竞争力。

另一方面，随着 4K、8K 技术的引入，智能电视已呈现出更高的存储需求（eMMC 现在已经可达 128GB），智能汽车（TB 级别存储要求）、在线教育以及智能手机的大容量要求等，都将为存储提供新的机遇。

为了更好地应对未来新的市场局面，李志雄透露，2018 年江波龙已经宣布全线产品进入“T 时代”，即江波龙产品包括 SSD、嵌入式 eMMC、UFS、存储卡和 U 盘的容量都能达到 1TB 容量。同时成立汽车电子事业部，进入后装领域。而随着未来机械硬盘慢慢退出舞台，在这一领域每年将产生 5 亿～ 10 亿片的市场替代空间。

“江波龙的 20 年，是中国存储产业由小变大的一个缩影，累积了团队、技术、实力；未来 20 年，我们将联合价值观相同的合作伙伴，形成中国存储生态，打造存储品牌，为做大做强中国存储产业做出贡献。”大熊说。

郑朝晖

给“疑难杂症”芯片治病的“医生”

文/朱秩磊

郑朝晖，1973年出生，上海季丰电子股份有限公司执行董事长，上海交通大学测控专业硕士，精密仪器专业学士；具有20年从事半导体的经验；曾经担任上海贝岭测试工程经理、创锐讯中国区运营总监、高通中国区工程总监、上海芯导工程及质量副总经理。

郑朝晖

1973年，郑朝晖出生于浙江江山，这是一个坐落于浙、闽、赣三省交界、有“七山一水二分田”之称的幸福小城。江山人的性格特征就是直爽、刚硬、能吃苦、讲信用，这也是他的性格写照。

从小就认为生活不应该只是学习，因此也未“两耳不闻窗外事”一般投入学习。高中时他特别喜欢踢足球，但是他所在的2班同学很多是从农村来的，平时喜欢篮球，普遍不爱好足球。高二时学校组织足球比赛，6个班级需组建6支球队，唯独2班凑不出一支足球队，他就去男生宿舍挨个动员，总算把11个人凑起来了。结果第一场爆冷，1∶0击败强队，队员们兴致高昂，但随后第二场输了，大家受了打击，很多人不想踢了，于是郑朝晖又去挨个动员，最终打完整个比赛。从这件小事就能看出，只要是认准了的事，郑朝晖都会充满激情地铆足劲儿去完成。

放弃读博，涉足芯片测试，又到产品运营工程

江山隶属衢州市，这是一个自古以来的文化重镇，学风浓厚。1991 年郑朝晖高考，那届江山中学高考出了 4 个清华、1 个北大、3 个复旦、4 个交大的优秀学子，其中他们理科班出了 1 个北大、1 个复旦、1 个交大、1 个浙大的学子。那年在这么一个县级市出了这么多优秀的学子，至今让人津津乐道。郑朝晖考上了上海交大精密仪器专业，那时有一个中学同学的爸爸说读精密仪器专业以后出来就是修手表的。

在上海交大，郑朝晖本科学精密仪器，研究生读测控专业，都是比较综合的学科，同学毕业以后有去计算机领域的、有做芯片设计的、有做质量管理的。而专业课不仅有光学、材料学，还有传感器、计算机、单片机课程等，这正好跟后来他进入的测试领域要求的通才相符合。

研究生毕业后，郑朝晖本已被录取为本校的博士，但是家里有些变故，他觉得自己应该挑起家庭的重担，于是放弃读博，开始找工作，1997 年年底便进了上海贝岭测试部。

当时的贝岭拥有国内最先进的设计团队、晶圆以及测试部门，在给贝尔做程控交换机芯片，他所在的部门负责芯片测试。芯片测试的特点是既要了解这个芯片的特点，开发测试硬件，又要写程序，还需要再回过头去配合设计人员改进芯片设计。“因为一旦芯片开发完成量产了，再去修改设计方案，是不可能的。”他说。

像那个年代的许多新人一样，新入职的郑朝晖也在生产线上跟操作工一起三班倒，以这种最一线的接触来迅速了解工作内容，了解量产测试。两周的产线倒班结束以后，公司将最新的泰瑞达 A540 测试设备交给了郑朝晖。“部门领导说我是交大的研究生，应该有潜力，就把最好的机器给我了。”他开玩笑说。不过他也确实很快就把这台设备摸透并上手了，他提及：“当时是参考了过去的一些设备测试案例，研究了一些相关的测试程序，再理解一下产品，用功看手册，就

搞清楚了。”

所以至今郑朝晖还是认为，要做好一名测试工程师，除了会编程，还要学会用万用表、示波器、频谱仪等设备去看信号，再检测软件硬件，同时还要会分析数据，了解产品运营工程。当时，公司里早年买的一套国外数据分析软件基本上没人用，郑朝晖却喜欢上了它，逐渐对产品工程有了更多认识。

他说，如果芯片测试是黑白世界，产品工程则是灰色世界。虽然现在很多测试仪都自动化了，机器有了各种各样的参数可以调，但是采集到的信号可能就是一个处理过的信号。自己动手去测试，去看没有处理过的信号，一步步理解会更透彻。比如模拟电路的采样，当时通过采样定理出来的信号怎么分辨出来、如何用傅立叶变换计算都需要用程序来写，而现在的测试工程师多数都不写了，测试过程都自动化了，模型采样完了把结果算出来就行。从工业效率来看，这样的自动化是进步，但是对测试工程师个人而言，可能只是轻易拿到了一个结果、一个数据，却未必明白中间过程。

郑朝晖这种积极做事、敢于尝试的性格，使他在上海贝岭 6 年内做到了测试工程经理，管理一个十来人的团队，负责测试方案的开发。

成为创锐讯中国研发部“第一员工”

2004 年，自觉工作知识出现瓶颈的郑朝晖离开上海贝岭，加入了一家创业不久的公司——Atheros（创锐讯），当时创锐讯在中国内地及香港只有几个销售员，都是在外面跑的。他跟美国总公司的领导一起把创锐讯在上海的第一个办公室组建起来，成为创锐讯办公室里的“第一个员工”。

这家 1999 年才成立的年轻公司，是哪里吸引了郑朝辉，让他离开在大家看来待遇很好的贝岭？当时放弃一个稳定的工作、选择创业型公司是一件风险很高也让人难以理解的事。可后来创锐讯的成功大家都了解了，它在 Wi-Fi、蓝牙与 GPU 等芯片市场迅速崛起，成为计算、网络和消费电子行业中无线与有线局域连接的领导厂商，2011 年以 31 亿美元被高通收购，而收购前，创锐讯中国研发中心已经成为其全球最大的研发中心，达到近 800 人规模。

后来，朋友无不羡慕地问他，“Hanson，你眼光怎么这么好，会选择创锐讯？”

他说，一是当时他知道创锐讯公司时，特意去查了一下公司的背景，发现这是一家2000年以来硅谷发展最快的公司，说明这是一个非常好的平台；二再看它的创始团队，创始人是斯坦福大学的Teresa Meng博士和斯坦福大学校长，MIPS创始人是John Hennessy博士，公司董事有很多斯坦福大学的教授，2004年时这家公司已经发展到200人，其中25%是博士，所以他觉得有这么多优秀的人，跟着这个团队自然能学到东西，而且比你优秀的人都选择了这家公司，自己为什么不选呢？

最后，还有一个很重要的原因是当时他觉得对国内数字与模拟的芯片测试已经学得差不多了，而国内的射频电路还很弱，也没有真正意义上的射频器件，只有公交卡、身份证这类智能卡芯片，而创锐讯当时已经开发了三合一的Wi-Fi芯片，因此在那边可以学到先进的射频测试技术，于是郑朝晖毫不犹豫地加入了创锐讯做测试开发经理。相反，不少人因不具备郑朝晖的这种果敢而错过了创锐讯的工作机会。

在创锐讯以及随后的高通这样全球数一数二的优秀芯片公司工作久了，郑朝辉慢慢对先进的产品运营理念也能融会贯通。几年下来，从测试开发，到量产维护，到产品工程、质量管理，再到采购和计划，郑朝晖按照自己的见解组建了一支国内非常专业的技术团队，做到了中国区运营总监。后来创锐讯被高通收购，他成为高通中国区产品测试部工程总监。郑朝晖还坚决力排众议成立了系统级特性测试团队，实现了从系统到量产的协调。

那是他带过的最令他自豪的团队，在上海这样跳槽率很高的芯片行业，除了团队专业能力一流、项目从未失败之外，还是一支超稳定的团队，十多年来甚至没有人提出过辞职。当时，高通全球举办了部门文化评比，郑朝晖所在的部门在全中国部门文化自评中排名第一，而中国的评分比国外团队平均高10%，说是部门文化全球第一毫不为过。

转入芯片制造中的运营管理

一流芯片设计公司的高水平运营部门职责是什么？

郑朝晖是这么理解的：“简单地说，就是将一个好的设计变成一个好的真实产品的整个过程。略微具体点，就是研发部门设计芯片后，运营部门进行流片、封装、测试、可靠性认证、失效分析等工程，包括采购、生产计划、供应链管理，把所有环节控制好，让芯片成功量产上市，控制好供应链，保证产品的质量及成本。”

一颗 SoC 芯片的成本，如果晶圆制造占了近 60%，那么封装大概占 35%，测试占 5% 左右（具体芯片比例有差异）。一般国外芯片设计公司的产品线毛利率都控制在 50% 以上，太低的话就会被淘汰。2009 年左右，有一条以太网产品线毛利率掉到了 35%，面临被砍掉的风险，当时这一产品线负责人找到郑朝晖，希望芯片不改版来提升毛利，郑朝晖认为那就只能在封装和测试方面做文章。当时创锐讯的芯片都在海外 Tier-1 封测厂做封装测试，假设一颗芯片售价是 1 美元，成本是 50 美分，按 40% 的封测成本来算就是 20 美分，郑朝晖分析，如果换成国内的供应商，成本可以降低 10 美分左右，其中光包装就能节省近 2 美分，这样下来芯片的毛利在同样的售价下就提高了 10%。后来按郑朝晖提出的方案，实现国内转移，很快就把利润提到了 45%，国内的相关产业链也因此受益。

那当时国内的封测水平能否成功接下这些订单呢？郑朝晖回忆说，国外公司一开始不会把先进的产品放到国内生产，会先把技术挑战最低的一些产品调整采用国内供应链。当然问题也还是出了一些，比如，国内封测厂在转厂时的严谨性不够，准备工作不足，好不容易调顺的生产在供应商转厂后出现了不少问题。另外，以 QFN 封装为例，在 molding 之后切割时，国内有封装公司出了不少管脚毛刺问题，容易引起焊接短路，封装厂不知道怎么解决。后来还是郑朝晖和同事去生产线上看，跟他们说不能用 25℃的室温水，而要用 18℃的冷却水，封装厂一试，果然好了。所以这些在芯片制造、封测中的工艺和工程经验，只要有任何一项参数不对，出来的结果就不一样，而这些 know-how 只能通过经验来积累，国内的产业也需要这个过程。如果过了这个阶段，基本上就没什么大问题了，就是量产的正常执行，国内封装也都能满足质量要求。

在创锐讯（高通）的 13 年运营管理中，郑朝晖觉得中国 IC 设计公司在做后端运营时普遍存在的两个问题是：一是不知道产品运营工程，不知道要做什么、怎么做、谁能做；二是不舍得花钱。很多设计公司老板没想明白：芯片在工程阶段做不好，量产就做不好，接着导致芯片到客户那边会出各种问题，也就等于产品宣告失败，影响公司发展。

运营要求及早发现并纠正错误，比到了客户端出问题再进行纠正的成本要低得多。比如一颗芯片成本1美元，售价几美元，一台笔记本电脑、一部手机则几百上千美元，这个纠错成本放大了多少倍？一般而言，初创公司资金实力不够，人手也少，千方百计降低成本，品质可能被疏忽。等到逐渐壮大，客户越来越多，到最后超级客户要求品质不能妥协，就逐渐会把品质放在越来越重要的位置。

那么，正确的后端运营是要做什么？他指出，简单来说，就是看成本、技术、产能三个维度的平衡。首先，比如今年考虑用哪个晶圆厂，它有哪些符合要求的工艺，什么是最适合的设计产品性能的工艺，然后还要考虑它的价格、产能。芯片运营的工作包括晶圆厂的取舍，封装厂的取舍，测试用什么平台，测试时间怎么控制，怎么进行系统与ATE验证。产品刚出来时，为了满足客户的时间需求，哪怕降低良率也要控制住品质；接着在产品逐步上量的时候，良率逐渐提升；在大批量出货成熟期，要保证生产等各方面稳定，这是收回研发成本的回报期。

“芯片设计相当于是画建筑图纸，而运营就是把这栋建筑从图纸变成现实。盖房子过程中可能就要用到泥瓦工、木工、油漆工等，还要懂五金、水、电、材料，注意价格、性价比、周期等。”郑朝晖比喻说，“一个做运营的高手，就相当于一个盖房子的高手，需要在不同的工程、技术、产能、价格等方面不断寻找一个动态平衡。”

“有些中国初级IC设计企业还比较小，可能没有能力去做后端运营，以为运营就是做生产计划和商务谈判，这是不完整的。运营的核心还是在对强大的工程理解！”郑朝晖掷地有声地说。

为得“疑难杂症”的芯片排忧解难

虽然国外设计公司的待遇很不错，但经历了工程及质量副总经理的工作之后，郑朝晖觉得20多年学到的很多东西如只服务一家公司，还是比较可惜。于是他决定离开，2018年加盟季丰电子，服务更广阔的中国IC产业。

季丰电子位于张江高科腹地，成立于2008年，致力于发展半导体后端工程及技术服务，集PCB板设计制造组装及飞针测试、可靠性认证、失效分析、材料分析、测试方案、封测统包、设备及部件销售为一体，为客户提供一站式的解决方案和芯片技术服务。公司通过了高新技术、专精特新等企业资质认定，和国内外众多产、学、研组织建立起紧密的合作关系，获得了众多知名国内外一流客户的认可，并于2016年成功登陆新三板。

已经成为董事长的郑朝晖，由于专业技能全面，时不时还需要亲自出马，与团队一起为客户出问题的芯片做“医生”。

有一次，一家封装厂找到他，说一个客户抱怨他们最近封装出来的产品良率比之前低了10%以上，客户抱怨问题如果得不到解决，将取消订单。封装厂拼命找原因，想要知道问题出在哪里，最后他们拿着失效芯片来到季丰。失效芯片有一套失效分析流程，经过非破坏性和破坏性分析，发现并没有芯片的封装问题。但是如果把这个结论简单地反馈给封装厂，并不能解决公司的压力。

于是郑朝晖主动接手案件，查看到开盖过的芯片有Efuse烧过的痕迹。Efuse是一次性可编程存储器，在芯片出厂之前会被写入信息。之前失效分析技术员认为好坏芯片都有类似的Efuse烧过的痕迹，不认为有问题。郑朝晖发现，烧断的地方颜色有深有浅，在显微镜下观察似乎没有完全烧断，于是要求技术员再用SEM探针去测烧断电阻。果然发现异常：烧断有几千欧姆到几百千欧姆的不同阻抗，而真正烧断的话这个阻抗是几十兆欧姆以上。结合过去20年的工程功底，郑朝晖判断是测试出了问题。

郑朝晖告诉封装厂，可以去问问客户芯片设计公司，有没有改过测试程序。最后查证下来这次问题跟封装厂没有任何关系。原来是封装厂拿到的客户待封晶圆，之前在另一家测试厂做好了晶圆测试，而这家测试厂为了节省成本，采取了提高Pattern频率、缩短测试时间的方法，导致该烧断的Efuse烧不断，等到封装厂做完封装再去成品测试，就发现芯片数据都不对，客户就冤枉了封装厂。郑朝晖为这家封装厂找到失效芯片问题所在，客户只花了2 000元，就找到了真正的问题！

还有一次，有一个卖给SMT厂客户的芯片，才几分钱一颗，但它的客户因为这颗芯片的可焊性问题索赔一百多万元。当时这颗芯片是用在某款手机里，客户做了跌落试验，发现这颗芯片管脚松动，有掉落的可能，而当时已经生产了几万部手机，一部分已经发到国外市场去了，一部分在仓库里待发。SMT厂认为：“因为其他器件都没问题，那肯定是这颗芯片的问题。”那现在这颗芯片焊接出了可靠性问题，剩下的货还要不要发？该如何赔？这家芯片公司的老板和质量主管的压力很大，这些芯片辛苦做出来也就卖几万块钱，而如果赔偿，就要几十倍地赔。

郑朝晖先安排在第三方实验室做了严格的管脚可焊性分析，包含浸润实验、剥落截面分析、镀锡层厚度分析等，都证明可焊性没问题；同时经过更深入排查发现，同一批疑问产品分别在客户的A、B两个工厂生产，A工厂生产的产品有问题，而B工厂生产的就没有问题；把A工厂问题残料送到B工厂做贴片，同样也没有问题。所以最终确定症结所在，即A工厂的工艺出了问题。客户最终也认可了郑朝晖出具的这份专业报告，没再提赔偿问题。

另外，还有一次，郑朝晖替一个设计公司解决了客户停用问题。这是个顶级客户，一千多万部手机里，发现有5部手机在终端消费者手里有投诉，只有0.5DPPM，也因为问题发生在客户终端，客户无法接受之前的失效分析报告，因此宣布停用。这对作为供应商的设计公司而言是无法承受的，仓库里、产线上的产品怎么办？最后郑朝晖经过细致的失效分析，找到封装厂可以改善的地方，实施了整改方案。报告最终被客户严格审查后采用，终于恢复了采购。

“这样的故事还有很多，这也是真正的综合运营工程实验室的价值！也是季丰电子的真正价值！”郑朝晖说道。

所以所有的失效分析，如同一名良医在诊断病人，都有蛛丝马迹可以寻找，逐渐猜想问题、定位问题、证明问题，最终给出解决方案。这就是“芯片医生”郑朝晖的部分工作写照，排查、研究、找证据、写报告，帮助客户处理问题，他也很满足于这样的工作，真正体现了自己的价值。

郑朝晖的精力都放在芯片上，对自己的关注却不够。2004年，郑朝晖被诊断出肾功能受损，靠长期吃中西药维持，2013年年初发展成尿毒症。幸运的是，几个月内找到了匹配的肾，做了肾移植。提起这段经历，郑朝晖已经云淡风轻，自那以后他对待生活越发豁达，因为生过病以后，体会到生命有限，更想把自己所学的回报给中国的半导体产业。

他说，从外企出来以后的每一份工作，虽然工资待遇都没有以前高，但很享受现在的状态，因为能够广泛服务到更多的客户，能够做出及时的判断及决定，投身到中国半导体发展热潮中去，这更有意义。

黄继颇

国产汽车芯片只能在试错中成长，没有捷径

文/朱秩磊

黄继颇，赛腾微电子董事长、总经理，西安电子科技大学电子材料与元器件专业学士、硕士，中国科学院上海微系统与信息技术研究所（原中科院上海冶金所）微电子学与固体电子学博士。先后任职于芯成半导体（ISSI）上海公司、上海华虹 NEC、上海海尔集成电路以及 Atmel 等多家半导体公司，先后成功开发并量产国内首款空调专用 MCU 芯片、国内首款可量产闪存型汽车音响专用 MCU 等产品，于 2016 年创办赛腾微电子，定位于汽车电子芯片。

黄继颇

在职业生涯的前半程，黄继颇的经历可以用“辗转漂泊”来形容。1999 年，黄继颇从中科院上海微系统与信息技术研究所毕业，获得博士学位，来到 Atmel 做千兆以太网设计，两年后进入上海海尔集成电路，再往后依次任职于台联电旗下设计服务企业—GlobalCAD、华虹 NEC 以及 ISSI，历经 IC 设计、设计服务、制造以及 IP 等产业环节。在辗转半导体产业链多家公司多个岗位之

后，黄继颇最后踏上了自主创业的道路。作为一名安徽人，黄继颇在获选芜湖市与安徽省高层次科技人才团队之领军人才后，感受到了回家创业、报效家乡的自豪感。

历经国内整机厂商第一次“造芯”大潮

2001 年，黄继颇进入海尔集团旗下的上海海尔集成电路有限公司任 IC 部经理，两年内带领团队成功开发出国内第一颗可量产的空调专用 MCU。这颗芯片的背景，正是当时国内整机厂商掀起的第一次“造芯”大潮。

1999 年，在专家的提议和大力推动下，当时的国家经贸委政策司与信息产业部组成联合小组，起草了扶持芯片产业的优惠政策条款。这些条款最终在 2000 年 6 月形成了《鼓励软件产业和集成电路产业发展的若干政策》，这是我国进入 21 世纪以来为振兴集成电路产业制定的首个产业扶持政策，俗称“国发 18 号文件”，从国家层面首次把半导体产业提升为国家战略产业。而在当时，国内电子整机设备包括消费电子设备、通信系统所用芯片多为国外进口。

以彩电为例，2000 年国内生产 2 800 万台，出口 500 万台，进口 100 万台，国内品牌有康佳、长虹、创维、海信、TCL 王牌、高路华等。彩电遥控电路以飞利浦、三菱、东芝、三洋等为主，大屏幕电视机型主电路以飞利浦、三洋、东芝单片为主，外围电路（如场功放、音频功放、频道转换电路、电调谐稳压电路等）主要来自三洋、松下、NEC 等，数字化彩电方案以西门子、飞利浦、德国 ITT 及日本公司等为主。同样，对于空调、冰箱、洗衣机等大宗白色家电，情况也是如此，当时海尔、海信、长虹、美的以及格力等国内一线厂商所用微控制器芯片以 NEC、东芝、三星等日韩厂商居多。

“当时的空调、洗衣机中主控 MCU 市场基本是东芝一统江湖，TMP87PH46N 这颗芯片在当时中国一年出货量就超过 3 000 万颗。”黄继颇表示，“以每颗 30 元计算，该款芯片在中国的销售额高达 9 亿元。在 18 号文件的感召下，包括海尔、海信、长虹在内的家电企业都开始了轰轰烈烈的造‘芯’运动。”

“正是看到海尔集团巨大的采购量，当时的上海海尔领导决定开发一款与 TMP87PH46N 兼容的 MCU，由我做项目负责人。除了做芯片设计，还负责与设计服务/IP 供应商、晶圆代工厂对接等。”黄继颇说，“我们这颗 8 位 MCU 最初是在无锡上华流片，但是做出来以后发现是块石头，根本没法用。由于当时国内的设计与代工都属于起步阶段，我们无法判断是设计出了问题还是制造出了问题。”黄继颇回忆说，“正值当时台联电想要开拓大陆代工市场，双方一拍即合，便开始了双方持续至今的合作，我们团队又经过一年多的努力，于 2003 年春在台联电工艺平台上成功开发出可与东芝 846 相媲美的空调专用 MCU。”

这一时期的中国半导体产业有几个明显的特点。首先，这一阶段半导体产业几乎都是在国家政策的干预下发展起来的，受政策的影响非常大。在一个从无到有的阶段，国家政策的大力干预让中国半导体行业迅速成形，但是同时会带来很多弊端，容易导致追求短期成果和数量，缺少长远发展理念，这些都为现在半导体行业发展瓶颈埋下了伏笔。其次，几乎所有建成投产的半导体工厂都是和境外企业合资或外资独资的企业，对本土半导体设计企业的带动效果甚微。最后，中国的半导体企业多集中于半导体生产的后道工序——封装和测试，后道工序生产技术含量低，相对于其他生产工序属于劳动密集型。设计环节更是薄弱，大量设计都是低水平重复，还有更多的反向设计。在国家政策的主导下，相关高校和研究院承担了目前我国芯片研发的主要任务，而企业研发投入和能力都极为有限，根本就跟不上产业发展。

“当时市场规模虽然看起来很大，但国产芯片厂商还不具备国产化替代进口芯片的能力与水平。整机企业造芯并不完全由自身需求驱动，更像一种在国家政策号召下的政策投资。”他说，“这些整机厂商出资成立的芯片公司更多以集团公司一个下属部门或单位的形式存在，远没有能够独立运营，各方面发展都受到了极大的限制。”

尽管如此，在国内半导体产业刚起步不久的 2000—2004 年，国内 IC 设计、制造经验匮乏，集成电路设计还以反向设计为主，能够完整参与到国内第一颗空调专用 MCU 的完整量产流程，使黄继颇积累了初步的完整产业链经验。

2004 年离开上海海尔后，黄继颇先后在联电设计服务子公司、华虹 NEC、ISSI 等企业任职，对半导体企业的研发、运营、市场，甚至代工工艺都有了更进一步的体会与理解。

才开始创业却想打退堂鼓

2015年开始，安徽省大力发展半导体产业，又以新能源产业和第三代半导体产业为重，其中芜湖市形成了微电子及信息服务业、新能源汽车产业、节能环保及装备制造业三大主导产业。

在朋友的引荐下，芜湖市高新区主要领导来上海找到黄继颇，详细介绍了芜湖市汽车产业状况与鼓励创新创业的各项政策，并对他发出回家创业的真诚邀请。黄继颇回忆道:“正是在这位主要领导的‘忽悠’下，我稀里糊涂地来到了芜湖，开始了创业之旅，而且将企业定位于汽车电子芯片市场。现在想想都可笑，不知当初哪里来的那么大的胆子。”

黄继颇表示当初选定汽车电子，也是考虑芜湖有奇瑞——这一国人耳熟能详的本土汽车厂，心想给奇瑞做做配套总该可以吧。

然而，理想很丰满，现实却很骨感。公司刚成立没几个月，他就萌生了退意。“公司成立当初原本计划以元器件贸易业务带来营收，然后切换到自主开发芯片实现发展。”黄继颇说，“真正做下来才发现元器件贸易其实很难做，几乎赚不到钱；自有产品刚刚出来，还有些缺陷，也卖不出去，我看不到公司的未来。”

幸运的是，黄继颇熬过了极其痛苦的前半年创业期。当地政府看到他真是拿出了自己的家底，实实在在地在做事，不是来“忽悠”的，开始积极给他介绍当地主机厂、汽车电子配件厂等目标客户，也积极为他找投资机构。于是在各方的共同努力下，公司于当年11月就开始有了汽车电子方面的营收，与奇瑞新能源的IGBT项目也开始启动。

“现在说说简单，当时可是不容易。”黄继颇笑言，“公司在2016年年底获得了同华投资的天使轮融资，政策、资金以及客户三方面的支持又使我重新燃起了斗志。”

黄继颇提到，在芜湖创业，还有一个难题是招人比较困难。芜湖当地没有相关的产业基础，缺乏半导体人才群体，这一点后来有所改善。2017年，西安电子科技大学与芜湖市政府签署合作协议，在当地合作共建西安电子科技大学芜湖研究院。该研究院于2018年2月正式成立并开始运营，围绕以氮化镓和碳化硅等第三代半导体材料为代表的亚毫米波器件与电力电子器件，开展芯片设计、制备、测试、封装和产业应用工作，聚焦人才培养、科学研究和成果转化，着力打造微电子领域的高技术研发、人才培养和微电子产业培育三大平台。作为西电校友，黄继颇受邀出席了成立揭牌仪式，而赛腾微电子随后也与研究院开展了新一代电机控制平台与车用 IGBT 模块的共同研发工作。

黄继颇强调，当地成熟稳定的汽车电子产业链与政府的强力支持，为赛腾微电子进入汽车电子市场打下了坚实的基础。公司汽车类芯片多与当地汽车电子模块、配件厂商合作开发，确保资源配置合理、品质可靠以及得天独厚的市场与客户优势。2017 年，赛腾微电子成功开发出了汽车 LED 流水尾灯专用主控芯片与全套尾灯方案，并于 2018 年 7 月开始批量供货给国内知名汽车厂商。截至 2019 年 8 月底，LED 流水灯主控 MCU 出货 100 万片，装车超过 10 万辆，打破了国际厂商在汽车车身控制电子领域的垄断。

汽车电子芯片国产化，道阻且长

2018 年，赛腾微电子销售额突破了 3 500 万元，汽车电子业务实现了从简单贸易商到整体方案供应商的重大突破，IGBT 业务实现零突破，并获得芜湖市国资委下属天使投资基金领投的 Pre-A 轮融资；在 2019 年 7 月集微网主办的“芯力量”评选中，赛腾微电子摘获“最具投资价值奖”奖项。同时，公司历时一年半开发出来的车载无线充电发射模块也已通过各项严格考核，成为国内知名新能源汽车厂商 2019 年度新车型亮点配置，至 2019 年出货超过 1 万套。

公司正在朝着良性的方向稳步发展。不过，作为国产汽车电子芯片企业，想要在这一领域真正取得突破，尤其是前装市场，在黄继颇的面前还有很多关卡要过。

中国新能源汽车产业发展迅猛，加之庞大的传统汽车业对半导体需求十分巨大，预计整个车用半导体市场规模在 1 500 亿元以上。这个市场一直由国际半导体厂商垄断，赚取高额利润，国内厂商占有率几乎为零。“国内汽车与半导体可以说是两个相对隔离的圈子，两个圈子的人也几乎没有什么往来与交流，整车厂的大门也几乎不对国产芯片开放。直到中美贸易纠纷加剧，中兴、华为事件持续发酵，这扇门才打开了一条缝，现在汽车电子小芯片国产替代开始成为可能。”

黄继颇表示。

随着国内汽车电子半导体整个产业链日趋完善与成熟，国产替代进口成为可能，势在必行，但也任重道远。

其一，汽车电子芯片对可靠性要求极高，产品性能稳定并具备渠道优势的国外老牌厂商垄断了市场。“汽车电子客户基础不够牢固，而汽车电子芯片需要大批量出货才能验证其可靠性。基于对安全事故的零容忍以及零部件长期稳定工作的要求，汽车领域对半导体产品的抗干扰能力、可靠性和稳定性要求极高。”黄继颇指出，“一些老牌汽车电子巨头在行业中已经完成了技术积累并形成稳定的供应关系，对后续竞争者形成技术及渠道壁垒，而国内目前鲜有半导体厂商进入汽车电子产业链。”

其二，通过行业认证、打入主流供应链的企业才有望实现汽车电子芯片国产突破。汽车电子协会（AEC）的 AEC-Q100 标准、国际标准组织（ISO）的 ISO-26262 标准以及国际汽车工作组（IATF）的 2ATF16949 标准对汽车电子的安全性和可靠性有着极高的要求，而半导体厂商必须获得相应的认证方能进入汽车产业链。

黄继颇表示，汽车电子芯片认证周期长、标准严格，而半导体厂商必须获得相应的认证方能进入汽车产业链，并且整车厂要求汽车电子厂商的稳定供货能力要在几十年以上。因此，需要国内企业具备一定的技术实力和稳定的供货能力，以通过行业认证并与汽车电子零部件供应商和整车厂商之间形成强绑定的供应链关系，这样才有机会实现国产突破。

“汽车电子芯片的研发、验证到整车厂的采购，每一个过程都步履维艰，要经反复测试验证，即使 100 万颗中发现 1 颗产品有问题，也必须从头到尾盘查所有环节，找到根本原因并采取有效的解决方法，整个管控过程相当严苛。”黄继颇表示，针对国产芯片进入汽车前装可能会遇到的问题，企业需做好充分的准备。一方面是各种安全标准的认证工作；另一方面，芯片企业也需要加强与整车厂商、配件厂商的合作。

“要在试错中不断成长。对于国产汽车电子芯片企业而言，没有捷径。”黄继颇这样总结道。

李兴仁

一次创业实现财富自由，二次创业却身陷绝境，只为让无线路由芯片演绎“中国芯”

文/慕容素娟 李映

李兴仁，矽昌通信董事长。上海交通大学学士，中科院上海技术物理研究所半导体物理硕士，复旦大学电子工程系微电子博士。李兴仁在职业生涯中，实现了三个行业第一：研发出国内首款北斗二代卫星导航接收芯片、国内首款应用于平板电脑的GHz主频应用处理器芯片、国内首颗无线路由芯片。先后创业两次，2008年创建上海盈方微电子，6年后上市；2014年创办矽昌通信。

李兴仁

四年前的李兴仁，和现在的他相比，看起来相差近10岁。创业难，创业做芯片更难，而做无线路由芯片则是难上加难。李兴仁感叹道：“创业真不是人干的……”

第一次创业，研发国内首款应用于平板电脑的GHz主频应用处理器芯片；第二次创业，研发国内首颗无线路由芯片。为何总是选择做“第一个吃螃蟹”的人，李兴仁说道：“这可能与我西北人的情怀有关，我不愿做别人做过的东西，你有我也有，大家相互厮杀，最后演变成价格战，没什么意思，对行业也无助益。”

从西北宁夏农村到扎根上海

在西北宁夏农村土生土长的李兴仁，从小属于“别人家的孩子”。李兴仁提及这段历程时说，他虽然不怎么学习，但学习成绩就是特别好。从小学到中学再到大学，都是学霸级的存在，因而也顺理成章考入了上海交通大学。

当时第一次出远门，从宁夏到上海坐火车前后需 3 天两夜，中间还要到北京周转。来到上海，大都市的繁华让李兴仁极为震撼，他心中萌生了一定要在上海扎根的想法。

在大学时，李兴仁亦埋头苦读，因为表现优异，毕业后免试进入中科院上海技术物理研究所攻读硕士学位，之后又到复旦大学电子工程系微电子专业攻读博士学位，师从著名的洪志良教授。

有了这些“底子”，李兴仁毕业后进入上海华龙信息技术开发中心，从通信集成电路事业部负责研发起步，历任部长、技术总监、副总经理。在这段时间，李兴仁主导成功研发了国内首款军用“北斗二代”卫星导航接收芯片，也从此与芯片结下了不解之缘。

此外，李兴仁还荣获了第二届“张江优秀人才”称号，获得政府 50 万元奖励。

从西北农村到扎根上海，李兴仁 10 年内实现了人生的大逆转。

首次创业，6 年实现财富自由

在华龙待了 7 年之后，李兴仁的创业梦开始萌生。

李兴仁机缘巧合下遇到一个老板愿意投资，两人一拍即合，2007 年 8 月，李兴仁开始四处“招兵买马”；2008 年 1 月 3 日完成工商注册，上海盈方微电子有限公司正式成立，李兴仁担任总裁兼首席科学家。

选择做什么芯片决定了公司的生死存亡。李兴仁瞄准平板电脑应用处理器，并最终在产业爆发前夕迎来曙光。

2010 年 1 月 4 日，公司开发出国内首款主频达 1GHz 的应用处理器。结果 3 月份苹果的 iPad 就发布了，国内平板电脑也一拥而上，市场急剧爆发，盈方微的芯片借助天时地利一炮而红，成功应用于国美“飞触二代”等平板电脑产品，并在全志、瑞芯微、北京君正等群雄混战中率先实现上市。

2014 年 6 月，盈方微在深交所主板成功上市，李兴仁迎来了人生第一个巅峰。

创立公司 6 年就成功上市，在外人看来已然成功。然而忧患意识极强的李兴仁却意识到平板电脑市场的势头正在趋缓，价格战难以为继，开始思考公司下一步的方向。但上市的各种规则使想法难以落地。最终，李兴仁通过一个协议价格将当时的股份转让给老板，功成身退。

二次创业异常艰难，不得不抵押房产

在第一次创业实现财富自由之后，43 岁的李兴仁并不想“归隐山林”，他心中仍饱含着朴素的愿望:“老天给我机会读了那么多年书，享受了比较好的教育，要趁着年轻再多做一些有意义的事情。”于是，对芯片业仍有豪情的李兴仁，选择重回 IC 战场，目标是攻克国内仍空缺的无线路由芯片。

当时，路由器出货量已上亿，并且 80% 的路由器在中国生产，但中国却没有自己的无线路由芯片。随着信息安全的重要性不断提升，中国亟须自主可控的无线路由芯片。此外，无线路由作为智能家居的神经中枢，其芯片市场到 2020 年将达到 338 亿元。随着智能化发展，作为网络中枢的路由器要变得更“聪明”起来，不能仅满足于基本的通信功能，必须进行智能化升级。

在这样的产业背景下，2014 年李兴仁成立了矽昌通信，目标是攻克无线路由芯片，开启人生的第二次创业。

李兴仁将公司起名为“矽昌”，亦承载着三重深意：一是矽代表硅（Silicon）——半导体基本材料，昌则是昌盛，暗喻专业的情怀。二是“矽昌”谐音“西昌”，即中国的卫星发射基地，代表要实现零的突破。三是李兴仁来自西北，寄托了一种家乡的情怀。

在无线路由芯片领域，矽昌作为“第一个吃螃蟹”的厂商，面临的困难可谓层出不穷。当时的李兴仁也没有想到，选择无线路由芯片是如此艰难而曲折的长征。

“首先就是资金，最开始我跟两个同学一起投了 3 000 万元，接着第二年又得到一家上市公司的 2 000 万元投资，当时判断应该差不多够了。但在这一“无人区”，技术门槛较高，不仅要考虑对 802.11ac 的支持和向下兼容，以及双频并发等，还要解决信号干扰等问题。而且很多细节问题通过仿真发现不了，研发团队不得不反复修改、反复投片。”李兴仁感慨万千，“当时没想到研发这么难，技术门槛这么高。”

路由器是面向全球市场的，包括东南亚、欧洲、非洲等。为确保每一款接入设备都能连得上，包括各种型号的网卡、新旧智能手机、电脑等都要测试。比如手机，有可能非洲用的是国内 3 年前甚至 10 年前的机型。

兼容性是非常难啃的一块骨头。刚开始，李兴仁他们从周边人搜集手机来测试，但优化协议栈需要不断扩大测试。后来，通过朋友圈发现有专做手机租赁的公司，他们就开始租手机来测试，由于一天要测几十部手机，一部手机的租赁费一天要 80 多元，为了节省成本，他们采用分时测方法，快速测快速还。他们前前后后一共测了一千多款手机。

芯片业是个吞金兽，很快 5 000 万元就用得差不多了。为此，整个团队一直在节衣缩食，甚至帮客户做一些经销商的工作，来贴补公司研发的资金需求。其中的心酸，不言而喻。比如卖 20 多万元 TF 卡，才能获得 2 000 元的利润。

然而，一再需要改版优化，资金紧张也导致研发进度一拖再拖。当时融资很困难，为了能够继续推进研发，李兴仁不得不把房子做抵押，再次筹到 2 000 万元，继续投入研发。

“为了给研发提供资金，真是想尽一切办法来赚钱、省钱。”李兴仁沉重地说道，“这是一条不归路，你无路可退，只有迎难而上。”

蛰伏 4 年，终于迎来黎明的曙光

前前后后研发投入近亿元，60 位工程师经过 4 年研发、5 次 MPW 投片，终于攻克了诸多难关。2019 年 1 月 15 日，矽昌正式对外发布并量产了中国内地首款自主研发的无线路由芯片 SF16A18，填补了我国无线路由芯片的空白。

李兴仁也没想到这一战竟然需要4年时光，一路走来，李兴仁有诸多感慨："不仅开发让人心力交瘁，外界的质疑也让公司步履维艰。尤其研发的是国内第一款无线路由芯片，业界的质疑很严重，到底是吹牛还是贴牌？有一点点风吹草动都会让企业爬不起来。第一个'吃螃蟹'，承担的重负总是太多。"

李兴仁表示，现在创业大都以讲故事来博热度，VR热了一波，接着是区块链，现在是人工智能，每个阶段总有热点，总能吸引很多资本疯狂下注。然而做芯片不同，真的需要情怀，因为研发难度大、周期长，人才获得难，资本还不看好。

通过这次创业，李兴仁发现IC业存在一些症结。

一方面，国家大基金基本是投成熟期的大企业，很少投向初创或处于高度风险期的企业。而社会资本着重追求投资回报率以及资金安全，对IC业关注少。因而，初创的芯片企业中，有些比较有潜力或技术有专长的一直在煎熬。

"锦上添花不如雪中送炭，资本应更多地关注初创企业，而不是被吸引到那种不缺钱的或不是很'狼性'的企业中去，导致这群'小狼'——初创企业不死不活。初创企业资金需求量并不大，10亿元的资金就能扶持很多初创企业，也有可能孵化出真正的'狼'，百家争鸣的产业才有机会发展壮大。"李兴仁指出。

另一方面，在政府采购方面，希望招标指标更合理、客观，能更"接地气"。李兴仁提到，比如现在路由器招标要求是2×2 1 200M产品，但在很多地方千兆入户根本做不到也用不到。因而，希望指标能更合理、客观，为国产芯片提供机会。国内的一些新技术和产品可能不完善，但要给完善的机会。"假设隔壁家孩子得90分，自己家孩子得80分，可能弱一点儿，不能因为差一点儿就不要自己的孩子吧？李兴仁打了一个比方。

李兴仁也希望更多的路由器厂商能与国内芯片厂商合作，一起共赢。

现在，李兴仁公司研发的无线路由器芯片已经实现量产，并在2019年下半年提供第二代芯片解决方案，还将进一步推出模组产品，打造更为完善的生态系统。

如今的李兴仁已经渡过最艰难的阶段，开始迎来黎明的曙光。

杨清华

从山里娃到硕士生导师，放弃安逸生活创业做芯片，成为业内黑马，却还在忧思……

文 / 慕容素娟

杨清华，中科汉天下电子公司的创始人兼董事长，北京邮电大学兼职教授。清华大学本科、中国科学院微电子研究所博士。博士毕业后在中科院微电子所历任助理研究员、副研究员和硕士生导师。2012 年，放弃大学教授职位选择创业，成立汉天下，主做射频芯片。目前，汉天下已成为国内射频前端领域领先企业。

杨清华先后荣获国务院特殊津贴专家、国家百千万人才工程“有突出贡献中青年专家”称号、国家“创新人才推进计划”科技创新创业人才等荣誉。

杨清华

从大山里的苗寨考入清华大学，又一路读博成为硕导

1976 年，杨清华出生在贵州凯里偏远山区的一个苗寨里。父母为其取名清华，

有清丽华美之意。这个名字，似乎注定杨清华与清华大学之间有一段不解之缘。

杨清华有兄妹 7 人，家境非常贫困。但是杨清华的父亲坚持让 7 个孩子全部读书，这在当时当地几乎绝无仅有，这种坚持意味着在后面的很多年中，整个家庭将承受极其沉重的经济压力和负担。这对于家长来说，需要巨大的勇气和毅力，如果没有坚定的信念是不可能坚持下去的。

杨清华的父亲小时候很喜欢读书，上学时成绩很好，但 9 岁时，杨清华的爷爷过世，后来家里出现变故，杨清华的父亲 11 岁就独自一人带着年幼的弟弟和妹妹，开始撑起一个家。父亲这一辈子因为没有知识没能走出大山，不想让孩子们再重蹈父辈的命运。

供养 7 个孩子读书，是一个特别大的经济负担，这让本不宽裕的家庭更加捉襟见肘。杨清华说，当时周围的其他家庭，很多孩子小学毕业或初中毕业就出去打工了，这样家里经济负担会减轻很多，而且还可以给家里寄钱。而杨清华兄妹 7 人全部都在上学，父亲常对他们兄妹说："要多喝点'墨水'，砸锅卖铁也要把你们培养出来。"

父亲咬牙坚持，最后家里 7 个孩子有 4 个考上了大学，而且杨清华还考上了清华大学。这在他们苗寨是一个奇迹。

杨清华考上清华大学，除了因为爱学习之外，还与他对一切充满好奇、爱思考有关联。杨清华七八岁第一次见到汽车时，就在想："它怎么会跑？是什么力量推着它？它又怎么会转弯？"他的脑海里对汽车产生了无尽的遐想。

于是，杨清华就去问老师，老师说："有发动机吧。"他接着问："啥叫发动机？"可是老师也不知道。

后来，杨清华在课本中又遇到很多令他好奇的事物，听老师说："这是科学，都是科学家发明的。"那时，杨清华心里就萌生了一个念头："哦，那我要当科学家！"

这种好奇最终让他从大山里的苗寨考到了清华大学。清华大学毕业后，杨清华又一路攻读了中国科学院微电子研究所博士。博士毕业后，在中科院微电子研究所担任了助理研究员、副研究员和硕士生导师。

放弃安逸生活，36 岁离开高校去创业做芯片

从苗寨的山里娃成为北京高校的教授，不知令多少家乡人艳羡。在别人望尘

莫及之时，杨清华并没有沉浸在这种充满光环的安逸生活中。

在高校里，杨清华目睹了很多科研项目往往停留在研究阶段，专利和论文出来后，科研项目就戛然而止，未能再进一步深入落地到产业。而这些科研项目如果能够进一步应用到产业中，科研的力量就能让更多的人受益。

杨清华不甘于自己所从事的科研项目和技术仅停留在专利和理论层面。在36岁那年，杨清华毅然辞掉硕士生导师的职务，走上了创业之路。

创业之路，是一条孤独和艰辛的路。创业意味着至少两三年之内没有收入。此外，由于生活在北京，杨清华还背负着房贷，面临着孩子教育等压力。放弃安稳的工作，选择一条未知、充满风险的创业之路，这给家庭带来的压力无以言表。其实，家人并不同意杨清华创业，但是杨清华特别坚定。

创业中吃过的苦，杨清华并没有细说。他说，这条路是自己选择的，自己就要接受和承担。“既然选择了远方，便只顾风雨兼程。”这是杨清华一直喜欢的一句诗句，高中、大学以及参加工作之后，他的每一个记事本的首页都写着这句话。这句话像一股精神力量，一直激励和支撑着杨清华一路前行。

2012年7月，杨清华带领团队成立了中科汉天下电子公司，主攻手机芯片开发。手机芯片主要包括基带芯片、射频芯片、存储芯片。其中，基带芯片占手机成本的30%～35%，存储芯片占30%左右，射频芯片占20%左右。杨清华做的主要是射频前端芯片开发以及应用解决方案的研发和推广，主要应用于功能手机、智能手机、平板电脑以及智能手表、无线键盘/鼠标、无人机、智能家居、蓝牙音箱等物联网领域。

创业后，杨清华对未知的那种探究和好奇仍然没有泯灭。他曾在为贵州总部的物联网技术应用方向面试一位学计算机的应聘者时，问了这样一个问题：“为什么敲键盘上的A，屏幕上就显示A，这其中的原理是什么？”

这个问题背后是杨清华这样的想法，他说：“这个问题很少有人愿意去深入地思考，看似简单，其实相当复杂。像打电话也是一个很复杂的事情，为什么我拿起手机输入一串数字（手机号码）按拨打，对方的手机就能收到我的声音信息？这看起来简单，其实是很复杂的过程，包含了很多科学原理和工程应用技术。现在，好多习以为常的事情，背后其实非常复杂。而现代的人，已经缺少这种探究的动力了。”

在这种探究力的助推下，杨清华带领团队不断探索，凭借着技术积累及团队协作等因素，公司创办9个月即研发推出第一款产品。再凭借市场敏锐度、产品性能、价格、备货便捷等因素，汉天下迅速成为国内射频芯片中的黑马。至今，北京中科汉天下电子技术有限公司已成为国内射频前端领域领先企业。2017 年芯片的出货量达 7 亿颗，月出货量近 7 000 万颗，销售额近 6 亿元。在 2018 年整个经济下行和行业寒冬的背景下，公司依然能保持业绩不下滑。截至 2018 年年底，公司累计芯片出货量超过 30 亿颗。此外，汉天下在美国、韩国及中国台湾地区设有研发中心和办事处，在上海、深圳、香港设有技术支持、销售、物流中心，产品已进入国内外上百家客户的方案，包括三星、诺基亚、传音、天珑、中兴、TCL 等企业。

为“中国芯”忧思，呼吁芯片的发展规律应被关注

虽然汉天下在国内射频芯片领域取得了一些成绩，但是杨清华并没有陶醉其中，而是一直思索着“中国芯”如何能够突破掣肘，更加良性地发展。

“中兴事件让我们痛定思痛，虽然大家知道了芯片，但并不真正知道芯片的规律。”杨清华说。芯片半导体是国之重器，是一个国家国力和生产力的重要体现。中国要做好芯片需要厘清和把握一些东西。

一是，BAT 互联网的商业模式并不是商业的真相，芯片业的发展与互联网的路径和模式完全不同。杨清华指出，互联网讲究的是差异化的商业模式、很牛的产品定义，早期不看销售额，而看流量，越快越好，以致互联网的商业模式被当作商业的真相。这让整个产业都很浮躁，对 IC 是很可怕的事情，对社会的影响也是灾难性的。其中，对 80 后、90 后的员工影响最大，互联网商业模式的误导让他们没有一个心理预期，容易变得急躁。比如，做网游，可能一个月做出一款产品，但芯片完全不同，需要很长时间的投入。另外，导致员工频繁跳槽，工作两年还没有学到精髓，但是觉得自己可以了，就跳槽，工资一提升，然后再跳槽，以致在每个公司只待两年左右，没在一家公司做到极致。这样跳个三四次，10 年就过去了，由于未能沉下心来，所以远不能达到工匠级的水平，但是在年龄上已经错过沉淀的时间了。

“发展集成电路芯片，需要把互联网的模式认知去除。因为在某种程度上互联网模式是毒瘤！芯片行业需要长期积累、持续关注，没有十年八年的积累，怎么可能？！可以借鉴美国、韩国发展芯片集成电路的经验，他们都用了多少年？

做芯片，耐心和耐性很重要。发展 IC 芯片业，需要整个社会和行业静下心来，不要去打扰他们，给他们一个更好的土壤和环境，才有可能把这个产业做起来，这很重要。不管是地方政策，还是投资机构、从业者，都要静下心来。”杨清华呼吁。

从投资层面来看，一般上好的投资机构投资期限是 3+2（3 年延长 2 年），5+2（5 年延长 2 年），而做 IC 投资得拿出 10+5（10 年延长 5 年）的准备。

二是，中国芯片业做大做强，需要百花齐放、百家争鸣；要有大公司，也要有小公司，这是一个健康的产业局面，也有助于领军人才的培养。

杨清华说，芯片产业也要有三六九等，不能只有大公司，这样利于百花齐放的局面。为什么春秋战国可以产生那么深刻、影响深远的文化，几千年的思想现在还受用？原因就在于百花齐放、百家争鸣。

像在硅谷，有一些规模较小的初创企业，由于有自由成长的产业环境，这些小公司可以健康成长起来。而且，这些小公司的技术往往更具前瞻性，经常被大公司看中，被高价收购。同样，国内很多 IC 小公司可能市值不高，但是有技术专长，应该有健康的产业土壤让它们成长起来，这样整个国内 IC 业才能百花齐放；百花齐放，可以培养出很多将领来。

目前，中国不缺少工程师，但是缺少 IC 领军人才，懂技术、产业、管理、运营且与国际接轨的人才只有在大浪淘沙中才能磨炼出来。

中国共产党，也是从八路军到新四军，再到人民解放军，慢慢地成长壮大起来的，将帅的指挥能力是在无数个小战役中慢慢得到提升的。“芯片行业讲究专业水平，跟打仗一样，如果领军人物不懂军事、不懂粮草怎么管理？突然交给他几个军团，会乱了阵地。行业领军人才是一线里慢慢打出来的，不可一蹴而就，也不可能空降，这些都不灵。”杨清华说。

对中国芯片业而言，如果这样沉淀下去，可能 10 年就改变了，就能产生行业领军人物。

三是，国内同类芯片企业不要相互抢“骨头”，应联手变成狼群去和老虎抢“肉”吃。

当下，5G 已经来临。对于芯片公司而言，把 4G 做好的同时布局 5G 研发，这是一个正确的做法。但现在国内不是这样，国内的业务重心还有的在 2G 和 3G 上，甚至有企业挖人去做 2G，这不仅是人才的浪费，企业也失去了新的市场机遇。

杨清华举例，在射频芯片领域，国外芯片巨头高通 4G 射频市场份额占了其业务的60%，如同一个倒三角形；我国台湾企业的4G和3G、2G业务比重比较均衡；而我国大陆企业重点还在2G上，原因在于，4G芯片性能上不去，不挣钱，只能反回来做2G业务。芯片企业竞争格局如下图所示。

杨清华打了一个比喻，这相当于，美国公司在吃肉，我国台湾企业在喝汤，我国大陆企业在啃骨头。更为严峻的是，杨清华自嘲道："现在我们没有去抢肉，去部署做高端的业务，反而在抢中低端的这一点骨头。芯片领域有好多可以做，但是射频芯片这一块就这么点东西，抢来抢去，活得很辛苦，大家都吃不饱。"

"现在产业是内忧外患，5G是很大的机会，但是按现在国内的竞争格局，凭什么抢占5G市场？大陆同类芯片企业应该团结起来，变成狼群，去和老虎抢肉吃。"杨清华说道，"我们应该有这样的目标，虽然还没有这样的实力，但是我们已有一些基础，比如产业认知、产品能力、市场敏锐度、企业的管理能力、客户渠道等。做芯片不能做成一个养家糊口、谋生的手段。如果沦落到这样的地步，芯片行业就不值得获得从中央到地方政府以及全社会的关注。"

杨清华希望通过一种外界或第三方的力量，把国内射频芯片的力量整合起来。他指出，整合的路径有两条：一是从自上而下的技术角度整合，实现技术互补性；二是从自下而上的市场角度整合，实现市场、品牌和客户的壮大。抢肉需要练就新的技能，整合后除了做大射频业务，还可以做功率器件等，有很多可以做。整合之后，可以专注做4G，让更有前瞻性的年轻人去做5G。

"别人开的是法拉利，我们开的是破拖拉机，怎么超越？！整合起来，好歹变成大众，至少可以上高速，加上高超的驾驶技术，还有可能超越。"杨清华又打了一个形象的比方来形容产业的现状。

"一个人如果心不安宁，等到死的时候才会后悔，已经来不及了，因为一辈子过去了。对于一个国家而言，一个年代就过去了。"杨清华说道，"我在不停地想这个问题，人在尘世间也就几十年，怎么才能让这一辈子过得值得？假使整个社会都去想死的那一天，假使思考重新活一次会怎么过，整个社会可能不一样。"

杨清华是一个武侠迷，崇尚金庸小说里面的英雄人物，如杨过、令狐冲，因为他们能够习百家之长，没有什么派系，最后能够无敌。他说，其实这些都是文化的养分，都可以借鉴吸收。在杨清华的办公室里，还放着《毛泽东选集》《汉书》《曾国藩家书》《佛教十三经》《金刚经》以及南怀瑾和星云大师的相关书籍，他在从不同维度来求智慧，指导自己前行。

江大白

晶圆厂风险的把控者

文/陈宝亮

江大白，1981年出生，在中国科技大学获学士、硕士和博士学位。曾任新加坡台湾联华电子高级工程师，发明使光刻机曝光焦距精度提高的新方法。后任美国环球半导体先进制程研发部主任工程师，负责并完成40纳米工艺、TSV工艺的研发。2012—2014年任正威国际集团董事长特别助理，负责半导体事业群。2014年任中用科技有限公司总经理，组建“超级玛丽”建筑智能语音交互系统研发团队。

江大白

创业5年，江大白几乎遍访了在中国落地的12英寸晶圆厂。5年来的创业经历正在印证其创业之初的设想——“中国的半导体制造业会随着全球产业发展呈现蓬勃之势，厂务的安全、效率问题会在这一趋势中逐渐凸显”。

2014年，江大白在合肥成立中用科技有限公司，正式踏上创业之旅。“一开始，我们就决定做晶圆厂、面板厂的智慧厂务系统。”彼时，33岁的江大白已经先后在联电、格罗方德任职，拥有9年行业工作经验。“行业里，大家一直都更关注晶圆厂的良率、投资等问题，反而忽视了厂务系统的安全、节能、效率问题。高端制造业的厂务系统集成、紧急应变系统、公共安全管理存在很大的缺口，中国的半导体制造业缺少这种企业。”这是江大白根据行业经验做出的判断，中用科技踏上了这条颇有远见的征途。

想要的江湖

专注于智慧厂务的创业，对江大白而言，更像是一场迟到的“学以致用”。

1997年，江大白考入中国科技大学热安全工程专业。本科阶段，江大白在核心期刊发表文章《中国火灾与社会经济因素的关系》，率先通过研究得出了“中国的火灾形势在经济越发达的地方越严重，并且随着经济的发展更趋严重”的结论，该结论被之后的火灾研究文章广泛引用。

不过，毕业之后，江大白却进入了“大学考试从未及格过”的集成电路领域。2005年，江大白赴新加坡参加第一份工作，在联华电子任职高级工程师。在付出大量的时间和精力去学习、适应之后，不甘寂寞的江大白发明了新的光刻机曝光精度检测方法，该发明同时获得了美国、中国大陆、中国台湾的专利授权。2006年，刚入职一年、25岁的江大白还登上KLA的YMS峰会就这一发明做报告。在联电工作的四年半中，江大白收获了来自同事、公司、行业的认可。

2009年，江大白加入格罗方德先进制程研发部，成为格罗方德最年轻的主任工程师，负责开发40纳米及TSV工艺光刻部分。此时，江大白已经越来越明显地感觉到，“持续二十年每天朝九晚五对着电脑的程式化工作”并不是自己想要的职业生涯。

2011年，江大白拿到德国申根准备前去格罗方德德国分公司。就在此时，财富500强正威国际集团开始布局半导体业务，这是一个可以在国内负责半导体项目运作的机会，江大白毫不犹豫选择了后者。2013年8月，由江大白负责，正威国际集团收购了三星的半导体五厂。

2013年，《集成电路产业推进纲要》尚未出台，大基金仍在酝酿，紫光、CEC等集团已在春江水暖之际掀起半导体产业的并购热潮。

“虽然当时中国半导体产业很薄弱，但肯定会有很多半导体企业陆续落地、崛起，整个半导体相关的产业链、供应链生态也会逐渐建立。”江大白意识到，自己“做点事”的机会来了。

2014 年 5 月，江大白回到合肥创业，虽已毕业多年，但这里依然有他自己的“江湖”。

10 年前的 2004 年，正在读硕士的江大白曾经拉着志同道合的同学创办了中科大台球协会，并出任第一任会长；10 年后，江大白又拉来中科大校友一起创业，中用科技的 5 名创业成员中，有 3 人来自中科大。

晶圆厂的墨菲定律

在拥有唯一国家级火灾科学重点实验室的中科大，“为晶圆厂、面板厂提供智慧厂务服务”是一个非常容易得到认可的创业点，“这是一个非常大的市场，中国在高端制造业灾害防治上的短板非常明显。”

虽然中国的半导体制造业才刚刚起步，但事故和灾害已经逐渐显现。2013 年 9 月，无锡海力士发生连环爆炸及火灾，火灾发生后，全球内存紧缺，价格暴涨 42%。

火灾不仅影响了半导体行业，还重创了中国保险业。此次火灾保险估损约 9 亿美元，是我国保险史上最大的单一事故损失，也是世界保险史上仅次于“9・11”事件的单一事故企财险最大赔案。仅此一案，就导致全国行业企财险整体亏损。此后，保险行业重新评估了“高风险、高保额、高易损性”的半导体制造业，认为国内“未来很有可能出现损失超过海力士的赔案”。

根据我国台湾地区 1994—2004 年的统计数据，台湾地区晶圆厂每年约发生 4 次火灾，每次损失合 2 500 万美元。而现在，随着制造工艺的提升，损失额度已远超此前数字。

除了火灾之外，断电每次也会造成数千万元的损失，气体泄漏更会严重危害员工身体健康。2018 年 11 月，韩国三星正式向员工发布道歉声明，在三星半导体、面板厂，因气体泄漏影响健康的员工达到上千人，其中 320 人患有癌症、118 人去世，受害员工进行了长达 11 年的申诉。

虽然各大晶圆厂不断对系统进行改进、补救，但近几年，三星、海力士、台积电、格芯、世界先进等晶圆厂依然不断上演断电、泄露、火灾、污染等生产事故，而且事故频率愈发频繁。火灾、泄露、断电，就如同晶圆厂的墨菲定律，有可能出现的灾害总会发生。

晶圆厂的传承

“所有制造业的先进理念，几乎都是在晶圆厂最先实现的。”江大白向笔者介绍，“20 年前，晶圆厂就开始采用物联网技术；今天很多工厂的自动化水平，还赶不上 20 年前的晶圆厂；业内倡导的工业 4.0，其实在晶圆厂早已实现。”所有的先进制造理念，都是为了尽可能在复杂的工序中减少人员操作环节，提高安全与效率。

不过，在整个晶圆厂中，设计供水、供热、气体管道、电力、空调系统等在内的厂务系统反而被相对忽略，成为晶圆厂的短板。

“晶圆厂对于灾害防治，其实也有严密的预案，有详细的 SOP（标准作业流程），但灾害发生时，上百条 SOP 却很难靠人力响应。”江大白介绍，“所以，我们已经开始把 SOP 写入 FMCS（厂务监控系统）中，逐渐实现智慧厂务，这一点台湾的晶圆厂已经做得比较成熟了，并且逐渐在业内普及。”

而中用科技在智慧厂务上的创新在于，引入了全新的“网格风险树”。江大白表示：“以前，美国 NASA 在航天飞机、火箭的风险管理上提出了这种风险评估办法。通过对各个控制点数据进行收集、分析，在一个可视化屏幕上呈现并实时更新每个网格区域的风险系数。”

建立网格风险树的第一步，是对晶圆厂的水、电、气、化等系统进行数据采集，为此，中用科技开发了几乎兼容所有协议的“LINKA 物联网网关”；其后，从事人工智能开发的创始团队又耗时一年多针对厂务系统开发了人工智能算法。

江大白向笔者介绍：“以前，晶圆厂的厂务监控室需要十几个人盯着十几台电脑，现在只需要一个人就能够管理全厂，并且可以通过语音控制摄像头进行细节巡视；一个晶圆厂可以划分为 10 万个网格，根据可燃物、存放气体、温度、外来人员、施工细节等多种参数判断出区域风险系数，通过不同的颜色进行预警。5～10分钟更新一次，这样可以把风险扼杀在摇篮里。”

目前，安徽省第一家12寸晶圆厂——合肥晶合已经采用了这套风控系统，中用科技提供了CCTV、门禁、报警、停车场、无尘室管理等在内的全系统整合、语音控制等功能。除晶合之外，中用科技还正在为另外5家高端制造企业提供整体风控方案设计。2018年，成立4年的中用科技已经实现3 000万元年收入。

“晶圆厂正在成为一个越来越复杂、拥有数十万控制点的建筑系统。但国内很多公司、地方政府还是把晶圆厂当成一般的厂房，认为‘七通一平’就足够了，这种理念会给晶圆厂的发展带来非常大的挑战。发展晶圆厂，需要重视、建立传承。”创业5年，在晶圆厂风控领域，江大白找到了自己的江湖，开始建立传承。

吴忠洁

博士毕业10年后开始创业，立志打造MCU生态以小博大

文 / 李映

吴忠洁，上海灵动微电子股份有限公司董事长、总经理，自2011年3月起在公司任职。复旦大学材料物理专业学士，同济大学材料物理专业硕士，东南大学电路与系统专业博士。曾先后任Avanti先驱微电子(上海)有限公司软件工程师，芯原微电子(上海)有限公司销售总监，灿芯半导体（上海）有限公司销售运营总监，无锡华大国奇科技有限公司副总裁。

吴忠洁

回顾众多公司的发展，每次失败都归于技术和团队的领导力，每次成功都归于商业模式，而这一理论在MCU或同样适用。在目前国内约1 700家IC设计厂商中，专注于专用的、通用的物联网MCU厂商共计150多家。几近一成的IC设计企业选择MCU，这一条路显然不孤独，却也难以出彩。在MCU市场，一样上演着与高端芯片相似的情节：国外巨头把持，国内厂商在走“农村包围城市”——中低端切入再进入中高端的路线，这条路的险阻与风光应如何看透？

作为行业先行者，在 7 年前选择切入 MCU 的灵动微电子董事长兼 CEO 吴忠洁对于技术与商业模式的重要性、局限性和相互依赖性有着怎样的诠释呢？

7 年前的一个选择

这一切要回到 7 年之前，彼时电路与系统专业博士毕业的吴忠洁，已在外企工作了 10 年，创业的想法开始萌芽。

“在外企的工作经验，为创业打下了基石。”吴忠洁感慨地说，“一是提供了人脉，二是开拓了眼界，三是培养了科学的工作方式。”

切入 MCU 最初的动因在于一番理性的分析。吴忠洁提到，当时对 IC 市场做了一番调研，发现能做的产品很少，类似手机 AP、基带等核心芯片，不仅投资大，对研发人员的要求也很高，不太适合小型创业公司。而当时刚好有机会为客户定制芯片，从而发现 MCU 不是一颗单纯芯片，而是一个与方案深度关联的系统工作。

“从系统的角度考量，MCU 的三分之一是芯片，要做出来；三分之一是生态，要把生态做好，支持把芯片顺利用起来；三分之一是例程与方案，这样 MCU 才易于被客户接纳。”吴忠洁看到了 MCU 的商机。

而当时国内 MCU 厂商大多集中在 8 位 MCU，32 位 MCU 还鲜有人切入，于是他抓住这一机会，开始了“芯”征程。

万事开头难。虽然选择了 MCU，但 IC 开发特性以及 MCU 系统化的思路决定了不能赚“快钱”，如何养活自己成为一大问题。“因当时灵动还有一项业务是提供设计服务，通过这一业务的收入来‘辅佐’MCU，3 年之后拿到了投资，MCU 开始走上了大道，成为灵动的期许与未来。”吴忠洁的策略初步奏效。

如何做出来、用起来、卖出去

创业的路上经历了很多“坑”。吴忠洁提起这段经历，还记忆犹新。

他说：“比如研发人员撂挑子、产品开发出了问题、方案做完了客户被竞争对手撬走了等，这些‘一个都没落下’，但做芯片就是需要耐心，需要熬。”

但现实仍然“骨感”。据相关报告，MCU 市场 98% 以上由海外厂商把持，我国大陆自给率依然有巨大的落差。而上百家国内厂商只在稍微开了“缝隙”的份额中争斗，系统的思路变得十分重要。

正如同不看好快消式的、碎片化的知识付费学习，吴忠洁认为学习一定要成体系，一定要系统化，没有思考、推理过程，只告知结果的学习是无效的。吴忠洁将这一体系思路运用到 MCU 层面，在“做出来、用起来、卖出去”的生存法则中，灵动的战略是“三位一体”，形成一大“联盟”作战体系。

在“做出来”的芯片开发层面，在 MCU 架构上力求突破，根据客户编程应用的特点深化架构、提升性能，瞄准高性价比；在“用起来”阶段，不仅自行开发了整个应用生态系统，同时与第三方开发工具链厂商合作，着力提供更优的生态开发系统，让客户顺利把芯片用起来；在最难的“卖出去”阶段冲锋时，灵动不仅自行开发大量的例程和方案免费提供给客户，同时与几十家方案公司合作，共同开发例程和方案，面向应用不断改进。同时，吴忠洁指出，通用 MCU 应用场景非常复杂，又着力提升可靠性，以适应各种复杂的应用环境。有了这一“指挥棒”，2018 年公司出货量超过前一年 4 倍多，营收增长 50% 以上。目前灵动已有员工 100 多人，研发中心分布在上海、南京及海外，2019 年还将 MCU 业务拓展到海外。

变革之下求变

虽然这一路灵动还算波澜不惊地走过，但在当下内外合力作用下，吴忠洁也意识到变革已来。吴忠洁认为，从产业的变化来看，端侧智能将风行，AI 与行业的结合亦是趋势。因而，灵动“软硬结合”，拓展与知名的算法公司合作，也在考量 AI IP 的集成。吴忠洁还强调，AI 投资整体还要看应用领域和方向，离开具体的应用来谈芯片和生态都是不合适的。

而 AIoT 的风潮下，MCU 的开发也从本地开发迁移到云平台开发，吴忠洁表示，这是重要的变化，MCU 厂商的开发平台要向云端变更，将生态放到云端。

在现有 32 位 MCU 主要都基于 ARM 核的情形下，开源架构 RISC-V 对灵动来说是机会吗？吴忠洁冷静地分析道，“MCU 不只是一颗单纯芯片，而是一个系统，需要生态链的支持，目前 RISC-V 生态相比 ARM 还差距甚大，灵动要考虑生存与发展，将主力放在 RISC-V 短期内可能不太合适，也很难形成压倒式的优势。”而从行业的“背景冲击”来看，最大的变化莫过于中兴事件。吴忠洁对正负面进行了分析，正面是不仅使国人了解到芯片的重要性，也让众多客户意识到单纯依靠国外 IC 是比较危险的，应该做两手准备，分散供应商渠道，这对国内 IC 厂商是个利好。但负面是，中兴需支付 14 亿美元交巨额“学费”，值得 IC 从业者深思。

IP 和生态的重要性无须多言。“大部分厂商都直接购买相应的 IP，甚至借用国外 MCU 厂商的生态东风来推进，这并不可取。而灵动有自研的 IP，同时也注重自造生态，相当于先行一步，未来相信很多厂商也会转变。”吴忠洁强调说。

“IP 是必须面对和考虑的，过去依靠国外厂商的 IP 仅做一些修修补补的模式显然已不合时宜了。”吴忠洁进一步分析说，“虽然不是说 MCU 厂商所有 IP 都必须自研，也可选择购买 IP，但一定要有自己的核心竞争力。即便目前核心 IP 还较多掌握在国外厂商手中，但现状是要先解决当下的问题，先有产品相当于有了根，然后再去解决核心 IP 的问题。而没有产品、没有系统经验，有 IP 也是没用的，IP 都是为应用服务的，不能本末倒置。”

市场生存的哲学

新三板的流动性不够，对资本暂时没有利好。而芯片设计是一个大投入的行业，没有资本的支持是不太可能的。

基于对当下 IC 业国产化替代的紧迫性的判断，吴忠洁解释说，国内 IC 厂要发展起来，首先要吸收有良好经验的人才，拓展用人的渠道，不能只局限于国内，应该去欧洲、日韩、美洲等寻求合适的人才；其次，国内市场应该给予国内 IC 厂商一些耐心，中国加入 WTO 之后，首先取消芯片的关税，相当于国内厂商直接“裸奔”，直面与国际大厂同台竞争，一点儿回旋余地都没有，因而国内客户应该给国内 IC 厂商多一点儿耐心，提供让国内 IC 稳步发展的时间和空间；最后，国内 IC 投资应向设计领域倾斜，而不能只侧重设备或制造，并且是向有产品经验、实干经验的公司倾斜。

在创业中，吴忠洁有一套市场生存的“哲学”。他说，一家企业，不要想成为谁或者替代谁，自身要独一无二，大家的发展道路和梦想都是不一样的；也不要说消灭谁，别人是消灭不了的，做好自己、管好自己的事才是最重要的；商业的本质不需要道德绑架，其本质是提供增值，让客户赚到钱，增值的本质是做好产品、做好服务，因而练好内功才是王道。

“对于未来越有信心，眼下才能越有耐心。”吴忠洁说道。

王海力

不走寻常路，15 年坚守 FPGA 初心

文 / 李映

王海力，京微齐力创始人兼 CEO。国防科技大学计算机科学专业学士，清华大学计算机系 EDA 专业硕士和博士。曾担任核高基国家科技重大专项课题总负责人，曾带领团队成功开发出自主知识产权 FPGA 器件及 EDA 软件工具，拥有 50 余项 FPGA 与异构可编程计算芯片架构、EDA 软件与系统方面相关的国内外专利，发表 20 多篇相关论文，出版基于国产 FPGA 与异构计算设计方面的书籍。同时担任北京电子学会半导体委员会委员、北京半导体协会专家、中国计算机学会集成电路专委会委员、中国《计算机辅助设计与图形学学报》审稿人等多项社会职务。

王海力

“林中有两条路，我选择了人迹罕至的一条。”用这句诗来描述原京微雅格副总裁兼代理 CEO、现京微齐力创始人兼 CEO 王海力的选择可以说十分贴切。是什么让王海力 15 年来一直在 FPGA 领域初心不改，即便经过京微雅格的巨大“挫败”，仍然矢志不渝深潜 FPGA？又是什么让王海力的命运与国内 FPGA 从无到有、从有到好的发展历程共起伏？

打开 FPGA 之门

这一切要追溯到王海力进军 FPGA 的契机，也要从他进入清华大学 EDA 实验室说起。而能进入这一实验室，却是天道酬勤的范例，因为他把握住了清华大学硕博连读的机会。

或许这与他从小就“不服输”的精神相关。作为湖南株洲人，王海力坦言父母和姐姐对其人生的影响很大，父母一直跟他讲人生道理，大六岁的姐姐也能给予他超出同龄人的建议。而天性聪颖的他也一直是“学霸”。但命运的第一个波折却在小升初时来临，由于没有发挥好，与进入重点初中的分数线差了几分，父母说找人通融，但王海力的选择却是坚决的“不”，并誓言三年后要考入重点高中。于是在进入普通中学后，王海力憋着一股劲，一直保持着全年级第二的水平，在考高中时终于以第一名的身份进入梦想中的重点高中，并兑现了三年前的承诺。其间，老师和同学们也给予王海力各种关心和支持，让他走在了学习的坦途上。

但命运在大学时却又“拐了个弯”。由于当年军校的一些新政策，王海力被国防科技大学计算机科学专业录取，这虽然并非他的高考本意，但他深知能够在最好的军校，并且能向“银河超级计算机”中最优秀的老师们学习，这是他的幸运，他也为之兴奋和骄傲。因此他潜下心来努力学习，在本科时一直保持系里前三的佳绩。

正因为如此的积淀，本科毕业后硕博连读的机会随之而来。彼时恰逢清华大学推出扩招政策，某些重点高校相关院系前三名可来清华大学面试交流，通过后可直接录取。可能源于王海力是系里的“探花”，坚毅执着的他幸运地被清华导师选中，随后顺理成章进入清华大学继续学习。

在清华硕博连读阶段，王海力进入计算机系 EDA 实验室开展课题研究。从 EDA 的综合、逻辑优化、布局布线等理论知识开始学起，接触到最底层的基础知识和算法，为日后戎马作战 FPGA 打下了基石。

2005 年，王海力面对纷至沓来的工作机会，在众多同学纷纷选择进入新思科技（Synopsys）、Cadence 等国外 EDA 厂商或热门的互联网厂商时，王海力却“不走寻常路”，选择了一家刚刚在中国成立的 FPGA 公司——Agate Logic（雅格罗技）。这是为何？

谈及这段过往，王海力描述了自己当时的心理活动：虽然这家公司完全没有名气，但它背后的“大佬”欲在中国第一个尝试发展商业化自主知识产权的FPGA公司，并立志做成一家除美国以外的FPGA公司，这对王海力的吸引力巨大，同时意义非凡。此外，当时公司到清华大学EDA实验室选人开出的条件是经理职务，并可带团队，与其他大多数同学选择的美国EDA公司相比，这样的新兴公司可能提供了一个更大的发展空间。而如果能把中国FPGA“浇灌”出来，未来的舞台将更大。

“这与我一直不走寻常路的价值观是‘匹配’的，而不是世俗的按部就班。”王海力笃定地说。一心想做一番事业的王海力在2005年义无反顾地加入京微雅格的前身——雅格罗技公司。

航行触礁

在雅格罗技“沉淀”下来之后，王海力开启了探究FPGA从原理到实践的新历程。

王海力介绍说，当时公司的FPGA因规避美国FPGA专利而采用了层次化内核结构，因结构本身所限，很难将FPGA密度做大，而其他主流厂商，如赛灵思等均采用了基于列的块状结构，这种架构易于扩展且EDA工具能更好支持。

王海力与第一批加入公司的同事们在FPGA领域不断学习和创新，设计优化架构与EDA工具，所有的代码都需要团队自己去开发搭建，辛苦付出得到的回报是公司在2005年到2010年陆续流片了几颗MCU+FPGA，包括1K、4K甚至32K逻辑资源的FPGA芯片。可以说，在十多年前的中国，能自己完全正向设计如此规格的FPGA实属不易。

而正是基于雅格罗技在FPGA技术的积累，以及拥有自主架构、正向设计能力，在当时国内FPGA发展路径中独树一帜。后来，北京市决定将其作为高端芯片项目引进并投资。经过一番协商，于2010年8月最终由北京亦庄国际投资公司代表北京市政府出资占股、原资方也继续出等额资金共同创立了京微雅格。“当年北京市政府愿意出资近亿元来支持FPGA项目是很有魄力的，也是很有胆识的。这笔资金作为政府引导基金比其他VC投资的条款更优惠，基本算无息贷款，这给公司后续的快速发展奠定了坚实的资金基础。”王海力谈及这段往事还是由衷地感恩。

有了北京市政府的“站台”，刚成立的京微雅格看起来就“稳”了，一系列国家或地方项目纷至沓来，工信部、科技部、北京经信委、科委给予了很多项目支持。而京微雅格在以往的技术积累上，持续深入采用自主架构的 SoC FPGA 和低功耗 FPGA 的战略，打破 FPGA 市场国外垄断的铁板一块，并将原来第一代的层次化 FPGA 结构优化成第二代的基于列分布的块状结构，继续深入开发全套 EDA 工具、IP 库、硬件等，不断优化验证，全力研发从低规格到高规格的“山”“河”“云”“星”四大 FPGA 产品系列，产品陆续量产并推动出货。

王海力和同事们见证和参与了 FPGA 架构设计、硬件实现与软件 EDA 工具开发的全过程。同时，他们还一直做着一件非常有意义的事情，那就是承接核高基项目。后来由于公司发展需要，王海力从专注于技术开发的负责人走向公司的管理岗位，之后成为核高基项目总负责人。从原来固守技术的技术人员到全局的管理者，王海力的能力提升到了一个新的层次。

但看似顺风顺水的背后，巨大的隐忧开始显现。京微雅格为研发中高端 FPGA 芯片，在 2014 年开始大规模扩张团队，但由于前期开发的产品市场推广遇阻，同时项目资金迟迟难以落实等多重原因引发公司资金链断裂，京微雅格在 2016 年 1—5 月无法正常发放工资，导致上百名员工集体离职。公司失去了最后的重心，也失去了昔日荣光，最终陷入困境。

王海力在回忆起这段往事时剖析说，一方面京微雅格扩充速度太快，接近 200 人的团队成本巨大。而另一方面开发的产品没有太接地气，当时的环境也不那么“友好”，客户普遍的反映是“用国外 FPGA 好好的，为何要用国产 FPGA？”在客户端 Design-in 机会真正能够转化到 Design-win 的屈指可数。而快速扩张的京微雅格需要大量资金不断注入来开发和推广产品，且营收上难以全面输血，这使苦心等待项目资金“救援”的京微雅格最终倒在了“黎明前的黑暗”。

王海力也走到了命运的风口浪尖。

临危受命

如海啸一般的资金链断裂将京微雅格冲得七零八落。王海力临危受命，作为代理 CEO，处理公司后续重组事宜，最后的境况是只剩下他和其他 7 名核心员工还在坚守。

这一坚守就是 18 个月。2017 年 5 月，京微雅格股东决定给王海力及留守团队提供再创业机会，以维系火种再出发。现实来看，京微雅格已经难以再融资发展，股权问题错综复杂又难以解决，成立一家新的公司无后顾之忧地发展，待合适时机再反向收购京微雅格可能不失为一条探索之路。

于是，“八大金刚”在当年 6 月成立了京微齐力。

“三十功名尘与土，八千里路云和月。”在经历了京微雅格的失败和重组后，王海力为何还如此执着 FPGA 事业？王海力感慨地说：“京微雅格虽然在生死边缘，但十多年来的积累，团队深刻理解正向 FPGA 研发的全流程，这么多年无数心血凝结的知识产权和量产的 FPGA 产品，无论是在客户、政府、投资方，还是在产业方，都已经深深烙上我们的标签，难言放弃。而后来成立京微齐力的使命就是要继续实现中国 FPGA 梦。新公司的名字中“京微”代表北京微电子，“齐力”即齐心协力，仍在无声地传递着国产 FPGA 的诉求与使命。”

兵法中有云：“胜，不妄喜；败，不遑馁；胸有激雷而面如平湖者，可拜上将军。”就这样，在时代面前选择逆风航行的王海力和同事们在坚守 18 个月后终于等到了一个再续 FPGA 初心的时机。此时的京微齐力拿到京微雅格 7 年独家授权，带着维系火种的使命和担当再次出发。

难得的是，在坚守的日子里，仍有不少客户在向公司订货。王海力说，2016 年艰难困苦之下，公司也有数百万元的销售回款，王海力及团队的诚信、责任与担当在这一过程显现无遗。

而这次“再出发”一路畅通。在公司成立之初到与天使轮投资方交谈半小时的过程中，资方很快就决定投资齐力，就是因为认定王海力和留守团队这么多年的坚守与情怀，以及对国产 FPGA 市场前景的看好。而在不久之后的第二轮融资中，海康基金与王海力团队深聊之后，也被他们的情怀感动，很快决定投入数千万元，继续支持中国的 FPGA 事业。在中兴事件发生之后，FPGA 国产化首先受到政府、投资机构和应用商的极大关注和重视。他们真正的机会来了！

在京微齐力“八大金刚”的带领下，在资本的助力下，公司很快走上正轨。京微齐力陆续将雅格罗技、京微雅格培养的第一批核心技术团队绝大多数原班人马招入麾下，他们大都拥有十多年 FPGA 从业经验，到 2018 年，齐力已建立了

50 多人的核心团队。团队砥砺前行，齐心协力，近两年，一方面通过销售京微雅格之前开发的各系列产品来扩大营收；另一方面吸取之前的教训，开发了“接地气、在短期内能看到现金流的”面向消费电子领域的 FPGA 产品。

而在公司 2018 年年底开始第三轮融资时，京微雅格的历史需要“厘清”。王海力说，新的投资方还是很担心京微雅格与京微齐力的关系，担心以后上演高科技版的“加多宝和王老吉”分家的故事。因而 2018 年开始与京微雅格股东进行协商，最终京微齐力收购非国资部分所有股权，成为京微雅格大股东，完成对京微雅格的重组。后续公司将集中力量在京微齐力平台进行发展，在京微齐力 IPO 之前，妥善解决原国资投入的部分，实现历史股东与现有股东多赢的局面。

成为京微齐力创始人兼 CEO 的王海力，在选择了少有人走的路之后，终于走出一片属于自己的独一无二的风景。

再出发

可以说，从现在开始，京微雅格的故事正式翻篇，京微齐力站在了全新的起点上，而 FPGA 也逢新的大变局。

王海力认为，在大数据与 AI 迅速兴起的时代，基于自适应的软硬件革新的 FPGA 成为新的发展方向，同时利用面向特定应用领域知识来设计和优化 FPGA 将会获得更多市场机会。此外，因备受关注的中兴、华为事件，以及中美贸易中美国对知识产权的严重关注及维护，FPGA 要想长久发展，必须坚定不移地走“发展自主创新、掌握核心技术”这条路。

对市场形势有清晰判断的京微齐力，也在筹划自己的“小目标”。王海力提到，京微齐力一方面一直在寻求中国市场的 FPGA 存量替代机会，力争在海康、大华、中兴、华为等公司实现突破。同时，面向显示、消费等新应用市场，公司开发了高性价比的大力神系列 FPGA。这类产品要想在市场上占有一席之地，需要有很强的综合实力，包括产品技术能力、供应链管理与成本控制等能力，殊为不易。另一方面，公司也在发力中高端 FPGA 产品，面向通信、安防、电力、视频等市场需求，已解决中高端 FPGA 芯片“卡脖子”的问题。目前，公司正在开发新一代 28 纳米 /22 纳米 FPGA 产品，预计 2020 年开始陆续交付不同规格的样片。

“对于一个刚刚成立两年的公司，市场与客户已经对京微齐力的产品给予了认可，我对此感到非常欣慰。”王海力补充道，“截至 2019 年 9 月，公司已实现销售过千万元，超过 2018 全年。借助市场机会和自身优质的产品，公司希望在未来两年内，实现营收过亿元，力争突破 1% 以上的市场占有率。”

而在全球新的变局面前，王海力更希望国内 FPGA 企业能团结一致，协同发展中国 FPGA 产业。这需要有大智慧、大格局、大方向，要联合产业方，集中优势力量攻坚，除已经在产业化途中的中低规格 FPGA 外，还需协同布局中高规格的 FPGA，如目前市场急需的 50K、100K、300K、500K 容量的 FPGA 产品。从某种程度来说，2020 年将是国内中高端 FPGA 芯片布局的元年，业内同仁将一同交卷。

尽管京微雅格成为历史的“浪花”，但在 FPGA 上的探索也给予了国内 FPGA 新的“养分”：京微培养的很多 FPGA 人才仍然在国产 FPGA 行业中继续奋斗。要知道，在 FPGA 短短 30 多年的发展历程中，上百家行业巨头杀入了这个市场，不过最后大部分都铩羽而归。可以说，FPGA 是全球芯片设计业最需要技术突破的产品之一，也是在所有的芯片领域中属于最难以打破格局的产品之一。

国内一些后起之秀在全力冲锋，能否搅动现有格局，并在未来练兵场上让红旗飘扬？风物长宜放眼量。自言“不走寻常路”的王海力，能否带领涅槃重生的京微齐力，真正“其利断金”？我们拭目以待。

罗仕洲

从只身前往大陆的“好奇者”一跃成为两岸的“摆渡者”

文/茅杨红

罗仕洲，台湾科大化工本科毕业，台湾大学化工硕士，复旦大学微电子学院博士，青岛大学纳米集成学院教授，发表半导体相关论文及专利数十篇，浙江大学校友会求是缘半导体联盟常务理事。曾任职台湾台积电，中芯国际“黄埔一期”员工，2001 年加入中芯国际，2013 年在美商 Airproducts 任全球市场行销及应用总监，2014 年任中芯中段晶圆厂微机电和凸块工程及管理总监，现任磐允科技总经理，服务主项为半导体教育与咨询。2013 年创立欢芯鼓伍俱乐部，至今已有 1 700 多名会员。

罗仕洲

历史的发展总有一些关键的时间节点，对大陆半导体业来说尤其如此。

2000 年，张汝京博士创办了大陆第一个国际化的半导体制造厂——中芯国际，由此开创了中国 IC 制造业的开端，奠定了中国 IC 业的基石。大陆的 IC 制造之火又逐渐从上海张江蔓延至全国。不难发现，如今大陆半导体产业中的众多高管以及中坚力量均来自中芯国际，在他们心中，中芯国际不仅扮演着产业“火车头”的角色，同时也是他们梦想起航的地方。而本文的主人公罗仕洲博士也是从中芯国际走出来的一员大将。

在五十知天命的年纪，来自于台湾的罗仕洲在产业中甚是活跃，他一人身兼数职，既是青岛大学纳米集成学院教授，也是多家大型机构的高级顾问，同时还是欢芯鼓伍俱乐部的创办者，积极投身于政府与企业之间，致力于帮助海峡两岸建立沟通桥梁。因此，他也将自己称为“摆渡者”。

非同寻常的求学者

在台湾地区，现代高等教育体系基本上可以分为两种，一种为普通高等教育体系，另外一种为高等技职教育体系。后者在台湾经济发展过程中扮演着非常重要的角色，尤其在20世纪70年代台湾经济快速发展时期，为台湾各项产业提供了大量的技术人才。“选技职、有前途”的概念在台湾深入人心，而罗仕洲也来自于该教育体系。

罗仕洲出生于台湾省新竹的一个普通家庭，同时也是一名客家人。为了能够早日赚钱贴补家用，他选择了只需攻读三年的高职院校（大陆称之为中专），毕业后便在一家传统化工厂工作。但是工作仅半年后，由于重复而单一的工作无法满足个人的追求，他毅然决定重返校园，复读则成为他唯一的选择。

都说“幸运总是光顾那些特别努力的人”，凭借自己的不懈努力，选择复读的罗仕洲最终以前十名的优异成绩考上了台湾科技大学，且大学四年间多次获得奖学金。毕业后他又顺利考上了东海大学的研究生，但由于对学术有更高的追求，他再次选择复读，最终考上了台湾大学化学工程专业的研究生。

“台湾大学的学风非常好，学长们也都很优秀，在那里我获得了强烈的认同感。”在罗仕洲的心中，考上台湾大学是他人生中一个非常重要的转折点。

与此同时，罗仕洲在求学期间还有一段特殊的当兵经历，那段经历也是他人生中极为宝贵的财富。在台湾，所有成年男子都必须履行近两年的服兵役义务，因此罗仕洲在读完台大研究生后，便被安排至金门成了一名化学军官。有趣的是，由于之前的两次复读经历，他也是其中年纪最大的军官。

两年的兵役生涯结束后，回到台湾的罗仕洲才正式拉开自己的职场生涯序幕。彼时台湾的半导体产业正处于急速发展阶段，而他就职的第一家公司是茂矽电子（台湾的晶圆制造厂）。也就是在那里，他遇到了把自己带入半导体行业的师傅，并开始学习半导体清洗工艺，受其影响深远。

1997 年，离开 TI 的张汝京博士回到台湾创办了当地第三家晶圆代工厂——世大半导体，不仅势头强劲，在台湾业界也掀起了一阵浪潮。在师傅的建议下，罗仕洲决定离开茂矽电子转而加入世大半导体，从而成为张汝京团队中的一名工程师。

世事难料，成立仅三年的世大半导体最终被台积电以 50 亿美元揽入麾下，张汝京博士也因此带着台湾 300 余名工程师一路北上，创立中芯国际，开启了大陆半导体代工新时代，而罗仕洲也就此跟随张汝京来到了大陆。

只身前往大陆的好奇者

2000 年，上海张江还是一片“荒芜之地”，远没有如今的繁华景象，大陆的半导体产业也处于起步阶段，与台湾还无法相提并论。因此罗仕洲身边的朋友都十分困惑地问他：“你在台积电有那么好的工作前景，为什么要去大陆？”

彼时的罗仕洲回答道：“一方面我觉得大陆是个有趣的地方，应该去看看；另一方面我想试着换个工作环境，看看大陆和台湾有什么不一样。”在好奇心的驱使下，罗仕洲义无反顾地来到大陆，开始了自己的新生活。

在大陆，让罗仕洲感受最深的莫过于人情味儿。他清楚地记得，有一次家里的马桶坏了，第一个冲到他家帮忙的是一位大陆同事。“这位大陆同事虽然是我的下属，但是他并不是阿谀奉承。只要他认同你的工作能力和人格，不管你是哪里人，他都会真心帮助你。”这也是罗仕洲在大陆工作和生活多年的体会。

本以为在大陆待满 4 年便会回到台湾的罗仕洲，没想到一待便是 18 年。对于大陆，他一直心存着一份别样的情感，同时在大陆他也收获了一份美好的爱情。他说：“生我养我的是台湾，而真正让我成长的是大陆。”

作为中芯国际最早的员工之一，罗仕洲参与并见证了中芯国际的创立、辉煌以及受挫，并逐步从湿法部门的一名工程师成长为部门经理。在他的成长过程中，有一个词贯穿始终，那就是“坚持”。

“因为我是从台湾技职体系出来的，所以我的英语其实很差，以致我大学毕业时遇到韩国人，都不敢说出口。后来在中芯国际时，我就一直坚持跟国外的供应商用英语交流，慢慢地英语才越来越好，而且跟供应商之间的关系也越来越好，一举两得。”他笑着回忆道。

除了英语实力的提升，在工作期间罗仕洲还攻读了复旦大学微电子学院的博士学位，师从复旦微电子学院的张卫教授。攻读博士学位并没有想象中那么简单，由于需要边工作边学习，所以罗仕洲的博士生涯长达 6 年之久。中途最困难的时期他的妻子都曾劝他：“你还是放弃算了。”但是他说：“不行，既然我已经花了这么长的时间，就一定要坚持读完。”

2017 年，罗仕洲终于获得复旦大学微电子学院的博士学位。他不禁感慨道：“虽然过程非常艰苦，但是也要拼尽全力克服，有这种经历也让我的人生更有趣、更丰实。”

创新的开拓者

曾在世大半导体和台积电工作多年，后于 2001 年只身来到大陆成为中芯国际“黄埔一期”员工，罗仕洲和张汝京博士之间一直有着千丝万缕的联系。在他眼中，张汝京博士是“创新的开拓者”。

台积电的创始人张忠谋曾讲过：“开创者往往比别人更辛苦，可是他的动机比谁都伟大。”众所周知，台积电不仅是全球代工领域的领头羊，也是最赚钱的“制造之王”，其 2019 年的净利润高达 120.4 亿美元，占据着全球 7 纳米先进制程近 90% 的市场份额。如果说张忠谋是全球代工领域的开创者，那么张汝京便是大陆代工领域的先行者。

2000 年，张汝京创办了大陆第一家最大的芯片制造企业——中芯国际；2014 年，他创办新昇半导体，开启了 12 英寸硅片研发及量产的新征程；2018 年，70 岁的他再次成立芯恩半导体，践行 CIDM（Commune IDM）模式。

“在中国半导体产业中，很多人都只是跟随者，而能成为其中的领头者实为难得，张汝京博士就是难能可见的‘领头羊’，他的影响力至今仍在。即使已经 70 多岁，他依然活跃在半导体行业第一线。”对于张汝京博士的坚持和情怀，罗仕洲显然怀揣着敬佩的心情。

受到张汝京博士潜移默化的影响，罗仕洲也成了一名“创新的开拓者”。2013 年，他创办了欢芯鼓伍俱乐部，同时这也是中国半导体制造产业圈最大的微信群。发展至今，该俱乐部已有 1 700 多名会员，并举办了多场产业大型峰会，通过整合国内外半导体产业资源，彼此相互学习、分享与互助。

罗仕洲坦言:“其实刚成立的时候想法很单纯，中芯国际为大陆半导体产业培养了一批重要人才，需要一个平台将这些人聚集在一起。通过这个平台，老同事之间不仅可以聊天谈心，还可以免费交换产业资源，所以这也相当于是一个公益组织。”

而在谈到“欢芯鼓伍”名字的由来时，罗仕洲解释称:“研发与制造芯片的过程非常苦闷，最开心的时候便是问题解决的时候，所以这也是‘欢芯’的由来；而‘鼓伍’指的是大家都不是单打独斗的，应该互相帮忙，一起研发与制造芯片。”

除此之外，“欢芯鼓伍”还拥有着不一般的 DNA，罗仕洲表示:“人的一生追求的是开心，家庭和谐、身体健康是基本核心，但是并不完整，还需要加上热情。在工作和生活中有了热情之后产生的便是成就感，有了成就感之后自然会获得职务升迁和对等的财富，当功成名就之时，别忘了反哺社会，这情怀就是你人生的初衷：开心。它是一个闭环路，也是欢芯鼓伍 IC Happy Heart 的 DNA。”

海峡两岸的摆渡者

近年来，随着中国半导体产业的快速发展，如何弥补中国半导体基层工程师的人才缺口成为业界极为关注的话题。为帮助产业培养更多人才，罗仕洲身上还有一个不得不提的职业身份——青岛大学纳米集成学院教授。值得一提的是，这个职业也得到了张汝京博士的支持。

无论是工艺工程师还是设备工程师，他们不仅需要理论知识，更需要在懂行老手的及时指导下，避开在将来实操中大概率会遇到的“坑”和难点，甚至误操作。罗仕洲对此非常有信心：帮助一个有志于投身半导体事业的新人，将技能认证周期从三个季度到一年降低至一个季度。

在客家人心中，教师拥有极为崇高的地位，所以罗仕洲的父母一直希望他能成为一名教师。但在当时，台湾的师专（师范专科学校）比高中和其他的专科学校都要难考，打退堂鼓的罗仕洲瞒着父母，并没有报名参加师专考试，因此这一直是他的一个心结。时至今日，能够成为青岛大学的一名教授，令他和父母感到莫大的欣慰。

作为从中芯国际走出来的“资深元老”，以及在大陆生活和工作多年的台湾同胞，罗仕洲在海峡两岸的半导体圈积累了丰富的人脉和资源。如今的他除了教书之外，也一直积极投身于政府与企业之间，致力于帮助海峡两岸建立有效沟通桥梁，成为一名真正的“摆渡者”。

在罗仕洲看来，半导体企业发展离不开市场、技术、团队、资金和政府的支持，而台湾有技术和团队，大陆有政府的支持和充沛的资金，如果两岸能够完美结合再好不过。“我希望两岸业界人士之间能够平心静气地去发展企业，并进行更多的交流，而我愿意成为中间的摆渡者。”他发自内心地说道。

罗仕洲认为，台湾有五张非常有名的“名片”：一是谦逊、热情的文化；二是民生健康体系；三是优越的地理环境；四是高速发展的高科技产业；五是民主政治。他由衷地期待两岸关系能够走向和谐，彼此相互理解，两岸经济也能够彼此繁荣发展。

尤其在半导体产业中，罗仕洲非常愿意成为海峡两岸的摆渡者，解决两者思想和文化上的落差，帮助两岸的半导体企业融合发展。他坦言，每次帮助别人后，受到他们由衷的感谢，这不仅让他感到快乐，更感到有成就感。在他的人生追求中，快乐一直排于首位。

无论是组建欢芯鼓伍俱乐部，任青岛大学纳米集成学院教授一职，还是身为多家大型机构的高级顾问，对于早已实现财富自由的罗仕洲来说，这三个身份显然都不是奔着商业目的而来的。心怀产业情怀的他，更愿意为中国半导体事业尽一份绵薄之力，推动海峡两岸 IC 企业共同发展。

秦　鹏

放弃名企高薪，选择创业，从此走上“不归路”……

文/茅杨红

秦鹏，上海合宙通信科技创始人兼总经理。南京理工大学数学系学士，理学硕士。曾任华为上海研究所软件工程师、阿尔卡特高级手机软件工程师、摩托罗拉上海第二分公司高级软件工程师。2006 年创办龙尚科技；2009 年创办上海艾特维通信科技；2014 年创办上海合宙通信科技。2016 年年底，合宙科技推出了 Luat 开源平台，目前基于 Luat 架构开发的企业已超过千家，使用 Luat 模块出货的企业已有数百家。

秦鹏

秦鹏出生于河南开封，1994 年考入南京理工大学攻读本科学位，本科毕业之后又继续攻读硕士学位。在南京理工大学的 7 年时间里，秦鹏一直选择数学专业，在外人看来如此枯燥而又乏味的专业他却整整读了 7 年。“我高中的数学成绩不错，而且我喜欢逻辑思维，感觉数学更单纯一点。”秦鹏说道。

其实，在大学期间，秦鹏更喜欢做学术研究。不过，秦鹏觉得当时的研究所和高校过于沉闷，学术研究气氛不浓，他在毕业之后更愿意去企业锻炼自己，由此也正式拉开了其丰富多彩的职场生涯序幕。

首次创业，在企业巅峰时选择退出

2001 年毕业之际，秦鹏跟随同学一起来到上海，而他的第一份工作便是加入华为上海研究所成为一名软件工程师。然而工作之后，他发现现实与理想相差甚远。

在华为待了两年之后，秦鹏便加入阿尔卡特上海分公司，担任高级手机软件工程师。后来在阿尔卡特被 TCL 收购之后，秦鹏又加入摩托罗拉上海第二分公司，担任高级软件工程师。

毋庸置疑，华为、阿尔卡特和摩托罗拉都是当时极具影响力的大公司，但是秦鹏却发现这些大公司由于制度问题，工作效率低下。因此，创业的种子在秦鹏心中不断萌芽，他想做一些更有意义、更具挑战性的事情。

彼时，模块市场在中国处于刚刚起步阶段。由于此前接触的一直都是手机软件，对于秦鹏而言，模块是一个完全未知的领域，但是直觉告诉他这是一个非常有前景的市场。

骨子里的冒险精神促使他勇于探索，敢于去接触未知的领域。在 2006 年，秦鹏离开摩托罗拉之后，便与其他几位合伙人一起创办了龙尚科技（上海）有限公司，并担任公司的研发副总。

龙尚科技成立之后便一直致力于无线终端和模块的研发工作。庆幸的是，龙尚抓住了国内模块市场刚起步的绝佳时机。2009 年，龙尚的 2G 模块出货量全国领先，且营业额达到了上亿元，利润十分可观。

然而，在龙尚科技发展的高峰时期，秦鹏却做出了一个出乎意料的决定，他选择离开公司再次创业。而他离开公司的原因主要有两个：一是因为公司内部的内耗问题严重；二是因为在产品规划的方向上有所偏差。

二次创业，在产业冬天来临前及时刹车

彼时，中国电信和中国联通的 GSM 和 CDMA（第二代移动通信标准）网络都已经初具规模，但是在第三代移动通信（3G）产业竞争的起跑线上，中国的通信产业只有树立自己的标准，才能改变一直以来的被动局面。

在中国政府和通信企业的坚持下，2000 年 5 月 5 日，TD-SCDMA 被正式采纳为国际 3G 标准，而这也是中国人书写的第一个国际标准。随后的几年里，整个 TD 产业都在不断摸索中前行。

直到 2009 年 1 月，工业和信息化部向三大运营商发放了 3G 牌照，拥有超过 4.5 亿用户的全球第一大电信运营商——中国移动获得了 TD-SCDMA 的运营牌照。至此，中国全面进入 3G 时代。

正是因为看到 TD-SCDMA 标准在国内市场的火热程度，2009 年离开龙尚科技的秦鹏，开始二次创业，创办了上海艾特维通信科技有限公司，同时也是闻泰通信的子公司。与秦鹏一起创业的还有一位合伙人，秦鹏主要负责公司的运营。

艾特维成立之后，便开始以标准化的方式做 TD 模块，借助于当时良好的市场环境，把握住市场机遇的艾特维成立刚满一年便实现了盈利，2010 年公司的营业额甚至达到了两亿元。据秦鹏回忆，当时艾特维的 TD 模块占据着国内 80% 的市场份额，风光无限。

令人意想不到的是，看起来轰轰烈烈的中国 3G 时代，不过是一个昙花一现的过渡时代而已。2012 年，全球开始进入 4G 时代，这也注定着 TD-SCDMA 技术即将消失在人们的视线中。

2013 年，由于运营商不再投入 TD-SCDMA 技术，整个 TD 行业江河日下，而这对于艾特维来说，无疑也是一个致命的打击，没有订单公司将无法继续经营下去。于是，秦鹏便与闻泰通信一起协商将艾特维公司注销。

永不放弃，开启人生第三次创业

艾特维的不复存在，使得公司的整个团队失去了方向，接下来应该往哪个方向走没有人知道。然而，秦鹏并没有因此灰心丧气，他带领着原来公司的十多名员工从零起步，并于 2014 年第三次创业，创办了上海合宙通信科技有限公司。

TD-SCDMA 标准的昙花一现，一度让秦鹏团队对于模块业务产生了动摇，因此合宙科技成立之初便转变方向，尝试做起新业务——小蛮儿童手表。“不管是手表的外观、模具，还是里面的主板、软件、后台 App 等全部都自己做，可以说合宙为此投入了大量精力。”秦鹏说道。

然而，小蛮儿童手表并不成功，这让秦鹏开始反思。他坦言：“我们团队其实是做 To B 业务的，对于这种品牌 To C 业务并不擅长，所以能力是不够的。当时方向不明确，而且自我膨胀比较厉害，做 TD 模块做得很成功，觉得无所不能，然后做了小蛮品牌。这对我们打击很大，让我们发现自己的能力是有限的，我们只擅长 To B 业务。”

秦鹏意识到团队的优势和不足，开始调整对公司的运营思路。“以前做模块业务是给大客户服务，只要有 10 个客户便能取得可观的利润，但是互联网本身是一个百花齐放的生态环境，不仅从业人员众多，而且方向十分分散，这也是我们团队迷茫的原因。”秦鹏分析道。

前两次的创业，都是主要做大客户生意，但市场瞬息万变，三四年过后公司便可能维持不下去。而在第三次创业做 To C 业务时，秦鹏团队需要一直跟消费者沟通。在下沉到个人客户的过程中，秦鹏发现互联网的散客其实是互联网的未来，是百花齐放的未来。随即秦鹏便开始着重思考：在分散的互联网市场环境下，怎么才能做持久的生意呢？

经过仔细又深刻的思考，秦鹏带领团队于 2016 年年底推出 Luat 开源平台。

Luat 开源平台也被称为物联网二次开发架构，将在模块行业内多年的研发成果开放出来，其他开发者可以在此基础上做二次开发。

“这样形成一个生态圈，可以大大降低获客成本。我们不再需要以往的为客户做贴身服务等传统业务模式，只需要维护生态社区即可。”秦鹏说道，“让海量的从业者相互做这个事，可以大幅提升沟通效率。而公司只需专注于将模块的品质做到最好，价格做到最低。”

在一年多时间里，Luat 开源平台便吸引了近 1 万家企业购买样品。目前，基于 Luat 架构开发的企业已超过千家，使用 Luat 模块出货的企业已有数百家。

“目前 Luat 已经构建了一个物联网研发的生态，数千人围绕 Luat 来贡献代码和想法，每个月都会有新的应用和版本迭代。竞争对手如要模仿，也要构建同样规模的生态，但是 Luat 的生态也在每天成长，用户群不断发展壮大。”秦鹏自豪地说道。

在产品方面，合宙科技目前也一直在推广自己的 4G 模块。虽然才开始推广半年，但收获颇丰。因为 4G 模块拥有巨大的市场，即使只占有 5% 的市场份额也能取得较高利润；同时，要将产品的品质做到最好、价格做到最低；此外，将线上线下模块产品的价格统一，可以大幅降低商务成本，吸引更多的客户。

为了提高员工的工作效率，秦鹏甚至对公司采取全扁平化的管理方式，公司内部没有部门之分，员工的所有职责都来自于客户驱动和市场驱动。

公司在变化，意味着决策者的想法也在改变，而作为合宙科技的创始人，秦鹏认为其最大的变化就是个人认知在不断发生变化。“我开始把更多拜访和服务客户的时间用于思考商业的本质，思考什么样的产品更具价值。”

与此同时，秦鹏也会利用自己的业余时间参加各种学习班。比如他曾参加了一个水滴训练营，每个月进行 3 天全封闭式训练，可以在那里尽情碰撞思路，在不断探讨产业趋势、商业趋势和运营思路的过程中，不断提升个人的认知。

人的认知分为四种：一是 95% 的人“不知道自己不知道”，二是 4% 的人“知道自己不知道”，三是 0.9% 的人“知道自己知道”，四是 0.1% 的人“不知道自己知道”。

秦鹏对此感触颇深：“确实大部分人都处于‘不知道自己不知道’的状态，所以知道这点以后，你就对很多事情有了敬畏之心。一定要多思考一下事情的本质是不是这样的，不能光从表面现象下手，这是很可怕的。”

张海涛

曾在射频技术的峰顶跋涉，现在创业来筑梦“中国芯”

文/李晓延

张海涛，42岁，清华大学微电子专业学士、硕士，美国加州大学尔湾分校（UCI）电子工程专业博士。在美国的TriQuint（现在的Qorvo）、RFaxis（现在的Skyworks）和高通（Qualcomm）有十几年的工作经验。曾经带领团队成功完成iPhone5/6以及德州仪器Wi-Fi射频终端项目，现任广西芯百特微电子有限公司总经理。

张海涛

射频技术是电子科技产业的一座险峰，想要成功登顶，不仅要耐得住寂寞，还要吃得了苦。本文主人公——广西芯百特微电子有限公司（以下简称“芯百特”）CEO张海涛就是这样一位射频技术高峰的攀登者。受家庭的影响，他子承父业，从清华大学微电子专业毕业后远赴美国求学，在获得博士学位后，加入高通、Qorvo等几大世界级顶尖射频公司工作多年，练就一身过硬的技术本领。现在，他学成归来，怀抱梦想，勇敢而坚定地踏上了创业之路。

DIY 电视机的少年走进清华园

从事模拟或射频行业的人，大多在学生时代就有接触电路元器件的经历，这句话放在张海涛的身上非常合适。

20 世纪 80 年代，电视机开始进入中国家庭。这个神奇的魔法盒子给人们带来了巨大的欢乐，但是其高高在上的价格把很多家庭拒之门外。于是，一些懂电子技术的人开始自己组装电视机。

在父亲的带领下，张海涛和哥哥也购置了元器件，成功组装出一台 9 英寸的电视机。

那时，购买一台电视机需要 80 元，而他们组装的电视机成本只有 40 元。这台电视机带给张海涛很多欢乐，也给他上了一堂电子技术的启蒙课。

父亲是张海涛的电子学启蒙老师。作为国内电子系统大名鼎鼎的中电 13 所的工程师，像那个年代的很多人一样，他的父亲敬业乐业，不计名利地在岗位上拼搏奋斗，即使周日待在家中也常常钻研技术。耳濡目染之下，张海涛从小就对电子学产生了浓厚的兴趣。

从小学到高中，张海涛始终成绩优异，理工科目尤为突出，在国家级竞赛中屡获名次。张海涛的家里有很多跟电子相关的东西。读小学时，父亲就曾给他们兄弟俩拆解过万用表，讲解其电路原理。虽然不算是系统授课，但使张海涛对电子学有了初步的概念。

上高中以后，张海涛曾去父亲的单位参观学习。“那时国内的电子器件水平还比较落后，很多东西都是混合集成的，就是用很多国外的器件，安装在设计好的基板上，再封装成一个大的产品。”张海涛还给父亲打过下手，比如根据给定参数向产品里塞吸波材料，确定封装之后，让产品能够正常运行。射频技术里有个很重要的概念叫作增益，张海涛就是在那时对这个概念有了初步的理解。

这样的家庭背景，让张海涛自然而然地走上了电子之路。

高中毕业时，学习成绩出众的他被保送进清华大学。面试时，老师根据张海涛的学习成绩和家庭背景，建议他学微电子专业。张海涛自己也很愿意，自此，他在清华园开始了微电子专业的求学征程。

赴美之旅，跋涉在行业之巅

如果说微电子技术是座高山，那么美国就处在峰顶。这个行业的从业者，都想到峰顶去一览风景。

7年时光飞逝而过。张海涛在清华大学顺利完成了本科和研究生学业。在一位旅美多年的校友的协助下，他以半工半读的形式赴美留学，一边攻读博士，一边在这位校友创办的公司中实习。

这家公司名叫RFIC，地处加州，一直在射频领域精耕细作。

RFIC的技术当时在业界处于领先地位，吸收了很多技术大咖。2002—2006年，张海涛在公司里学做了GaAs器件、Wi-Fi的PA，还有手机等移动设备用的PA。2006年，在博士生导师的介绍下，他又转到TowerJazz公司实习，在那里学习了SiGe器件技术。这些实习项目都为他未来的职业发展积累了宝贵经验。

“美国大学的课程设计非常难，占整个课程教学的60%，而剩下的40%才是理论教学，这也是美国与中国在教学上最大的不同。”谈起国外求学经历，张海涛对当时的课程设计印象最深，“课程设计指定的作品非常难做，指标往往很难达到，为了做设计，熬夜到天亮是常有的事。”

一向自律的张海涛用自己的勤奋、刻苦克服了重重挑战，成功获得博士学位，多家大型公司遂向他伸出橄榄枝。经过一番考虑，张海涛选择了地处波士顿的TriQuint公司（TriQuint公司后来与RFMD公司合并，成为射频三巨头之一的Qorvo公司）。选择这家公司，是因为该公司的产品线非常完备，各种GaAs产品都有。“面试当天下了很大的雪，汽车几乎寸步难行，面试官都认为我不会去了，当我按时出现在他们面前时，他们的眼神充满了惊讶。”张海涛说，重信誉、守承诺一直是自己做人的原则。他向面试经理提出，要有机会尝试各种不同的工艺，做各种产品线，对方欣然应允。于是，张海涛从阳光明媚的加州来到了寒冷的波士顿。

这一待就是8年。在TriQuint公司，他像海绵一样拼命吸收各种知识，抓住一切机会学习。公司的实验设备在周末可以使用，他就经常在周末去加班做实验。因为做完以后要给美国领导汇报，后来领导都“受不了了”，婉转地告诉他，周末不必总加班。

TriQuint 公司的客户都是顶级厂商。张海涛开始为摩托罗拉研发 WCDMA，后来又给 TI 做 Wi-Fi。经过这两个项目的磨炼，他开始独立运作项目，其中包括给苹果公司做 iPhone 5 和 iPhone 6 的功放、滤波器。

给苹果公司做产品是最辛苦的，需要全身心投入。他们拿着样品去苹果公司总部，在专门的测试大厅进行测试，一待就是一周。“苹果的要求最严格，经常要反复调试。不过，这也是难得的锻炼机会，让我在这个过程中积累了很多经验。”张海涛回忆道。

在 TriQuint 工作期间，张海涛唯一的娱乐是打高尔夫球。公司每周四下午都有高尔夫时间，员工自由参加。张海涛每次都去，打得很认真，最后还成了队长。

基本做完了公司的所有民品项目后，喜欢挑战的张海涛想换个环境，于是联系了加州的 RFaxis 公司。因为这家公司有 CMOS 工艺，而 CMOS 工艺一度有要替代 GaAs 工艺的趋势，张海涛渴望做个逐浪者。

新公司有新的工作习惯，那里用的 EDA 工具完全不一样，版图设计方法也有很大区别，都要重新学习。这些都难不倒张海涛，凭着扎实的功底和学习技巧，他很快就上手了。“去新公司不仅薪资降了些，还放弃了原公司的一些股份。”利益之失，张海涛并不介意，学习新知对他更加重要。

几年后，张海涛又加入了高通公司。“高通在系统整合上有优势，可以提供一个更加宏观的视角。”他举了个例子，“手机中射频前端接受的命令都来自于 SoC，而这些指令都是被优化过的。以前没机会了解，现在终于知道手机中很多射频指标是怎么来的。”

筑梦“中国芯”，创业成为最终选择

很多海外归来的科技创业者都有强烈的报国情怀，张海涛也是如此。

中国的芯片行业，特别是射频芯片行业，与国外有着巨大的差距。填补这个鸿沟，实现技术的飞越是所有行业中人的共同理想。

在一位中国同事的力劝之下，已经掌握行业顶尖技术的张海涛曾一度回国一试身手。他加盟了一家国内知名的射频企业，以中国和美国各待半年的方式工作。虽然此时还没有创业的想法，但这段短暂的经历让他对国内射频行业的发展情况有所了解，为以后的创业打下了基础。

真正促使张海涛下定决心回国创业的导火索，是中兴事件的爆发。当时，每位在美国工作的中国员工都收到了美国商务部的一封信，算是一种警告。这种做法让张海涛心里很不舒服，“如果不掌握核心技术，就是在别人的基础上砌房子。在‘芯’技术领域，中国一定要有自己的话语权！”中兴事件也让他看到了机会，因为国内必定要大力发展自己的芯片产业。

抱着实业报国的想法，张海涛开始联系国内的厂商，寻求创业机会。终于，有一家条件不错的初创公司有意合作。张海涛也觉得这家公司背靠国内知名的工艺供应商，有很好的前途，就以创始人的身份加入。但两年后，因为创业理念出现分歧，张海涛还是离开了。

这次创业试水的经历虽然短暂，但加强了他独立创业的决心和信心。于是，他开始自己组建团队，联系投资人。

无巧不成书，就在此时，张海涛又遇到了贵人相助。其时，广西、广东两省成立了粤桂合作特别试验区，张海涛受邀参加试验区在深圳的签约仪式。仪式之后，身旁的一位省领导问他：“公司有一万人了吧？”张海涛不好意思地说：“现在就我一个人。”领导很奇怪，就仔细地询问了相关情况。在了解张海涛的经历后，立刻诚邀他加盟合作区，并提供启动资金。就这样，广西芯百特诞生了。

芯百特的定位是支持 Wi-Fi/IoT 标准的演化，为用户提供更好的体验，进而通过小基站进入 5G 通信市场，最终打入手机领域。张海涛和团队为芯百特制定了奋斗目标，那就是在射频前端领域打破国外禁运与垄断，打造最强的“中国芯”，助力我国电子产业腾飞。

虽然公司刚刚起步，但是作为射频芯片行业的后起之秀，芯百特运作效率很高，短短一年时间已经有多款产品量产，包括用于路由器和光猫上的产品。“工程团队 90% 的员工都是具有丰富技术经验的年轻骨干，大家为了同一个理想来深圳打拼，战斗力极强。”张海涛透露，2019 年芯百特公司的销售额达到近 1 000 万元。对于初创公司，这是个很不错的成绩。

张海涛认为，企业要想发展壮大，除了核心技术、研发能力等“硬实力”够硬之外，企业文化氛围等“软实力”的提升也不可或缺。“员工需要好的环境才能激发出更多创新的活力，公司要有好的氛围才能产生更大的凝聚力。”

在美国工作多年，张海涛很欣赏那里开放的管理模式。“在 TriQuint，有两个管理理念给我的印象最深：一是公司对员工的信任度很高，从来不实行打卡制度，而且，对于每位员工的培养，都有完整的计划和相关资源。第二，公司内部不封闭，鼓励不同的部门之间进行交流，也允许员工在不同的产品线之间自由转换。”

张海涛把这些理念应用在公司的管理上，“理工科人的思维方式，对自己、对别人都要求完美，这就容易产生冲突。”为了让公司顺利运转，减少这种不必要的摩擦，张海涛就从自己开始做起，和员工打成一片，公司所有管理信息都实现公开、透明。他希望团队成员能够互相尊重，彼此成就。“我们团队的前进方式是波浪形的，有冲劲也有韧性，不管遇到什么样的问题和挑战，大家齐心协力，最后都能达到目的。”

2019 年，芯百特参加集微网举办的“中国芯力量”评选活动，获得“最具投资价值奖”，被很多投资人看好。目前，芯百特已经获得知名投资机构的注资。

张海涛原来喜欢读名著，现在则多是在等飞机的时候买些创业的书来读。回国后高尔夫球一次也没玩，平时的爱好只剩健身和读书了。尽管生活看似单调了，节奏也加快了，但是张海涛还是非常开心的，因为“终于能做自己喜欢的事了”。国内马上要进入 5G 的商用时代，他和团队已经做好了准备，5G 小基站就是他们的下一个目标，具体产品将会在 2020 年量产。未来，张海涛将会带领芯百特，在“芯”科技的道路上勇往直前，奔向一个更加广阔的天地。

李云初

不忘初心，守得云开见月明

文 / 茅杨红

李云初，1972 年出生于湖南临澧，苏州云芯微电子科技有限公司创始人。拥有中国科技大学电子工程学士、硕士和美国得克萨斯农工大学（TAMU）电子博士学位。曾在美国 ADI 及 TI 等公司从事高速高精度数据转换器芯片设计，领导项目团队近 10 年。2010 年，在江苏省昆山市创办苏州云芯微电子科技有限公司。2016 年 6 月，云芯公司被中国电子（CEC）旗下的中国振华集团增资控股。

李云初

1972 年出生于湖南省临澧县的李云初从小就是一名学霸，1989 年以湖南省理工科状元的优异成绩考入中国科技大学无线电系(现已改名为电子工程和信息科学系)。

从小对电子类产品感兴趣

“我从小就对电子类的东西很感兴趣。由于小时候在农村，家里除了收音机外没有其他电子产品，小时候看到收音机那么小却能既说话又唱歌就觉得很神奇。长大之后开始订阅电子杂志，自己去买一些电子元器件开始电子制作。”对于选择无线电系的原因，他笑着说道。

在大学时期，李云初亲手做了许多无线电相关的有趣实验，而一次偶然的与移动通信原型机相关的实验让他对芯片产生了浓厚的兴趣。可以说，这也是他和芯片之间缘分的开始。

据他回忆，在科大的时候，他参与了一个研究移动通信系统原型机的科研项目。让他感到惊讶的是，体积如此庞大的原型机功能最终居然要在那么小的手机上实现，芯片才是硬件设计的最终出路。

基于对芯片浓厚的兴趣，李云初在中科大通信专业硕士毕业后，毅然决定出国攻读美国得克萨斯农工大学（TAMU）的集成电路设计博士学位。毕业后李云初幸运地进入美国 ADI 公司从事高端数据转换器芯片设计工作，从高级工程师升到主任工程师和项目负责人。

投身于国内的“朝阳产业”——芯片业

2009 年，李云初已在美国站稳脚跟，然而，在他的内心深处，回国是必然的选择，而创业则是他回国之后所做的又一个重要决定。

他清楚地知道，在美国，芯片产业被称为“夕阳产业”，因为它已经是一个非常成熟的行业，大公司形成寡头，小公司很难有生存空间。但是，中国比较特殊，作为电子大国，虽然有全球最大的集成电路市场，但集成电路产业长期以来发展严重滞后，导致芯片国产化率非常低。李云初认为，国内芯片创业大有可为。

彼时，中国政府对集成电路行业开始提高了重视程度，并出台了多项鼓励政策支持其发展，其中《国家中长期科学和技术发展规划纲要（2006—2020 年）》所确定的国家 16 个科技重大专项中，编号 01 专项就是“核心电子器件、高端通用芯片及基础软件”，编号 02 专项是专注芯片制造的专项。李云初 2009 年回国后在中国电科某研究所，作为技术负责人，带领团队完成了多项“核高基”重大专项项目。

完成重大专项研发任务的李云初，很快便开始了自己的创业计划。2010 年，他在江苏昆山花桥开发区创办了苏州云芯微电子，公司主要研制面向军工和工业领域的高性能芯片，特别是高速高精度数据转换器（ADC/DAC），而其目标客户也主要是在国内至今仍被国外厂商占据的受控市场领域。

谈及落户昆山的理由时，他坦言主要是因为昆山的地理位置、创业环境和政策福利非常好："一是购房租房补贴，二是税收的优惠，三是提供免费办公场地。尤其是在花桥经济开发区，公司最早的一批核心骨干都享受了高额购房补贴和个税返还，政策力度确实大手笔。"

与第一笔大订单擦身而过

幸运的是，公司刚成立不久便迎来了"开门红"：一笔高达 900 万元的芯片定制委托研发订单。"当时公司刚注册好，我刚办好公章就马上盖章签合同，签好合同就立马去招人，在 1 个月内迅速组建了一个拥有约 20 人的设计研发团队，然后大伙儿立即开始加班加点干活。"他回忆道。

创业的开端看似幸运且美好，然而第一单生意却是艰辛且惨痛的。由于缺乏创业经验，云芯公司成立一年后便遭遇了第一个重大挫折。"第一笔大订单最后还是搞砸了。"他无奈地说。

他自己分析认为，"第一单之所以搞砸，主要原因在于，一是时间紧，客户希望在一年之内就把芯片做出来，但其实要在一年之内把填补国内空白的单片集成 RF 收发通道以及高速 ADC 和 DAC 的 SOC 完成，这本身就是一个非常激进的决策；二是因为公司团队成员的磨合不够，对他们的技术水平把握不准，导致大量返工，使进度严重滞后，最终错过了客户的量产窗口期。"

因为研发进度滞后，意味着公司收不到客户按预计节点支付的项目款，这也将直接影响公司的现金流。为此，李云初只好个人继续增资，再寻求当地政府的投资，才得以让公司能继续运营。

本来是希望凭借这一笔订单在业内打响知名度，但最终还是以失败收场，李云初的内心倍感挫折与焦灼，因为这一次的失败也会直接影响公司未来去接洽其他的客户。但庆幸的是，他还是带领团队坚持了下来。

"其实客户后来也能理解，因为我们公司做的就是一件开创性的事情，将相控阵 T/R 单元的 RF 收发通道包括 ADC/DAC 全部集成到一颗芯片上去，这在国内属于填补空白。要让临时组建的团队在短短一年的时间内研发出定型产品，是一件极具挑战性的任务。当然，虽然项目拖了期，云芯还是锻炼了团队，也取得了不少可以展示的成果。所以慢慢地，后面的客户也给了我们订单，才得以让云芯继续走下去。”对于如何化解此次挫折，李云初解释道。

守得云开见月明

2014—2015 两年间，云芯一直在努力寻找合适的投资方，并且进行了多轮洽谈。从 2014 年 4 月开始，与中国振华接触，一直到 2016 年 6 月振华增资控股，经历了两年多漫长的考察和洽谈。

之所以最终选择投入中国电子振华集团旗下，李云初表示原因有三：一是因为中国电子振华集团是一家实力雄厚的央企，它能为云芯微电子后续寻找新客户背书；二是因为云芯微电子当前主要面向军工和工业客户，而振华集团作为老牌军工电子元器件央企，与云芯的客户群高度重合，能帮助云芯微电子建立品牌和销售渠道；三是因为资金，在重要装备核心电子元器件加速国产化替代的大背景下，中国振华集团能为云芯微电子提供充分的资源保障，帮助后者进入发展的快车道。

虽然云芯微电子经历了整整两年的困难期，但是李云初依然十分看好公司未来的发展前景。尤其是如今毫无缓解趋势的中美贸易摩擦，对于包括云芯微电子在内的国内芯片供应商来说，是一个前所未有的机遇。

“此前，我在美国 ADI 公司负责高端数据转换器芯片的设计工作。我发现这些芯片在中国的用量比较大，除了华为、中兴等一批工业客户外，高端芯片的主要客户还包括一部分特殊的受控市场客户，由于中美贸易摩擦，欧美公司在受控市场的业务量将会迅速萎缩，而国内芯片供应商是定制化设计服务上的不二选择。当前的大环境是本土芯片厂商几十年未见的大好机遇。”他说。

在李云初看来，本土芯片厂商虽然整体上技术落后于国外厂商，但如果选取几个关键产品面向客户系统定制化设计，扎扎实实解决客户痛点，完全有可能走出一条成功之路。同时，因为保密等原因，整机装备单位也只能依赖本土芯片厂商来做定制化设计服务。因此，他从一开始就强调设计师团队正向设计能力的培养，即与客户深度沟通整机系统的需求，找准痛点、分清主次，根据用户需求进行顶层设计，同时也充分借鉴国外成功的技术和经验。

一路走来，云芯微电子虽曾多次与关门歇业仅一步之遥，但是“筚路蓝缕，玉汝于成”，云芯不仅坚韧地生存下来，且已在特定的领域中逐渐崭露头角。对于李云初个人来说，创业之路充满着未知。虽然这条路异常艰辛，但他十年前毅然回国就是为了集成电路的自主可控，为了这个理想，他毫不畏惧，继续勇往直前。

李严峰

为国产 EDA 寻求新突破的“离经叛道”者

文 / 李晓延

李严峰，博达微科技创始人兼 CEO。清华大学电子工程系学士，美国范德堡大学电机工程和计算机科学硕士，从业近二十年，曾任 Accelicon 研发副总裁及总经理，并在 Cadence 和 PDF Solutions 任研发职位；在业界率先应用学习算法驱动半导体测试；领导开发多款世界领先的 EDA 工具和测试仪器，服务全球超过 100 多家半导体客户；发表过数十篇国际会议和期刊论文，包含 DATE2018 最佳论文；拥有 20 多个软件著作权和专利。

李严峰

在 2019 年的“芯力量”评选活动中，博达微科技赢得了“最具投资价值奖”及“百家投资机构推荐奖”两项大奖。这家成立 7 年的中国 EDA 公司得到众多投资人和业内专家的关注。博达微的 CEO 李严峰在国内 EDA 圈子里看上去有点“离经叛道”，但正是这位“另类”的 CEO，正带领着团队走出一条独特的 EDA 发展之路。

EDA 突破的新路

“2003 年后就没有 EDA 公司上市了，所以过去 EDA 创业的常态是做点工具，然后被美国的几大公司收购，完成退出。”已经完成过一轮 EDA 创业退出的李严峰说，“但当前的中美贸易战把我们这群 EDA 从业者推到科技之争的一线，也为行业创造了前所未有的机遇，如果现在还只是小富即安，这辈子都会后悔。”在半导体行业 20 年以来，李严峰感到了一种很深的责任感。

创立博达微的初衷是想安静地做好技术、好产品，创造长期可持续价值。突变的风云，让他的公司和背后的 EDA 产业站上了潮头。华为事件使中国半导体行业的弱点暴露无遗，而 EDA 就是其中最大的短板。

发展中国自己的 EDA 行业，是中国半导体行业的老话题。在具体的思路上，很多人认为要一块块补齐短板。但是，“老路不能走了”。快人快语的李严峰认为，要想突破，走向数据和利用 AI 形成自己的生态是最大的机会。

国外的三大 EDA 厂商基本对这个行业形成了垄断之势。中国目前的 EDA 只具备局部的、单点的优势，如果按照三巨头的发展模式，一个一个工具来补齐，很难成功。而国际巨头这些年都在围绕数据进行优化整合，本质就是围绕 AI 来进行开发。对于中国企业来说，有很多数据上的优势，非常适合以 AI 为突破方向。

敢想敢做的李严峰已经迈出了第一步。博达微率先将人工智能算法应用于半导体参数化测试，大幅提升测试速度和测试能力，结合公司多年的先进工艺器件建模软件和算法，实现从数据采集到仿真验证的无缝链接，帮助设计公司实现更快的 Design-in，帮助 Foundry 实现更快量产和提升良率，技术应用覆盖集成电路工艺开发、设计到量产的整个产品周期。

提到半导体测试，李严峰非常兴奋地说：“测试是个非常朝阳的事业。元器件和电路尺寸不断变小，工艺波动变大，新器件类型层出不穷，注定测试样品量要爆发式增加，这些都不能靠传统的方法来解决。除了 CMOS Scaling 带来的测试压力，新兴的 Micro-LED、MEMS 传感器、VCSEL、光模块带来的测试挑战很难依靠硬件本身解决，这些都是新技术厂商的机会，我们这种算法公司就有机会了。”

李严峰于 2012 年创办博达微，在 SPICE Model 参数提取这块做到了业界领先，推出了包括器件模型、PDK、标准单元库相关的 EDA 工具。2017 年开始进入测试领域，推出了自己的半导体测试系统 FS-Pro。

“2017 年进入测试领域，2018 年产品定型开始走向市场，2019 年则开始盈利。”看好测试这个方向，李严峰就很坚定地走下去：“我们的目标是成为一家提供测试和仿真综合解决方案的高科技企业。”

现在的博达微已经覆盖国内外 100 多家领先半导体公司、大学和研究机构，同时博达微深耕中国，中国的前三大半导体公司也是博达微的前三大客户。

爱好是创业的好伙伴

每个走进博达微办公室的人，都会注意到墙上悬挂着李严峰不同时期的机车夹克和机车旅行照片。玩机车、追求速度是他的一大爱好。

“我比较叛逆，因为有个太过优秀的姐姐在前面。”李严峰对自己的特立独行并不避讳。走上现在这条道路，李严峰很大程度上是受到了姐姐的影响。李严峰的姐姐李严冰博士是科技圈响当当的人物。她现任谷歌副总裁，负责云计算业务，之前任 VMware 全球高级副总裁、存储与可用性业务部总经理，她曾两次被著名科技媒体 *Business Insider* 评选为“最具影响力工程女性”，名列第七。

从学生时代开始，李严峰就紧紧跟随着这个“神”一样的姐姐。姐姐去了清华无线电系念书，他也考入了清华电子工程系，姐姐去了美国普利斯顿大学念书，李严峰也拿到范德堡大学的奖学金，姐姐博士毕业以后，去了 EDA 巨头 Synopsys，李严峰则去了另一家巨头 Cadence。“如果不是因为我姐，我肯定不会搞 EDA。”

不过，加入 Cadence 也有一段有趣的经历。李严峰于 1999 年年底开始找工作，那时美国经济大好，半导体产业红红火火，就业形势可以用“诱人”来描述。光是面试邀请，他自己就收到了七八个，有两家公司还愿意出头等舱机票让他去面试。最终，李严峰选择了 Cadence Design Service。“一方面是南加州的气候宜人，另一方面也是因为不在硅谷，可以离姐姐很远。”李严峰开玩笑地说，“当然也跟老板有关，他跟我很合拍。”

李严峰回忆道：“上班第一天，我开着上学时买的二手牧马人，叮叮咣咣地就到了公司，碰巧停车场遇到同样叮叮咣咣但骑着摩托上班的老板，入职紧张的心情很快被化解。”

李严峰和老板一直相处融洽，受老板的影响，他还喜欢上了骑机车。“当时的半导体行业聚集了很多这样的人，他们是高知识、高收入群体，既在工作上有创造性，也非常会玩，这就让整个行业显得非常酷。”李严峰说道，“现在很多年轻人觉得半导体行业没有意思，我理解他们的想法。不过，我坚信这个行业还会在资本注入和产业回暖的推动下，提供更好的薪酬竞争力，再次‘酷’起来。”

玩得投入，工作上也很拼命，却让他遭遇了一次危机。李严峰在2003年加入EDA初创公司艾克赛利微电子（Accelicon）任研发VP及总经理职位。由于大量出差，频繁飞行，他的身体在2007年进入了亚健康状态。为此，他开始反思，决定改变生活状态并从那时起养成健身的习惯。一路坚持下来，他自己的身体和精神状态一直保持得很好。李严峰笑称自己可能是“半导体创业公司CEO里卧推重量最大的”。

有良好的生活习惯，多样的爱好也保留下来了，甚至成为李严峰前进的巨大动力。艾克赛利是为数不多的完成EDA创业退出的中国企业，公司在2012年被安捷伦EEsof收购。谈及这次创业的感受，他认为如果生活中没有爱好，很难将创业坚持下去。李严峰说：“都说创业是一场修行，但如果半导体创业都是苦和修行，提高的只是抗压能力而不是生活质量，那拿什么来吸引年轻人进入这个行业？修行的目标是全方位提升自己，从业半导体可以让大家的生活更好，创造价值的同时保持健康的身体和工作之外的爱好，这也是我想传递给同事们的。”

有想象力更要有行动力

热爱机车的李严峰也喜欢动手，十多年前就自己动手组装机车。有奇思妙想，又能把想法付诸实践是他的优点，也是整个博达微团队的优点。EDA团队做测试仪器看似是一件离经叛道的事情，“我们做了十几年仿真加速，那同样的思路为什么不能用于加速测试？逻辑特别简单，我们也就真的付诸行动了。”李严峰谈道。

团队花了差不多一年时间搭原型，从一个噪声点测试入手，拓展到通用参数化测试。于 2018 年推出至今，第一款 AI 驱动的半导体参数分析仪 FS-Pro 已经拥有全球近 50 家半导体公司和科研客户，无论速度和功能相比于传统通用仪器都有大幅提升。

跟通用处理器走向专用处理器提升性能的逻辑一样，博达微针对应用通过算法提升测试性能而不是靠堆砌硬件。李严峰认为，数据和仿真是一个特别有意思的组合，而博达微的主业之一是建模仿真。他分享道:“建模可以把数据变成仿真输入，数据越多，仿真越准;仿真越准，测试就可以走更多捷径。我们希望靠算法解决‘测不完，仿不完’的问题，形成数据驱动的设计验证闭环方案。”

另外，一个从想法到实践的例子就是博达微内部培训体系的产品化。李严峰和团队利用虚拟化技术，结合博达微在半导体器件方面的数据优势，构建了一个虚拟的半导体实验室——微电子教学套件。

这套从 VR 到器件和工艺实验软硬件体系已经进入了全国 20 多家重点大学，老师利用这个教学套件可以更生动直观和与时俱进地阐明现代半导体工艺、先进至 7 纳米工艺制造环境、器件物理、短沟道效应、应力效应等，大大提高了教学效率，激发了学生的兴趣。李严峰讲道:“集成电路人才问题经常被各种会议讨论，两年前跟同事讨论是不是可以利用我们的工业体验和仿真做点什么，很高兴产品被市场接受，但更大的欣慰是作为从业者能有机会回馈行业，为中国的半导体产业人才培养贡献力量。”

“千淘万漉虽辛苦，吹尽狂沙始到金。”李严峰把 EDA 与 AI 相结合的想法和尝试也获得了学术界的认可。在 2018 年举办的 DATE（Design Automation and Test in Europe）会议（集成电路设计自动化与测试领域的顶级国际会议之一），博达微科技与清华大学合作论文 *Low-Cost High-Accuracy Variation Characterization for Nanoscale IC Technologies via Novel Learningbased Techniques* 获得最佳论文奖。论文创新地利用学习算法来加速半导体量产测试，而核心算法和方法经过超过 15 万条真实的商业 28 纳米的晶圆测试曲线验证。在平均误差小于 0.1%，最大误差不超过 0.8% 的高精度前提下，实现测试效率提升 10～14 倍。“论文涉及的数据、方法都是基于博达微的实际项目和产品体验，而且很快落地应用在我们的 FS-Pro 产品中，服务全球近 60 家客户。”李严峰对能获得学术认可同时能落地产品深感欣慰。

访谈的最后，问题回到了对中国 EDA 行业发展策略的看法，李严峰直言不讳地说:“中国 EDA 基础薄弱，要增强国内公司的良性协同，避免彼此间的竞争，良性整合是正确的发展思路，也是整个行业的意愿。”他希望在过程中，政府、商业资本能发挥积极的作用，促成良性整合的发生，让整个行业更上一个台阶。对于自己在其中的角色，他表示“国内很多 EDA 公司的创始人都跟我有多年的交集，也都是我尊重的师长、朋友，所以整合或是被整合，博达微都是开放的心态。形式不重要，重要的是大家一起做强。”

吴叶楠

从容行走在半导体投资圈的 80 后，热爱技术是他的内核

文 / 李晓延

吴叶楠，鼎兴量子投资公司合伙人。1981 年出生，毕业于国防科技大学，曾就职于军队装备部门，获国家科技进步二等奖。后来长期从事集成电路以及高端装备制造领域的股权投资，主导投资了上海芯原半导体、上海威固、西安智多晶、湖南进芯、北方芯动联科等集成电路项目，并多次参与海外并购，如参与卓郎智能海外并购，担任多家上市公司的并购顾问。

吴叶楠

如果你的内心对技术有狂热的爱好，那么投资科技企业会感觉很兴奋。

鼎兴量子的合伙人吴叶楠就是这样一位狂热的技术爱好者。他喜欢研究前沿技术，很享受同技术团队进行聊天。由于是理工科出身，又有技术开发的背景，加上对技术的热情，让他具备独到的眼光，在国内的半导体行业中发掘了很多有潜力的项目。

从中兴事件之后，针对半导体行业的投资开始急剧升温，各路人马纷纷进入，让这个行业前所未有地热闹起来。但是要让整个产业良性发展，还需要能真

正沉下心来做事、愿意同企业一起“甘于寂寞”的投资者。而吴叶楠就是这样的一位投资者。

以创业的心态来投资

进入半导体投资领域并不算长的时间内，吴叶楠就带领团队投资了 FPGA、DSP、存储器及 MSMS 传感器等项目。这些产品都有很高的技术门槛，属于芯片领域的“硬核”，没有多年的积淀、对行业没有很深理解的一般投资者不敢去触碰。

“我们都是从核心芯片开始投，周期比较长，会跟这些公司一起成长。这也是因为容易做的芯片都做成熟了，剩下的都是硬骨头。”吴叶楠说道。

在进入投资圈之前，吴叶楠自己就是一个连续创业者。2012 年左右，车联网概念还没有像今天这样为人熟知的时候，他就做过相关的项目，还帮车厂做过一些车载操作系统。与预想不同，他发现汽车电子行业并不适合初创公司：“因为跟整车厂合作，研发和测试周期太长，初创公司是耗不起的。”目前很受追捧的车用激光雷达，吴叶楠很早也曾尝试过，但是发现核心器件的成本很高，且都在国外厂商掌握中，要让产品价格能够达到大量应用要求，还需要很久。几番尝试后，他决定暂时离开汽车电子领域。

创业之路还在延续，吴叶楠同时开始考虑做投资。“最开始做投资也是想找更好的创业方向。”在不断地看项目、投项目的过程中，吴叶楠逐渐厘清了思路。他发现自己原来创业的项目，都需要整个生态链的支持，受到很大的制约。因此，他决定改换思路，寻找细分行业，然后逐步扩大投资，最终完成对整个产业链的布局。“先在细分领域，在巨头不太关注的领域里迅速做强，这是我们对所投资的半导体企业推荐的市场策略。”

他从创业转做投资还有另外一个原因，创业是专注一个项目，投资可以同时深度参与多个项目。吴叶楠最初的投资对象并不是半导体，因为当时还没有考虑清楚。凭借大学所学和从业背景，他最初的投资都是围绕高端装备制造业展开的。到了 2016 年，军改开始，国防信息电子装备的自主可控成为行业的新需求。芯片是装备的核心，自然就逐渐成为投资的重点。从那时起，吴叶楠开始寻找半导体行业的投资标的。

与其他投资半导体的公司做法有别，吴叶楠寻找目标的方法有点反推的意味，先去寻找军工航天领域有哪些核心芯片要进行国产替代，再寻找拥有相关技术的团队去沟通，最后确定投资目标。一旦开始投资，他会像自己创业一样去孵化这些项目，用自身资源帮助这些团队寻找客户，打开市场，迅速在细分市场做强做大。吴叶楠投资的项目规模可能不算大，但是成功率很高。到目前为止，所投资的多个半导体项目都开始盈利，同时业绩开始高速增长。

多种职场角色是投资者的财富

投资人需要看到一般人所看不到的，要练就这样一双慧眼，没有丰富的阅历是不行的。吴叶楠虽然是 80 后，但已经从事过多个职业，这些都成为今后投资之路的稳固基础。

出生于古都西安的吴叶楠，大学就读于国防科技大学电子工程专业。作为国内知名学府，国防科技大学在电子信息领域是相当有实力的，信息与通信工程、计算机科学与技术都是国家双一流建设学科。

在国防科大接受了扎实而系统的学科训练之后，吴叶楠进入部队研究所。这段经历虽然不长，却给他打下了深刻的印记，也让他与军工航天领域结下了不解之缘。

从部队转业之后，他又在 1000 多名考生中脱颖而出，考入了陕西省发改委。对于这份公务员工作，吴叶楠认为它给了自己独特的视角。他在发改委的工作要经常写总结材料，还要经常看各种产业规划，时间一长，“就建立了一种高屋建瓴的视角”。对于投资者，这种俯瞰全局的视角是非常必要的。

做公务员终究不适合他的性格，吴叶楠最爱的还是和技术团队在一起。他最终离开了机关单位，去上海和同学一起创业。

工程师、公务员、创业者，每一种身份都赋予了他不同的思考模式。既能摸清技术的脉络，又了解相关的产业政策，还知道创业中的痛点，这让他在高科技的投资领域如鱼得水。

在寻找 MEMS 传感器行业的投资标的时，吴叶楠带领着团队把全国的相关企业摸了个遍，并写出一份详细的行业报告。经过分析发现，很多正在测试MEMS传感器的企业都把目标指向了同一个团队。于是，吴叶楠和该团队进行了深入的交流。他发现该团队的实力非常强，技术上可以和国际顶尖企业叫板。而且，该团队的成员都是埋头苦干型的技术天才，这种踏实的风格正是搞尖端科技所必需的。凭着对该产业的了解和技术人员的直觉，吴叶楠对这个团队产生了充分信任，决定进行投资。他利用自己的资源为该团队引入工业和航天方面的客户，完全以自己创业的心态来进行孵化。这个团队最初只是想进入工业市场，但是芯片做出来以后，经过测试，工业和航天领域的客户都交口称赞。现在，该公司发展势头非常迅猛，业绩爆炸式增长，并定下了下一个目标，要在这个领域里向国际顶尖企业看齐。

多重的思维模式，让吴叶楠在投资选择上有很好的判断力。他投资的很多公司，在初期都还没有成熟产品出来，但是只要看好，他就会非常有信心。有一家标的公司，他在说服投委会的时候就表示，如果产品出来了，自己去背一两千万的销售额都没问题。该公司随后的发展过程也证明了吴叶楠眼光的准确性。

部队沙漠生活练就强大内心

看似风光无限的投资人职业，背后往往有着普通人难以承受的压力，如失败的风险、竞争者的影响，还有频繁的出差和会议。

吴叶楠对此倒是看得很淡，他表示自己能够承受这些压力。“现在这些和当初的工作经历比起来，根本不算什么。”

他说的“当初的工作经历”是指部队的那段时光。最早，吴叶楠被分在一个偏远的导弹基地，位于茫茫戈壁滩之中。除了工作之外，周围是非常封闭又枯燥的环境，还不时有沙尘暴来访。而且，部队里不允许上网，与外界几乎没有任何交集。对于刚毕业的年轻人来说，这样的环境让人感到压抑。

此外，部队极为严苛的制度也是一种考验。有一次，吴叶楠除夕回家与父母一起过年，可是在回家的路上接到上级的命令，要求就近下车，即刻买票回部队参加临时任务。军令如山，一心想与父母团聚的吴叶楠，只能下车赶回部队。

在沙漠里的日子，谁都不知道会待多久。有些年轻人实在无法承受这种煎熬，就“逃离”沙漠，但又被部队找回来；有些最后与部队协商，只要让离开那里，什么条件都答应。

对吴叶楠而言，内心同样感到巨大的压抑。为了排遣这种压抑，他选择经常踢足球、打篮球和打乒乓球，还会阅读大量书籍。其中，对他影响比较大的包括日本剑圣宫本武藏所著的《五轮书》。《五轮书》是宫本武藏在隐居时写下的，书中包含了很多在“心灵战斗”中取胜的经验。这位剑圣的参悟和体察给了20岁出头的吴叶楠很多心灵上的慰藉和启迪。

吴叶楠在沙漠里的部队一待就是三年多。经过部队生活的这段洗礼，吴叶楠对后面出现的压力觉得“都不算太大的事”。在半导体投资这个极需耐心的领域，他表现出了极为淡定、强大、成熟的心态。没有随大流，盲目追逐热点，而是深挖细耕，培育了很多有特色的项目。

国内的半导体行业在这几年发展很快，但还是存在不少问题。作为一个行业参与者和观察者，吴叶楠也有自己的一些看法。除了在半导体材料、半导体设备领域和国外有着巨大的差距外，他认为在芯片设计领域现在差距最大的是模拟芯片，国内产品在中高端方面还无法形成替代。而模拟技术本身是有传承的，需要长期的积淀，很难有跨越式发展，这个方向还需要全行业投入更多的资源和关注。“我们的团队也在模拟领域进行了布局，很快就会有结果。”

美国的芯片业大发展，与投资业的发展密不可分。而在美国投资圈，主要的合伙人大概三分之二都有产业背景。反之，国内的投资人则大多出身金融或法律专业。这就导致了很多机构缺乏对技术趋势的判断能力。如果要形成商业和科技的良好联动，就需要更多有技术或者产业背景的投资人进入投资圈。

吴叶楠就是一个技术人员转型投资者的成功典范。中国的半导体行业要发展，需要更多的这类人才来打通投资和技术间的壁垒。毕竟，只有具备慧眼的伯乐，才能发掘出最好的项目。

张亦锋

从业务员逆袭成为CEO，他将“木陀精神”诠释到底……

文 / 茅杨红

张亦锋，广东利扬芯片测试股份有限公司总经理。大学本科毕业于西安电子科技大学通信工程学院应用电子技术专业，硕士毕业于复旦大学管理学院工商管理专业（MBA）。曾在上海华虹NEC（2014年华虹NEC与宏力合并后在香港上市）晶圆代工的市场销售一线岗位任职15年；随后加入武汉力源信息担任IC事业部总监；也曾在珠海博雅科技担任首席商务官、副总裁，兼任全资子公司四川泓芯总经理。

张亦锋

在浙江诸暨当地，一直延续着一种“木陀精神”，主要用来形容诸暨人做事总有一根筋的冲劲和不甘落后的志气，而土生土长于诸暨的张亦锋身上便沿袭了这股精神。

大学毕业后进入上海华虹NEC的张亦锋，在公司一待就是15年，本可以在公司“旱涝保收”的他却不再安于现状，毅然离开公司，只为实现更高的追求。

拒绝华为和深圳电信局，选择上海华虹 NEC

1977 年，张亦锋出生于浙江诸暨的一个小农村，而这里也曾是中国古代四大美女之一西施的故里。在大人眼中，张亦锋从小便属于“别人家的孩子”，不仅学习成绩优异，从幼儿园到高中还一直担任着班长。

凭借优异的学习成绩，1996 年张亦锋顺利考入西安电子科技大学的通信工程学院，该学院当时是西电排名第一的王牌学院，而他所选择的专业也是热门的应用电子技术。

在大学期间，性格外向的张亦锋并没有将所有时间用于学习，而是积极主动地去参与学校里的各种社交活动，提高自己的社交能力。在大学本科的 4 年时间内，他先后担任文艺部部长、学生会主席等职务，算是学校里的名人。

为了能够早日赚钱贴补家用，本科毕业后，张亦锋放弃继续攻读硕士和博士学位的机会。

西电高才生的学历，再加上在校期间的突出表现，张亦锋毕业后便先后获得了来自华为和深圳电信局的工作机会，这些都是当时大学生梦寐以求的单位。然而让人意想不到的是，他却毅然放弃了加入华为和深圳电信局的机会，而放弃的理由其实也很简单，他只想离家近一点，方便照顾父母。

“那一年，深圳电信局总共就录用了 10 个人，其中有 9 个人是博士学历，只有我是本科学历，但最后我却选择了放弃。”张亦锋对于这段往事仍然记忆犹新。

相比于深圳，上海距离张亦锋的老家诸暨只有 235 千米的路程，开车仅需 2 小时，高铁只需 1 小时。因此，张亦锋决定将上海作为自己的新起点，并最终加入上海华虹 NEC 电子有限公司，也从此与华虹结下了不解之缘。

职场第一份工作一干就是 15 年

上海华虹 NEC 成立于 1997 年，由上海华虹微电子有限公司与日本 NEC 公司共同投资组建，它也是背负国家巨大希望的“909 工程”。在时任电子工业部部长胡启立的带领下，华虹 NEC 仅用两年的时间便建成了中国大陆第一条 8 英寸代工生产线。

由于生产线投产之时正赶上全球芯片市场一片向好，2000 年华虹 NEC 交出了一份亮眼的成绩单：销售额高达 30.15 亿元，利润达到 5.16 亿元，出口创汇 2.15 亿美元。而 2000 年 7 月加入华虹 NEC 的张亦锋，正巧赶上了公司最鼎盛的发展时期，直接参与创建大陆第一条 8 英寸晶圆 Foundry 代工业务体系，成为大陆第一批代工业务的开拓者。

刚进公司的张亦锋注定要从基层做起，刚开始只是一名小业务员。凭借自己超群的社交能力和突出的学习能力，他先后在华虹 NEC 计划部、Foundry 事业部、业务发展部等部门担任资深主管工程师、主任、科长等职，后来又在华虹 NEC 与宏力合并后担任产品销售科科长。

让人意想不到的是，他在上海华虹 NEC 一待就是 15 年，可以说他将自己青春年少的时光都奉献给了华虹。在他看来，华虹是国内半导体行业的黄埔军校，培养了一批业内优秀人才，而他也十分感恩在华虹的工作经验，让他能够尽情发挥自己的才干，获得自己所需要的宝贵经验。

华虹 NEC 多位高层有着十分优秀的管理经验，做事情十分严谨，这对张亦锋有着潜移默化的影响。

“年轻人需要在一个公司待久一点，在大公司的体系里面熏陶一下，学一点规矩，没有规矩不成方圆，大公司有大公司的道理在，对自己的未来是有好处的。”他说，“华虹 NEC 是国家投资的公司，很多员工还会被送去日本留学，甚至很多人在读研期间也能领到工资。”

值得一提的是，工作之后的张亦锋也没有放弃继续深造的机会，他不仅利用工作之外的时间攻读了复旦大学管理学院工商管理专业（MBA），还考取了高级工程师的职称。“没想到工作之后我的学霸体质仍然还在。”张亦锋笑称。

进入半导体封测领域，迎接人生新挑战

2014 年，华虹 NEC 与宏力合并后正式改名为华虹宏力，而张亦锋则被任命为公司的产品销售科科长。但是他随后发现，无论自己如何努力，在公司的级别

都已经无法再上升，所以经过慎重考虑之后，2015 年 8 月，他正式离开华虹宏力，选择重新开始。

对于在业内已经积累了十几年经验和人脉的张亦锋来说，寻找新工作并不困难，但是找到合适且满意的工作却不容易。让人倍感意外的是，离开华虹的他并没有选择熟悉的代工行业，而是加入武汉力源信息担任 IC 事业部总监，这是一家元器件分销商。但最后因为种种原因，他只在力源信息待了 4 个月。

2016 年 1 月，张亦锋离开力源信息后便加入了珠海博雅科技，并担任公司的首席商务官、副总裁。珠海博雅是一家主要从事高端通用闪型存储器芯片研发的设计公司，而张亦锋主要负责公司的运营和销售。

“对于我来说，加入博雅可以说是受命于危难之中，当时博雅处于刚刚起步阶段，不仅没有产品，公司的供应链体系也十分差。”张亦锋回忆道。

在博雅的 3 年时间内，张亦锋利用自己在业内积累多年的销售经验，建立了专业的销售团队，形成了公司自己的销售体系，并整合产业链资源，实现基于 HLMC 和 SMIC 两家 12 英寸 Fab 的 65 ～ 55 纳米工艺的产品研发，形成完整的 SPI NOR 产品线。2018 年，博雅销售额达到 1 亿元人民币，实现公司估值 3 年提升 10 倍。

对于博雅来说，公司已经上升一个台阶，而对于张亦锋来说，自己也需要再上一个台阶。因此，他在 2019 年年初离开博雅加入广东利扬芯片测试股份有限公司，并担任公司总经理，而这也将是一个全新的挑战。

广东利扬成立于 2010 年，是国内一家专门从事半导体测试业务的方案解决商，已于 2015 年 9 月在新三板挂牌上市。从目前来看，利扬已经发展到一定阶段，但是它还有两个尚待实现的梦想：一是成为中国最大的测试公司，二是在主板实现上市。

“过去的几年，可以说利扬都处于野蛮成长阶段，如果只是维持现状，根本无法实现两个梦想。”张亦锋说道，“而我加入利扬也是因为对它充满信心，我希望通过不断提升公司的软实力，助力利扬实现其梦想。”

“目前利扬的硬件实力已经具备，但是其软实力的全面提升可能需要 3 到 5 年，甚至 8 年的时间才能实现。虽然这一切并不容易，但不管怎么说，我们现在都处于一个非常好的产业里面，只要把自己的内功练好，公司自然就能达到一定高度。”张亦锋对于未来自信满满地说道。

王　博

换道三次“挑战”自我，期待可重构计算打磨中国“芯”天地

文/李映

王博，清微智能创始人兼 CEO，北京邮电大学计算机通信专业硕士。2018 年，带领清华大学可重构计算团队创办北京清微智能科技有限公司，以团队 10 多年的技术积累为基础，一年时间实现超低功耗智能语音芯片和多模态智能计算芯片量产，出货量上千万。此前，曾出任另一家人工智能公司 CTO，在人脸识别技术上填补国家空白，以完整的产品和解决方案实现公司年产值数亿元，带领公司实现 A 股上市。

王博

可重构计算是一种新型的芯片架构技术，从 2015 年开始在国际上引起广泛关注，《国际半导体技术发展路线图》（ITRS 报告）将其视为未来最具前景的计算架构方向。

时代如同浪潮一般向前奔涌，科技成为唯一叠加式推动力。而每一次科技浪

潮，总会有新生代崛起，旧时代的霸主易位，新人笑旧人泣的戏码层出不穷。但将面临的种种挑战当成一个又一个不应惧怕的考验，当成一次又一次从头学习的机会，会是什么样的经历？

或许从清微智能联合创始人兼 CEO 王博的历程，可以一窥究竟。

他自言，毕业后“换道”三次的三份工作基本都是从头学起，可以说没有一件事是容易的，因为所有困难分散在每天当中，每天都是在面对困难、解决困难中“活”过来的。

他为何要持续挑战自己？

可重构计算切入芯片

来看看王博现在的挑战。

王博现在的身份是清微智能创始人和 CEO，作为一家成立不久的芯片初创公司，初期以 AI 芯片切入。而在 AI 创业公司多如牛毛、AI 泡沫即将爆发的时日，初创公司要想安身立命，不仅要有自己的绝活，还要辅以软件、生态、应用的系统工程，这显然是一场“马拉松”。而王博依仗的武器是可重构计算（CGRA）。

提及可重构计算，不得不提清华大学微电子研究所所长魏少军。作为 IC 界的风云人物，自 2006 年开始领导团队进行可重构计算理论和架构研究，在新的 AI 浪潮中找到了生根发芽的土壤，发起了强劲的冲锋。

接受这一重任的王博，自然心有惶恐。毕竟就算之前接触过芯片和算法，但从来没有做过 AI 硬件，王博的做法很“直白”：买了几十本 AI 专业书籍，有中文有英文，全是公式，全都啃了个遍。此外，积极与客户、同行交流取经，了解碎片化场景的不同挑战，建立了体系化的 AI 知识谱系。他认为，这些是深入行业必须做的事。

从大势来看，随着 AIoT 时代的到来，边缘 AI 计算蓬勃发展，各种架构各逞其强，但达到算力和功耗的平衡一时还难见分晓，通过新的计算架构切入，提升能效比，成为可行之路，亦有望在百舸争流中拔得头筹。王博对可重构计算的界定是软件定义硬件，它允许硬件架构功能随软件变化而变化，众多计算单元 PE 完成基础计算，并可随时配置新应用、新算法，从而实现更灵活的处理，在语音、图像等应用领域均可出色发挥。

而清微智能采用的可重构计算是一种新型的芯片架构技术，从 2015 年开始在国际上引起广泛关注，《国际半导体技术发展路线图》（ITRS 报告）将其视为未来最具前景的计算架构方向。2017 年，美国国防部高级研究计划局（DARPA）发起了“电子复兴计划”，重点支持的正是“运行时快速重构”的硬件架构研究。中国不仅在时间上提前布局了十年，而且在关键性的技术指标上业已领先。王博因而强调，可重构计算走在了新的历史节点上。

据统计，一般一项新技术从原型到真正使用所需的时间以 7 年为计。在 AI 芯片中，各路大咖蜂拥而至，各种流派风起云涌，如何在时间紧迫的情形下凭可重构计算杀出一条血路，并占据自己的“生态位”？王博需要直面持续的挑战。

选择从零起步

这个挑战显然不是第一次，王博上学的经历就为此埋下了伏笔。

作为地道的黑龙江人，王博跟着父母从哈尔滨到河北，再在河南辗转，最后在河南参加了高考。

频频转学为王博注入了“折腾”的性格，他也很快适应了变化的环境，他自言没怎么踏实学习，相对于还不错的学习成绩，他有空时更愿意参加各种各样的社会活动。

高中时，王博的物理非常出色，老师鼓励他冲一冲考清华北大，但当时他周围的师哥师姐，以及家中的一些朋友，因为通信业的前景好、待遇高，都劝他考北邮。

他谈及这段往事时还笑说，“功利”的他直接考上了北邮。当时河南的高考制度是满分 900 分，然后取平均分，最终他以 830 多分的成绩考入。虽然学的是通信专业，但因其涉及的学科广，相关的电子电路也都有所涉阅，为此后的转型打下了基石。

四年一晃而过，是去三分之一同学选择的运营商工作，还是继续深造？尽管王博因为通信前景好而选择了通信专业，却决定放弃安逸的运营商工作，转而直升研究生，开始在研究生导师的公司工作，一切从头开始，研究中国第一代数字交换机、路由器。

人生中的第一次挑战随之而来。在进入导师公司进行研发时这一领域处于“空白期”，当时只有思科等国际大厂，国内的华为、锐捷等公司也刚着手开发。可想而知，面临未知的know-how不知有几重，而王博却毅然决然地选择这一条荆棘之路。

在攻克难关的过程中，王博也接触到大量不同架构的芯片，对底层架构有了深度了解。而公司开发的产品由于性能出色，在市场上也颇受欢迎。

但王博的性格密码仿佛被打上了“生命不息、折腾不止”的烙印，他在5年后选择了新的赛道，进入汉柏科技，从而跨入了云计算领域，直至后期与AI结缘。

绕不开的AI

进入AI领域又相当于从零开始，但王博不畏挑战。

他还清楚地记得，刚到汉柏科技核心团队开会时，老板拿起一瓶王老吉说谁要知道王老吉的核心成分当场奖励5 000元，结果没人“获奖”。这件事也为王博提了一个醒，知其然一定也要知其所以然。

当时，这家公司主要代理思科的产品，团队觉得代理生意不是一个长久的生意，想转型自研产品，力邀王博以合伙人兼CTO的身份加入。

于是，从网络安全、交换机开始，一步步延伸，逐渐转向云计算数据中心解决方案，并先后将服务器、防火墙、虚拟化软件等相关软硬件都涵盖在云体系中，而这基本又开了业界的先河。“要知道整个云计算到2014、2015年才走向成熟，公司开始做时，云计算概念也才刚在中国落地，阿里云等云厂商也均刚刚成立不久。”踏中了另一技术浪潮，也意味着面临的又是一个无可借鉴的局面。但说到底，浪潮亦只属于对未来保持敏锐、对明天报以希望的人。

而在转向云厂商的同时，到底选择公有云还是私有云成为两难。王博提及，这两种架构全然不同，经过长时间思考，他认为在公有云层面阿里等巨头有巨大优势，而以现金流为主的公司选择主攻私有云。凭借先入为主的优势以及全系列方案的打法，到2015年左右，公司营收已突破20亿元。

在搭建私有云的过程中，很多落地方案都要接地气。在这一过程中，亦产生了新的业务契机，汉柏在2015年开始与陈永川院士建立联合实验室，孵化人脸识别算法，虽然当时还不成熟，但已判定 AI 有强应用场景，尽管面临重重困难，汉柏仍决定放手一搏。

王博也因此深入接触到人脸识别相关的 AI 算法，在算法层面构建了知识框架，企业也取得了年产值数亿元的成绩，并在 2016 年被某上市公司并购。

似乎可以功成身退的王博这时又做出了一个大胆的决定——出任清微智能联合创始人和 CEO。

如果说第一次是跟随创业，第二次是合伙创业，那么第三次则是引领创业。

“因为当时有客户要求提供人脸识别智能门锁的方案，需要芯片的强算力、低功耗，但市场上的芯片都难匹配需求。之前与清华大学微电子所副所长、Thinker 芯片团队带头人尹首一教授合作，在深入探讨后决定联手启动项目，清华大学微电子所可开发芯片，一起进行市场化运作。但半年后发现，在大学中开发产品比较难，机制也不太支持，同时又十分看好 AI 芯片未来的发展，因而成立了清微智能独立运营。”王博阐述了加入清微智能的契机。

未来之路

作为王博的第三战场，清微智能的发展正在稳步向前。

在 2018 年完成近亿元级天使轮融资之后，清微智能的商业模式是为 AIoT 提供包括芯片、软件、算法的全栈式方案。王博提及，将以消费电子应用为切入口，聚焦智能语音和智能视觉场景，后续还将拓展至智能工业和智能制造等领域。据悉，目前公司已在和多家国内一线智能终端及智能家居厂商进行合作商洽。

2019 年清微智能的语音芯片已出货几百万颗，2020 年预计产量在两三千万级；还将量产视觉芯片，之后将会在智能零售、智能安防等 B 端和 G 端领域进行铺设。

尽管切入边缘端，云端也是“下一站”目标。“对于云端，清微智能也在与阿里、海力士合作一些项目，阿里提需求，海力士提供存储，我们做计算架构，专注于训练推理。”王博提出自己的见解，“即便目前云端巨头耸立，但因有新架构突破，在某个时间点上或可突破巨头的壁垒，实现差异化。”

而清微智能的雄心不止于此。王博希望可重构计算芯片未来能替代DSP+FPGA。他认为，传统架构已随着后摩尔定律时代走到极限，需要“不破不立”的新架构来持续向前。虽然以往音频算法都采用DSP，但如扩展到AIoT设备，对功耗有更高要求，可重构架构表现更为匹配。目前清微智能与华为等公司一起承担国家重大专项，先行在消费电子替代DSP，未来将在基站应用。

虽然有可重构计算护法，但落地却是实打实的系统工程，考验或许只是刚刚开始。王博直言，一个应用场景的复杂度，如果没有全部摸索一遍，很多细节可能根本都想不到。比如应用在闸机上时，算法再好也要解决复杂光照环境下如何识别、身高不同如何识别、显示屏是横放还是竖放等细节问题，每一个环节都要经过无数次的验证。

“AI应用落地于场景是一个庞大的系统工程，有上万细节要突破，关键还是要有钱、有人、有时间。”王博由衷感慨道。

但大道至简，向来不惧挑战的王博只会也只能迎难而上。

王博已经走在了进一步搏击的路上。曾经，他也近距离接触到比特币，但因对其如何为社会创造价值产生过疑虑，因而转身投入了芯片，他的心中始终藏着为社会创造价值的情怀。更具深远影响的是，中国原创的可重构计算作为芯片架构的底层技术，发展的意义已然远远超越一家企业的成功，而倾注了更厚重的自主创新和突破的底色。

面对巨大的不确定性，他依靠的分析方法是上大学时总考100分的概率论，选择芯片需要方法论，企业发展的战略选择，也是考量各种因素加权之后的概率使然。但既然决意要将可重构计算芯片“发扬光大”，就唯有将挑战视为学习，让不确定变成确定，选择一条相对离成功更近的路来走。

这诚然不易。

想起一个说法，很多人在一开始成功时如果被问及为何成功，一般会说一大堆逻辑，好像孙悟空习得武艺首战告捷那样劲头十足。但如果他是干到第10年、第15年再被问为何成功，却往往讲不出什么具体的商业逻辑，只能说这些年他是怎么活过来的。

对于一家初创的芯片企业更是如此，“活着”不是矫情，不是调侃，是把脚下的每一步都当作攸关生死的路来走，是把一家企业、几百号人，甚至芯片产业、国家利益放在心上的负重前行。

项　天

打游戏“玩”出来的电子公司董事长

文/茅杨红

项天，1986年出生，苏州速显微电子董事长。中国科学技术大学物理系博士，2015年和同学一起创办苏州速显微电子科技有限公司，专注于为仪表厂、整车厂提供新一代智能液晶仪表系统解决方案，是国内第一家从芯片底层、操作系统到二次开发工具链全部实现自主设计的公司。

项天

从小热爱计算机和物理的项天，在读书时期就对GPU产生了浓厚的兴趣，这份好奇心逐渐变成他后来创业的驱动力。

2015年，29岁的项天博士毕业后带领多位中科大的同学和师弟创办了苏州速显微电子科技有限公司，成为半导体领域非常年轻的“创业新兵”，虽然没有企业工作的基础，但是他们勇于创新，切入到完全陌生的汽车领域，设计出国内第一款集成GPU的MCU，并在全新领域重新造“轮子”——设计出国内第一款针对物联网人机交互的MCU，为MCU稳定高效工作开发了工业级图形操作系统，同时配套开发了无代码图形化二次开发工具链。

小学时热衷编程，高中时关注物理，只为真正理解世界

1986年出生于天津市的项天，从小便是个爱玩的孩子，但是他玩得与众不同。在20世纪90年代初，电脑还是一般人家想都不敢想的东西，上小学的项天便已经开始在当时的386、486电脑上学习编程，而且乐在其中。

编程一直都是项天最大的爱好，这个爱好在他高中时发生了变化。他发现，编程最终要归结于应用，已经失去了小时候那种玩儿的乐趣，当时的他更想知道世界是怎么运行的，而物理则是他真正了解这个世界的“窗口”。

爱上物理的项天在高中的三年时间里，参加了多个全国学科竞赛，并获得了非常优异的成绩。在高三那年，他凭借天津市第五名的成绩获得了中国科学技术大学物理系的保送资格。那一年，中科大只有两个保送名额。

众所周知，中科大的物理系是全国最好的院系之一。由于项天从小热爱计算机，而计算机的核心是芯片，所以进入中科大物理系之后，他毫不犹豫地选择了物理系下面的微电子专业，这也是他和芯片之间缘分的开始。

杀鸡焉用牛刀，从小时候的爱好到创业理念

与大多数IC行业的创业者不同，项天在创业之前既没有任何工作经历，又直接选择了相对困难的汽车行业。

这不禁让人好奇他的勇气到底从何而来。项天这么回答：“还是刚读博士的2013年，智能手机尚为新的玩意儿。我有一次看到奥迪的一款跑车仪表盘的位置装了一个巨大的液晶屏，整个导航地图都可以显示在这个液晶屏上。我眼前一亮，仿佛找到了通往未来的钥匙。”

原来项天所在的实验室长期在研究图形处理器（GPU）的算法和架构，但一直停留在论文和样本层面上。而项天一直希望有个机会能在GPU领域做出产品，推向市场。

“小学时我就喜欢玩电脑，上初中时还在电脑城打工帮着组装电脑。那时候知道想要游戏跑得快，就得有好显卡。”项天回忆着小时候的经历，“20世纪90年代装电脑，那时候就开始用英伟达的显卡了。最早是TNT2，后来出了Geforce

256。那时候总是有让人热血沸腾的新产品出来。”项天越说越兴奋，然而语气突然一转，“我读到博士开始做 GPU 比人家晚了 20 年，有什么机会呢？”从项天的话中不难感觉到理想和现实的差距带来的那种无力感。

液晶仪表对项天意味着新的可能性。项天说:“现在的仪表都要用 AP（应用处理器）来实现，上面再搭载通用的 OS 和 OpenGL 构成的软件。这套系统那么复杂,都快可以拿来跑《王者荣耀》了,可在仪表上只用来渲染平面的界面。”

“真是杀鸡用牛刀啊！单纯把图形界面显示漂亮就行，其他的一定要简单！”项天感叹道。这大概就是项天创业时最初的理念吧。

把 GPU 放在 MCU 内

“以前 PC 里有 GPU，现在手机里也集成了 GPU，那未来 IoT 时代，也总有需要 GPU 的芯片吧。”项天说这是他对产品定位的第一个认识，“虽然性能要求不是很高，但它要足够便宜，而且要像其他 MCU 一样使用方便，不需要加载很多第三方库。”

“造芯片‘坑’太多了，简直遍地都是。”项天这样形容他们的流片之路。虽然 MCU 功能不算多，面积不算大，但也有上千个功能点要测试，而且主要的功能 IP 都是自主设计的，非常担心会有考虑不到的地方。第一颗芯片 MPW 做回来时，这种担心已经堆积到极限，出一点情况就会让情绪失控。

“那个时候大家都很兴奋，但不安也弥漫在空气中。”同事先是把芯片放在测试座上，接通电源，查找 CPU。“找不到……”再试一遍，“还是找不到！”气氛开始凝重起来。又接连换了 10 颗芯片,“还是找不到。”每个人心情都跌到谷底，感觉自己花了一年多时间就造了块砖头。

“后来发现没什么问题，只不过测试座没有安好。”项天说这样过山车般的经历实在太寻常了，经历多了整个人都“佛系”了。

从样样稀松到样样精通，重新造“轮子”的创业经历

2013 年开始，汽车领域逐渐变得异常火爆，智能网联、自动驾驶、新能源

等概念逐渐被炒热，“这一年是未来几十年绝无仅有的时间点。因为汽车行业外的人能够大批量涌入汽车领域。”项天回忆道。可以说，速显微幸运地踩上了这个风口，公司研发的第一个产品便是汽车全液晶仪表盘。

“虽然踩上了汽车行业的风口，但是创业之初也遇到了很多挑战。”项天说道，“因为对于我们来说，汽车行业是一个完全陌生的行业，如何在短时间内将所有技术都掌握，然后为客户做出可靠稳定的液晶仪表盘，即使汽车开到漠河等偏远的地方进行路试也是可靠稳定的，这个过程充满各种挑战。”

对于创业公司来说，挑战是不可避免的，而如何克服挑战也是创业者必须具备的智慧。在项天看来，只有真心诚意地帮客户解决问题，才能获得客户的信任，并在协作中战胜挑战。

项天回忆第一次见客户的时候，他还在读书。对方工程师看到几个科大博士拿着样机过来展示，也都很兴奋。一段演示过后，有人问这个样机是否能够修改效果，是不是想做成什么样就能够做成什么样。项天的一位师弟信心满满地表示当然可以，随即打开工程开始修改代码。几位工程师开始还饶有兴致地看着操作，不久便面面相觑。后面估计有人不耐烦了，说：“科大学生真厉害，可是做的东西我们都学不会啊。”他们的第一次接客之旅也就这么尴尬地结束了。

做产品和做科研不同，做科研只要把某个指标做好，无限放大优势就行了。做产品的要求恰恰相反，不能有明显的弱点和劣势。不光 GPU 本身、系统、开发工具等核心功能要做得简单、可靠、易用，应用层的 CAN 总线交互逻辑、可靠性设计、电磁兼容设计缺一不可，甚至大部分要掌握得比客户更精通，才能赢得客户的信赖。

创业这几年来，经常有人问项天，为什么一切都要自己做。项天的回答是：“像我这样的年轻人，既没有经验，也没有资源。那只有做别人没做过的事情，才有机会。”

一转眼，速显微电子已经成立近四年。在这四年间，公司获得了博通金世（博世旗下基金）、金沙江联合、清华大学汽车研究院、合肥市高新区高新集团等多方战略投资，并在苏州、合肥各有一个研发基地，产品覆盖了全国十余家仪表厂，十几个车型。

对于一路走来的创业心得，项天强调：“我们的创业不光是希望速显微这一棵树苗成长，同时也希望这个全新的领域能够得到发展。在创业的四年时间里，我们已经在这个领域中建造了护城河，接下去就是等待它慢慢长大。虽然我不能左右这个领域变成多大，但我能选择在这个领域中坚持做下去。”

最后，在聊到创业给自己带来的变化时，项天风趣幽默地说道：“创业为我带来了两样东西：头发变少了，肚子变大了。”让人出乎意料的是，大学期间的项天热爱舞蹈，拉丁舞和摩登舞他都十分擅长，还曾开办过安徽省合肥市高校国际标准舞邀请赛。

“创业和舞蹈一样，都是具有竞技性的艺术，没有公式，无法推导，但时间终会说明一切。”项天说。

汪　博

保送清华，全奖读斯坦福，师从 Google 天使投资人，毕业后跳出舒适区

文 / 慕容素娟

汪博，光鉴科技 CTO。1987 年出生，清华大学电子工程学士，美国斯坦福大学电子工程硕士和博士。在清华大学期间，专业方向 GPA 排名前三，曾担任电子系学生科协主席，曾获清华大学优良毕业生、优秀毕业论文、突出社会工作贡献奖等荣誉。本科毕业后，获得全额奖学金赴斯坦福大学攻读博士学位，师从于 Google 天使投资人 David Cheriton 教授。曾研发世界上第一款硬件去冗余的内存型数据存储系统，其硬件平台公司于 2014 年被英特尔收购。随后，在硅谷自动驾驶公司 Zoox Inc 担任深度学习平台负责人。

汪博

初次听到别人提“汪博”这个名字时，不由在想，这是他的本名，还是因为他是博士（业内对博士通常有种称谓是“姓 + 博”）？询问得知，他本人是博士，正好也叫这个名字。当见到他本人时，也心生感叹，眼前这位刚 30 出头的年轻人已经开始挑起中国高科技产业发展的重担。

半导体的商业模式与互联网完全不同。在互联网领域，只要有一个好的商业模式，可能会成就一家互联网公司，因此在互联网领域不乏90后的创业者，经常会涌现出一夜暴富的神话。半导体领域则有所不同，其技术门槛极高，创业者需要有数十年，甚至几十年的时间积累方能有立足之地。因此，在半导体这一高科技领域，30岁创业实属非常年轻。而汪博在他所专注的技术领域，已积累近十年的时间。

小时候的汪博，一直是“别人家的孩子”，因能从学习中获得乐趣而越发热爱学习。在高中时，参加全国物理竞赛并取得好成绩，被保送清华。难能可贵的是，在清华大学四年，他一直保持着高三的那种学习状态。大学毕业时，凭借优异的成绩和科研成果申请全额奖学金攻读世界顶尖名校斯坦福大学的博士学位，师从于Google天使投资人David Cheriton教授。David Cheriton教授既是学者、投资人，又是创业者。在博士阶段，汪博研发出世界上第一款硬件去冗余的内存型数据存储系统。

博士毕业后，顶着一身光环的汪博并没有停留在舒适区。他把自己一路走来所拥有的这些好的教育视为一种幸运。如果最终只是为了拥有一份安稳的工作，他觉得那是对社会资源的浪费。他想把自己的这份幸运转化为更大的社会价值，让更多人受益。

保送清华第一学期遇挫，毕业时获全奖读斯坦福博士

汪博从小成绩就比较好，他谈到对学习的感受：“从学习中获得了一个比较好的正反馈，觉得学习挺有意思，于是更努力去学习。”

反观很多不愿意学习的孩子，并不是他们懒惰，很多时候往往是因为从学习中获得不了成就和喜悦，因此不愿意积极主动地对待学习。关于这点，汪博也表达出他的看法：“通过批评的方式让孩子学习其实挺难的，还是鼓励更重要。”

一路的好成绩，让汪博奠定了扎实的知识基础。在高中时，他参加全国物理竞赛，一路过关斩将，以全省前五的成绩入选省队参加全国决赛，在全国比赛中取得了不错的成绩，也因此被保送清华大学。

有意思的是，虽然被保送上大学，但汪博那年还是参加了高考。问他为什么还要参加高考时，他的解释是“为了人生完整”。为此，笔者想起此前曾采访过的一位同样被保送上大学的企业家，也说当时自己没能参加高考是一个遗憾。不由让人感叹，这可能就是学霸的一种烦恼吧！

汪博对计算机很感兴趣，而这种兴趣源于在小学时玩电脑游戏。当时还是 286 的电脑，也没什么太多的电脑游戏，但他对当时在黑白屏上输入命令、执行命令的过程产生了浓厚的兴趣。此外，他对物理也很感兴趣。

于是，读大学时，他选择了清华的电子系，他认为电子系是计算机和物理的一个结合点。 而电子系是清华最大的一个系，有 300 多人，加上电子系的分数线比较高，这 300 多位同学可谓学霸中的学霸。第一学期，大家都保留着高中阶段的学习惯性，汪博同样也非常努力。

然而，第一个学期下来，汪博的成绩却不在前 20 名。全世界电子计算机方向最好的四所学校是麻省理工学院、加州大学伯克利分校、斯坦福大学和卡耐基梅隆大学，每年清华电子系学生进入这四所大学的成绩一般在全系前 20 名。

进不到前 20 名，今后读这几所名校的可能性就很小。对此，汪博压力非常大，一度有些压抑。在初中和高中时，他都是一边学一边玩，还能很轻松地超越对手。而现在，面对的是 300 多位全国最厉害的同学，虽然自己非常努力学习，但还是与第一梯队有距离。

后来，他开始总结经验，并细心观察同班同学、同宿舍同学，还有隔壁班的一些同学是怎么学习、怎么想问题的。汪博发现：“大学的学习节奏、方法、模式与高中时不一样。高中的学习，是在几年时间里学习少量的知识点，然后变换着方法来出题目考察，强调初级知识的使用技巧；大学的学习，是在短时间内学习大量的知识点，然后考察对知识的掌握和理解，强调对知识体系的理解程度。”

汪博也找到了自己存在的症结，刚上大学第一学期还保持着高中时的学习方法，容易钻牛角尖，把精力放在一些特别难的解题技巧上，对理解知识的整体欠缺。

到第二学期时，他积极地做了调整和改进，让自己在学习里能更加抓重点，而非高中阶段抓那种特别尖、特别细的问题。再加上始终没有放松学习，第二学期，他的成绩就进入全系前 20 名。

在提高学习成绩的同时，汪博也在考虑哪些方面的能力对以后深造有帮助。

于是，他又早早地在科研和社团活动方面进行了准备。

在科研方面，通常学生是在大三开始做科研，而汪博在大一的暑假就开始去实验室做科研，比别的同学早两年开始准备。他说：“一开始做不了很复杂的事情，但是至少开始在找做科研的状态，比如说怎么读论文，怎么去调研一个领域，怎么去做一些动手的实验，等等。这与上课不太一样。”

除此之外，汪博还参加了电子系学生科技协会的工作。加入科协，让他遇到了更多喜欢技术和志同道合的同学。“回想当年在科协里研讨交流技术的时光是特别幸福的。不然总是一个人啃书，可能到最后就得抑郁症了。”汪博半开玩笑地说道。

在大学的几年中，汪博一直保持着高三时的那种学习状态，上课之外的时间基本都放在学习、科研和社会工作上面。经常晚上 10 点下自习，随后还会再去实验室工作学习到 12 点或 1 点左右才回宿舍。与此同时，越来越多同学已不再像大一刚入学时那么努力学习了。

经过大学四年坚持不懈的学习，毕业时汪博收获了不错的成果：在专业成绩上，学分绩点 GPA 排名前三；在社团方面，担任了电子系学生科协主席；在荣誉上，获清华大学优良毕业生、优秀毕业论文、突出社会工作贡献奖、第 27 届挑战杯优胜奖，连续 4 年获得优异学业奖学金；在科研方面，本科毕业时已发表多篇学术论文。

越努力越幸运，凭借着这些成绩，汪博顺理成章地获得全额奖学金攻读斯坦福大学的博士学位。

师从集学者、投资人、创业者为一身的 David Cheriton 教授

到斯坦福读博士之后，汪博深切体会到读博士和读本科有很大的不同。他说，本科及此前的教育，如同是一场田径赛，跑步的赛道、评判的标准都是定好的。每个学期、每门课程学什么内容都是知晓的，只要把这些内容学好就可以。

而读硕士和博士，更像是一场越野赛，需要自己去找方向。而且科研的道路，开始看到的可能是平坦的路，很容易让人以为接下来会走到最高点。而实际上，往往是要先走到一个山谷，然后再转一圈，才慢慢地曲径通幽，到达一个比较好的点。

这也是为什么读研究生之后的教授叫作导师的原因，就是他并不是教学生做什么事情，而是引导、帮助学生去寻找做什么方向，并使学生知其然也知其所以然。

“能读博士的学生，大家都很努力，聪明程度也差不多，最终能否做得好取决于所做的方向，怎么选题。”汪博分享道，“这个方向是一个综合性的考量。一方面，自己得有兴趣；另一方面，导师也会觉得这个方向比较有希望。此外，还会结合所在实验室之前的优势以及导师比较熟悉的领域。”

汪博到斯坦福大学攻读电子工程系博士，师从斯坦福大学的著名学者 David Cheriton 教授。现在六十多岁的 David Cheriton，身价近百亿美元，可以说是世界上最有钱的教授之一。

除了学者身份，Cheriton 教授还是一位成功的投资人，曾是 Google 的第一位天使投资人。1998 年谷歌成立时，Cheriton 教授投资 10 万美元，后谷歌上市时变成了 1% 的股票。此外，他还投资过很多后来很成功的公司。除了学者和投资人的身份，Cheriton 教授也是一位非常优秀的创业者，他曾创办过四五家公司，20 世纪 90 年代的时候有两家公司被思科和 SUN 收购。2004 年又成立一家网络路由器公司——Arista Networks，2014 年上市，该公司在路由器行业排名全球前三。近几年又创办一家企业，后被英特尔收购。

David Cheriton 教授对汪博的思维方式、科研方向、职业规划等方面都产生了深远的影响。其中最重要的启发是用批判性的方式去想问题，这种批判性思维，对汪博在创新能力方面的培养非常重要。

“我在国内完成的绝大部分教育，课本的内容大多都是已经被验证过的，大家只需要去学习和理解，质疑能力并没有得到充分的培养。读博阶段，在导师的影响下，批判性思维得到了很大的培养。”汪博说，“在科技创新领域，要求不断地做出新的东西，如果只是理解别人怎么做，把别人做的方法自己复制一遍，那么永远是跟随。”

汪博结合自己的兴趣和导师在产业中的深耕，选择“内存型数据库”作为自己的博士研究方向。该方向与产业有密切的结合，导师当时也有一家相关的创业公司。

科研的道路并不总是一帆风顺的。当时，汪博在研究一个做内存管理的算法，从构想来说该算法比传统的算法要好，但第一版实验结果显示的性能特别差，当时他不由想是不是方向错了。那时已经读了 4 年，再去换方向时间成本会很高。汪博的压力非常大，不过他没有慌乱，而是沉静下来，认真地想可能的问题是什么，然后去寻找这方面的原因。

在用一种新方法做一件事时，很可能会做不成，或者说做成不会那么直接。对此，汪博有一个判断的参考依据：判断一件事情能不能做出来和自己能不能做出来，这是两码事。有些创新，如果违反物理规律和常识，就会很难实现；而有些创新，可能是自身当前的理解和认知受限而导致不能做出来，通过更多的努力、思考和实验，是可以做出来的。

汪博就从第一性原理去思考所遇到的问题，看是不是可行。如果第一性原理可行，那么至少是在做一个可以做出来的事情。第一性原理对于创业或做技术，是在方向选择时很重要的一个参考。

通过这种方法，汪博不断攻克了研究中出现的诸多问题。

博士阶段，汪博在科研上取得了创新成果，研发出了世界上第一款硬件去冗余的内存型数据存储系统，在保证高度一致的情况下实现高吞吐、低延迟和近乎线性的可扩展性，其硬件平台公司于 2014 年被 Intel 收购。

就业时跳出舒适区，希望自身的幸运能让更多人受益

2016 年毕业时，头顶斯坦福博士光环的汪博，并没有去美国的科技大公司工作，而是选择进入一家创业型的公司。汪博的职业考量是：在一个几万人的大公司里面只能是一颗小螺丝钉，而在一个创业公司却能发挥更大的作用，以后创业，就能起到更加关键的核心作用。

汪博去的硅谷公司主要做自动驾驶汽车，他担任深度学习平台负责人，负责感知和深度学习等方面的技术。对于汽车而言，不仅需要知道前方有什么，还需要知道前面的车与其距离有多远、离道路的边界有多远等各方面的情况，会使用到激光雷达或毫米波雷达等定位技术，激光雷达就是 3D 视觉的传感器。在 3D 视觉方面，自动驾驶汽车是业界最早投入大规模精力和财力去研究方法和采集数据的一个方向。

在做就业抉择时，汪博设定了三个评判：一是，在智力方面有挑战；二是，有足够大的商业回报和影响，而不仅仅只是一个科研成果；三是，希望这件事情做出来能够对社会有帮助，有益处。

根据这三个点的筛选过滤，汪博在大学、金融、科技创业三个职业方向进行抉择。他分析：当大学老师做科研，智力方面非常有挑战，对社会也有非常好的影响，能拓展人类的认知，但是通常学校的科研对于产业的影响相对较小，除非把科研产业化；做金融，他有同学去华尔街做交易类的事情，对智力的挑战非常高，经济回报非常好，但交易本身对社会的贡献其实不多，只是增加了资本的流动性，在一定程度上优化了资产配置；而做自主创新的科技创业，能够有助于社会生活的改进或生产力的提高，这个更符合他的价值需求，对他很有吸引力。

谈到职业在生命中的重要性，汪博认为："一个人一天 1/3 时间在睡觉，1/3 时间在工作，像创业可能是 1/2 甚至更多的时间放在工作上。找一个合适的工作，其实跟找一个好的伴侣同样重要。"

笔者认为，这种职业抉择方法，也适合于多数人。人们在面临职业抉择时，有时往往不知所措，不知该听父母的，还是听自己的，甚至不知道如何选择适合自己的职业领域。其实，可以列出几个自己比较倾向的参考点，由此进行价值判断和筛选。如此一来，最终选择出来的职业，往往是最适合自己的。

汪博在读博时已有创业的想法，也和博士导师沟通和请教过。导师早早地给他打了预防针："创业得要做好失败的准备。"当然，也非常鼓励他。

在硅谷的第一站是为下一站的创业做准备。汪博说："硅谷很适合工程师，收入不错，做的事情又特别有创造性，周围合作的人都是技术水平一流的人！如果要安稳的生活，在那边其实挺好的。"

汪博一心想着把自己所受的教育转化为更大的价值。"能够去到比较好的学校，一方面是自己努力，另一方面运气好也是很重要的因素。之前认识很多优秀的同学，有些碰巧高考没考好，有些出国申请没搞好，就没有去到这么好的学校。而自己作为幸运者，应该把得到的教育资源发挥到极致，去创造更大的价值。如果只是为了能够拥有一个安稳的工作，就有些浪费社会资源。"他谈道，"人生有两个维度：一个是去探索这个世界，尽量广地去了解它，人活着走一趟，应该多多去学习和了解；另一方面，是去发掘这个世界，在某一个或者几个方向上应该下一些比较深的功夫，发掘别人未知的一些东西。这样的话，回过头来看学习工作这个人生阶段，会觉得没有遗憾。"

汪博一边积累，一边寻找和等待机会。2018 年的一天，有一个人去找汪博，两人促膝长谈。就在同一年，汪博离开硅谷回到国内。

感知计算机视觉的革命性机遇，自主创新用纳米光学做 3D 视觉

这个人，正是汪博的大学同学朱力。朱力是在高中时期与汪博同一年参加的全国物理竞赛，并获得 2005 年全国物理竞赛第一名，也被保送清华。他俩不约而同地选择清华电子系，后来两人在大二的科协组织中相识。本科毕业后，朱力进入加州大学伯克利分校读博士。

朱力博士的研究方向是纳米光电 Nano-photonics，师从美国工程院院士、VCSEL 领域的开创者之一——Connie Chang-Hasnain 教授，朱力的研究成果“人造柔性变色龙皮肤”在 2015 年被美国光学学会选为年度光学成果。他曾在苹果公司负责硬件设计，主要是手机“齐刘海”里边隐藏 3D 摄像头的技术。他判断，苹果用了这个方法来做，说明这个方法是可行的，但是对于安卓市场以及一些成本更加敏感的市场并不是很合适。朱力一直在思索，有什么方法能够做得更加便宜，同时质量更好，又可以量产。

汪博和朱力在美国留学时经常见面，两人聊技术、聊产业、聊未来，并萌生了今后一同创业的想法。

当他们看到 3D 视觉技术在消费级市场大规模普及时，意识到这可能是计算机视觉领域一次难得的变革性机会。于是，2018 年，朱力、汪博、吕方璐三人果断决定一起创业。

对于汪博而言，原来的自动驾驶领域与消费级 3D 视觉领域是共通的，差别是测量距离的远近，手机上是一米或者几米的范围，而自动驾驶汽车可能要测一两百米的距离。用的传感器会在结构上有些不一样，但是在算法层面其实有很多共通的东西。

2018 年 4 月，光鉴科技在深圳成立，创始人的履历让公司从成立之初就极具光芒。CEO 朱力和首席科学家吕方璐博士毕业于加州大学伯克利分校，CTO 汪博博士毕业于斯坦福大学，三位创始人都是刚刚到而立之年，又都是清华大学电子系的本科校友。他们推出自主知识产权的全新 3D 视觉感知方案，应用于手机、物联网设备、AR/VR、智能安防、机器人视觉等多个领域。他们的创新之处在于采用纳米光学做 3D 视觉。关于这一创新，汪博解释道：“3D 视觉在 2000 年

后才变成比较热的研究方向。而当前做 3D 视觉的标准方法是采用光的衍射（苹果是用此方法），这一物理规律是在 17 世纪被发现的，与纳米光学相隔 3 个世纪。业界对传统的方法已经接纳，一直在沿这个方向往下做。不过，先行者的苹果在这方面建立了非常多的专利壁垒，包括供应链等各方面的壁垒。跟随苹果的方式去做 3D 视觉，会冒很大的专利风险。”为此，他们另辟蹊径，采用纳米光学结合人工智能算法，实现了拥有自主知识产权的 3D 视觉感知方案，这种方法在业界还是首家。

汪博擅长软件算法，另外两位创始人更加擅长光学和硬件。为此，他们做的是软硬结合的一体化解决方案，配套的软件算法使得硬件的优势能够充分发挥出来。汪博举例，比如 3D 门锁，至少需要三个重要的方面：一是能够做到 3D 感知所需的深度摄像头；二是做 3D 识别需要深度学习的算法；三是需要功耗和性能充分优化的嵌入式计算平台。目前，业界普遍的解决方案是需要三家公司一起实现，而光鉴科技把这三个事情通过一整套方案解决实现，而且软硬结合的解决方案可以快速跨方向地对算法和平台做优化。

这是又一项创新。他们把机器学习算法和硬件深度结合，将“3D 硬件—3D 数据—3D 算法—3D 应用”构成一个闭环生态。当前能够将 3D 硬件、三维重建和人工智能结合起来的团队寥寥无几，而眼下的市场需求则要求团队必须具备这种能力。

在深厚的理论背景和扎实的技术积累下，光鉴科技实现了一个个发展的里程碑：2018 年 4 月，第一次流片成功；7 月，3D 结构光微型化模组在主流旗舰智能手机上调试成功，实现全球第一款基于 EEL 的 3D 结构光产品；8 月，高铁无闸机系统项目启动；9 月，3D 摄像头进入手机预研项目，并与国内手机厂商开展合作。2019 年 3 月，光鉴和易程电子合作研发的 3D 人脸识别票证闸机完成调试，这是全国首套基于 3D 人脸识别解决方案的闸机系统；目前，光鉴科技研发的整机 3D 结构光相机即将量产，结构光发射模组也正在打样中。

在应用方面，他们的产品相继在多个场景和行业中落地，包括出行领域中的 3D 人脸闸机视觉系统、支付领域中的 3D 人脸支付、泛安防领域的 3D 视觉系统等。2019 年 6 月，光鉴科技又完成了 1 500 万美元的 A 轮融资。

当前，光鉴科技在加速进入 3D 技术落地和产品量产的新阶段。

对于这些成绩，汪博非常谦虚地说：“我们算比较幸运，做了很多前瞻性的思考，避免了很多坑。”

这也源于他们此前在科研阶段的积累。汪博分享道:“创业跟科研有点像。我们的创业属于技术型创业，用一个新方法来做这件事情，在把技术真的做成一个产品出来之前，谁也不好说能不能做成。当时从最简单的原理上面论证，这个方向是可行的。”他也举例道，“物理学家费曼喜欢在信封的背面去想一些特别复杂的问题，希望在信封背面有限的空间里把问题的基本想法给捋一遍，从一个比较直接、高层次的方式来思考这个问题。这样的方式很有帮助，能够避免进入过于细节的地方。”

在创业中，汪博他们始终保持如履薄冰的状态:“做成一件事情需要做好 1 万个点，但是做不成只要其中一个点做不成就可以了。”创业以来，公司的几位年轻创始人很少回家。他们经常加班到深夜，乐此不疲，而第二天又满血复活早早地来到公司。

当下中美贸易战的背景，又让光鉴科技等具有核心技术的国内企业在国产替代方面挑起了重担。2019 年 5 月，美国政府对华为禁运令发布后，第一家不给华为供货的公司是美国最大的光电企业 Lumentum，主要做激光器。华为 2018 年发布的 Mate 20 Pro 上的 3D 结构光摄像头，用的就是 Lumentum 的 VCSEL（Vertical Cavity Surface Emitting Laser，垂直腔表面发射激光器）。VCSEL 在国内的量产能力还很不成熟，而且技术方面还无法与 Lumentum 相媲美。但光鉴另辟蹊径的 3D 结构光方案则能很好地替代 Lumentum 的 VCSEL 方案。汪博讲道:“我们使用的是 EEL（Edge Emitting Laser，边发射激光器），这种激光器国内量产方案已经很成熟，所以不用靠进口。我们现在这个方案可以绕过 VCSEL 这个激光器，方案中全部的元器件都是可以国产供给的。”

目前，光鉴科技在中国和美国均申请了相关知识产权专利，涵盖了光鉴科技的 EEL 结构光方案、纳米光子芯片、软件算法等方面的技术创新和核心壁垒，这也使得他们在纳米光子芯片和 3D 视觉领域建立起全面的专利保护。

由于 3D 行业刚刚起步，整个技术是一个创新技术，汪博他们没有丝毫的松懈，希望精益求精，把产品做得更好。

为此，创业中的汪博，仍非常看重学习。他认为，学习能力有时候比积累更重要，因为通常不知道未来会发生什么，创业中还有很多新的东西需要学习。汪博每周都会读一些国际性的科研论文，及时了解业界最新的研究成果。他也十分享受这个过程:“读论文、学习了解别人的科研成果，如同别人刷抖音或者朋友圈一样，很有意思。”

集微网简介

集微网，成立于2008年，经过十多年的发展，现在已发展为面向全电子行业产业链，集行业融媒体矩阵、行业品牌营销策划、投融资服务、产业链知识产权保护、法律咨询服务为一体的ICT产业服务平台。

行业融媒体矩阵：集微采编覆盖中国经济最活跃的地区，在北京、上海、广州、深圳、厦门、南京、青岛均有完整业务布局。

媒体形态包含官网、App（爱集微）、6个微信公众号、7个微博账号、18家自媒体平台矩阵、8家视（音）频直播平台，全网累计关注（用户）量超1 000万，累计曝光量超100万次。

行业品牌营销：品牌策划与内容创意营销、活动（会议、展览、论坛等）策划执行、行业内参、产业链发展报告、消费者洞察与客户管理、媒体调查与投放。

投融资服务：提供产业与资本对接的开放平台，提高产业资本使用效率；搭建信息发布、融资对接、金融服务、投资大数据等全产业的生态圈。

一站式知识产权服务：包括IP全球布局、高价值专利培育、IP联盟建设和运营、许可谈判、交易、运营、知识产权金融、标准专利协同创造、专利池建设、专利技术情报挖掘、展会知识产权、跨境电商知识产权、知识产权海关保护等服务。

目前，集微网旗下联盟有手机中国联盟、中国半导体投资联盟和半导体知识产权联盟。

在集微网所举办的活动中，每年一度的集微半导体峰会目前已成为中国集成电路产业发展的风向标。此外，还有中国半导体领域极为高端的闭门沙龙——中国半导体年会和半导体圈顶级投资人为评审的芯力量投融资评选活动。

廖 杰

宇阳科技总经理

贺集微 专业聚焦及时
祝大会 高效务实 成功

林永育

星宸科技董事长兼总经理

集微聚芯才，鹭岛创芯城。

星宸科技 林永育
2018.7.31

施红阳

顺络电子总裁

集微网，以客观、专业的视野，
求真、务实的态度；
评产业之得失，探我国半导体发展之大道。
预祝第二届集微半导体峰会圆满成功！

施红阳 2018.7.23

石 磊

通富微电总经理

集思广义
微中见大
网聚英杰
强芯圆梦

石磊
戊戌夏

王 彤

中国三星首席副总裁

集群之力 从微渐众
以此为始
祝贺集微峰会隆重召开！

王彤 2018.7.17

许志翰

卓胜微董事长

集聚英豪会鹭城
见微知著体大略
新兵老将齐发力
不畏路杳铸伟业
卓胜微 许志翰

杨 旭

英特尔全球副总裁兼中国区总裁

聚产业生态，促开放创新，
祝集微网峰会圆满成功！

杨旭

张晋芳

集创北方董事长、CEO

报道中国芯声音，
搭建产业新平台！
祝第二届半导体峰会圆满成功！
张晋芳
7.19.2018

陈南翔

华润微常务副董事长

集行业众智之时，

做电子振兴之日！

陈南翔 7/19/2018

陈 平

台积电中国区业务发展副总经理

作为最有公信力的中国半导体行业媒体，

集微网任重而道远。预祝峰会成功！

陈平

黄明权

白立丰科技创始人、董事长兼总裁

中国芯，集微情，爱拼才会赢！

祝峰会圆满成功！

黄明权

2018.8.21

蔡华波

江波龙董事长

集人才资本

投微电子产业

祝：集微半导体

峰会圆满成功！

江波龙电子：蔡华波

王晓波

小米管理合伙人、小米产业基金合伙人

聚天下英才，

纳四海宾朋，

谋IC大势。

杨崇和

澜起科技董事长兼CEO

十五年不忘初心祝秀中国芯

第二届集微峰会堪称群英荟

杨崇和

林志东

三安光电副总经理

爱拼敢赢，

预祝集微峰会顺利召开。

周晓阳

安靠（Amkor）中国区总裁

做人不缺中国芯

做芯不缺中国人

周晓阳

周正宇

炬芯科技董事长兼CEO

无远弗届 集微成巨

炬芯 周正宇

竺兆江

传音控股创始人、董事长兼总裁

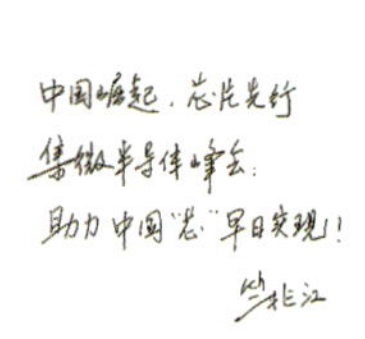

中国崛起，芯光先行

集微半导体峰会

助力中国"芯"早日实现！

竺兆江